O ofício de professor

Dados Internacionais de Catalogação na Publicação (CIP)
(Câmara Brasileira do Livro, SP, Brasil)

O ofício de professor : história, perspectivas e
desafios internacionais / Maurice Tardif, Claude
Lessard ; tradução de Lucy Magalhães. 6. ed. –
Petrópolis, RJ : Vozes, 2014.

Título original : La profession d'enseignant aujourd'hui.

Vários autores.
Bibliografia.

6ª reimpressão, 2025.

ISBN 978-85-326-3600-3

1. Prática de ensino 2. Professores – Formação profissional I. Tardif, Maurice. II. Lessard, Claude.

07-8377   CDD-370.71

Índices para catálogo sistemático:
1. Formação de professores : Educação   370.71
2. Professores : Formação de profissional : Educação   370.71

Maurice Tardif
Claude Lessard
(orgs.)

O ofício de professor
História, perspectivas e desafios internacionais

Tradução de Lucy Magalhães

Petrópolis

© Maurice Tardif e Claude Lessard

Tradução do original em francês intitulado
La profession d'enseignant aujourd'hui – Évolutions, perspectives et enjeux internationaux

Direitos de publicação em língua portuguesa:
Rua Frei Luís, 100
25689-900 Petrópolis, RJ
www.vozes.com.br
Brasil

Todos os direitos reservados. Nenhuma parte desta obra poderá ser reproduzida ou transmitida por qualquer forma e/ou quaisquer meios (eletrônico ou mecânico, incluindo fotocópia e gravação) ou arquivada em qualquer sistema ou banco de dados sem permissão escrita da editora.

CONSELHO EDITORIAL

Diretor
Volney J. Berkenbrock

Editores
Aline dos Santos Carneiro
Edrian Josué Pasini
Marilac Loraine Oleniki
Welder Lancieri Marchini

Conselheiros
Elói Dionísio Piva
Francisco Morás
Teobaldo Heidemann
Thiago Alexandre Hayakawa

Secretário executivo
Leonardo A.R.T. dos Santos

PRODUÇÃO EDITORIAL

Anna Catharina Miranda
Eric Parrot
Jailson Scota
Marcelo Telles
Mirela de Oliveira
Natália França
Priscilla A.F. Alves
Rafael de Oliveira
Samuel Rezende
Verônica M. Guedes

Editoração: Maria da Conceição Borba de Sousa
Diagramação: AG.SR Desenv. Gráfico
Capa: Marta Braiman

ISBN 978-85-326-3600-3 (Brasil)
ISBN 2-7637-8034-2 (Canadá)

Este livro foi composto e impresso pela Editora Vozes Ltda.

Sumário

Introdução (Maurice Tardif e Claude Lessard), 7

PARTE I – A PROFISSÃO DOCENTE ENTRE A TRADIÇÃO E A MODERNIDADE
AVANÇADA: EVOLUÇÕES CONTRASTADAS, 23

1. Da história e do futuro da formação dos professores no Canadá inglês: a tradição na prática dos formadores dos professores (David Boote), 25

2. A construção social da profissão docente no Brasil: uma rede de histórias (Isabel Lelis), 54

3. O modelo do prático reflexivo diante da enquete na Bélgica (Christian Maroy), 67

4. As políticas reformistas: transição na formação dos professores na Inglaterra (Robert Moon), 93

5. As "Altas Escolas Pedagógicas" (HEP) suíças entre a forma escolar e a forma universitária: as questões (Philippe Perrenoud), 112

6. Comunidades docentes em transformação: a tradição da mudança nos Estados Unidos (Stephen E. Anderson e Dennis Thiessen), 135

7. A profissão de professor na França: permanência e fragmentação (Vincent Lang), 152

PARTE II – ENSINAR HOJE: TENSÕES, DILEMAS
E DESAFIOS MÚLTIPLOS, 167

8. Pluralidade dos mundos e cultura comum: professores e alunos à procura de normas consensuais (Yves Dutercq), 169

9. Impacto das TIC (Tecnologias de Informação e Comunicação) sobre a atitude, a motivação e a mudança nas práticas pedagógicas dos futuros professores (Thierry Karsenti), 181

10. A influência das normas de estabelecimento na socialização profissional dos professores: o caso dos professores dos colégios periféricos franceses (Agnès van Zanten), 200

11. Os professores e o "novo" espaço público da educação (António Nóvoa), 217

12. Uma perspectiva comparativa das parcerias, do contrato social e dos sistemas racionais emergentes (Thomas S. Popkewitz), 234

13. As transformações atuais do ensino: três cenários possíveis na evolução da profissão de professor? (Claude Lessard e Maurice Tardif), 255

Referências, 279

Notas sobre os autores, 311

Índice, 319

Introdução

Maurice Tardif
Universidade de Montreal, Crifpe

Claude Lessard
Universidade de Montreal, Crifpe

Na maioria dos países, sente-se hoje a necessidade, em todos os campos da vida social, de ir além do quadro nacional e levar em conta a experiência coletiva das outras sociedades. Na educação, essa necessidade é patente e em suma inevitável, pois é verdade que os sistemas educativos da maior parte das sociedades ocidentais sofrem atualmente evoluções comuns ou, pelo menos, amplamente convergentes. O que significa que, no seu seio, as mulheres e os homens que têm como profissão ensinar vivem igualmente, em vários casos, situações que se assemelham, nem que fosse ao menos pela presença ocasional das mesmas questões ou dos mesmos problemas. Ora, a plena aceitação desse fato implica, forçosamente, no plano intelectual, um processo de descoberta mútua e de aprendizagem coletiva, através do compartilhamento de experiências e situações profissionais variadas, mas que têm ressonâncias comuns. Em resumo, tentar compreender melhor o que vivem os outros, a fim de – através desse esforço de compreensão – melhor compreender a si mesmo, ao mesmo tempo em sua singularidade e em seu pertencimento a uma certa universalidade: esse é certamente um dos principais desafios científicos e também culturais, éticos e educativos da nossa época.

Partindo dessa constatação, decidimos convidar, nesta obra, uma dúzia de pesquisadores internacionalmente reconhecidos pela atualidade e pela qualidade de seus trabalhos para comunicar-nos as suas mais recentes reflexões sobre a profissão e a formação do docente nas suas sociedades respectivas, ou seja, a Inglaterra, a Bélgica, o Brasil, o Canadá, os Estados Unidos, a França e a Suíça. O conjunto dessas reflexões constitui uma contribuição científica e intelectual de primeira ordem, suscetível de interessar a todas as pessoas que se preocupam com a evolução recente e com a situação atual da profissão de docente.

Nesta introdução, desejaríamos precisar os motivos que nos levaram a lançar esse convite e a conceber esta obra: na verdade, por que abordar hoje a profissão de docente em termos de evoluções, de perspectivas e de questões internacionais?

Vamos lembrar logo que o ensino foi assimilado, durante muito tempo, a uma vocação e até a uma maternidade (o que é verdadeiro, principalmente quanto ao ensino primário), e representava, na maioria dos países ocidentais, uma ocupação pouco valorizada e pouco remunerada, que exigia um baixo nível de formação. Ora, sabemos que, há cerca de cinquenta anos, o ensino se tornou uma ocupação mais estável e mais especializada, na qual é possível fazer carreira e que exige uma formação universitária superior ou equivalente. Essa evolução do ensino se inscreve, a partir da Segunda Guerra Mundial, na evolução mais global dos sistemas escolares, que rapidamente se democratizarão, para abrir-se ao conjunto das camadas sociais, e ao mesmo tempo burocratizando-se e modernizando-se. A escola tradicional se transforma então em "escola de massa", em tese aberta a todos, sob a responsabilidade direta dos Estados nacionais que, em sua maioria, investirão maciçamente na educação e implementarão reformas importantes, tanto das estruturas escolares quanto dos currículos e das ideologias pedagógicas: educação nova, centralização na criança, psicologia da aprendizagem, humanismo científico, etc.

Essa evolução geral do ensino responde, manifestamente, às transformações da própria sociedade, pois esta se tornou mais complexa em todos os pontos de vista, de cinquenta anos até hoje. Ela exige das novas gerações uma formação cada vez mais longa, tanto no plano das normas que regem a organização da vida social e o exercício da cidadania, quanto no plano dos saberes e competências necessários para a renovação das funções socioeconômicas. Além disso, a maior parte dos observadores concordam em dizer que essa evolução está longe de terminar. Doravante, ela parece acelerar-se e as condições econômicas, sociais e culturais nas quais evoluem os docentes mudam às vezes a olhos vistos, forçando-os a se adaptarem rapidamente a problemas inéditos e a aceitarem numerosos e novos desafios. A expansão extraordinária dos conhecimentos e a profusão das novas tecnologias da informação e da comunicação, a transformação das estruturas familiares e comunitárias, a ascendência das referências culturais e morais, o empobrecimento das crianças em vários países ricos (principalmente os filhos das famílias monoparentais, sob a responsabilidade de mulheres), o pluralismo cultural e o relativismo ético, os comportamentos anômicos e o uso da droga pelos jovens, as mutações do mercado de trabalho constituem alguns desses problemas e desafios, entre tantos outros. Essa evolução da sociedade, cada vez mais rápida e de aparência às vezes caótica, repercute-se diretamente no ensino, transformando tanto as condições de acesso à profissão quanto o seu exercício, assim como os percursos de carreira dos seus membros e sua identidade profissional.

Por causa de todas essas mudanças, passou definitivamente a época em que bastava conhecer os rudimentos de uma matéria e algumas receitas para controlar

Introdução

alunos turbulentos, para obter imediatamente o título de professor. Na verdade, sabemos hoje que o trabalho do docente representa uma atividade profissional complexa e de alto nível, que exige conhecimentos e competências em vários campos: cultura geral e conhecimentos disciplinares; psicopedagogia e didática; conhecimento dos alunos, de seu ambiente familiar e sociocultural; conhecimento das dificuldades de aprendizagem, do sistema escolar e de suas finalidades; conhecimento das diversas matérias do programa, das novas tecnologias da comunicação e da informação; habilidade na gestão de classe e nas relações humanas, etc. Essa atividade profissional necessita também das aptidões e das atitudes próprias para facilitar a aprendizagem dos alunos: respeito aos alunos; habilidades de comunicação; capacidade de empatia; espírito de abertura para as diferentes culturas e minorias; habilidade para colaborar com os pais e outros atores escolares, etc.; assim como uma boa dose de autonomia e o exercício de um julgamento profissional respeitoso tanto das necessidades dos alunos quanto das exigências da vida escolar e social.

Em resumo, o ensino se tornou um trabalho especializado e complexo, uma atividade rigorosa, que exige, daqueles e daquelas que a exercem, a existência de um verdadeiro profissionalismo.

Algumas transformações recentes do ensino

Constata-se que essa evolução de conjunto do ensino é marcada, a partir dos anos 1980 e principalmente a partir do começo dos anos 1990, por transformações ainda mais recentes. Vamos precisá-las rapidamente.

Observa-se hoje uma tendência importante para uma renovação dos agentes escolares na América do Norte e em vários países europeus. Embora os dados sobre essa situação ainda sejam difíceis de interpretar, pois vários fatores estão implicados, pensa-se que 30% a 40% dos docentes norte-americanos se aposentarão durante a presente década. Mas a que ritmo, por quem e como serão substituídos? Até agora, não sabemos. Como enfatiza V. Lang no seu texto, a situação é sensivelmente a mesma na França, onde mais de 40% dos docentes devem aposentar-se nos dez próximos anos. B. Moon expressa a mesma problemática entre os docentes britânicos. Conjugada com a renovação dos docentes, a lenta e difícil inserção de novos agentes escolares, a começar pelos jovens professores, levanta toda a questão da sua preparação para uma profissão cada vez mais complexa. Encontram-se em vários países fenômenos similares, ligados às dificuldades de inserção das novas gerações de docentes, aos problemas de retenção, às restrições orçamentárias, ao novo *public management* que se instala no interior dos estabelecimentos e que afeta a seleção do pessoal escolar, a rotatividade e a mobilidade dos docentes, etc. Nos Estados Unidos, a metade apenas dos diplomados de um programa de formação de docentes tem acesso ao ensino; dessa metade, 50% deixam o ofício durante os cinco primeiros anos de prática, o que representa uma taxa de perda de 75%.

A partir do começo dos anos 1980 e ainda mais fortemente no início dos anos 1990, as ondas de restrições orçamentárias para a educação atingiram duramente os professores, que tiveram de enfrentar desafios e problemas sempre mais numerosos com recursos menores. Em vários países os docentes se sentem muitas vezes isolados, esgotados e por toda a parte a sua mensagem é a mesma: eles não têm tempo para fazer tudo e o seu nível de *stress* aumenta diante dos múltiplos obstáculos e dificuldades que encontram em seu trabalho diário. No plano quantitativo (horas, semanas de trabalho, número de alunos por grupo, etc.), a tarefa dos docentes não variou desde os anos 1960, mas as coisas são diferentes no plano qualitativo, pois vários fatores contribuem para torná-la mais pesada e complexa. Por exemplo, os grupos de alunos são mais heterogêneos do que antes e suas necessidades são mais diversificadas. Além disso, particularmente no secundário e nos grandes estabelecimentos, a rigidez e a fragmentação da organização do ensino tornam mais difícil o contato personalizado com os alunos e o seu enquadramento. Daí decorre que a carga de trabalho dos professores é mais pesada do que antes, e sobretudo mais absorvente, mais exclusivista e mais exigente, enquanto os meios e os financiamentos encolhem.

O relativo desinteresse dos Estados no financiamento da educação também se traduz pelo desenvolvimento de novos modos de regulação dos sistemas escolares, que têm efeitos importantes sobre os professores: a descentralização; a instalação de sistemas de indicadores de rendimento e de desempenho; a racionalização do trabalho dos agentes escolares; a prestação de contas no quadro de contratos de bom resultado; o lugar maior ocupado pelos pais e pelas comunidades locais na gestão dos estabelecimentos; a competição entre os estabelecimentos; a força dos projetos pedagógicos locais; a autonomia "obrigatória" dos atores da base, etc. É muito provável que essas tendências redesenhem pouco a pouco a paisagem organizacional e o discurso ideológico sobre o ensino ao longo dos próximos anos, modificando profundamente as próprias modalidades de exercício do magistério. Por exemplo, outrora concebida como um serviço público, a educação é doravante, cada vez mais, considerada como um investimento, o que se traduz por medidas e exigências novas em relação aos professores: eles devem ter ótimo desempenho e visar a excelência; aderir a um profissionalismo caracterizado por um engajamento apaixonado, uma exigência elevada e uma ética do serviço prestado aos seus "clientes". Essa evolução colide, até certo ponto, com as antigas formas de solidariedade e de defesa internas ao corpo docente, a começar pelo sindicalismo, mas também com as visões mais sociocomunitárias e politicamente engajadas do ofício de docente.

Na América do Norte e na Europa o movimento de profissionalização do ensino constitui também um elemento que pode modificar essa ocupação na próxima década. No Canadá, a criação de ordens profissionais dos docentes na Colôm-

Introdução

bia Britânica (1986) e em Ontario (1996), assim como a tentativa de criação em curso em Québec vão no sentido geral desse movimento de profissionalização do ensino. Encontram-se iniciativas aparentadas em outras províncias canadenses e em diferentes Estados americanos, que visam elevar os padrões de formação para o ensino e controlar melhor a sua qualidade. A profissionalização também se acompanha de esforços importantes para descentralizar os sistemas educativos, reduzir a burocracia, aumentar a autonomia e a responsabilidade dos atores. Entretanto, esses objetivos ainda estão, na maioria, em estado de ideais. Na verdade, não é evidente que as relações de trabalho no seio dos sistemas escolares, as vagas sucessivas de restrições orçamentárias e o aumento da tarefa dos docentes caminhem nesse sentido.

Sob o efeito das tecnologias da informação e da comunicação, as bases tecnopedagógicas do ensino começam a se transformar. Durante muito tempo considerado como ofício de palavra, sob a autoridade do escrito e do livro, o ensino passou por cima da falsa revolução audiovisual sem ser afetado por ela de modo duradouro, mas tudo leva a crer que as tecnologias da comunicação terão um impacto muito mais profundo e permanente, pois elas podem realmente modificar em profundidade as formas da comunicação pedagógica, assim como os modos de ensino e de aprendizagem em uso nas escolas há quatro séculos. Elas também podem transformar – o que é completamente novo em relação à pseudo-revolução audiovisual – a própria organização do ensino e do trabalho docente. Em diferentes países tentam-se atualmente experiências de ensino que não são mais baseadas na copresença dos professores e dos alunos no seio de classes tradicionais. Atualmente é difícil vislumbrar exatamente as formas e a amplitude que tomarão, num futuro próximo, essas experiências. Mas, desde já, pode-se formular a hipótese plausível de que elas vão ocupar um lugar cada vez mais importante.

Profissão no centro mesmo da transmissão dos saberes escolares (conhecimentos, disciplinas, normas, valores, etc.) e de sua aquisição pelas novas gerações, o ensino está profundamente afetado pela crise do saber na nossa sociedade moderna avançada, ou, como se diz hoje, pós-moderna. Certamente, essa crise não é a da produção do saber, que funciona hoje como nunca a todo vapor, mas a crise do seu valor no seio do mundo social, comunitário e individual. Parece que o saber perdeu sua força de unificação e existe agora unicamente sob os modos da dispersão, da fragmentação e da segmentação. As próprias bases da formação escolar se tornam então problemáticas, enquanto os conteúdos e os modos de conhecimento que os professores devem apresentar aos alunos se revelam incertos, contestáveis e contestados.

Enfim, profissão fundada sobre uma inevitável responsabilidade ética para com os jovens que ela assume, o ensino é confrontado a fenômenos como o empobrecimento das crianças, a exclusão, a explosão dos modelos de autoridade, assim como a uma certa dualização das sociedades. Efetivamente, se a estrutura do mundo do trabalho evoluiu muito desde a virada do século, ainda existem hoje mais e mais excluídos, desempregados e dependentes da assistência social, jovens sem trabalho e sem futuro. A "sociedade do saber" parece querer estruturar-se marginalizando e excluindo da sua dinâmica de crescimento uma porção importante da população, e notadamente uma parte importante das jovens gerações. Então, as antigas clivagens, que se acreditava desaparecidas durante os anos de crescimento glorioso (1950-1980), reaparecem sob formas que, embora talvez pós-modernas, geram a mesma carga tradicional de desigualdades sociais, de sofrimento, de perda de sentido, de violência e de condutas extremas.

Ora, não é preciso ser profeta ou feiticeiro para predizer que essas tendências vão se manter e até se ampliar durante esta década que começa.

Um ofício de evolução lenta, apesar de tudo?

Entretanto, seria ilusório crer que a escola e o ensino mudam no mesmo ritmo e se adaptam rapidamente a todos esses fenômenos, dos quais alguns, aliás, são contraditórios. Num estudo notável sobre a evolução do ensino de 1890 a 1990 nos Estados Unidos, Larry Cuban (1993), historiador americano da educação, mostrou que a grande maioria dos professores ensinam hoje mais ou menos como seus predecessores faziam há um século. Ora, quando se conhece a soma das mudanças e das reformas que marcaram a escola americana no século XX, essa constatação é, no mínimo, surpreendente. Para certos pesquisadores da educação (HARGREAVES, 1994), o sistema escolar parece um verdadeiro dinossauro. Erigido na época da sociedade industrial moderna, continua o seu caminho como se nada estivesse acontecendo e parece ter muita dificuldade em integrar as mudanças em curso. Em resumo, mostra-se como uma estrutura congelada uma vez por todas, uma organização fossilizada.

Sem ir até esse ponto, observa-se que o ensino, apesar das mudanças e reformas das últimas décadas, apesar das novas tendências atuais que se desenham, tem muita dificuldade em escapar às formas estabelecidas do trabalho docente: aprendizagem do ofício na prática; valorização da experiência; ofício com forte dimensão feminina; classes fechadas que absorvem o essencial do tempo profissional; individualismo no ensino e logo pouca colaboração entre os pares; pedagogia tradicional; visão muitas vezes estática do saber escolar; baixo conhecimento das culturas não europeias; etc. Esses fenômenos coincidem com as conclusões de muitas pesquisas realizadas na França e em outros países (Estados Unidos, Canadá, Grã-Bretanha, etc.) sobre as práticas pedagógicas dos docentes de ofício; longe de aderir maciçamente às mudanças e adotar espontaneamente as numerosas reformas, os professores se mostram frequentemente "tradicionalistas" e muitas vezes desconfiados em relação às tentativas de transformação do seu ofício. Certamente, não rejeitam automaticamente os esforços para "melhorar" as suas práticas e adaptá-las às últimas inovações pedagógicas; entretanto, se eles

Introdução

13

mudam é sempre integrando o novo ao antigo e incorporando a inovação às tradições estabelecidas. Em outras palavras, se os docentes transformam suas práticas pedagógicas e as adaptam, é sempre lentamente e como que em marcha a ré.

Em suma, atravessada e marcada por tendências fortes, portadoras de transformações profundas, tanto da escola quanto do universo do trabalho docente, a profissão de professor continua sendo, ao mesmo tempo, em muitos aspectos, uma ocupação tradicional e em continuidade com o passado, uma espécie de ofício artesanal que sobrevive como pode no seio da grande indústria escolar da escola de massa.

Conteúdo e organização da obra

Baseando-se nessa constatação, isto é, no reconhecimento das tensões que marcam o ensino atual sob o ângulo das continuidades e das rupturas, o propósito desta obra é compreender melhor as evoluções, mas também as tensões e as questões que modelam atualmente a situação da profissão de docente em diferentes países e no plano internacional. Solicitamos pois pesquisadores de várias regiões e também de diversos horizontes disciplinares (sociólogos, historiadores, pedagogos, psicólogos, didatas, etc.) que, partindo de trabalhos de pesquisa, de estudos de sistemas, de situações ou de casos, assim como de dados solidamente estabelecidos, esforçaram-se em detectar e precisar o que lhes parece ser tendências fortes, questões importantes ou desafios inevitáveis que caracterizam e caracterizarão a evolução da profissão docente durante a presente década.

Dividimos a obra em duas partes. A primeira se intitula "A profissão docente entre a tradição e a modernidade avançada: evoluções contrastadas". Nessa parte, os autores dedicam-se a descrever a situação da profissão docente em suas sociedades respectivas; esforçam-se em detectar uma problemática de conjunto, seja traçando a sua história, seja estudando-a através das questões de formação ou de profissão para melhor esclarecer os processos e as tensões existentes. Para facilitar a localização das diferentes contribuições nessa primeira parte, nós as classificamos por países.

O Canadá

No Canadá, a formação dos professores atravessa um período rico em reformas. Todavia, a maior parte dessas reformas não avançam ou têm apenas um baixo impacto. Não seria isso, em parte, por causa da ausência de perspectivas históricas e de reconhecimento das conquistas do passado? Inspirando-se em Anthony Giddens, sociólogo britânico muito conhecido, e na sua análise da tradição, o artigo de David Boote, escrito em colaboração com Marvin F. Wideen, Jolie Mayer-Smith e Jessamyn O. Yazon, da Universidade Simon-Fraser no Canadá (situada em Vancouver, na Colômbia Britânica), propõe uma história crítica das tradições sociais, culturais e educativas que determinaram a formação dos mestres no Canadá. Esses autores examinam mais detidamente as relações entre a tradição, o poder social, o saber e os mecanismos da mudança social na formação dos docentes. Essencialmente, seu artigo mostra que a formação para o ensino e os formadores de docentes estão sempre no centro das lutas de poder, para garantir o seu controle pelas autoridades sociais. As tradições desempenham então um papel poderoso nesse controle, pois permitem ligar o presente e o futuro ao passado, definindo os conhecimentos, os valores e as atitudes aceitáveis para os docentes e seus formadores.

Boote e seus colaboradores mostram bem que a formação dos professores e seus formadores sempre esteve ligada às tradições e às elites tradicionais. Durante muito tempo ligados à Igreja, vão distanciar-se dela inscrevendo-se nas novas tradições sociais da burocracia, da estatização e da ciência. A formação dos mestres torna-se "científica" e seus formadores tentam obter um *status* de eruditos e de pesquisadores no seio das universidades modernas. Mas hoje essas tradições modernas são, por sua vez, contestadas na corrente da modernidade avançada, e também da globalização e da aceleração das mudanças que marcam a sociedade canadense. As tradições perdem então o seu sentido e a sua força de integração, e certos indivíduos procuram compulsivamente repetir o passado para garantir a sua segurança num mundo sem amarras estáveis e tranquilizadoras. Os formadores atuais de professores, para escapar a essa contestação generalizada, utilizam diversos recursos, tais como altas pretensões científicas e teóricas, a distância em relação à prática do ensino e aos seus ideais de formação. Ao mesmo tempo, nas últimas décadas, assiste-se a uma politização da educação e do ensino via grupos e movimentos sociais, que procuram aumentar a sua influência (homens e mulheres de negócios, feministas, etc.). Os formadores são então confrontados com uma multidão de expectativas às quais eles tentam responder, o que diminui o seu poder, aumentando ao mesmo tempo a incerteza da sua posição e do seu *status*. Em conclusão, os autores propõem a ideia de que os formadores de professores só podem tornar-se agentes de mudança social mais eficazes se reexaminarem a maneira pela qual se situam no plano sócio-histórico e articularem de maneira discursiva a nova autoridade baseada sobre a habilidade, evitando recapitular de maneira compulsiva as estruturas tradicionais de poder.

O Brasil

Ex-diretora do Departamento de Educação da Pontifícia Universidade Católica do Rio de Janeiro, Isabel Lelis narra a história da profissão de professor no Brasil mostrando que esta é, primeiro e antes de tudo, uma construção oriunda de uma verdadeira rede de histórias de vida, na qual se misturam a história social das professoras, a história das mulheres, suas histórias familiares, pessoais e profissio-

Introdução

15

nais, mas também a história das lutas das professoras num contexto de seleção social e escolar impiedosa, a história das resistências da profissão docente diante da desqualificação de que é objeto por parte do poder público e da universidade. Apoiando-se em contribuições da sociologia, ela explora a constituição do *habitus pedagógico* entre as professoras primárias no Brasil, as estratégias desenvolvidas no seio de trajetórias tendo como alvo a conquista de títulos escolares, as entradas informais na profissão, assim como o peso da formação inicial e da escola enquanto *locus* de trabalho, na maneira pela qual essas professoras primárias vivem o seu trabalho. Levando em conta o fato de que a representação social do ensino, no momento da emergência de uma escola de massa foi modificada, evidenciando assim processos de desqualificação das professoras primárias, Isabel Lelis questiona as imagens de passividade, de negligência e de incompetência técnica que lhes são atribuídas pelo poder público e pela universidade. Sugere também que é possível trabalhar a dimensão da pessoa da professora primária, a da organização escolar e a da profissão como sendo uma dimensão coletiva, e isso pela via de políticas públicas que respondam mais amplamente às necessidades concretas do corpo docente. Enfim, sublinha que seria oportuno conceber um profissionalismo do professor, um profissionalismo plural, comportando formas particulares de viver o trabalho, que não são necessariamente visíveis nem revestidas de características comuns.

A Bélgica

Na Bélgica, aliás como na vasta maioria dos países que se lançaram, a partir dos anos 1990, num movimento de profissionalização do ensino acompanhado de importantes reformas da formação dos docentes, constata-se uma valorização de um novo modelo de profissionalismo docente, o modelo do prático reflexivo. O texto de Christian Maroy, professor na Universidade de Louvain-la-Neuve e diretor do Grupo interfaculdades de pesquisa sobre os sistemas de educação e formação (Girsef), dedica-se ao estudo desse modelo de profissionalismo e dos laços complexos que ele mantém com aqueles que os sustentam (as diferentes autoridades educativas e governamentais) e os próprios docentes. Baseando-se numa enquete realizada junto aos docentes belgas do ensino secundário, C. Maroy mostra que, ao contrário dos discursos oficiais e do que poderiam fazer crer as suas resistências às reformas, os docentes não estão afastados desse modelo. Importa pois ver nas suas resistências algo que não é uma recusa ao modelo do prático reflexivo nem uma vontade conservadora de manter as velhas rotinas profissionais do ensino secundário. Essas resistências provêm, antes, segundo C. Maroy, de uma falta de meios concedidos ao ensino, assim como de um aumento das distâncias institucionais, políticas e profissionais entre os centros de decisão educativos e políticos e os docentes da base. Daí decorre que uma verdadeira profissionalização do ensino na Bélgica necessita da construção de um poder, de uma margem de autonomia coletiva e de negociação para os docentes da base. O problema da profissionalização não se limita pois à questão do prático reflexivo (com suas ideias de novas competências, de práticas inovadoras, etc.) pois ele remete ao lugar da profissão docente no seio das relações sociais que estruturam a escola.

A Inglaterra

Bob Moon, professor e diretor do Education Centre for Research and Development in Teacher Education da Open University na Inglaterra, traça, em suas grandes linhas, a história da formação dos docentes nesse país. Dedica-se mais particularmente a detectar os impactos sucessivos das diferentes políticas reformistas sobre a formação dos docentes e, mais amplamente, sobre a profissão docente, sobre seu *status* social e a evolução de suas condições de trabalho. Lembrando o humilde nascimento da formação dos professores em Southwark e não em Oxford, situa as diferentes fases dessa evolução, primeiro marcada pelo impulso de uma tradição progressista durante os três primeiros quartos do século XX, chegando a uma fase de expansão e de esperança de melhora do *status* de docente, para terminar por uma fase de desilusão, que coincide com o desenvolvimento do tatcherismo. Essa última fase, que ainda domina o movimento docente na Inglaterra, resultou na fragmentação do sistema de formação dos docentes em vários tipos de instituições e de vias de formação. Ela também se traduz por uma diminuição dos recursos destinados à formação e ao ensino, assim como pelo aumento dos controles mais rígidos. Ao mesmo tempo, como ocorre na maioria dos países de cultura anglo-saxônica, a formação para o ensino atribui um lugar cada vez maior à formação prática e aos estágios; ela aumenta também os poderes e o papel dos estabelecimentos escolares e dos professores em exercício. Aliás, todo o contexto atual é igualmente marcado por uma crise do recrutamento de novos docentes, pois o ensino britânico, a partir do tatcherismo, perdeu popularidade e credibilidade como uma nova profissão para as novas gerações.

A Suíça

Philippe Perrenoud, professor na Universidade de Genebra e um dos intelectuais mais reconhecidos hoje no que se refere ao estudo da profissão de docente, aborda no seu texto o estudo da edificação das novas instituições de formação dos docentes que são as Altas Escolas Pedagógicas (HEP) na Suíça. Mas sua reflexão confirma uma problemática internacional: a natureza das instituições às quais deve estar ligada a formação dos profissionais do ensino. Efetivamente, essa problemática atravessa atualmente vários sistemas de formação em diversos países, notadamente o Brasil e a Inglaterra, mas também as sociedades norte-americanas que, a partir de meados dos anos 1980, se mostraram muito críticas diante da formação profissional dos docentes oferecida pelas universidades. Perrenoud mostra que a construção das HEP oscila entre a forma escolar e a forma universitária, das quais o seu texto detalha com precisão as dimensões e os elementos constitutivos. Essa oscilação entre duas formas institucionais remete, no fundo, a toda a questão das identidades docentes, assim como à das identidades dos formadores de docentes. Em resumo, que docente formar, como e por quem? Deve-se aproximar a formação e os formadores das realidades escolares, em que o seu mandato é fortemente definido pelas autoridades governamentais e suas margens de manobra reduzidas? Ou então, pelo contrário, integrá-los no seio universitário, que proporciona uma autonomia e uma colegialidade elevadas, mas ao mesmo tempo afasta também os formados das realidades do terreno? Perrenoud defende a promoção de uma *imaginação institucional* que evite as dicotomias e os atritos, permitindo uma aproximação flexível com uma procura de equilíbrio entre as duas formas. Ao mesmo tempo, insiste em dizer que a passagem pela universidade constitui o cerne da verdadeira profissionalidade docente, mas uma universidade realmente preocupada em dar lugar a uma formação de alta qualidade profissional.

Os Estados Unidos

Há uma boa década, os estudos sobre o "efeito-mestre" e o "efeito-estabelecimento" se multiplicaram nos Estados Unidos. Eles propõem uma inversão crítica das abordagens sociológicas tradicionais, que tendiam a assimilar os atores e os estabelecimentos a elementos desprezíveis e determinados mais ou menos integralmente por fatores sociais. A finalidade não é, aqui, erigir os atores e os estabelecimentos em fontes últimas de explicação, mas de reconhecer-lhes uma certa autonomia e uma capacidade de ação expressando-se notadamente através das mudanças educativas. O capítulo de E. Anderson e D. Thiessen, dois professores do Ontario Institute for Studies in Education (Oise, hoje filiado à Universidade de Toronto), se situa nessa orientação e se interessa por aquilo que os autores chamam de "comunidades docentes em transformação", expressão que designa escolas americanas profundamente engajadas numa dinâmica de mudança de perfil da qualidade da aprendizagem dos seus alunos. Anderson e Thiessen, baseando-se em uma análise crítica (que chamam de contraestudo) de um estudo de caso realizado junto a escolas do Ohio, propõem-se a compreender as características desses estabelecimentos e o processo que os conduz a tornarem-se comunidades docentes em transformação. Essencialmente, evidenciam a dimensão propriamente ecológica e orgânica dessas escolas que, em todos os casos, deixam que os diferentes níveis organizacionais se comuniquem entre si (a classe, a escola, o ambiente comunitário) assim como os atores (os alunos, os professores, as direções, os pais).

Como indicam bem Anderson e Thiessen, uma escola que enfatiza a aprendizagem dos seus alunos não pode se dividir em territórios e subterritórios estanques, nem manter privilégios, hierarquias ou clãs. Fundamentalmente, é preciso que a questão da aprendizagem das crianças se torne o problema principal de todos, e que cada um aceite colaborar com os outros para solucionar esse problema. Os professores devem comunicar-se entre si e colaborar com os administradores e os pais. Por sua vez, estes devem também tomar consciência de suas responsabilidades e participar do processo de transformação da escola. Enfim, os alunos devem estar profundamente engajados na organização e no processo de aprendizagem que se deseja instalar. Em resumo, uma escola concebida como uma comunidade docente em transformação não é uma utopia; entretanto, ela deve respeitar certos princípios, que por sua vez podem servir de inspiração para outros estabelecimentos.

A França

Três contribuições tratam da profissão docente na França. Em que ponto estamos hoje? Herdeiros de uma longa tradição, os professores franceses são ainda os portadores das culturas profissionais e dos valores que os definiram socialmente no passado? Quais são, para os docentes, os efeitos sobre o exercício profissional e as maneiras de estar no trabalho, do desenvolvimento de uma escolaridade longa, das mutações do público escolarizado, das transformações das relações sociais, das condições de vida, do acesso à informação, em que as incertezas quanto aos valores educativos têm, necessariamente, efeitos? É a essas questões que se dedica Vincent Lang, professor na Universidade de Nantes, apresentando um brilhante resumo da evolução recente do corpo docente na França e das questões mais importantes que marcam a sua situação atual. Depois de lembrar as características sociográficas dos corpos docentes na França e as principais transformações do aparelho educativo e do contexto social do exercício profissional, V. Lang examina primeiro as evoluções das condições de recrutamento e as transformações das formações iniciais do grupo profissional, interrogando-se sobre o que elas questionam a respeito das profissionalidades e dos *status* antigos. Mostra notadamente que, historicamente falando, a profissão docente nunca teve unidade na França, particularmente no secundário, e entre o secundário e o primário. Sublinha que as novas formações e os IUFM (Institutos Universitários de Formação de Mestres) podem ser lidos como terrenos de unificação da profissão docente. Nesse sentido, se há permanência da missão de ensino, observa-se uma fragmentação da unidade postulada dos corpos docentes, acompanhada de um trabalho de reelaboração do sentido do ofício, trabalho cuja temporalidade está defasada em relação às transformações da escolarização e às expectativas da instituição.

***

A segunda parte da obra se intitula "Ensinar hoje: tensões, dilemas e desafios múltiplos". Ela completa os capítulos mais históricos da primeira parte, situando as declarações dos autores, por um lado frente às questões ou problemas contemporâneos que caracterizam o trabalho docente e, por outro lado, em relação com o

Introdução

futuro da profissão docente tal como ele parece hoje surgir das evoluções atualmente em curso na América do Norte e na Europa. Desse ponto de vista, a obra cobre simultaneamente o passado recente da profissão, a atualidade do trabalho docente e o futuro próximo do ensino.

Essa segunda parte compreende dois grupos de textos. Um primeiro grupo se refere ao próprio terreno do trabalho docente, tratando da sua questão mais central: as relações com os alunos e com outros atores do cotidiano. Como enfatizamos amplamente em nossa obra *Le travail enseignant au quotidien* (TARDIF & LESSARD, 1999), para os professores uma grande parte da evolução concreta do seu ofício se trama dia a dia em suas relações emocionais e normativas com os alunos. Os capítulos de Yves Dutercq e de Agnès Van Zanten também fazem essa constatação. Aliás, o capítulo de Thierry Karsenti aborda a questão das novas tecnologias da informação e da comunicação, que também é central na evolução atual do trabalho dos docentes.

A construção de normas comuns

O sentido do trabalho do professor pode ser construído independentemente dos outros atores do cotidiano com os quais trabalham os docentes, a começar pelos alunos? Como lembra Yves Dutercq, não podem existir, no seio dos estabelecimentos escolares e das classes, situações de ensino sem uma aceitação mínima de normas sociais entre os atores que nelas estão empenhados e que constroem juntos essas mesmas situações. Essa constatação levanta, consequentemente, toda a questão da aceitação de normas entre os docentes de um mesmo estabelecimento, mas também entre esses docentes e seus alunos: como se realiza hoje essa aceitação, enquanto a instituição escolar e a própria sociedade são questionadas e pressionadas a partir de dentro por uma multiplicidade de normas às vezes sem medida comum entre si? É dessa questão que trata o capítulo de Dutercq, situando-se na linhagem da tradição etnográfica anglo-saxônica, mas procurando também ampliar as suas perspectivas, levando em conta a pluralidade dos "mundos" (família, bairro, bando de amigos, etc.) nos quais vivem os alunos, mundos que eles levam consigo para as classes e para os estabelecimentos, pois são constitutivos da sua subjetividade e de suas representações. Realizando o seu estudo num estabelecimento situado numa zona difícil, Dutercq evidencia os processos de negociação professor/alunos, que subjazem ao ensino em classe e às relações no estabelecimento. Esses processos correspondem à busca de "um acordo entre mundos inicialmente muito estranhos uns aos outros" e só a consecução de um certo equilíbrio nas situações de ensino em classe permite estabelecer uma certa ordem no estabelecimento. A análise proposta por Dutercq permite apreender melhor os "processos finos" que contribuem, apesar da fragmentação dos sistemas normativos tradicionais na educação, para modelar as situações de ensino no dia a dia e para fixá-las num equilíbrio, certamente precário e contingente, mas necessariamente viável.

A emergência das normas profissionais

Agnès Van Zanten, socióloga da educação, se interessa aqui pela socialização profissional dos docentes do secundário na França, que trabalham em colégios reputados "difíceis", situação que se encontra, é claro, em vários países e particularmente nas grandes zonas urbanas desfavorecidas. Situando-se numa perspectiva interacionista, ela propõe conceber o estabelecimento como "um quadro central na emergência de normas profissionais contextualizadas no meio urbano desfavorecido". Dedica-se a mostrar as distâncias entre a concepção dominante e oficial do papel dos docentes e suas condições reais e difíceis de exercício do ofício; essas distâncias reforçam a importância de uma socialização no próprio interior dos estabelecimentos, a qual é suscetível de gerar profundas revisões identitárias. O artigo mostra que essas revisões identitárias procedem, por um lado, de uma "regulação autônoma" que repousa principalmente sobre as interações com os alunos e com colegas mais antigos que viveram, apesar das dificuldades diárias, uma carreira afinal positiva, e por outro lado, de uma "regulação obrigatória" proveniente dos docentes mais jovens e dos chefes de estabelecimento. Todavia, esses dois tipos de regulação, como indica Van Zanten, deixam sem solução toda a questão das dificuldades do ofício de docente nesses estabelecimentos especialmente difíceis. Esses elementos de análise permitem compreender melhor os laços entre a identidade, a socialização profissional e a realidade dos estabelecimentos. Eles esclarecem o papel estruturante dos contextos cotidianos do trabalho na construção das identidades docentes e a importância fundamental da relação com alunos e, secundariamente, da relação com os colegas.

Enquanto os capítulos precedentes tinham em comum uma orientação nitidamente sociológica, o capítulo de Thierry Karsenti se situa mais no campo da psicossociologia. Ele trata de um tema na ordem do dia na maioria dos países norte-americanos e europeus: a integração das tecnologias da informação e da comunicação (TIC) ao ensino e, consequentemente, à formação dos professores. Inspirando-se numa abordagem "socioconstrutivista", Karsenti se interessa pelas representações e pelas motivações dos futuros docentes diante da integração das TIC. Depois de definir certos conceitos fundamentais (motivação, atitude, prática pedagógica, etc.), insiste na ideia de que a integração das TIC exige, por parte dos futuros professores, uma modificação da relação com o saber e acarreta uma maior inflexão no plano das práticas pedagógicas. Essa ideia o leva a criticar visões estritamente instrumentalistas das relações entre as TIC e a formação dos professores, em que as TIC são consideradas como ferramentas técnicas e supletivas, que deveriam ser objeto de uma aprendizagem especializada por parte dos futuros professores. Ao contrário dessas visões, Karsenti defende uma integração

Introdução

sistemática e vivida das TIC em todos os cursos de formação para o ensino, pois, segundo ele, a aprendizagem das TIC passa pela aquisição de competências transversais que englobam a totalidade da formação. Nesse percurso, ele situa o futuro professor no centro da aprendizagem das TIC, levando em conta, ao mesmo tempo, o contexto que lhe permite construir a sua própria competência.

Enfim, um segundo grupo de três capítulos completa a segunda parte da obra, tentando precisar os caminhos do futuro para a profissão docente, detectando os desafios e as questões com os quais ela é hoje confrontada.

Os espaços sociais da escola

António Nóvoa, hoje vice-reitor da Universidade de Lisboa e intelectual europeu de grande renome, cujos trabalhos se situam ao mesmo tempo numa perspectiva comparatista e histórica, propõe no seu capítulo uma leitura original e enriquecedora das tensões que atacam hoje a profissão docente na Europa e na América do Norte. Sua leitura se articula em torno dos polos do espaço escolar público e do espaço escolar privado; mas ela mostra justamente que esses dois espaços não obedecem mais a uma lógica bipolar ou dicotômica, pois eles se interpenetram hoje de diferentes maneiras, levantando assim a questão de uma possível reconstrução da escola mais além das eternas oposições entre, de um lado, a escola centralizada e estatizada, e, de outro, a escola privatizada, ou mesmo absorvida pela comunidade, o local ou a família. O que Nóvoa mostra bem é que a escola atual é verdadeiramente uma realidade multipolar atravessada por campos de forças que emanam tanto dos espaços privados quanto dos públicos. É por isso que, como ele afirma, as soluções do passado não respondem mais às questões do presente: as reivindicações de uma escola integralmente pública ou exclusivamente privada não funcionam mais. O que Nóvoa propõe é um engajamento lúcido na renovação da escola, concebida não como instituição pública, mas como espaço público aberto a uma ampla variedade de relações com as comunidades. Esse engajamento leva o autor a insistir nos principais dilemas com os quais os docentes se defrontarão a partir de agora; dilema da comunidade com a qual eles devem aprender a estabelecer novas relações, o que solicita uma reflexão quanto ao engajamento social da profissão docente; dilema da autonomia, em que eles devem aprender a compor e a organizar suas próprias formas de trabalho docente e, mais amplamente, escolares; enfim, dilema do saber, em que o seu conhecimento profissional não reside mais unicamente em técnicas de ensino ou em conteúdos disciplinares, mas também numa reflexão prática e deliberativa.

Novos mitos da criança e da escola

No seu estilo habitual, às vezes de abordagem difícil, pois mistura estreitamente imagens e conceitos, intuições e ideias, hipóteses teóricas e metáforas,

Thomas Popkewitz mostra como os grandes mitos fundamentais da escola moderna perduram ainda hoje, notadamente no seio das ideologias neoliberais e também comunitárias e igualitárias, nas quais se alimentam as reformas internacionais. Entre esses mitos, a salvação da nação graças à educação das suas crianças e a redenção dos fracos e oprimidos se revelam hoje centrais nos discursos políticos atuais sobre o ensino e a escola. Quer ela se inspire de ideais de direita ou de esquerda, a luta pela salvaguarda da democracia, pela igualdade social e pelo progresso econômico passa sempre pela educação das novas gerações, que se tornam assim o trampolim simbólico para um futuro melhor. Ao mesmo tempo, a educação é apresentada, tanto à direita quanto à esquerda, como uma das principais alavancas para melhorar o destino dos indivíduos, dos grupos e dos países que não puderam ou souberam até agora seguir a ordem mundial do progresso. O que mostra Popkewitz, inspirando-se notadamente no pensamento de Michel Foucault, é que esses temas se alimentam sempre de uma mesma vontade de poder e de saber. Seu texto segue pois rigorosamente essa vontade, nos projetos aparentemente contraditórios, que são, por exemplo, a descentralização da escola e a imposição de padrões nacionais, as abordagens construtivistas e as formações por competência e desempenho, etc. Popkewitz mostra como essas mesmas configurações do poder e do saber se encontram hoje na economia, no treinamento dos militares ou em outras áreas sem aparente relação com a escola. Sua argumentação nos convida pois a um verdadeiro exercício de desmistificação dos grandes relatos educativos contemporâneos, que definem e balizam hoje o exercício do ensino no meio escolar.

À maneira de conclusão: os futuros da profissão

Enfim, Claude Lessard e Maurice Tardif, que organizam a produção da presente obra, propõem um texto de sabor prospectivo, que utiliza o método dos cenários. Esse texto serve, ao mesmo tempo, de conclusão para a obra.

Depois de circunscrever a noção de "crise do ensino" e analisar um conjunto de fenômenos que contribui para isso (a ambivalência das políticas educativas oscilando entre o neoliberalismo e as preocupações com justiça, igualdade e equidade social, o distanciamento relativo do Estado da educação, a introdução de uma lógica mercantil e o desenvolvimento das novas tecnologias), Lessard e Tardif propõem que se encare o futuro da profissão docente a partir de três cenários de evolução: a restauração do modelo canônico do ensino dispensador de uma cultura escolar e agente de seleção de uma elite socialmente determinada; a tomada de controle da escola por empreendedores tecnófilos; e a organização docente e profissional. Este último cenário parece aos autores mais promissor.

Parte I

A profissão docente entre a tradição e a modernidade avançada: evoluções contrastadas

1
Da história e do futuro da formação dos professores no Canadá inglês: a tradição na prática dos formadores dos professores

David Boote
University of Central Florida

com
Marvin Wideen, Jolie Mayer-Smith e Jessamyn Marie O. Yazon
Université Simon-Fraser, Vancouver

Introdução

No Canadá, a formação de mestres passa atualmente por um período muito interessante. As faculdades de educação experimentam e elaboram novos programas que têm o potencial de melhorar de modo significativo os modelos tradicionais de preparação dos mestres[1]. Temos a sorte de não ser afetados pelas intervenções governamentais, como acontece em outras jurisdições (WIDEEN & GRIMMETT, 1995)[2]. Entretanto, pelo menos três aspectos das tentativas atuais constituem problema. Primeiro, muitas dessas reformas visando melhorar a formação dos mestres no Canadá inglês não parecem refletir nem mesmo levar em conta o desenvolvimento histórico das instituições. Elas apenas criam a ilusão de renovação e inovação, mas não conseguem, em geral, corresponder às expectativas que elas próprias criaram. Acreditamos que esses obstáculos refletem a nossa ignorância coletiva das tradições e das tensões sociais que modelaram as correntes dominantes atuais. Em segundo lugar, a ausência de um vocabulário específico impede o desenvolvimento de uma autocrítica eficaz. Sem uma tal crítica construtiva, as tentativas de reforma podem ignorar os mais profundos problemas de mu-

---

1. A respeito dessas iniciativas, cf. Wideen, Boote, Mayer-Smith e Moon (1998), Wideen e Holborn (1986) e Sheehan e Fullan (1995).

2. Por exemplo, nem as vias alternativas que levam à certificação nos Estados Unidos, nem as reestruturações governamentais que ocorreram na Inglaterra e na Austrália se produziram no Canadá (cf. WIDEEN & GRIMMETT, 1995).

dança na formação dos mestres. Enfim, como Wideen, Mayer-Smith e Moon (1998) ressaltam, reestruturar e reconceitualizar a formação de mestres, segundo as demandas expressas, tem pouco impacto se não se abordam de modo mais amplo as questões relativas à cultura institucional e à transmissão do saber dos formadores de mestres aos jovens docentes[3]. A fim de definir essas três preocupações, devemos examinar e compreender o papel da tradição na formação de mestres e mais particularmente as relações entre a tradição, o poder social, o saber e os mecanismos da mudança social.

A fim de instaurar uma perspectiva crítica sobre o desenvolvimento da formação dos mestres, traçamos a sua história e a sua evolução no Canadá inglês. Desde a sua conceitualização até a sua institucionalização, a formação dos mestres se apropriou sistematicamente do poder tradicional, primeiro o do clero, depois o do governo e enfim o das universidades. Porque os formadores dos mestres procuram reorganizar as relações de força em seu favor, o principal mecanismo dessa apropriação sistemática da tradição passa por um ceticismo metodológico da modernidade, que procura substituir o poder tradicional por um poder legal.

A fim de compreender a posição central que ocupa a tradição na nossa sociedade pós-tradicional, nossa análise da história da formação dos mestres e de suas implicações na sociedade pós-tradicional no Canadá tem suas fontes primeiro em *In Defense of sociology*, de Giddens (1996). Certos leitores podem achar inadmissível essa leitura da teoria social e da historiografia. Durkheim e o funcionalismo foram muitas vezes criticados (e mais ainda rejeitados) porque parecem deixar pouco lugar para os agentes individuais, concentrando-se, antes, na compreensão dos "fatores sociais" que modelam e até determinam o comportamento individual. Todavia, afirmamos que os formadores dos mestres devem compreender melhor o lugar que ocupam numa história social completa e em suas instituições, e perceber como essa história social afeta as suas pretensões ao saber. Recorrendo a esse método, utilizamos um dos "truques" de Becker e How (1997) em pesquisas sociais. Ao invés de tentar explicar como mudar a formação dos mestres, procuramos compreender por que essas práticas são tão estáveis e tão duradouras. A análise social da tradição feita por Giddens nos fornece um ângulo eficaz para examinar as inter-relações que existem entre as instituições, os papéis sociais, o poder e o saber. Explorando as inter-relações entre esses diferentes fatores, demonstramos como os formadores dos mestres, individual ou coletivamente, e importantes tensões histórico-sociais "conspiram" a fim de manter o *status quo*.

---

3. Nosso estudo empírico sobre os formadores de mestres demonstrou que eles estão preocupados, de modo implícito ou explícito, com a transmissão de seus valores aos estudantes (WIDEEN, BOOTE & MAYER- SMITH – em revisão); cf. tb. Weber (1990). Esses valores incluem os campos intelectual, moral e político. Estamos também cada vez mais conscientes da incapacidade da formação dos mestres para levar os estudantes a aderir às crenças e às práticas que são valorizadas. As reformas atuais parecem ignorar a diversidade dos interesses, assim como suas manifestações culturais e institucionais.

1. Da história e do futuro da formação dos professores no Canadá...

Em nossa análise, dividimos a história canadense da formação dos professores em quatro períodos, representando cada um deles uma fase diferente do desenvolvimento e da evolução das instituições próprias à formação dos mestres:

1) Em nossa análise do período "tradicional", demonstramos como as pessoas aprenderam a ensinar antes da criação de verdadeiras instituições de ensino.

2) Denominamos o período que vai de 1816 ao fim do século XIX de "fase colonial". No estudo desse período, debruçamo-nos sobre a criação da inspetoria, do controle provincial das escolas e das escolas normais. Dotando-se de meios legais, essas instituições se apropriaram sistematicamente do poder, por tradição detido pelo clero.

3) Estendendo-se aproximadamente do início do século XX até a Segunda Guerra Mundial, a "fase de burocratização" mostra a transformação das escolas normais em colégios de docentes. Durante esse período, as instituições legais da formação dos mestres se implantaram solidamente, iniciando uma padronização na maneira de ensinar no Canadá.

4) Finalmente, na análise da "fase atual", que vai da Segunda Guerra Mundial até nossos dias, debruçamo-nos sobre a passagem da formação dos mestres para as universidades, permitindo aos formadores dos mestres adquirirem um certo renome e um melhor *status* social. Entretanto, durante esse mesmo período, a aprendizagem do ensino foi afetada por preocupações das mais variadas, prejudicando os procedimentos dos formadores dos mestres.

A fim de ilustrar a natureza mutável da tradição em cada uma das fases, nós nos concentramos em certas questões: os responsáveis pela formação dos mestres; os responsáveis pela certificação dos docentes; os critérios de admissão a essa vocação; o programa de formação; os métodos utilizados para facilitar a aprendizagem do ensino; o período de tempo consagrado à aprendizagem do ensino; e as relações entre os formadores dos mestres e aqueles que eles procuram influenciar.

Lei da escola pré-comunal: a aprendizagem tradicional do ensino[4]

Durante os anos que precederam o impacto da Revolução Industrial e da formação do Estado sobre a maioria dos canadenses, a maioria da população vivia da indústria primária em pequenas comunidades agrárias, enquanto algumas comunidades urbanas mais importantes eram situadas nas cidades e nas capitais regionais. A falta de escolas abertas a todos e subvencionadas pelos fundos públicos

---

4. As fontes secundárias que descrevem a história canadense da formação dos mestres são descritas de modo indulgente como sendo desorganizadas e dispersas. Nós nos baseamos em grande parte em Harris (1976) e Wilson et al. (1970) para as descrições até 1960, especialmente as que precedem 1800.

significava que, para a maioria da população, a cultura continuava a se transmitir oralmente. A segmentação e a estratificação sociais, num sistema em perda de controle, significavam que a tradição continuava a ter um papel crucial para a maioria dos habitantes das primeiras colônias. A lentidão das comunicações e a fraqueza do controle exercido pelas potências coloniais em Londres, assim como as das capitais regionais, significavam que as autoridades locais, em si mesmas, estavam completamente livres para interpretar a seu modo as inovações e as influências exteriores. O clero local e os funcionários do governo interpretaram e ocasionalmente desafiaram as diretivas e as interdições das autoridades coloniais.

Em sua origem, a educação pública canadense não estava submetida ao controle direto e à administração dos funcionários coloniais. Pelo contrário, as Igrejas tomaram a responsabilidade do ensino e da educação nos anos 1700. Nas províncias mais antigas, as Igrejas e as sociedades religiosas satisfaziam, em geral, as necessidades de docentes, fazendo vir pessoas instruídas da Grã-Bretanha. No Novo Brunswick, por exemplo, os missionários enviados pela Igreja da Inglaterra começaram a trabalhar com os estudantes em 500 escolas da província, bem antes da abertura da sua primeira escola normal em 1847. Mesmo com a ajuda dos grupos religiosos e das Igrejas, as escolas não podiam suprir adequadamente as suas necessidades de pessoal docente e a penúria de pessoal exigia a contratação de professores sem experiência. Os deficientes físicos, as pessoas idosas, os estudantes recentemente diplomados e os imigrantes recém-chegados se viram na profissão docente, pois esse era o único tipo de emprego disponível. Essa prática demonstra até que ponto os docentes tinham um *status* social baixo, recebendo o mesmo salário que os trabalhadores braçais. Já que a maioria das escolas eram dirigidas pelo clero ou por pessoas estreitamente ligadas a uma congregação religiosa, as Igrejas controlavam a escolha dos docentes. Durante esse período, a "formação dos mestres" era responsabilidade do indivíduo. Já que se julgava que não era necessário receber uma formação preparatória, a maior parte das pessoas aprendiam a tornar-se professores simplesmente por um trabalho de observação e por estágios informais. Acreditava-se então que bastava observar um professor experiente para aprender a ensinar. Era inútil prolongar a formação, pois em geral as pessoas consideravam o ensino como uma forma aceitável de emprego temporário. Mesmo os conhecimentos dos professores mais experientes não iam além da sua disciplina. Nenhum quadro bem definido do que chamaríamos hoje de conhecimento pedagógico ou de conhecimento do conteúdo pedagógico existia então. A principal preocupação era, antes, que os futuros docentes possuíssem um certo conhecimento das letras e da aritmética e que tivessem bons costumes, sendo estes demonstrados por sua presença regular aos cultos religiosos e pela sua fidelidade à Coroa. Como ocorria em muitos aspectos da vida colonial, o ensino e a aprendizagem do ensino foram mantidos pelas relações e estruturas de poder tradicionais, que tendiam a ser hierarquizadas.

A tradição: poder, saber e mudança social

A noção de tradição está no próprio centro da nossa análise da história da formação dos mestres no Canadá. A tradição é uma valorização do passado. Nas culturas tradicionais, os comportamentos passados influenciam grandemente os comportamentos atuais. Assim, numa sociedade tradicional, aprende-se a ensinar observando os professores e tentando simplesmente reproduzir o comportamento destes. Mas a tradição afeta também o futuro; a repetição permite definir, ou pelo menos delinear a complexidade do futuro. Baseando-se no passado para definir o futuro, um docente não precisa pesar nem improvisar cada ação. Como demonstraremos, essa valorização do passado e do seu papel na definição do futuro tem repercussões importantes na formação dos mestres, especialmente no que se refere às questões de conhecimento, poder e mudança social. Como o ensino é considerado, desde muito tempo, como uma profissão respeitável, é útil comparar a aprendizagem do ensino durante o período "tradicional" com a formação exigida para as profissões sociais que detêm um poder real ou simbólico na comunidade: os profissionais tradicionais, incluindo o clero, os advogados e os médicos; os oficiais militares, os funcionários e os membros respeitados das comunidades. Compreender como a tradição faz parte do desenvolvimento do saber, do poder e da mudança social será a base para a nossa comparação com os períodos posteriores.

É uma tarefa inerente às autoridades tradicionais serem responsáveis pelos deveres sociais fundamentais. O clero casa e enterra as pessoas, os advogados promovem processos legais, os médicos tratam e os militares protegem. Em relação aos poderes reais e simbólicos atribuídos às autoridades tradicionais, os professores detinham muito pouca autoridade moral ou prática. Durante o período pré-industrial, o ensino era um luxo para a maioria dos canadenses. Era importante aprender a ler para as cerimônias religiosas. A escrita e a aritmética também eram úteis ocasionalmente, mas os conhecimentos essenciais para a sobrevivência e para a prosperidade de cada um eram transmitidos pelos pais, pelo clero e pelos membros da comunidade. Os professores, em sua maioria jovens sem experiência, mulheres, deficientes ou imigrantes recém-chegados, não estavam aptos a ajudar os jovens de uma comunidade a aprender o que era verdadeiramente importante para viver numa sociedade pré-industrial. O *status* social dos professores era relativamente baixo, pois seu ensino simplesmente não era então considerado como algo importante.

Faltava, mais especificamente, aos primeiros docentes canadenses, uma bagagem de conhecimentos e de habilidades que fosse coerente e útil. Por outro lado, as autoridades tradicionais recorriam sistematicamente a doutrinas: um saber padronizado, reservado a um pequeno número, embora amplamente aceito, adquirido ao longo de anos de ensino formal e informal, tornando-se verdadeiros ritos de passagem. O respeito maquinal e ritualizado a essas doutrinas, que diziam às pessoas como deviam comportar-se e a quem deviam submeter-se, criava estruturas de poder numa comunidade dada. A adesão a essas doutrinas permitia dividir os indivíduos em duas categorias importantes. Primeiro, distinguia-se o amigo do estranho, pelo seu conhecimento e pela sua aceitação dos dogmas. Baseando-se nesse princípio, os representantes dos governos locais e o clero puderam separar as pessoas de bem das pessoas amorais. Em segundo lugar, aqueles que não pertenciam a uma profissão eram excluídos do poder. Durante esse período, no Canadá, os docentes não tinham acesso a esses saberes e, consequentemente, a posição social que ocupavam não lhes permitia questionar publicamente os dogmas da Igreja ou os éditos locais e coloniais. O poder de decisão dos docentes era muito limitado: não podiam, por exemplo, escolher eles mesmos os livros que iriam utilizar.

Como as autoridades tradicionais dispunham de uma bagagem de conhecimentos específica e bem definida, só elas eram capazes de interpretar o passado, a fim de guiar o comportamento presente e futuro das pessoas. As autoridades tradicionais eram não só capazes de pronunciar-se sobre o que *podia ser feito* em uma cultura, mas elas também podiam dizer o que *devia ser feito.* Apegando-se à tradição, as pessoas obtiveram uma segurança ontológica, porque lhes diziam o que podiam esperar e como se conduzir. Esse poder normativo explica por que o clero e outras autoridades tradicionais invasoras controlavam o ensino. Eles detinham o poder e tinham a responsabilidade pelos bons costumes dos antigos canadenses. Como veremos nos períodos seguintes, a capacidade de intervenção das autoridades externas, que tomavam decisões baseadas em conhecimentos privilegiados, é um ponto importante das reivindicações dos docentes e dos formadores dos mestres, no que se refere ao seu *status* profissional.

No Canadá, durante os séculos XIX e XX, o ensino se tornou um emprego muito mais importante, tanto no nível simbólico quanto na própria prática. A formação dos mestres e a aprendizagem do ensino mudaram e se apropriaram das tradições, primeiro do clero, da burocracia governamental e enfim das universidades. Demonstraremos como a tradição afeta o saber, o poder e os modos da mudança social na formação dos mestres, por meios cada vez mais consideráveis e contraditórios.

O período colonial: de 1786 a 1900[5, 6]

É difícil determinar o fim do período "tradicional" do ensino e da aprendizagem do ensino, porque uma grande parte da sociedade contemporânea era então ainda tradicional, e isso de modo acentuado. Entretanto, durante a primeira meta-

---

5. Note-se que nós nos referimos aqui à "colonização" da aprendizagem do ensino e não à colonização do continente.

6. Nesta seção, nós nos baseamos especialmente em Houston e Prentice (1988), Curtis (1988 e 1992) e Dunae (s.d.).

de do século XIX, três importantes mudanças institucionais se produziram na formação dos mestres, indicando claramente o declínio do poder tradicional. Primeiro, no Alto Canadá (que se tornou Ontario) as leis das escolas comunais de 1816, 1824, 1841 e 1846 transferiram progressivamente a responsabilidade do ensino primário das Igrejas para os governos. Em segundo lugar, essas diversas leis transferiram o controle decisional *de facto*, quanto a quem podia ensinar, das Igrejas e das populações locais para os inspetores do governo. Enquanto a população canadense ainda era extremamente religiosa e o ensino da Bíblia devia constituir uma parte importante da educação, o controle governamental procurava geralmente apagar a influência da sua rival confessional. Enquanto um grande número de inspetores inicialmente faziam parte do clero, eles dependiam mais do governo do que da Igreja. Enfim, em meados do século, reconheceu-se que uma formação rigorosa aumentaria as competências dos docentes e as primeiras escolas normais abriram suas portas, influenciadas pelos modelos americanos e britânicos. Ao longo dessas mudanças, a autoridade legal tomou o poder da autoridade tradicional. Essas transferências de poder mudaram progressivamente as tradições na formação dos mestres e na aprendizagem do ensino, e as influenciam ainda hoje.

A inspetoria e o financiamento governamental

Por meio da *Lei sobre as escolas comunais de 1816*, John Strachan, bispo do Alto Canadá, propôs que os fundos governamentais ajudassem a financiar as escolas comunais. Formularam-se diversos argumentos para apoiar essa inovação, mas geralmente a ênfase era a importância aumentada do ensino e a convicção de que o governo poderia organizar e financiar melhor esses projetos do que as Igrejas e os fundos privados. Por essa lei, Strachan promoveu a criação de um Escritório Provincial da Educação, para regulamentar o funcionamento das escolas, controlar a certificação dos mestres, aprovar o recrutamento dos docentes, inscrever os manuais escolares no programa e estabelecer boletins escolares. Todavia, os Conselhos de Distrito e os Conselhos de Administração locais continuaram a exercer essas funções até a promulgação da *Lei sobre as escolas comunais de 1824*. Essa lei propunha uma mudança de poder nas escolas e uma maior implicação provincial no ensino local pelo estabelecimento de um Escritório Geral da Educação. Ela exigia também que os docentes das escolas públicas fossem cidadãos britânicos e que o Escritório de Distrito, e não os Escritórios Escolares locais, certificasse os docentes.

A *Lei sobre as escolas comunais de 1841* exigia a criação de um cargo de superintendente das escolas comunais, o estabelecimento de um controle local por meio dos dirigentes de distritos e cidades, e o estabelecimento de escolas separadas, que eram, por natureza, sectárias. O distrito do superintendente das escolas comunais devia cobrir as escolas públicas elementares do Canadá do Oeste (que se tornou o Ontario) e do Canadá do Leste (que se tornou o Quebec). Entretanto, até que o Canadá do Leste e o Canadá do Oeste possuíssem cada um o seu próprio superintendente, o sistema administrativo não se mostrava eficaz. Entre suas responsabilidades, o superintendente devia distribuir fundos às escolas comunais, receber relatórios das escolas e aprovar as decisões dos distritos locais. Os Escritórios de Distrito decidiam a repartição dos fundos, definiam os programas escolares e os manuais a utilizar, os salários dos professores, os exames e as taxas escolares. A lei de 1846 também instaurou dois tipos de certificação dos mestres, regulamentadas pelo superintendente de distrito: um certificado de ensino de um ano, emitido pelo superintendente, que permitia ensinar numa escola determinada; e um certificado geral, válido até que fosse revogado. A emissão, pelo departamento de educação, das "Instruções e Regulamentos Gerais", conjugados com os deveres do pessoal docente permitiu operar a passagem do poder detido pelas autoridades escolares locais para o departamento de educação e para o superintendente provincial.

O Escritório de Educação supervisionou os superintendentes e impôs a uniformidade na administração escolar. Segundo Egerton Ryerson, primeiro superintendente-em-chefe das escolas do Alto Canadá,

> the primary object[s] of inspecting a School are to enable the Superintendent to acquaint himself with the real state and character of the School (apud CURTIS, 1992: 85).

Procurando uma direção mais firme e um maior controle da gerência e da organização das escolas, Ryerson determinou que os inspetores escolares procedessem a visitas-surpresa às escolas, a fim de examinar como se gastavam as subvenções e outras somas de dinheiro, inspecionar os equipamentos e os registros da escola e verificar a utilização dos manuais prescritos. Essas visitas também eram um meio de controlar a frequência dos alunos, a qualificação dos docentes, de observar o que ensinavam e como o faziam, e comunicar-lhes a avaliação dos seus métodos de ensino. As escolas deviam ser inspecionadas uma ou duas vezes por ano e os relatórios sobre essas escolas eram usados para determinar as verbas que lhes eram atribuídas. Curtis (1992) compara Ryerson a Horace Mann de Massachusetts no fato de que

> his requests for information, and the use of information he received, were in some respects the key elements of his influence over the development of the common school [...] he used these reports to show how much needed to be done to improve the schools and, as the years went by, how much he had accomplished (CURTIS, 1992: 198).

Assim também, Curtis vê o uso da inspetoria como uma tentativa da classe média ascendente de garantir um controle sistemático, centralizado e dirigido, das atividades educativas no Canadá durante esse período.

Curtis (1992: 19) identifica a "função de inspeção" dos dirigentes da educação colonial como *the development of connections between central authorities and local sites that centered upon knowledge/power relations.*

Estabelecendo postos de superintendentes e de inspetores, o governo central quis manter e reforçar a supervisão e o controle dos distritos escolares locais. A função desses departamentos era fornecer uma direção centralizada, responsável pelos recursos locais, e esclarecer e organizar as funções administrativas.

Encontramos essa mesma situação por toda a parte através do Canadá, embora ela tenha chegado bem mais tarde ao Oeste. A *ordem de emenda das escolas comunais* (1870) na Colômbia Britânica emendou a lei de 1869 e previu a nomeação de um inspetor geral das escolas. Os docentes eram nomeados pelo Governador ou pelo Escritório Geral da Educação (1865-1869). Não eram oficialmente diplomados, mas deviam demonstrar a sua competência ao Escritório ou ao funcionário do governo encarregado da escola. Em 1872, o Escritório Provincial da Educação foi estabelecido (e depois abolido em 1879) e o primeiro superintendente da educação, John Jessop, foi nomeado. O Escritório Provincial determinava as qualificações e as certificações dos docentes do sistema público. Para ensinar, os professores deviam ter a primeira, a segunda ou a terceira licença de certificação. Os três primeiros certificados eram emitidos a partir de exames dirigidos pelos inspetores, enquanto que se outorgavam os certificados acadêmicos aos docentes que tinham efetuado seus estudos nas universidades do Império Britânico. O superintendente visitava as escolas e prestava contas da situação dos docentes e dos alunos. Indicava a situação relativa à escola, à ordem, à disciplina e à frequência escolar.

Os inspetores de escolas tinham qualificações profissionais avançadas, reconhecidas pelo Ministério da Educação. Habitualmente, eram ex-diretores, "principais" ou docentes. Assim, muitos deles se tornaram professores nas escolas normais.

As escolas normais

No início do século XIX, algumas instituições privadas de formação dos mestres começaram a abrir suas portas, dirigidas em geral pelo clero e por diplomados das escolas normais britânicas. Em 1846, a Lei sobre as escolas públicas em Ontario criou um Escritório Provincial de Educação (do qual o superintendente-em-chefe era membro). Entre suas responsabilidades, devia estabelecer e administrar uma escola normal. Dessa maneira, a escola normal constituía um ramo do Ministério da Educação. Ryerson era responsável pela preparação das regras para os relatórios das escolas e pelo controle da escola normal provincial.

Até o começo do século XX, a formação na escola normal era estimulada em bases voluntárias, depois a certificação dos mestres se tornou obrigatória. Mesmo sem formação, os professores deviam ter os diplomas que demonstrassem suas competências não ligadas à profissão docente. No Novo Brunswick, por exemplo, o fato de servir em uma sociedade para a difusão do Evangelho permitia obter uma permissão de ensino do Governador. O bispo outorgava uma licença a quem manifestasse zelo pelo cristianismo, respeito pelo governo e fidelidade à Igreja da Inglaterra.

Posteriormente, escolas normais para a formação de docentes em nível elementar foram abertas em outras províncias: no Novo Brunswick e em Ontario em 1857; na Colômbia Britânica, em Alberta, em Saskatchewan e em Manitoba, de 1882 a 1905. A duração dos programas para os docentes variava muito. Os candidatos à admissão deviam, em geral, ter 14 anos ou mais, deter um certificado de bons costumes, ser capazes de ler e escrever em inglês e ter conhecimentos de aritmética. Os primeiros programas de formação dos mestres eram de natureza não profissional. Compreendiam a revisão das matérias ensinadas nas escolas primárias e insistiam nos procedimentos de ensino. O ensino prático também fazia parte de certos programas.

A institucionalização da formação canadense dos professores se fez do mesmo modo nas diferentes províncias: as Igrejas assumiram primeiramente as crianças e, mais tarde, o governo provincial exerceu um certo controle sobre a certificação e os docentes. Os governos provinciais assumiram depois uma responsabilidade e um poder crescentes. Estes compreendiam a organização, a exploração, a inspeção das escolas, a autorização dos programas e dos manuais escolares, a certificação dos docentes e a supervisão da formação dos mestres.

Os mecanismos da mudança no início da modernização

Ao contrário do pressuposto comum em sociologia e em antropologia, segundo o qual a tradição é estática, Giddens afirma que a tradição muda sempre e é sempre contestada. Essas contestações revestem duas formas, que é difícil separar na prática. Com as condições mutáveis da cultura, as pessoas procuram também mudar a tradição, especialmente quando os elementos desta, que outrora eram úteis, não se adaptaram bem. As pessoas também disputam o poder, procurando apropriar-se da tradição e da autoridade que ela confere, de uma maneira que lhes seja benéfica. Durante a história da formação dos mestres, exatamente como agora, encontramos elementos dos dois tipos de mudança social. Durante o período colonial, como a necessidade de saber ler, escrever e contar aumentava e a intervenção governamental tinha certamente melhorado a qualidade do ensino, o ensino e a formação dos mestres eram cada vez mais importantes para a sociedade canadense. Entretanto, a motivação dos indivíduos não era desinteressada. Observamos que estes tentavam sistematicamente se apropriar dos papéis sociais tradicionais, do saber estabelecido e das instituições em seu próprio interesse, embora dissimulados sob uma retórica de progresso social.

Deixando-se de lado a motivação, o mecanismo principal da mudança social consistia (e ainda consiste) em estimular as pessoas a questionar a carga emotiva do passado que as levava a reproduzir o comportamento anterior em circunstâncias novas. Destacar-se das antigas obrigações deu às pessoas a oportunidade de criar para si um futuro a partir de decisões diferentes das do passado. Assim, tinha-se necessidade de instaurar novos procedimentos a fim de sobreviver no dia a dia com conforto ontológico. Esses procedimentos ajudavam um professor a fazer escolhas de modo seguro, a fim de superar com eficiência todas as outras eventualidades que ele devia enfrentar diariamente.

Não há nada fundamentalmente diferente no processo de mudança social nas sociedades modernas e nas culturas tradicionais. Entretanto, certos aspectos da mudança social são diferentes. Como Durkheim (1984) demonstrou em *Division of Labor in Society*, as sociedades tradicionais e modernas diferem pela velocidade da mudança. Nas sociedades tradicionais, as pessoas, como as culturas, tinham tempo de se ajustar, pois as revoluções sociais eram relativamente raras e a evolução social passivelmente lenta, escalonando-se por várias gerações. Mas quando Durkheim escreveu no fim do século XIX, não era certo que o mundo no qual uma criança cresceria seria o mesmo que aquele no qual sua mãe vivera. Isso apresentava complicações particulares para a ordem social, que ainda estava, em grande parte, orientada para as normas tradicionais. A presunção-chave apoiando as normas sociais numa sociedade tradicional – na qual o passado fornece o quadro necessário para a interpretação do presente e o controle do futuro – é que o passado, o presente e o futuro serão todos relativamente similares. Numa sociedade tradicional, o poder simbólico e real das autoridades tradicionais possuía efetivamente um valor funcional, mas, como a velocidade da mudança social aumentou, o valor da tradição diminuiu.

Essa velocidade crescente da mudança, por sua vez, revolucionou a aprendizagem do ensino. Como vimos, sempre houve uma necessidade de improvisação e de interpretação ativas, mas a improvisação e a interpretação eram habitualmente deixadas às autoridades tradicionais. Para os não profissionais das sociedades tradicionais, o campo da interpretação era bastante limitado. Mas como o ritmo da mudança social aumentou, a capacidade de interpretar a tradição também devia aumentar. Como essa necessidade de questionar a tradição abertamente tornou-se muito presente, contestá-la tornou-se uma virtude em si. Giddens chama essa tendência de questionar e desafiar a autoridade tradicional de "ceticismo metodológico". O ritmo crescente da mudança cultural e o ceticismo metodológico modificaram o saber, o poder e a mudança social, cada um desses elementos merecendo, aliás, que nos detenhamos nele.

O começo do período de formação convencional dos mestres viu operar-se uma mudança social importante. Afastando-se do clero e das autoridades locais, o poder passou para as mãos da autoridade colonial e leiga (mas não, até recentemente, em favor dos docentes). Os reformadores da educação procuravam tomar (ou forçar) decisões sem precedentes, mas *quem* tomava essas decisões e *como* elas eram aplicadas continuam sendo questões fundamentalmente de poder. O termo "decisão" não implica necessariamente uma "escolha". Além disso, o questionamento das hipóteses tradicionais não significava que uma simples professora se livrasse das "manobras" políticas e fosse livre para agir como quisesse na sua classe. A maioria dessas decisões continuavam a ficar nas mãos de outras pessoas: o clero, os administradores, os funcionários dos governos, os pais e os alunos, para falar apenas dos mais importantes. Simplesmente, permitir a um público mais amplo tomar decisões não dependia necessariamente do pluralismo democrático, porque essa tática ainda era apenas um instrumento do poder e continuava a ser utilizada para a estratificação social.

Nessas lutas de poder, os reformadores tentaram legitimar as suas decisões, fazendo-as parecer como sendo tradicionais. Vemos claramente isso em cada uma das três mudanças institucionais. No início, as escolas normais utilizaram formas de pedagogia, de conteúdo dos programas escolares e de estrutura social que eram tradicionais. Efetivamente, era difícil distingui-las das escolas elementares, nas quais os alunos-mestres ensinariam um dia, o que apresentava enormes vantagens, pois isso implicava que os alunos-mestres poderiam simplesmente transferir para o seu ensino o que tivessem aprendido e a maneira como aprenderam nas escolas normais. Entretanto, como as escolas normais eram cada vez mais consideradas pelos reformadores, como Ryerson, como palco de uma mudança na educação e especialmente como um lugar para inculcar novas normas pedagógicas, os alunos-mestres e o público em geral manifestaram uma certa resistência diante dos novos métodos, que rompiam com os meios tradicionais de ensino e de aprendizagem[7]. Ligar a certificação com a frequência a uma escola normal forneceu aos formadores dos alunos-mestres um verdadeiro poder, o de fazer conhecer e de reforçar as suas crenças a propósito de um bom ensino. Esse poder foi depois legitimado pelos inspetores escolares, que podiam exigir que os docentes utilizassem as novas normas pedagógicas e os novos textos admitidos. Eles detinham um poder real porque tinham o controle dos relatórios e das verbas escolares. Embora isso pareça ser demagógico, reais vantagens advinham da mudança institucional, que se operava então. Permitindo aos docentes romper com a tradição no seu próprio ensino e no uso que faziam dos novos métodos pedagógicos, os formadores dos mestres e os reformadores do ensino deram mais poder aos docentes e melhoraram a qualidade do ensino através de todo o país.

No discurso pedagógico, encontramos uma tendência errônea que tende a associar a "tradição" ao conservadorismo político e social. Os reformadores da educação procuraram, antes, substituir as velhas doutrinas por novas, nos pontos em que os novos dogmas educacionais consolidavam o seu poder social.

---

7. Vemos uma distância crescente entre os formadores de mestres que ganham a sua credibilidade associando-se às normas dominantes do ensino e os formadores de mestres que ganham a sua pregando a "nova e melhor" pedagogia. Essa distância se acentua, aliás, durante o século seguinte.

Mas mesmo que muitas mudanças fossem de natureza dogmática, estas eram benéficas porque mais apropriadas à cultura que tinha mudado. A tradição sendo considerada como algo natural, os reformadores tentaram mostrar que relatavam simplesmente as coisas tais como elas são, o que diminuía as ocasiões para os não profissionais de procurar ocupar importantes postos de decisão ou a possibilidade de escolher. Apropriando-se da tradição e da sabedoria estabelecida, os formadores dos mestres procuravam ser reconhecidos. Nesses procedimentos retóricos, as noções simbólicas de "nação" e de "progresso social" enquanto depositárias seculares da moralidade e da norma eram especialmente importantes. Enquanto as novas instituições se desenvolveram e solidamente se implantaram, elas adaptaram facetas das velhas instituições e desenvolveram lentamente novas. Novos dogmas, rituais e doutrinas foram criados a fim de dar poder às novas instituições e àqueles que delas faziam parte.

A burocratização: 1900-1945[8]

Depois das três principais mudanças institucionais no financiamento do ensino público, da inspeção e das escolas normais durante o período colonial, veio um período de forte burocratização. Isso coincidia com a consolidação contínua do Estado-nação no fim do século XIX e no início do século XX. No começo do século XX, os esforços dos especialistas em educação permitiram ganhar a confiança de bastantes canadenses para que pudessem afirmar que, na maioria das províncias, mais da metade dos novos docentes receberam uma formação rigorosa em uma escola normal. Depois de atravessar essa guinada, os procedimentos dos funcionários do governo e dos formadores de mestres se concentraram na implantação e na padronização dos programas usados na formação dos mestres. Procurando melhorar o *status* social da profissão docente, ligando a certificação dos mestres à frequência às escolas normais, aumentando o recurso à formação dos mestres para inculcar princípios pedagógicos e enfatizando a padronização da formação dos mestres, procurava-se implantar um poder real e legal.

*Melhora do **status** social da profissão docente*

No fim do século XX, a população rural e os professores masculinos foram forçados a procurar empregos mais bem pagos. Ao longo do tempo, os salários dos docentes não aumentaram, mesmo que os dos trabalhadores não qualificados, datilógrafos, empregados e enfermeiras tivessem aumentado. O número dos do-

---

8. Nesta seção, baseamo-nos em Putnam (1925), MacDonald (1996) e Lazerte (1950).

centes aumentara (representando mais de 75% do corpo professoral), enquanto os seus salários continuavam modestos[9].

A partir de 1900, houve tal falta de docentes qualificados nas escolas rurais e naquelas situadas em regiões afastadas, que foi indispensável contratar professores que detinham simplesmente diplomas provisórios ou qualificações inferiores. Como estímulo, os salários eram mais elevados nos Territórios do Noroeste e nas províncias do Oeste. Por causa da situação econômica e dos salários inadequados, as exigências dos docentes permaneceram baixas, embora o Ministério da Educação exercesse um controle sobre os programas de formação dos mestres para satisfazer adequadamente as necessidades das escolas.

Em 1949, ainda se podia tomar consciência do *status* social modesto dos docentes, pois, nos institutos de formação dos mestres, aceitavam-se principalmente candidatos vindos de famílias de *status* socioeconômico inferior. Havia seis vezes mais docentes vindos dos lares de fazendeiros do que de todos os outros grupos profissionais reunidos, e mais provenientes de grupos de trabalhadores não especializados do que de grupos de profissionais. No que se refere à nacionalidade, a maioria dos postulantes não tinha antecedentes anglo-saxões ou franceses, e não eram pois francófonos ou anglófonos de origem. Os dados recolhidos durante o período 1947-1948 revelam que, entre os postulantes, apenas 30% queriam tornar-se professores permanentes. Cerca de 23% acreditavam que a formação seria fácil, as férias mais longas, que o ensino seria um bom emprego temporário enquanto se esperava o casamento, ou que seria uma etapa para outra profissão, o que diz muito sobre o compromisso com a profissão de docente. Uma interpretação dessas estatísticas nos levaria a crer que a maioria dos docentes que se iniciavam na profissão não viam nela uma vocação. Outra leitura poderia levar-nos a crer que o ensino constituía uma profissão cada vez mais respeitada entre as classes inferiores e só era utilizada tendo em vista obter um avanço social.

No fim desse período, aumentaram-se os critérios de admissão a fim de aperfeiçoar a seletividade, embora o sucesso e a utilidade desses critérios tenham variado muito. Algumas escolas normais experimentaram novos métodos de seleção, como o recurso a testes de aptidão, entrevistas, períodos probatórios, serviços de conselho e orientação ou apreciações pessoais. Entretanto, a maioria recorria principalmente ao sistema de avaliação mestres-alunos, ao certificado médico e às cartas de referência. Entretanto, com o número restrito de docentes qualifica-

---

9. Observe-se que a diferenciação de gênero nas sociedades pós-modernas se perpetua em novas formas institucionais. Durante o período da institucionalização do ensino, este (principalmente no nível elementar) era percebido como um trabalho de mulheres, enquanto os formadores de mestres e os inspetores eram majoritariamente homens. Assim, o *status* social inferior das mulheres era reforçado num novo setor social. Observa-se agora que esse modelo se reproduz nas faculdades de educação, das poucas em que as mulheres e os homens são representados de maneira equitativa. Nas universidades, o *status* social da educação enquanto disciplina é muito pouco considerado.

dos disponíveis, continuava-se a contratar candidatos não qualificados, aos quais se outorgavam diplomas.

Em 1905, um descontentamento provocado pelo fato de que a metade dos docentes das Marítimas sofria de falta de formação, foi o reflexo da consideração crescente atribuída à formação dos mestres. Já que as primeiras regulamentações permitiam a certificação de docentes não formados, os funcionários governamentais procuraram limitar consideravelmente o número de professores não qualificados e exigir a formação, a fim de obter a certificação. Durante essas décadas, para obter um certificado de ensino, os docentes do primário deviam já ter terminado os estudos secundários e os docentes do secundário deviam ter uma formação universitária, além de um ano de estágio profissional probatório. A educação formal requerida variava muito segundo as províncias, embora isso tenha, em média, aumentado. A partir de 1949, todas as províncias exigiram formalmente, no mínimo, um estágio profissional de um ano para obter o certificado; mas houve menos tipos de certificações emitidas nas regiões onde era difícil recrutar professores qualificados.

A formação dos professores e o conhecimento pedagógico

O programa das escolas normais consistia habitualmente em uma revisão das matérias das escolas primárias com uma ênfase particular nos métodos de ensino. Entretanto, ao longo do tempo, a formação dos mestres nas escolas normais se concentrou mais nas crianças e menos nos manuais escolares e no conteúdo das matérias. De certo modo, a atenção se deslocara da planificação dos cursos para a orientação e o serviço de conselho. Nos programas, uma atenção maior também foi dada à psicologia e à história da educação.

Desde 1890, a influente Escola de Pedagogia de Ontario se estabelecera em Toronto. Seu curso de 14 semanas, representativo dos preâmbulos da formação dos mestres do início do século XX, comportava cursos sobre psicologia da educação, história da educação, administração escolar e cursos de metodologia de matérias específicas (ensinadas pelo corpo docente da Universidade de Toronto), mas não havia ensino prático.

No fim da Segunda Guerra Mundial, nove dos mais importantes institutos de formação de mestres relatavam que o trabalho de observação dos alunos-mestres variava entre 12 e 58 horas e que a prática em classe ia de 50 a 175 horas. No conjunto, a maioria das escolas não ofereciam o ensino prático de lições fora de contexto, mas propunham um estágio de ensino prático de quatro semanas em classe, com a possibilidade de ensinar em classes particulares, uma semana por vez. A maioria desses estágios eram dados em níveis diferentes do primário e aproximadamente 75% deles eram feitos nas escolas rurais. A tendência consistia em ter mais tempo para o ensino prático, para o trabalho contínuo em classe para um determinado número de dias, inclusive com atividades extraclasse com grupos de jovens. Sentia-se a necessidade de comprometer os alunos-mestres com as atividades sociais. Nas instituições de formação, estimulava-se essa socialização por meio de reuniões amistosas, chás, participação em organismos sociais, acadêmicos e artísticos. Além das atividades paraescolares, certas instituições ofereciam alojamento, o que estimulava as relações com estudantes de outras faculdades.

A padronização

Comparando a formação dos mestres no início e no fim desse período, podemos compreender a necessidade de uma maior padronização. Do fim dos anos 1890 ao começo dos anos 1900, as exigências para a obtenção da certificação dos mestres variavam de uma província para outra. Atribuíam-se diplomas de primeiro, segundo e terceiro níveis, em função do grau de ensino e do número de meses de formação. O diploma de primeiro nível era destinado àqueles que tinham terminado o programa de estudos do 12º ano. A obtenção do diploma de segundo nível exigia estudos acadêmicos do nono, décimo ou décimo-primeiro anos (segundo a província), mais um estágio profissional de dez meses, enquanto o diploma de terceiro nível exigia a aprovação no oitavo, nono ou décimo ano, com um estágio profissional de quatro a dez meses.

A necessidade de padronização se articulava em torno de uma retórica que comparava o *status* social relativamente baixo dos docentes ao *status* social mais elevado das profissões tradicionais. No fim da Segunda Guerra Mundial, existiam 53 certificados de ensino diferentes, nas dez províncias canadenses. Esses certificados eram a prova das qualificações dos docentes, não num campo de especialização, mas para o ensino das matérias básicas dos programas em vigor nas escolas primárias e secundárias. Além disso, a duração dos programas variava de um período muito curto de seis semanas a um longo período de seis anos e duas sessões de verão. A necessidade de padronizar a duração dos programas, as exigências de admissão e de certificação se faziam sentir. Mudanças para melhorar os programas de ensino prático foram sugeridas pelo pessoal docente. Os formadores dos mestres propuseram aumentar a quantidade de estágios e fazer o ensino prático em meio rural ou em pequenos centros urbanos que seriam, provavelmente, o meio em que os novos professores trabalhariam no início da carreira.

Durante esse período, a formação dos mestres adotou as normas burocráticas do poder social. Nesta seção, mostramos que esses procedimentos visavam o melhoramento do *status* social dos docentes graças à sua associação com as autoridades tradicionais, ao ensino de métodos pedagógicos avançados pelos formadores dos mestres e ao estabelecimento de padrões nacionais para a formação dos mestres. Apropriando-se dessas novas normas burocráticas de poder social, os formadores dos mestres puderam aumentar a sua competência e a sua influência sobre as práticas de ensino.

1. Da história e do futuro da formação dos professores no Canadá...

Burocratização e ceticismo: a dupla ação da mudança social

Para compreender esse período, devemos perceber algo sobre as relações entre as organizações burocráticas e o *know-how* ligado à tradição. Os indivíduos têm uma necessidade emocional e cognitiva de intimidade em seus lugares de trabalho e em sua vida: o apego a um ritual e à tradição é um meio de reduzir a ansiedade num mundo cada vez mais imprevisível. Mas, por razões que já discutimos, a tradição não constitui mais o principal meio de estabelecer essa estabilidade. Todavia, a socialização e a educação devem permitir-nos divulgar as lições do passado, de modo que elas incidam de maneira significativa sobre o presente, para controlar o futuro. As instituições burocráticas, centradas na rotina e nos procedimentos estabelecidos, atuam nessa necessidade emocional fundamental de um ambiente estável. Elas são o principal mecanismo de controle social e de poder das sociedades em que o poder legal substituiu a autoridade tradicional. Os procedimentos adequadamente selecionados aumentam a autonomia coletiva e pessoal, permitindo às pessoas que concentrem sua energia no aperfeiçoamento de seus comportamentos, para que sejam produtivos. Por essa razão, as instituições burocráticas também foram um dos principais veículos do progresso e da igualdade social, porque tentam criar práticas padronizadas de operação e de decisão que não sejam influenciadas por escolhas suspeitas do passado. Embora não obtenha muito respeito, o modelo convencional de formação dos mestres (e o modelo padronizado de educação que ele defende) é melhor do que a formação tradicional dos mestres e do que o ensino existente há um século[10].

Em uma burocracia, o poder de decisão está nas mãos de especialistas que afirmam ter uma competência ou um conhecimento específico que os não profissionais não têm. Ao longo do tempo, os formadores dos mestres foram considerados como especialistas. Seu poder dependia de sua capacidade de tomar decisões que parecessem coerentes e aceitáveis. Do mesmo modo, a institucionalização da inspetoria e das escolas normais residia não só nas relações de poder que cercavam a certificação, mas também na afirmação mais sutil de que os formadores dos mestres podiam ensinar e avaliar um saber especializado. Esse saber apresentava muitas vantagens: pela especialização, os especialistas eram capazes de melhorar a qualidade do ensino, pois seu saber era bem definido e completo. Mas as mudanças que os formadores dos mestres e os reformadores da educação promoveram repousavam em argumentos racionais e instituições legais, ambos podendo ser refutados. Essa mudança de *status*, passando das autoridades tradicionais incontestáveis para especialistas, e podendo ser questionada, acarretou uma importante mudança social.

---

10. Quaisquer que sejam os seus problemas, as instituições burocráticas de formação de mestres aumentam as possibilidades de que os estudantes se livrem dos caprichos dos formadores dos mestres, que os formadores dos mestres sejam razoavelmente bem formados e que os programas ofereçam no mínimo uma formação adequada. Nada disso podia ser defendido há um século.

Como vimos anteriormente, o ceticismo metodológico foi um dos movimentos instigadores do modernismo. O fato de que esse ceticismo estivesse em contínua busca de verdades universais gerava uma tensão dialética entre o ceticismo especializado e o universalismo, o que dava um sabor particular aos debates dos especialistas. Numa sociedade tradicional, em toda controvérsia, presumia-se a existência de uma autoridade suprema e os mecanismos de resolução desses conflitos eram compreendidos (pelo menos tacitamente) pelos representantes do poder. As sociedades não tradicionais eram desprovidas dessas autoridades supremas. Como o *know-how* dos formadores dos mestres os afastara da prática local do ensino, seu saber se tornou menos fiel ao ensino tradicional. Ao contrário das sociedades tradicionais, aqueles que eram desfavorecidos pelas decisões dos especialistas podiam então questionar essas escolhas a partir de argumentos legais e racionais. Assim, durante o século passado, os docentes e os formadores dos mestres viram seu poder continuamente desafiado, mesmo quando seu *status* social melhorava. Ironicamente, quando seu *know-how* era contestado, eles se reuniam e defendiam a sua competência referindo-se a doutrinas da autoridade tradicional.

O problema era (e continua a ser) que o *know-how* era não apenas um elemento perturbador das hierarquias do poder, mas também constituía uma influência estabilizadora. Para os docentes e os formadores de mestres, o efeito da mudança social tinha uma dupla face: era ao mesmo tempo libertador e perturbador. Libertador, porque eles não deviam mais obedecer a uma única fonte de autoridade, muitas vezes opressora e criadora de ansiedade, sobre a qual eles podiam, então, "passar por cima". As regras formais da burocracia tendem a negar essa mesma abertura à inovação, que é o selo do *know-how*. A burocratização exige primeiro o abandono da tradição e dos costumes e, depois, a reorganização das relações sociais. Como o ensino e a formação dos docentes eram cada vez mais burocratizados, os professores e os formadores dos mestres se encontraram numa posição incômoda (embora isso raramente tenha sido reconhecido como tal). Os formadores de docentes nas escolas normais, e mais tarde nas universidades, deviam formar as pessoas de modo a que elas tivessem confiança na burocracia, porque o seu poder e a sua capacidade de efetuar um bom trabalho dependiam dessa confiança. Para tornar o sistema educativo digno dessa confiança, a melhora do *status* social dos docentes se tornou uma das principais preocupações dos formadores dos mestres. Apesar disso, esse mesmo conhecimento especializado, que permitia aos docentes e aos formadores dos mestres reivindicar um melhor *status* social, também minava a credibilidade dos sistemas burocráticos, privados dos mecanismos tradicionais de confiança.

Durante a primeira metade do século XX, esses efeitos negativos da especialização e da burocratização não eram um grave problema. Todavia, essas mudanças contribuíram com sucesso para a melhora do saber especializado e da situação social do ensino e da formação dos mestres numa sociedade em rápida evolução. O ensino e a formação dos mestres se tornaram os lugares privilegiados para a me-

1. Da história e do futuro da formação dos professores no Canadá...

lhora social. Entretanto, esse período também provocou uma multidão de contradições, que se tornaram cada vez mais evidentes durante a segunda metade do século XX.

O período atual: de 1945 aos nossos dias[11]

Depois das precedentes décadas de implantação e de burocratização, os anos do pós-guerra viram operarem-se duas mudanças institucionais muito importantes na formação dos mestres. Durante esse período, o ensino público se tornou uma das instituições sociais preponderantes na vida dos jovens canadenses. Nos períodos anteriores, as crianças eram muito influenciadas por diversas autoridades tradicionais como as Igrejas, as organizações cívicas e a família ampliada. A partir da guerra, a laicização e a fragmentação social da sociedade canadense têm confiado cada vez mais a responsabilidade da socialização e da educação às escolas. Essa importância crescente do ensino também era alimentada pelo "baby boom" e pelo crescimento econômico dos anos pós-guerra, assim como a ênfase na instrução como meio de avanço social e de resolução dos problemas sociais.

A mudança institucional mais marcante durante esses anos foi a passagem da formação dos mestres para a universidade. Raramente reconheceu-se a presença sempre mais forte de diversos grupos que procuravam utilizar o novo poder social das escolas para promover as suas diferentes causas. Implicitamente, a formação dos mestres foi percebida como um dos principais lugares de experimentação de uma mudança das tradições do ensino, a fim de atingir uma mudança social mais completa.

A formação dos professores na universidade

As universidades estão empenhadas, desde muito tempo e de diversas maneiras, na formação dos mestres. Em 1860, a Universidade Laval e a Universidade McGill estavam implicadas na formação dos mestres por meio de suas escolas normais filiadas. Entretanto, essa implicação pode parecer insignificante, pois o programa não era dirigido pelo pessoal universitário. Por volta dos anos 1870, cátedras de educação foram estabelecidas para dar conferências sobre a teoria e a prática da pedagogia aos estudantes não diplomados que projetavam ensinar. Em 1889, a Universidade Queen's providenciou para que os estudantes fora da faculdade pudessem continuar os seus estudos em vista de obter um bacharelado, sem ter de frequentar as aulas. As universidades também ofereciam programas de for-

---

11. Nesta seção, baseamo-nos em MacDonald (1996), Paterson (1984), MacLeod (1966), Ellis (1968), Schaller e Lang (1982), Luther (1972), Smitheram (1971), Myers e Saul (1974), Myers (1974) e Tomkins (1969).

mação contínua durante o verão e, mais tarde, programas para diplomados, permitindo aos docentes ganhar um salário melhor. Durante o período entre as duas guerras, as quatro províncias do Oeste (Colômbia Britânica, Alberta, Manitoba e Saskatchewan) registraram um crescimento importante na formação dos mestres, especialmente quando as universidades começaram a oferecer cursos de verão aos docentes já empenhados na prática. Essas primeiras aventuras com os departamentos provinciais de educação levaram à fundação das faculdades de educação nas universidades dessas províncias: na Colômbia Britânica em 1923; em Saskatchewan em 1927; em Alberta em 1928; e em Manitoba em 1935. Essas universidades também ofereciam programas de um ano aos diplomados universitários para que pudessem ensinar no secundário. Além disso, programas universitários levando ao bacharelado em educação e ao mestrado em educação foram instalados em Saskatchewan, em Alberta e em Manitoba. A Colômbia Britânica seguiu essa tendência e instaurou o seu programa de bacharelado em educação em 1942.

Entretanto, só depois da Segunda Guerra Mundial as universidades assumiram formalmente a formação dos docentes do primário. Quando algumas escolas normais mudaram seus nomes para colégio normal ou colégio de docentes, indicando que se tratava de instituições pós-secundárias, começou-se então a notar uma mudança na sua notoriedade. Resultante da formação dos docentes do primário e das mudanças sociais notadas anteriormente, o número de admissão às instituições de formação dos mestres saltou durante esse período, passando de 667 em 1940-1941 para 10.473 em 1960-1961.

Três principais fatores eram geralmente considerados como estando na origem da passagem dos colégios de docentes para as universidades:

• a aptidão das universidades para atrair candidatos de alto valor para o ensino e para melhorar a reputação do ensino;

• a capacidade das universidades para efetuar as pesquisas necessárias à melhoria da qualidade do ensino, com o objetivo de desenvolver uma "ciência da educação";

• e a capacidade das universidades para criar novos modelos de prática, pois elas tinham a possibilidade de inculcá-los e executá-los.

A tendência a melhorar mais o *status* social da profissão docente transparece nas exigências de admissão. As expectativas acadêmicas elevadas e a importância decrescente do caráter moral dos candidatos devem ser sublinhadas. Com a passagem da formação dos mestres para as universidades, os candidatos aos programas de ensino deviam ter terminado os estudos secundários e obtido aprovação. Durante as últimas décadas, exigiu-se cada vez mais a obtenção de um bacharelado (muitas vezes com a menção "honrosa") para a admissão do candidato, assim como a prova concreta de uma experiência substancial de trabalho com crianças, para indicar a seriedade do compromisso com a profissão docente. Em contrapartida, essas exigências trouxeram candidatos mais amadurecidos.

Com o objetivo de dar tempo aos formadores dos mestres para as pesquisas em educação, alguns reformadores fizeram pressão, desde 1950, para limitar as horas de ensino dos docentes. Defendia-se esse argumento afirmando que a pesquisa em educação poderia ser posta em prática e, afinal, podia ensinar aos alunos-mestres habilidades de aprendizagem e de pesquisa. Com a transição para as universidades, os formadores dos mestres deviam começar a efetuar pesquisas. A maioria deles eram pouco formados, em relação aos das faculdades universitárias. Já que isso levantava difíceis questões relativas à carreira universitária, várias universidades, especialmente em Ontario, opuseram resistência à fusão dos colégios de docentes e das escolas normais. Com a necessidade de qualificar-se para uma carreira universitária e obter o *status* social que isso confere, tornou-se crucial para os formadores dos mestres ter uma formação acadêmica disciplinar, especialmente no nível do doutorado.

A nova comunidade de formadores dos mestres aptos para a pesquisa teve efeitos positivos sobre o conjunto da qualidade do ensino, sobre os formadores dos mestres e sobre o *status* da pesquisa em educação. Infelizmente, essa formação em pesquisa significava também que o ensino da didática e dos programas disciplinares era reforçado. Os cursos de fundamentos da educação e de psicologia da educação se tornaram quase universais e os cursos dos programas se concentraram cada vez mais na teoria, e não na prática. As tradições disciplinares da formação dos mestres ainda eram fortes demais na maioria das escolas de formação. A maior parte dos estudantes tinham grande dificuldade em apreender as relações entre os diversos cursos avulsos que deviam fazer durante a sua formação. Em contrapartida, esses programas centrados na disciplina tendiam a afastar os professores empenhados na prática e os estudantes que tinham boas razões para interrogar-se sobre o saber dos formadores dos mestres, no que se referia à prática do ensino. Durante várias décadas, a especialização disciplinar freou o poder da formação universitária dos mestres para influenciar as tradições de ensino em grau elevado. O fato de que a maioria dos formadores dos mestres se identificavam primordialmente com uma disciplina ou com uma área tornou os programas de formação dos mestres difíceis de reformar.

A diversidade das perspectivas

Mais notadamente a partir dos anos 1960, com a reforma dos programas e os movimentos de reivindicação dos direitos civis, o ensino se tornou um campo de batalha ideológico. Com a nova preeminência das escolas percebidas como o lugar privilegiado da socialização e da formação, os agrupamentos de negócios, os grupos religiosos, as minorias étnicas, as associações feministas, os políticos e os pais de todas as convicções políticas procuraram aumentar a sua influência. Os meios desses grupos heterogêneos que procuram mudar as tradições escolares não são simplesmente contraditórios, são desmesurados (EGAN, 1978). Até os anos 1960, sentia-se claramente que as tradições do ensino podiam ser controladas e que os responsáveis por essas mudanças pareciam competentes. Como o ritmo das reformas da educação a partir desse período era lento, elas estavam bem coordenadas com a formação dos mestres. Os formadores dos mestres universitários e outros reformadores dos programas foram capazes de mudar lentamente as práticas do ensino. Agora parece claro que o ritmo acelerado e as múltiplas forças que se exercem sobre o ensino levaram a uma forte tensão que torna as mudanças na educação menos fáceis de controlar e às vezes caóticas.

À luz das dificuldades encontradas para levar os docentes que praticam a mudarem seus hábitos de ensino, muitos reformadores se voltaram para a formação dos mestres como meio de mudar as normas da educação. Entretanto, embora os professores de educação canadenses sejam geralmente liberais progressistas, existe ainda uma diversidade considerável de opinião no interior de qualquer programa que se refira aos problemas mais urgentes e às soluções apropriadas. Essa diversidade se mostra nas pesquisas dos formadores dos mestres; estas são tão distantes de uma verdadeira "ciência da educação" que seria melhor descrevê-las como uma polifonia próxima da cacofonia.

Globalização e coerção

Abordamos anteriormente a questão da tensão entre a burocratização e a especialização e, durante o período atual, vimos essa tensão tornar-se cada vez mais manifesta. O ceticismo metodológico procurou substituir a emotividade pela racionalidade e supostamente substituiu um ritual e uma tradição irrefletidos por instituições burocráticas. Mas os duplos programas da mudança racional e do controle burocrático são em si mesmos incompatíveis, porque os reformadores não conseguiram reconhecer a posição central da motivação na tradição e no ritual. Nas primeiras fases da modernização, as pessoas ainda estavam habituadas ao respeito tradicional aos organismos que controlavam as suas vidas. Entretanto, numa sociedade pós-tradicional, as rotinas são inúteis, a menos que se liguem aos processos reflexivos institucionais que lhes permitam adaptar-se ao contexto social dado. Pode-se confiar facilmente nos procedimentos burocráticos para que eles se imobilizem, como é o caso nas sociedades tradicionais. Pela sua tendência à "coerção" e à "globalização", acreditamos que esses temas caminham juntos.

A diminuição do poder social dos formadores dos mestres está intimamente ligada aos processos de "globalização"[12] por meio da qual uma clientela sempre

---

12. Enquanto o termo "globalização" é habitualmente ligado a questões como o comércio internacional e os mercados da mão de obra, o que está relativamente longe do ambiente da maioria dos docentes, nós o utilizamos aqui num sentido um tanto diferente. Ao passo que a tradição é caracterizada pelo imediato e pelo face a face, usando o passado para compreender o presente e controlar o futuro, a globalização é marcada por um "distanciamento da ação".

crescente exige que as instituições burocráticas se ocupem de suas reivindicações. O modernismo era, inicialmente, caracterizado pelo controle das periferias pelo governo central de modo imperialista ou colonialista. Durante esse período, a comunicação entre os formadores dos mestres e os cidadãos canadenses se fazia principalmente em sentido único. Ao contrário, hoje, em nossa sociedade moderna, as relações de poder são cada vez mais descentralizadas. Coletividades afastadas revolucionam cada vez mais as ações presentes dos docentes e dos formadores dos mestres, e uma gama muito diversificada de pessoas procura influenciar o trabalho dos formadores dos mestres junto aos alunos-mestres. Dessa maneira, o caráter reflexivo da globalização demanda um questionamento de toda a tradição, suprimindo a segurança ontológica e o poder dos formadores dos mestres, especialmente a sua consideração social enquanto professores de universidade e a veracidade epistemológica de suas pretensões ao saber (cf. McWILLIAMS, 1994).

Quando a sociedade é despojada do poder social tradicional, o ritual leva as pessoas a comportamentos compulsivos. Como escreveu Giddens:

> *Compulsiveness, when socially generalized, is in effect* tradition without traditionalism: *repetition which stands in the way of autonomy rather than fostering it* (GIDDENS, 1996: 23).

O estudo de Freud sobre a afecção psicológica, na qual uma pessoa neurótica utiliza inconscientemente as suas experiências anteriores para interpretar o presente de maneira mal adaptada, era centrado na compulsão. Ao passo que as circunstâncias presentes são superficialmente similares, elas o são insuficientemente para fazer com que a resposta seja apropriada, o que provoca a transferência das experiências anteriores mal adaptadas. A taxa crescente de mudança social significa que muitos comportamentos considerados óbvios são cada vez menos apropriados. Entretanto, sem querer minimizar esse ponto, uma pesquisa aprofundada das normas e procedimentos que modelam as nossas vidas é muito difícil de fazer. Como os processos de globalização demandam cada vez mais o questionamento de todas as posições normativas, o comportamento compulsivo se torna uma das manifestações-chave da modernidade. Pensamos que essa compulsão individual e social gerada pela sociedade está no centro das dificuldades na reforma da formação dos mestres (BOOTE, s.d.).

A compulsão pode ser abordada ao mesmo tempo no nível individual e coletivo da análise. Individualmente, os formadores dos mestres desenvolvem meios de trabalhar e interagir com os alunos-mestres. Essas rotinas individuais têm uma certa força de atração simplesmente através da repetição regular. Os reformadores do ensino descrevem as práticas tradicionais como sendo fáceis de substituir, mas as pesquisas demonstraram que isso não é verdade (HARGREAVES, 1998). É fácil subestimar a importância psicológica da prática tradicional. As rotinas e a prática padronizada reduzem a soma de tensão cognitiva e emocional sobre os formadores dos mestres, proporcionando-lhes uma segurança ontológica. Os hábitos estruturam a continuidade através de diferentes campos de atividade de sua formação. Por exemplo, acreditamos que as práticas intelectuais do questionamento crítico e do respeito à evidência empírica, aprendidos na formação dos diplomados, repercutem-se no trabalho dos formadores dos mestres na formação dos docentes.

O comportamento compulsivo se torna manifesto nos procedimentos coletivos dos formadores dos mestres, modelando as culturas nas quais estes socializam e trabalham. Suas rotinas e suas práticas comuns se reforçaram e se tornaram hábitos em suas práticas sociais. Quer essas rotinas constituam traços pessoais, quer estejam mais estreitamente ligadas aos costumes sociais, elas foram adotadas ao longo do tempo como uma prática habitual e perderam a maioria dos seus laços com os contextos sociais nos quais se tinham adaptado. Como a formação universitária dos mestres representa a voz da autoridade das universidades, suas práticas foram durante muito tempo consideradas como incontestáveis e não problemáticas. Entretanto, há alguns anos, a diminuição da autoridade tradicional das universidades e a posição relativamente fraca das faculdades de educação no seio das universidades provocaram um questionamento das práticas coletivas e individuais dos formadores dos mestres que eram aceitas anteriormente. Assim, o comportamento destes pode ser considerado como compulsivo quando acham óbvio, por exemplo, que os docentes que praticam compartilhem a sua opinião por evidência empírica, ao passo que esse não é o caso para vários. Isso é apenas um exemplo do comportamento compulsivo que mina o reconhecimento social dos formadores dos mestres e a eficácia do seu trabalho com os docentes. Compreender esse comportamento será sempre mais importante nos anos futuros, quando tentarmos preservar a consideração social que nos resta.

A tradição no presente e o futuro da formação dos professores

Através dos períodos de burocratização e de colonização, a tradição era chamada a gerar um poder pessoal e coletivo, um saber e uma mudança social. Os docentes e os formadores dos mestres tinham uma fraca identidade no Canadá tradicional. Os reformadores da educação e os formadores dos mestres procuraram defender sua autoridade e sua identidade, apropriando-se dos poderes simbólicos e práticos das autoridades tradicionais. Isso levou ao melhoramento da educação e da formação dos mestres, por meio do grande crescimento das escolas normais e, mais tarde, do desenvolvimento das faculdades de educação. Mas as promessas racionais e legais utilizadas para a apropriação do poder se tornaram progressivamente utilizadas em excesso. A excessivamente grande utilização do poder e da autoridade levou a um questionamento e a interrogações que prosseguem ainda hoje. Mais do que nunca, estamos dispostos a abandonar a tradição e talvez tenhamos uma grande necessidade de fazê-lo, mas o *status* epistemológico da nossa "ciência da educação" legal e racional é cada vez mais frágil. O número de questões a considerar cresce de maneira exponencial e nossa capacidade de enfrentá-las parece diminuir em proporção inversa. Assim, seguindo o desenvolvimento das instituições da modernidade, distingue-se a identidade dos formadores dos mestres como um problema fundamental, mas, de modo contraditório, esse problema foi "resolvido" invocando o poder da tradição. Os canadenses perceberam isso especialmente quando os formadores dos mestres se tornaram membros das faculdades universitárias, suscitando um conjunto de tradições completamente novo, a fim de melhorar o seu *status* social, mas ficando ao mesmo tempo cada vez mais abalados pelo saber refutável associado a esse novo *status* social.

Provocando a reforma das instituições de aprendizagem do ensino, a evolução da formação dos mestres voltou ao seu ponto de partida. Ironicamente, aqueles que questionaram o poder acabaram por apoiar-se na tradição, na rotina e nos costumes, para guiar a sua prática. É interessante constatar que em muitos casos as práticas modernas de formação dos mestres incitam os que entram na profissão a problematizar, a interrogar e a questionar a tradição. Isso produziu invariavelmente uma nova geração de docentes que agora questionam e interrogam a "nova autoridade". Analiticamente, só existem quatro maneiras, em qualquer contexto social, de resolver os conflitos de valores entre os indivíduos e as coletividades: o enraizamento da tradição, o descompromisso, a coerção e o discurso.

O enraizamento da tradição

Nas instituições de formação dos mestres em que a tradição exerce uma influência dominante, especialmente quando os formadores dos mestres ganham o poder pela reivindicação de um saber disciplinar ou de um *know-how* enquanto professores, a amplidão das questões abertas a um exame aprofundado diminui[13]. O poder dos formadores dos mestres é amplamente *mascarado* e a integração cultural toma a forma de uma segmentação intelectual, principalmente por conferências disciplinares e práticas não ligadas. Os formadores dos mestres são capazes de realizar isso pela organização espácio-temporal dos programas de formação dos mestres que criam obstáculos à comunicação não local.

Enquanto o ceticismo metodológico torna possível a investigação sistemática em educação, para a população não profissional o conhecimento pedagógico conserva certos aspectos de doutrinas ou de dogmas. Observamos essas tendências dogmáticas sob forma de respeito e de poder atribuídos às ideias e práticas de alguns formadores de mestres. Infelizmente, a fim de manter o seu *status* social, uma grande parte das pretensões de saber a respeito da educação são tão rasas e limitadas que devem ser vistas como doutrinas.

---

13. Nesses casos, a tradição pode tornar-se *fundamentalista*. O "fundamentalismo", religioso ou acadêmico, pressupõe apenas a direção a ser tomada contra a predominância da dúvida fundamental. Não é, nada mais nada menos, do que "a tradição no sentido tradicional", embora hoje ela seja alvo de ataques e não seja mais influente. O fundamentalismo pode ser compreendido como uma reivindicação das doutrinas, sem preocupação com as consequências.

A natureza dogmática da pesquisa em educação e o baixo *status* social dos formadores de mestres nas universidades parecem ser um fato conhecido e admitido pelo público. Um adágio corrente a respeito dos formadores de mestres demonstra esse ponto de vista: "Os que podem, trabalham. Os que não podem, ensinam. Os que não podem ensinar, ensinam a ensinar".

Os formadores dos mestres são raramente percebidos pelos alunos-mestres como tendo uma experiência substancial do ensino ou da formação. Quando o seu saber é reconhecido, é raramente percebido como algo de pertinente para os docentes iniciantes. O trabalho anterior à formação dos mestres é, antes, considerado na maioria das vezes como uma das "etapas a vencer" para obter referências como docentes. Os formadores dos mestres que continuam a apoiar-se em sua situação social de especialistas em pedagogia, de críticos e de pesquisadores – nossos papéis tradicionais – continuarão a ver o seu *status* social diminuir e o seu poder minado.

O descompromisso

Outra manifestação desse mesmo fenômeno é o descompromisso. Uma vez mais, isso pode se produzir tanto no nível individual quanto no coletivo. Vários formadores dos mestres com os quais trabalhamos reconhecem que os métodos de trabalho utilizados por eles e também pelas instituições são largamente ineficazes e, apesar de tudo, eles não veem nenhuma possibilidade de mudar a situação. Eles se afastaram dos ideais que os haviam levado a ensinar aos futuros docentes e simplesmente deixam-se levar pela corrente, fazendo o que podem. Esse descompromisso é percebido pelos estudantes, que protestam contra os formadores de mestres, que lhes pregam moral sobre a aprendizagem ativa. Os alunos-mestres se dão conta, com clareza suficiente, da hipocrisia das posições tomadas por seus formadores a respeito de pedagogia.

Entretanto, poucos alunos-mestres compreendem as condições sociais nas faculdades de educação que levaram a esse comportamento inadaptado, dando prioridade à pesquisa e à publicação sobre o ensino e a segurança ontológica dos formadores de mestres, que decorrem do seu *status* de especialistas. Os formadores de mestres aprendem que podem (e, para a sua saúde de espírito, devem) simplesmente ignorar a maioria das exigências divergentes que são feitas do seu tempo e da sua energia. No nível institucional, esse descompromisso advém no momento em que os administradores abandonam as tentativas de vencer a inércia institucional e a fragmentação que caracterizam a formação de mestres contemporânea.

A coerção

Como vimos durante o período colonial, os formadores de mestres e os administradores escolares podem forçar os docentes a se conformarem, recorrendo a

1. Da história e do futuro da formação dos professores no Canadá...

modelos coercitivos de administração. Entretanto, esse conformismo será sempre pouco entusiástico. Vimos muito menos essa coerção governamental no Canadá do que entre os formadores dos mestres nos Estados Unidos, na Grã-Bretanha ou na Austrália, onde os governos usam cada vez mais o seu poder, a fim de forçar os indivíduos a se conformarem.

Um desenvolvimento muito interessante que apareceu ao longo destas linhas foi a criação dos colégios dos docentes na Colômbia Britânica e mais recentemente em Ontario. Como aconteceu com as profissões tradicionais, os governos dessas duas províncias criaram de maneira legislativa unidades independentes visando supervisionar a disciplina e os profissionais encarregados de emitir os diplomas. As universidades continuam a deter um monopólio sobre o futuro previsível da formação de mestres, mas, nessas duas províncias, eles devem agora trabalhar estreitamente com seus colégios profissionais. Dito isso, a maneira pela qual os colégios afetarão a formação dos mestres a longo prazo ainda resta definir. Alguns formadores de mestres universitários já se queixam da interferência dos colégios, que aprendem a exercer o seu considerável poder de certificação. Sucessivamente, esses corpos profissionais podem introduzir uma saudável análise reflexiva nas faculdades de educação.

O discurso

Em certos casos relativamente raros, as pessoas parecem capazes de discutir sobre as tradições às quais aderem, a fim de explorar os fundamentos das discordâncias que podem surgir entre elas. Mas essa discussão que questiona as tradições é sempre difícil de realizar. É por isso que os formadores universitários devem reconhecer que suas visões tradicionais da formação dos mestres são inadequadas tomadas em si mesmas, mas, em conjunto, eles podem trabalhar para melhorar a qualidade da aprendizagem do ensino, graças a um diálogo fecundo sobre as suas tradições respectivas. Cada tradição de aprendizagem do ensino pode ser expressa e defendida por argumentos; cada uma delas pode ser justificada pelo valor que ela possui num universo de valores plurais divergentes. Pode-se defender as tradições a partir da base dos seus próprios princípios autônomos ou favorecendo um diálogo entre elas. Ora, o poder reflexivo mobilizado no diálogo entre tradições pode articular-se em vários níveis. Uma defesa discursiva da tradição não compromete necessariamente os seus princípios. O fato de estar pronto a iniciar o diálogo, suspendendo ao mesmo tempo a ameaça de coerção, tem mais repercussões. A pesquisa em formação de mestres teve um papel importante nos casos em que ela pôde examinar de modo dialógico as tradições em presença, a fim de adaptar os programas canadenses de formação de mestres (cf. WIDEEN; BOOTE; MAYER-SMITH; MOON, 1998).

O impacto da pesquisa na formação dos professores

Durante as duas últimas décadas (1980-1990), a pesquisa sobre a formação dos mestres teve um papel importante na reforma e na reconceitualização dessa formação. Embora a pesquisa na formação de mestres remonte a várias décadas, até recentemente ela estava reservada a uma elite intelectual. Agora, ela é percebida como um setor respeitável de investigação e muitas faculdades a adotaram para satisfazer os seus padrões de erudição. Em contrapartida, isso levou muitos pesquisadores na formação dos mestres a concentrar suas energias no aperfeiçoamento da pedagogia e dos programas de formação. Um bom número de programas de educação, aliás, aplicaram e experimentaram as propostas provenientes da pesquisa sobre a formação dos docentes.

Embora muito diversificados, os novos programas sobre formação inicial possuem algumas características em comum (cf. WIDDEN; BOOTE; MAYER-SMITH; MOON, 1998). Por exemplo, eles diminuíram a concentração disciplinar, enfatizando as competências e os conhecimentos imediatamente aplicáveis à prática dos docentes iniciantes. Essa orientação se traduziu pela diminuição do número de cursos magistrais e pela utilização de um maior número de apresentações de práticas pedagógicas variadas. Observamos também que se insiste menos no "ensino prático", no sentido tradicional de uma aplicação mecânica daquilo que os estudantes aprenderam teoricamente na universidade. Cada vez mais, a ênfase fica na utilização de estágios de ensino como oportunidades para os alunos-mestres de explorar as questões pertinentes e de transferir o que aprenderam nos estágios para a universidade. Finalmente, um certo número de programas de formação de mestres se concentraram explicitamente na resolução dos problemas sociais, abordando-os de frente: por exemplo, preparar os futuros docentes para trabalhar nas escolas em meio urbano ou enfrentar o racismo. Essas questões sociais são, evidentemente, centrais, hoje, no ensino em meio escolar.

Enquanto havíamos predito, há alguns anos, que essas tendências nos levariam à "encruzilhada de uma prática de vanguarda" na formação canadense dos mestres, essas mudanças ainda estão longe da norma e encontram dificuldades consideráveis. Várias instituições de formação de mestres parecem atolar-se mais nas formas tradicionais e são incapazes, no momento, de mudar de modo substancial as suas práticas e concepções. Muitas iniciativas promissoras, como a da Universidade Queen's, que possuía várias dessas características, se chocaram com uma resistência considerável. Enquanto muitos professores apoiam essas mudanças, outros membros das faculdades universitárias parecem indiferentes, resistentes ou incapazes de adotar novos métodos de trabalho com os alunos-mestres. Essa resistência é amplificada pelo resto da universidade, pelo grande público e pelos alunos-mestres, que desconfiam das mudanças das tradições acadêmicas e da formação dos mestres. Essa infeliz reversão da situação sublinha a importância da tradição na formação dos mestres.

Conclusão

Pensamos que atualmente está claro que o objetivo de dissociar inteiramente a tradição da formação de mestres não é possível e que as tentativas nesse sentido tiveram bons e maus efeitos. O sonho de uma "ciência da educação" é simplesmente incompatível com as maneiras pelas quais as pessoas se comportam. Ao mesmo tempo, as condições da cultura e o ritmo da mudança cultural tornam o apego cego à tradição impossível. Temos, antes, necessidade de tornar a dupla ação da tradição transparente: por um lado, ela está ligada ao poder e à autoridade social, e, por outro lado, ela também é necessária para proteger as pessoas das vicissitudes da vida.

A análise da história da formação canadense dos mestres fornece um ângulo reflexivo para tentar compreender os problemas atuais, levantando ao mesmo tempo interessantes repercussões para o futuro da formação dos mestres. Entretanto, ainda muitos formadores de mestres contam com a sua posição social nas faculdades universitárias ou com o seu *status* de pedagogos especialistas para que os alunos-mestres tenham confiança na sua autoridade. Mas laços sociais devem ser *criados* numa sociedade pós-tradicional, mais do que herdados do passado. Embora seja uma tarefa difícil para os formadores dos mestres, num plano tanto pessoal quanto coletivo, isso anuncia grandes vantagens. O desapego em relação à tradição exige que os formadores dos mestres se separem da imagem que eles têm de si mesmos enquanto *autoridade* e se despojem da segurança ontológica de que dependem para fundamentar o seu poder social. A fim de garantir um futuro *discursivo*, é necessário que voltemos a centrar o nosso trabalho sobre as oportunidades e os dilemas do ensino, e que nós nos concentremos em novas formas de interdependência. Será uma tarefa difícil, pois a maioria dos formadores de mestres não possuem atualmente essas habilidades, e as tradições da formação dos mestres nas universidades estão em oposição a esse objetivo.

O mundo *discursivo* que alimenta a formação dos mestres é promissor, mas garantir a expressão do seu pleno potencial crítico e reflexivo continua sendo um desafio. A dúvida profunda e generalizada da sociedade pós-tradicional alimenta uma grande ansiedade cultural; além disso, as lutas contra as estruturas de poder e de dominação não se traduziram, apesar de suas promessas, por uma maior igualdade social. O primeiro passo consiste em reconhecer a natureza compulsiva da formação dos mestres. Isso, provavelmente, é o mais difícil de fazer. Giddens escreve que:

> *Beyond compulsiveness lies the chance of developing authentic forms of human life that owe little to the formulaic thruths of tradition, but where the defense of tradition also has an important role* (GIDDENS, 1996: 63).

Será difícil iniciar ou manter esse diálogo enquanto os formadores dos mestres não compreenderem os valores e os dilemas em jogo nas tradições que os levaram até o ponto em que estão. Uma revista mais detalhada das pesquisas sobre as convicções e as práticas dos formadores dos mestres deve ser feita, a fim de que possamos melhor compreender as maneiras contraditórias e múltiplas que a tradição tem de afetar a aprendizagem do ensino na formação contemporânea dos mestres.

2
A construção social da profissão docente no Brasil: uma rede de histórias

Isabel Lelis
PUC-Rio

Introdução

A ideia de investir na pesquisa sobre trajetórias de vida de professoras primárias[1] nasceu da insatifação diante de um discurso dominante sobre a desvalorização dos saberes e das práticas dos docentes, considerados como tecnicamente incompetentes e politicamente desengajados diante do ensino nos meios desfavorecidos. Nascido a partir dos anos 1980 no seio das burocracias da educação e das universidades, esse discurso esconde as mudanças profundas que se produziram nos modos de intervenção do Estado sobre os sistemas de ensino e vem confirmar a necessidade de controlar a autonomia do professor primário através da racionalização (e da privatização) do trabalho que ele realiza no interior da escola e da sala de aula (NÓVOA, 1998).

Certamente, formas de regulação da profissão docente são necessárias. Mas elas devem respeitar a experiência do mestre e levar em consideração os processos dinâmicos e interativos de formação contínua, vividos em espaços concretos pelo coletivo que constitui esse grupo profissional. Todavia, o que se vê hoje, em vários países do mundo, obedece a uma lógica que privilegia a racionalização técnica do trabalho professoral em vários níveis (avaliação, currículo, etc.), a partir de uma perspectiva cientificista, elaborada no seio das agências governamentais e das universidades (NÓVOA, 1998).

Neste sentido, trabalhar com biografias narrativas significa que é possível questionar essa lógica que se manifesta na representação de uma categoria profis-

---

1. Este trabalho é baseado em minha tese de doutorado, *La polysémie du professorat: entre mythes et histoires*, defendida em 1996 na PUC-Rio. A escolha das professoras entrevistadas foi feita em função dos seguintes critérios: trabalhar no ensino primário; trabalhar em sala de aula pelo menos há 15 anos; ter uma inserção em espaços variados: escola particular leiga, escola particular religiosa e escola pública municipal, situadas nos bairros das zonas norte, sul e oeste da cidade do Rio de Janeiro.

sional, marcada por classificações aprioristicas, definindo um patamar de formação inicial que ela deve possuir, os saberes e as competências que ela deve dominar, e o grau de profissionalismo que ela deve atingir. Esse procedimento representa também uma solução de substituição para as abordagens fundadas em sistemas que delimitam e modelam o mundo como ele deve ser (POPKEWITZ, 1992), sendo essas abordagens, na minha opinião, prisioneiras tanto de uma tendência a um "abstracionismo" quando ignoram a dinâmica das práticas escolares (AZANHA, 1992), quanto de um "substancialismo", que aniquila os movimentos dos agentes sociais no tempo e no espaço.

Escolhi a abordagem biográfica porque tenho a convicção de que nenhuma história de vida é apenas uma simples trajetória isolada: "Ao contrário, ela está sempre inscrita numa matriz, mais ou menos ampla e complexa, de relações sociais que, em grande parte, a informam e da qual ela retira uma parte considerável da sua lógica, de modo que acaba necessariamente por refleti-la" (RIBEIRO, 1995: 133).

Utilizando essa via, foi possível identificar linhas de orientação da vida social e profissional, a partir de condições sociais de existência reveladoras de valores, atitudes e comportamentos dos agentes e dos grupos sociais (VELHO, 1987).

Se é verdade que a literatura internacional da última década sobre a profissão e a profissionalização do docente foi extremamente estimulante, tanto do ponto de vista dos perigos que envolvem o controle político do trabalho docente, tendo por consequência a separação das atividades de concepção e de execução, quanto do ponto de vista das ideologias que subjazem ao princípio da racionalidade técnica presente na própria definição da profissão docente, também é verdade que é preciso investir na compreensão das significações atribuídas ao trabalho docente além de certas formulações que perpetuam o debate sobre o *status* do ensino, a saber: se se trata de uma profissão plena, de uma ocupação semiprofissionalizada ou de uma ocupação em via de profissionalização (NÓVOA, 1998; PERRENOUD, 1996).

Esse debate parece estar ligado a um discurso que progride pouco sobre a tensão entre a pluralidade das significações atribuídas à profissão pelos docentes e um projeto mais orgânico capaz de enfrentar os desafios ligados à escola de massa e à valorização dos seus agentes, os profissionais do ensino, em particular aqueles que trabalham em contextos marcados pela seletividade social e escolar.

Num livro publicado recentemente sobre o ofício de professor, Arroyo (2000) introduz a imagem de uma cultura do professorado constituída de numerosos fios. Privilegiando-se apenas um deles, corre-se o risco de não apreender toda a complexidade do trabalho docente. Baseando-me nessa imagem, proponho-me neste texto a refletir sobre a identidade social dos docentes, forjada em processos de socialização familiar, escolar e profissional. Escolhi pois utilizar as histórias de vida de professoras que habitam na cidade do Rio de Janeiro e trabalham em escolas primárias[2] públicas e particulares e isso com a finalidade de desvelar fragmentos dos processos invisíveis da constituição do *habitus* profissional, para assim chegar a relativizar as imagens de passividade, de negligência e de incompetência técnica que são atribuídas a essas professoras pelo poder público e pela universidade. Trata-se de afirmar que a história social do professorado é uma arena feita de um conjunto de histórias que se interpenetram:

• a história da construção do campo intelectual da educação e da profissão;

• a história das lutas e das estratégias dos professores e professoras em relação ao Estado;

• a história da construção da escola e do saber que nela circula;

• e também a história construída a partir da maneira pela qual os professores e professoras "agem, pensam, sentem, vivem, e isso, no interior e no exterior do trabalho, na totalidade dos seus espaços, dos seus tempos e das suas relações sociais" (ARROYO, 2000: 199).

Entre o público e o particular, qual é a imagem do ensino?

Mais do que a de qualquer outra categoria profissional, a situação atual dos docentes da escola primária no Brasil teve uma ampla crítica desfavorável pela mídia e pela produção acadêmica. Seja do ponto de vista da origem social, do grau de instrução obtido ou ainda das condições de trabalho, o reconhecimento da diversidade social e cultural existente entre os docentes aumenta as dificuldades do debate que cerca a sua imagem social e pública. Por um lado, há a desvalorização proveniente da passagem para a escola de massa e da democratização do ensino, acarretando a perda do prestígio ligada à posse de um saber inacessível à maioria da população. Por outro lado, a imagem continua sendo positiva, pelo menos no plano simbólico, pois depositam-se sobre os docentes a expectativa e a responsabilidade social de um futuro melhor (NÓVOA, 1998). Entre essas duas tendências, o que se questiona é o projeto de uma escola de massa que não consegue absorver o aumento do número de alunos, a sua heterogeneidade sociocultural e o impacto das novas maneiras de tratar o saber e o ensino (LELIS, 1997b).

Apesar da complexidade do lugar social ocupado pelos docentes, o que se verifica nos relatos das professoras, se considerarmos suas origens familiares, é um movimento mais ascendente de suas trajetórias sociais e institucionais. Provenientes, em grande parte, de meios desfavorecidos, os professores e as professoras desenvolveram, ao longo de seus itinerários, estratégias de conquista de títulos

---

2. A escola primária (ou ensino fundamental) comporta oito anos de estudos agrupados em dois ciclos de quatro anos cada.

escolares, à custa de uma renúncia e de uma austeridade em termos de estilo de vida, de uma *ascese*, no sentido em que fala Bourdieu (NOGUEIRA, 1991).

É o caso de Isolda, uma professora primária negra, que habita num bairro operário da cidade do Rio de Janeiro, cuja trajetória de vida é marcada pela tenacidade para superar obstáculos de todo tipo, no plano social e econômico. Iniciando aos 12 anos a sua vida de professora primária, dando aulas particulares para ajudar materialmente a família, ela subiu pouco a pouco os degraus da escolarização, até obter seu diploma de letras numa prestigiosa universidade federal. Depois de acabar o seu curso universitário, Isolda sempre passou com sucesso nos concursos públicos de escolas prestigiosas dos quais participou. Entretanto, não tendo experiência em instituições de ensino superior, ela não conseguiu ser admitida. O diploma de ensino superior, conquistado com muita dificuldade graças à sua vontade pessoal e apesar da fadiga dos seus dias de trabalho, provocou um deslocamento de posição no seu campo profissional, na medida em que ela se tornou também professora no segundo ciclo do primário. Interrogada sobre o peso da sua experiência universitária, ela relativiza a função do saber acadêmico como ferramenta de compreensão da realidade e de aperfeiçoamento da sua prática. Depois de vários anos de ensino, passados em escolas públicas frequentadas pelos alunos mais desfavorecidos, estimulando os jovens a praticar a leitura e a escrita, recorrendo à pesquisa na imprensa ou à encenação de peças de teatro, Isolda justifica os movimentos realizados no interior da profissão como sendo a expressão da tensão entre a instabilidade profissional e a manutenção da posição conquistada em sua trajetória, típica das camadas sociais médias instruídas.

A partir do caso de Isolda e de tantas outras professoras, torna-se claro que é preciso, como indica Nóvoa (1998), repensar o processo de profissionalização da profissão de docente além da lógica do espaço acadêmico e das políticas do Estado inscritas num campo de poder e de controle. Além disso, esses exemplos evidenciam o desafio que constitui o fato de acolher, ao mesmo tempo, um grau de universalismo implícito no termo "profissão" (TARDIF, 2000) e a possibilidade de incluir maneiras particulares de entrar na profissão e de viver o trabalho de docente em contextos sociais em que o problema da desigualdade social e da seletividade escolar ainda não foi resolvido. A rigor, eles estimulam a reflexão sobre a significação da experiência e do saber universitário para a prática profissional (TARDIF, 2000), especialmente para os segmentos das classes operárias que investem no "estudo" enquanto projeto construído em função de um código, de experiências socioculturais, de vivências e de interações interpretadas. "O projeto não é absolutamente racional, mas é o resultado de uma deliberação consciente a partir da circunstância, do campo de possibilidades no qual se insere o sujeito" (VELHO, 1987: 27).

É certo que o investimento na pesquisa sobre vidas de professores pode constituir uma chave de análise fecunda para o desenvolvimento profissional mais do que a simples posse de títulos acadêmicos adquiridos em instituições universitárias.

Entretanto, a identidade social das professoras comporta também a imagem, principalmente a partir das duas últimas décadas, de um esgotamento dos recursos culturais, gerado por condições de trabalho desfavoráveis, seja o acúmulo de vários empregos em diversos estabelecimentos de ensino, seja o fato de trabalhar no campo da educação, mas não como professora, ou ainda o fato de ter outras ocupações não ligadas ao ensino (GATTI et al., 1998). A dupla ou tripla jornada de trabalho tem repercussões no cotidiano das professoras primárias de baixo *status* socioeconômico, por exemplo a diminuição das viagens e da frequência aos museus, concertos e cinemas. Nos testemunhos obtidos, salvo exceção, observa-se um certo ressentimento diante da perda gradual do gosto pela leitura, das restrições vividas em termos de acesso aos bens culturais e às suas repercussões sobre o estilo de vida e o trabalho dessas profissionais (LELIS, 1997a).

A esse quadro, acrescentam-se as dificuldades de aperfeiçoamento que devem enfrentar os docentes da rede pública, o que se traduz por uma taxa relativamente baixa de frequência a cursos, seminários e oficinas de formação. Num estudo realizado com professores da rede pública de três Estados do Brasil (Maranhão, Minas Gerais e São Paulo) e constituído de uma amostra de 304 questionários classificados segundo a localização, o grau escolar, a disciplina e o nível socioeconômico da clientela, Gatti et al. (1998) chamam a atenção para o fato de que a prática da leitura se revelou ser apenas muito pouco significativa. Embora 69% dos docentes tenham declarado que leem revistas especializadas em educação, a atividade de leitura especializada não parece ser muito intensa: 14% dos docentes declararam não ter lido nada nos últimos anos e 52% afirmaram ter lido apenas alguns textos ou artigos. Apenas 18% declararam ter lido livros regularmente. Uma boa parte daqueles que afirmaram ter lido alguns textos nos três últimos anos não foi capaz de citar um só autor ou título, e uma porcentagem significativa citou somente um (GATTI et al., 1998: 256).

Ana, que é professora de português, tem duas tarefas de ensino em uma escola municipal situada num bairro da zona sul do Rio de Janeiro. Ela estuda letras, música e artes em uma universidade federal, e obteve diplomas reconhecidos no mercado científico. Essa professora proveniente de uma família de artistas parece ter herdado a estrutura do capital familiar, isto é, um volume maior de capital cultural[3]. Seu pai foi professor de matemática e publicou livros de poesia. A atmosfera familiar foi marcada pela valorização do gosto pelo teatro e pela música. O estilo de vida de Ana sofreu mudanças importantes nas últimas décadas, traduzindo-se por uma restrião na compra de livros e na frequência aos teatros e concertos, assim como por uma diminuição das viagens. Na sua narração, nota-se que a perda

---

3. A noção de capital cultural, para Bourdieu, assume três formas: o estado "incorporado", o estado "objetivado" e o estado "institucionalizado". A incorporação exige um trabalho de investimento pessoal, em que o *ter* se torna *ser*, uma propriedade que se torna parte integrante da pessoa, um *habitus* (BOURDIEU, apud ACCARDO & CORCUFF, 1986).

do poder aquisitivo resultante da deterioração dos salários pagos aos docentes da rede municipal chegou até a comprometer a sua existência, tornando difícil o acesso aos regimes de seguro-saúde particulares.

O que a sua história revela, e que poderia aplicar-se a boa parte do corpo docente, é um esforço de incorporação do capital cultural, em que o "ter" se tornou "ser", uma propriedade feita corpo que se tornou parte integrante da sua prática, um *habitus* (BOURDIEU apud MICELLI, 1974), que teve certamente repercussões na prática profissional. Contraditoriamente, o fato de ter incorporado um "diploma" de capital cultural não constitui uma garantia de que as vantagens dos bens culturais e sociais serão conquistadas (BOURDIEU apud ACCARDO & CORCUFF, 1986).

Considerando-se que as transformações do estilo de vida acabaram atingindo a subjetividade e a sociabilidade desses agentes sociais, a imagem pública dos professores e das professoras, quando comparada com a das décadas passadas, aparece como problemática, pois, ao lado da representação social de pessoas pouco competentes ou pouco qualificadas para o exercício da sua profissão, o imaginário social atual ainda está fundado na retórica da missão, do sacerdócio e da vocação, arquétipo que impregna fortemente a história desse grupo profissional.

Sem compartilhar o ideal de vocação que sugere palavras como personalismo, dom, graça divina (HAGUETTE, 1991), e que escamoteiam a posição ocupada pelos docentes no espaço social, os professores, refletindo nas condições de vida dos alunos e nas necessidades que estas impõem à dinâmica escolar, como a violência familiar, a ausência dos pais no processo de escolarização das crianças, o consumo de drogas por crianças e jovens, são levados a desenvolver estratégias de ensino e de interação que tomam em consideração as novas características da clientela. Nesse sentido, ao contrário do que se assinala na literatura dos anos 1980, eles não voltaram as costas às condições de existência dos seus alunos. Considerando que o docente teve necessidade de modificar a sua prática diante da fome, da miséria, das jovens mães celibatárias, das famílias desintegradas, Vorraber Costa (1995) sublinha a distância que existe entre, por um lado, o discurso objetivo e racional sobre o profissionalismo, reafirmado nas retóricas neoliberais, nas universidades, assim como nos textos oficiais e, por outro lado, as práticas sensíveis e solidárias que são desenvolvidas por docentes e que são muito afastadas das lógicas que contêm a definição daquilo que deve ser a profissão docente. Uma vez que o objeto do trabalho do docente é constituído de seres humanos, os saberes que decorrem dessa experiência precisam ser legitimados eticamente (TARDIF, 2000), sob pena de ver desaparecer uma dimensão estruturante da prática. Esse é, entretanto, um aspecto da profissão que permanece invisível e que pertence ao campo privado, pois não é explorado de maneira consistente nos programas de formação.

Culpabilizados porque não respondem às exigências da atividade escolar diária, os docentes se encontram no meio de um fogo cruzado de poderes e contrapoderes, numa história de isolamento no interior da sala de aula, o que contribui para impedir uma mudança do seu *status* sociocultural, apesar dos movimentos empreendidos por associações profissionais e sindicatos, principalmente a partir do fim dos anos 1970.

Refletindo sobre soluções para a construção de uma nova identidade de docente, Nóvoa (1998) assinala a necessidade de superar a visão *miserabilista* que acabou por envolver os docentes e que interfere na ação pedagógica e no *ethos* dos professores primários. Só uma cultura de cooperação, de parceria entre as escolas, o Estado, as universidades e os organismos existentes no seio da sociedade civil, que respeite os instrumentos didáticos dos quais os docentes dispõem no espaço escolar, poderá contribuir para a gestão dos problemas que sociedades como a nossa apresentam ainda e que se manifestam através dos comportamentos e das práticas dos alunos.

Tempos e espaços da formação

Mais do que qualquer outra profissão, o ensino primário está historicamente associado ao imaginário social fundado no dom ou na aptidão que só as mulheres teriam de modo natural. A escolha dessa profissão se explicaria então pela oportunidade que teria a mulher de pôr em prática habilidades aprendidas desde o seu nascimento (BRUSCHINI, 1978), o que traduziria ao mesmo tempo uma estratégia de sobrevivência e um poderoso sentido de realidade diante das coerções impostas à mulher até hoje. A pesquisa sobre trajetórias de vida demonstra que o sexo é um parâmetro importante para compreender as motivações que levam a escolher esse ofício, se o relacionarmos à classe social, à etnia e à geração, pois não somos caracterizados apenas pelo nosso sexo ou por aquilo que a cultura fez dele (LOPES, 1991). Diferentes construções sociais do gênero feminino se manifestam na maneira pela qual as professoras entraram no ofício e nele permaneceram, assim como na sua maneira de exercê-la. Fatores como uma certa familiaridade com o ofício, desenvolvida no interior de grupos de referência, o peso da educação feminina, um número restrito de possibilidades no plano socioeconômico, a necessidade imediata de obter um emprego seguro num mercado de trabalho aberto e a conciliação entre o estudo e o trabalho (LELIS, 1996; GATTI et al., 1998) concorrem para a constituição de disposições mais ou menos favoráveis aos docentes. Em outras palavras, nos relatos das professoras, a força de socialização familiar, expressa por práticas culturais, por redes sociais de circulação e por restrições econômicas foi amplamente citada.

Entretanto, outro elemento ajuda a compreender a imagem social da professora. Ao contrário do debate sobre os critérios de recrutamento para a carreira de professor ou professora, assim como sobre os saberes e as habilidades que ele ou ela deve possuir, as histórias de vida das professoras originárias de meios desfavorecidos indicaram um percurso que começa, precocemente, por escolas improvisadas em casa e por aulas particulares, na condição de "professoras particulares"[4] para alunos que temem um fracasso escolar nos estabelecimentos públicos. Trata-se de uma rede paralela ao sistema oficial de ensino, no qual se desenvolve um trabalho marcado pela domesticidade, porta de entrada para a profissão, usada por algumas das entrevistadas em seu processo informal para se tornarem docentes. No trabalho *em domicílio*, as professoras jogam o jogo que lhes é possível jogar e gerem a continuidade ou a descontinuidade do tempo de trabalho, em função do seu próprio cotidiano.

Clara relata que, já quando criança, gostava de brincar de "dar aula", usando botões que, na sua imaginação, eram vistos como uma classe de alunos. O início da sua prática se efetuou por aulas particulares que, por causa de seu sucesso, se transformaram numa "escolinha", funcionando na sua casa, na zona rural da cidade. Essa atividade, que se prolongou durante muitos anos, era considerada como uma estratégia necessária para pagar o curso superior de letras que ela fazia, à noite, em uma instituição de ensino superior de baixo prestígio, situada perto de sua casa. Ela também obteve um diploma de pedagogia, a fim de ampliar o campo de possibilidades profissionais. Alguns anos depois, começou um curso universitário de segundo ciclo em literatura infantil, numa universidade federal, curso que só pôde terminar por causa de sua tripla jornada de trabalho. Sua inserção formal na carreira de professora da rede pública se efetuou por meio de um concurso para ensinar nas classes mais avançadas do ensino fundamental (da quinta à oitava séries). Entretanto, ela decidiu trabalhar ainda durante alguns anos numa escola improvisada, situada numa paróquia próxima de uma favela. Ela afirma que sua entrada na carreira docente se fez por caminhos tortuosos, em que ela "voltou para trás", fazendo alusão à sua preferência pelo ensino em nível primário, nos meios desfavorecidos, mais do que pela escola secundária.

Analisando esse ofício de docente, Weber (1997) nos mostra como essa problemática é complexa e como a domesticidade pode se tornar um sério obstáculo ao processo de profissionalização do docente, pois, para superá-la, isso implica não só a definição de outros modelos de remuneração, mas também a delimitação de competências, a institucionalização de preâmbulos do ponto de vista da formação inicial e do exercício da própria atividade. Sua existência remete à problemática da profissão vista como um *campo*, no sentido dado por Bourdieu (1974), marcado por uma lógica particular, por hierarquias e por disputas. Essa noção permite ver os professores e as professoras como sujeitos ocupando posições distintas e contribuindo, com os instrumentos teóricos e práticos de que dispõem e com

---

4. A existência da "professora particular" ("explicadora"), uma professora leiga que não corresponde às exigências necessárias ao exercício da profissão, é a expressão das desigualdades sociais e escolares muito frequentes nas regiões norte e nordeste do Brasil.

aqueles adquiridos ao longo do seu percurso, para a mudança ou a permanência da instituição escolar e no interior desta.

A trajetória de Clara nos leva a refletir sobre a sua experiência de professora enquanto síntese de sucessos e equívocos. Ao invés de julgar essa trajetória, trata-se de refletir sobre as relações que essa professora estabeleceu com o saber e com o *know-how*. Em outras palavras, qual é o peso da socialização escolar e profissional nas práticas que ela construiu ao longo do seu percurso? Como o saber acadêmico modificou as disposições nascidas no início da sua carreira, no momento em que ela ainda experimentava, em casa e de modo intuitivo, recursos didáticos, enquanto os paradigmas de formação dos docentes têm tendência a tratar os alunos como "espíritos virgens e não consideram suas crenças e suas representações anteriores"? (TARDIFF, 2000: 19).

Quando consideramos as instituições responsáveis pela formação dos professores e professoras no Brasil, o desafio reside na heterogeneidade dessas instituições, do ponto de vista da qualificação acadêmica oferecida[5]. Se é verdade que a transferência da formação dos mestres para o ensino superior, durante a última década, é o resultado das reivindicações dos educadores para garantir um fundamento teórico mais consistente ao futuro docente e uma relação mais direta com a teoria que só a universidade pode oferecer, existem todavia outras dimensões desse fenômeno, que precisam ser analisadas, sob pena de passar ao largo dos diferentes sentidos que a formação prévia aos estudos acadêmicos assume, nos itinerários dos professores e das professoras. Considerando-se que no Brasil os cursos noturnos do ensino superior proliferam nas escolas particulares e isso, em condições de funcionamento e ensino muito precárias, e que "seria ingênuo acreditar que a formação inicial pode ser o único motor de profissionalização", ainda mais que "a formação das professoras e dos professores só pode influenciar as suas práticas em condições determinadas e em limites precisos" (PERRENOUD, 1993: 153), é compreensível que a maioria das professoras tenha feito referência a esse espaço e a esse tempo como sendo pouco estimulantes do ponto de vista intelectual. Afirmações como "não é a faculdade que faz o aluno, é o aluno que chega ali com a sua bagagem" ou "eu não tinha nenhuma vontade de fazer o curso de Pedagogia; acabei abandonando no fim do primeiro semestre", nos fazem pensar na necessidade de reconsiderar a complexidade da profissão de docente e, como corolário, a formação das professoras e dos professores. Para Nóvoa (1988, p. 44), o desafio consiste na "análise histórica do *curriculum* dos cursos de formação de docentes, que oscilam entre três polos:

---

5. Há vários tipos de estabelecimentos que formam docentes no Brasil: as escolas normais, as universidades, assim como os institutos e escolas normais superiores de educação, estes dois últimos tendo sido recentemente introduzidos à força, por decreto presidencial. Eles podem fazer parte dos sistemas públicos de ensino (no nível federal, municipal ou estadual) ou de empresas privadas e de ordens religiosas.

2. A construção social da profissão docente no Brasil...

• o polo *metodológico*, em que a ênfase fica nas técnicas e nos instrumentos da ação;

• o polo *disciplinar*, centrado na mestria de um saber;

• e o polo *científico* (pedagógico) tendo como referência as ciências da educação, enquadradas pelas ciências sociais e humanas, particularmente a psicologia.

Esse tipo de lógica acaba reproduzindo dicotomias (saber fundamental/saber aplicado, ciência/técnica, saber/métodos, etc.) que não contribuem para a reflexão sobre a relação que existe entre os docentes e o saber (NÓVOA, 1998).

No que se refere às escolas normais – instituições tradicionalmente destinadas à formação dos docentes, especialmente nas regiões menos desenvolvidas do Brasil –, Gatti et al. (1998) chamam a atenção para problemas que se arrastam há décadas, como por exemplo a desarticulação entre os diferentes tipos de saberes que constituem o currículo, a redução e a eliminação das disciplinas de caráter instrumental, assim como a ausência de projetos pedagógicos organicamente construídos pelos docentes. Apesar do fato de que contingentes de jovens dinâmicos passam pelas escolas normais, os anos que passam ali poderiam bem ser considerados como "anos descoloridos", pela falta de "glamour" da instituição (LELIS, 1996), situação agravada pela não escolha e pela não adesão a um "tornar-se professor" (WEBER, 1997).

Para os professores e as professoras que glorificam esse espaço de formação, as lembranças se referem à qualidade do ensino, à consistência do trabalho realizado pelos professores e pela boa formação cultural. Apesar das imagens muito diferentes sobre o papel da formação inicial na construção de uma maneira de ser docente, as duas categorias de questões merecem ser levantadas.

A primeira se refere à força da socialização familiar e escolar na configuração de sistemas de pensamento comuns a toda uma geração. Ou seja, as disposições duradouras e transferíveis que organizam o pensamento e a prática dos docentes são tributárias dessas duas instituições, a família e a escola, o que não significa que elas não comportem uma "arte de invenção" (BOURDIEU, 1974). Situando o trânsito entre a experiência escolar e o início do exercício profissional, Nóvoa oferece uma pista para melhor compreender esse processo de passagem:

> Esse fato acentua um dos traços sociológicos da profissão docente: um professor primário passa de um papel, o de estudante, para outro papel oposto, o de docente. No processo de sua entrada na profissão, os docentes efetuam um *role-transition* ao invés de um *role-reversion* e, no começo de sua atividade profissional, utilizam frequentemente referências adquiridas quando eram alunos; em certo sentido, pode-se dizer que o período crucial da profissionalização do docente não ocorre durante a aprendizagem formal, mas durante o exercício do seu ofício (NÓVOA, 1991: 91).

A segunda questão faz referência às exigências que devem orientar a formação inicial dos docentes, independentemente do nível dessa formação. Quer essa formação ocorra na universidade, quer se desenvolva em escolas normais ou ainda em institutos superiores de educação, o desafio consiste em reconhecer que nenhuma dessas instâncias poderá, isoladamente, responder à totalidade das exigências da formação. É importante considerar a escola como o eixo estruturante da formação e o espaço central de promoção da aprendizagem e da reflexão teórico-metodológica sobre a prática (GOMEZ, 1992). Entretanto, para produzir uma consciência crítica e uma ação qualificada no futuro docente é preciso não parar de apoiar o docente, a organização escolar e a profissão, num plano coletivo (NÓVOA, 1998).

A força da escola na socialização profissional dos docentes

A última década viu proliferar uma literatura que apresenta os docentes como pesquisadores e pesquisadores reflexivos, tentando assim reabilitá-los no plano social e profissional. Não é por acaso que assistimos à emergência de perspectivas que, apoiando-se no princípio de que o "modo de vida" pessoal acaba interferindo no plano profissional, valorizam métodos biográficos. Apesar da heterogeneidade das obras que apresentam esse tipo de abordagem, e o perigo que está na própria utilização dos relatos autobiográficos[6], é importante mencionar alguns consensos. O primeiro faz referência à necessidade de defender a importância das dimensões teóricas, técnicas e pessoais do trabalho docente, quando se tem em mente a salvaguarda da autonomia profissional dos docentes, que é ameaçada pela racionalização e pela privatização do ensino. O segundo se refere à valorização dos "saberes de referência da profissão, a partir da reflexão que os docentes fazem sobre sua prática" (NÓVOA, 1995). Ora, é a escola que é o lugar privilegiado por excelência para redimensionar os saberes dos quais são portadores os docentes e que se manifestam na ação pedagógica, assim como nas concepções que dizem respeito aos processos de ensino e de aprendizagem e que explicam uma série de comportamentos e de atitudes.

Katia é uma professora que trabalha numa escola pública e também numa escola particular, ambas situadas num bairro da zona norte da cidade do Rio de Janeiro. Na verdade, essa professora construiu a sua identidade profissional na escola particular, onde trabalha há vinte anos. Trata-se de uma escola prestigiosa, em relação ao conjunto das instituições particulares, por causa dos resultados obtidos por seus alunos no exame vestibular à universidade. Katia não conseguiu fa-

---

6. Bourdieu (1996) chama a atenção para a *ilusão biográfica* e se serve da metáfora do *nome próprio* para fazer alusão às supostas permanências que são atribuídas por filiação, estado civil ou profissão, e que são a expressão de instituições juridicamente instituidoras de posições em espaços sociais.

zer o curso de pedagogia, porque tem uma dupla carga de trabalho e é arrimo de família. Mais do que socializadora, essa escola particular fez o papel de instância formadora de ideias, de valores e de práticas na vida dessa professora, pois a escola pública se encontra num processo de deterioração, dada a elevada taxa de rotatividade dos professores. No seu relato, Katia não faz referência aos seminários, às oficinas de formação contínua, aos cursos, nem aos lazeres ou à compra de livros. Katia é professora na classe de alfabetização e afirma utilizar uma série de recursos para ensinar a ler e a escrever às crianças: canções para introduzir os fonemas e material concreto variado para o ensino da matemática.

Diante desse trecho de depoimento, duas questões se apresentam. O fato de que Katia esteja mergulhada numa instituição tendo uma atmosfera pedagógica particular pode tê-la levado a vestir o "hábito do monge" de que nos fala Bourdieu (1983), não lhe permitindo "achar estranho o familiar" (VELHO, 1987), por causa da sua adesão ao projeto pedagógico da instituição da qual ela foi uma das administradoras. Se, por um lado, parece haver espaço nessa escola para uma reflexão coletiva, pois o ideal da instituição passa por uma rede de relações pessoais e profissionais, o desafio consiste em saber se essa adesão permitirá que a sua reflexão sobre a ação seja menos cativa das limitações impostas pela própria instituição. A segunda questão faz referência à hipótese segundo a qual a dimensão pedagógica do trabalho está ligada a outros setores da vida social. Em outras palavras, as práticas dos docentes não são assépticas, no sentido em que não são prisioneiras das posições que ocupam no espaço social. As disposições profissionais dos docentes são a síntese viva de um conjunto de experiências ligadas às marcas deixadas pela escolarização à qual eles foram submetidos, aos processos de formação prévia e à cultura da organização escolar em que eles construíram a sua própria maneira de ensinar, pessoal e intransmissível.

À maneira de conclusão

Apresentar a construção social do trabalho docente a partir de trajetórias de vida de professoras exigiu um certo esforço para passar ao largo de perspectivas etnocêntricas, que tendem a definir a profissão a partir de um olhar voltado "para o interior", fechado no campo científico e político. Esse olhar desviou-se há muito tempo de uma trama complexa de práticas, de valores e de saberes, daqueles mesmos que fazem a escola no cotidiano. Além da passividade, da negligência e da incompetência técnica dos docentes, tal como são julgadas e arbitradas pelas agências governamentais e pelas universidades, é importante compreender que eles ocupam posições diferentes em relação aos recursos de que dispõem e que eles construíram ao longo de suas histórias. Assim, não haveria apenas um único profissionalismo, mas antes formas particulares de viver o trabalho, que não são necessariamente visíveis, nem revestidas de características comuns, inclusive do ponto de vista de um limiar, em termos de formação inicial desejável. As diferenças devem ser afirmadas, pois encerram condições objetivas de produção dos sujeitos a partir das quais foram estabelecidas maneiras de perceber e de classificar o mundo. O caráter polissêmico do trabalho docente não deve, entretanto, servir de pretexto para o imobilismo das instituições responsáveis pela formação dos professores e das professoras (as administrações públicas, as universidades e os sindicatos). Ele deve constituir o eixo para a definição de políticas públicas orientadas para a valorização social do ensino, em seus numerosos sentidos.

Se esta reflexão representa uma das versões da história social da profissão no Brasil neste fim de século, o futuro permanece aberto e dependerá do jogo de poderes e de contrapoderes, das tensões e dos conflitos que cercam a profissão docente.

3
O modelo do prático reflexivo diante da enquete na Bélgica*

Christian Maroy
Girsef/Universidade de Louvain

Introdução

A profissionalização do corpo docente caminha junto, em vários países, com a valorização de um novo modelo de profissionalidade docente, o modelo do prático reflexivo (TARDIF et al., 1998). Essa tendência é nitidamente perceptível na Bélgica francófona, que acaba de fazer uma reforma na formação dos professores primários e regentes. A partir do caso belga, nosso propósito é questionar o pressuposto de arcaísmo dos docentes, que fundamenta uma estratégia de reforma da instituição escolar amplamente direcionada para uma vontade de conversão identitária dos docentes ao modelo do prático reflexivo. Num sistema escolar largamente descentralizado, mas submetido há duas décadas a reformas profundas, parece, efetivamente, que a reforma da formação inicial dos docentes é grandemente inspirada pelo modelo do prático reflexivo e visa a produzir um docente adaptado às orientações das reformas empreendidas em outros lugares, no nível do currículo ou dos modos de regulação do sistema. Ora, ao contrário do que é suposto, os docentes belgas do secundário parecem afinal relativamente próximos do modelo visado. Sua resistência às reformas poderia pois ter outras origens e não o seu suposto conservadorismo pedagógico ou o arcaísmo identitário. Formulamos a hipótese de que as distâncias sociais e profissionais se acentuam entre os docentes da base e uma "superestrutura" gestionária e intelectual, e que uma perda de poder relativa poderia também explicar a resistência passiva dos docentes diante das reformas em curso. Uma modernização da instituição deveria então tratar de reforçar também a tomada de responsabilidade individual e coletiva dos docentes.

Descreveremos primeiro rapidamente o contexto da modernização do sistema escolar na Comunidade Francesa da Bélgica (CFB), antes de apresentar o teor do

---

* Este trabalho beneficiou-se da convenção ARC97-02/209 do Ministério do Ensino Superior e da Pesquisa Científica da Comunidade Francesa da Bélgica.

discurso de promoção do modelo do prático reflexivo nesse espaço político e mostrar a sua influência sobre as orientações da reforma da formação inicial dos professores primários e regentes. Numa segunda parte, mostraremos, a partir dos resultados de uma sondagem junto a 3.600 docentes do secundário, que o modelo do prático reflexivo está, em grande parte, já interiorizado por muitos docentes, pelo menos num plano representacional. Terminaremos discutindo as razões das resistências docentes às reformas, se o seu "arcaísmo" não pode ser invocado como causa principal.

O contexto: a modernização de um sistema profundamente descentralizado

A instituição escolar belga não se construiu historicamente como um "sistema" de ensino fortemente integrado. Se o Estado tem nele um papel crescente ao longo da história, teve de dividir o seu papel de autoridade relativamente centralizada com federações de poderes organizadores (o que se chama, na Bélgica, de "redes"), construídas sobre clivagens filosóficas[1]. Paralelamente, os estabelecimentos escolares locais e o mercado desempenham também um papel muito importante. Analisando a regulação no sistema escolar belga francófono, evidenciamos assim (MAROY & DUPRIEZ, 2000) a que ponto o quadro institucional da escola corresponde a uma montagem compósita articulando diversas formas de coordenação e diversos atores entre os quais nenhum parece suficientemente poderoso para orientar sozinho e de modo duradouro a ação escolar. Assiste-se então a combinações sutis, em que se entrecruzam os efeitos da regulação pública, as pressões das associações de estabelecimentos, o peso real de cada um dos estabelecimentos e as relações de concorrência entre eles. Nesse conjunto complexo, as unidades descentralizadas representam entretanto uma peça central do dispositivo educativo na Bélgica. Em função das características dos iniciadores do projeto escolar, essas unidades descentralizadas correspondem ora a um estabelecimento (o que é geralmente o caso no ensino subvencionado católico) ora a um grupo de estabelecimentos como se observa no ensino subvencionado oficial. Neste último caso, são autoridades públicas locais ou provinciais que são responsáveis pelas escolas que elas criaram e que constituem o seu poder organizador[2]. Ao lado desse ensino subvencionado público e privado, vamos assinalar que exis-

---

1. As "redes" de ensino constituem um conjunto de poderes organizadores mais ou menos integrados numa estrutura federal, que representa os seus interesses junto ao poder político, propondo aos seus membros uma série de serviços de natureza jurídica, administrativa ou pedagógica. Quatro "redes" de ensino coexistem na Bélgica francófona: a rede estatal da Comunidade Francesa da Bélgica, a rede dos poderes públicos locais (cidades, comunas e províncias), a rede do ensino livre confessional (de maioria católica), a rede de ensino livre não confessional.

2. O poder organizador corresponde, na Bélgica, à autoridade escolar responsável por um ou vários estabelecimentos. Essa autoridade pode ser particular ou pública. Se é pública, é descentralizada (uma província ou uma comuna) ou centralizada (o Ministério da Educação).

3. O modelo do prático reflexivo diante da enquete na Bélgica

tem também estabelecimentos que dependem diretamente da autoridade política central, mas estes cobrem, na Bélgica francófona, menos de 20% da população escolar[3]. Essas unidades descentralizadas, quer se trate de cada uma das escolas católicas, quer se trate de um poder público local, sempre se beneficiaram de liberdades muito amplas na definição do seu projeto escolar. Assim, o legislador reconhece nesse nível de autoridade as competências de determinação dos programas, de avaliação e de certificação dos alunos, de definição de um projeto educativo e pedagógico e também de recrutamento dos docentes.

Entretanto, há uma década, o legislador na Comunidade Francesa da Bélgica desenvolveu uma atividade relativamente intensa, que leva progressivamente a promover a evolução dos modos de regulação e de coordenação no sistema educativo (DUPRIEZ & MAROY, 1999). Umas das iniciativas mais importantes a esse respeito é a promulgação em 1997 de um decreto que, pela primeira vez, explicita os objetivos gerais do sistema escolar em um texto de lei, decreto-quadro qualificado desde então como decreto "missões"[4]. Esse decreto prolonga, além disso, diversas reformas introduzidas precedentemente, entre as quais as mais significativas se referem ao currículo de ensino (promoção de um currículo em ciclos orientados pelas competências a serem atingidas, as quais são transversais aos diversos estabelecimentos e "redes de ensino"). Figuram igualmente a promoção de regras transversais em matéria de matrícula e de direitos dos alunos, a promoção dos "projetos" do estabelecimento e o desenvolvimento de uma lógica participativa e concertativa em e entre os estabelecimentos, para citar apenas alguns pontos-chave. Essas reformas tomam lugar num contexto geral do sistema educativo, que devemos situar brevemente. Assiste-se primeiro a uma fragilização relativa do consenso escolar anterior, construído em torno das significações mais importantes da modernidade[5] (BASTENIER, 1998). Daí surgiu a necessidade paradoxal de definir explicitamente as missões da escola, enquanto que, mais ainda do que na França, a justificação da ação escolar se constrói de modo muito variado segundo os

---

3. Em 1995-1996, essa categoria de escolas cobria 16,9% da população escolar (da pré-escola ao superior não universitário); o ensino oficial subvencionado cobria 34,4% e o ensino subvencionado católico escolarizava 48,8% da população escolar (DUPRIEZ & ZACHARY, 1998).

4. Essas missões são as seguintes: promover a confiança em si e o desenvolvimento pessoal de cada um dos alunos; levar todos os alunos a se apropriar dos saberes e a adquirir competências que os tornem aptos a aprender durante toda a sua vida e a assumir um lugar ativo na vida econômica, social e cultural; preparar todos os alunos para ser cidadãos responsáveis; assegurar a todos os alunos oportunidades iguais de emancipação social.

5. Como mostra A. Bastenier (1998), a escola na Bélgica se inscreveu numa perspectiva de afirmação da racionalidade e de crença no progresso gerado pelo crescimento. Seu papel maior foi combater a ignorância, o que correspondia ao mesmo tempo a um projeto político (a integração de cidadãos esclarecidos) e econômico (a preparação dos trabalhadores necessários à sociedade industrial). Em suma, apesar das oposições entre leigos e católicos, teria havido até os anos 1960 um projeto comum em torno de uma escola participante do advento da modernidade.

estabelecimentos locais (DEROUET, 1992). O ensino na Bélgica francófona também sofreu, na última década, muitos abalos: austeridade orçamentária, perdas de empregos e movimentos sociais fortes dos docentes e dos estudantes. Enfim, o prolongamento da escolaridade obrigatória até os 18 anos (1983) acentuou a tendência a uma longa escolarização das jovens gerações, enquanto, ao mesmo tempo, a liberdade de ensino, prevista de longa data na Constituição, para apaziguar os conflitos entre leigos e católicos, tendia progressivamente a mudar de sentido. Ela concorre cada vez mais para estimular uma lógica de mercado, em que os pais escolhem uma oferta escolar em função de parâmetros sociais e escolares, enquanto os estabelecimentos devem orientar suas práticas em função de seu posicionamento em um "quase-mercado escolar", marcado por uma hierarquização e uma segregação escolar acentuada (VANDENBERGHE, 1998). Assim, sobre um fundo de escolarização aberta a todas as origens sociais e culturais, a escola enfrenta uma diversidade crescente dos seus públicos, no plano tanto social quanto cultural, e a lógica descentralizada do sistema leva a favorecer uma tendência à segregação e, com isso, à desigualdade no sistema.

As reformas introduzidas e o decreto "missões" visam, de fato, além da explicitação das missões, a promover mais equidade e qualidade no sistema, respeitando as prescrições constitucionais que impõem a liberdade de ensino. Uma das análises[6] na base das orientações do decreto "missões" é, efetivamente, que a heterogeneidade das práticas em matéria de conteúdo transmitido, de avaliação e de práticas pedagógicas é excessivamente forte e favorece as desiguadades, ao passo que, além disso, a pilotagem do sistema não está presente (CRAHAY, 1997). Essa heterogeneidade não está apenas na estrutura descentralizada do sistema; ela é também largamente acentuada pela evolução cultural e social do público de alunos (diversidade social e cultural crescente) e a enfatização da lógica mercantil. Na Bélgica, as evoluções institucionais, associadas às lógicas sociais endógenas da escola e da sociedade levam pois simultaneamente a mais regulação e centralização do sistema, ao passo que, ao mesmo tempo, uma lógica individualista e consumista se acentua sobre um fundo de fragilização das ideologias educativas católicas ou leigas, que estruturavam a relação com a escola. Definitivamente, quatro tendências fortes permitem explicar as evoluções recentes do sistema e da sua regulação: o reforço da lei como forma de coordenação, a consolidação simultânea das associações de poderes organizadores, o desenvolvimento do mercado e a promoção de uma lógica de concertação em ou entre os estabelecimentos (MAROY & DUPRIEZ, 2000).

---

6. Essa análise é aceita pela equipe ministerial (socialista) que promoveu o decreto e pela "rede" católica, que foi amplamente associada à sua confecção.

Reforma da formação inicial e conversão identitária dos professores ao modelo do prático reflexivo

Paralelamente a essas reformas, a necessidade de fazer evoluir o ofício docente foi objeto, há vários anos, de um debate importante no ensino na CFB. Esses debates fizeram surgir, progressivamente, uma relativa convergência entre atores, entretanto bastante heterogêneos, sobre a necessidade de mudar o ofício de docente e fazê-lo evoluir para o modelo do "prático reflexivo". Mais recentemente, esse consenso foi representado por um decreto ministerial visando reformar a formação inicial dos docentes do ciclo fundamental e do secundário inferior. Essa reforma se inspira em grande parte no modelo do prático reflexivo e sua promoção não é independente das orientações das reformas institucionais que acabamos de esboçar.

A difusão do modelo do prático reflexivo

Cattonar e Maroy (2001) mostraram, a partir de uma análise do discurso de diversos atores-chave[7] do ensino, que uma redefinição da profissionalidade docente se desenhava a partir do modelo do "prático reflexivo" (promovido por muitos psicopedagogos depois dos trabalhos de Shön em 1983). Além de algumas divergências secundárias, esse modelo parece adotado por todos como modelo de referência[8], ao contrário do modelo do "mestre instruído" ou do "técnico", antigamente valorizados[9].

O ofício de docente deve, com efeito, aos olhos desses atores, adaptar-se às evoluções recentes do sistema educativo e mais geralmente às da sociedade: a modificação do público escolar, que se tornou mais heterogêneo e mais "difícil" (desmotivação, crise de disciplina, relação utilitarista e desiludida com o trabalho escolar, etc.), as recentes reformas do sistema educativo, as novas "missões" da escola, tornando mais complexo o papel do docente (e atribuindo principalmente um lugar central ao aluno, ao estabelecimento e à equipe educativa), a "desinstitucionalização" da escola, sua "mercantilização", a "pluralização da cultura", a

---

7. Os "peritos" em ciências da educação, os "poderes organizadores" do ensino, os "interventores pedagógicos", os movimentos pedagógicos, os sindicatos e associações de pais.

8. Esse modelo do "prático reflexivo" é próximo do "profissional" valorizado por Huberman (1993) e Perrenoud (1993), do "polo do profissional" mencionado na literatura psicopedagógica por Lang (1996), do modelo de profissionalidade atualmente promovido na França nos textos oficiais (LANG, 1999), da "profissionalização orgânica" salientada por Lessard (1991), da "profissionalidade administrativista" descrita por Demailly (1997) e que tenderia atualmente a ter uma posição simbólica dominante.

9. O docente "mestre instruído" é principalmente caracterizado pelo domínio dos saberes disciplinares; ele trabalha individualmente, adota uma pedagogia de tipo "monolítico" e "transmissivo", referindo-se às prescrições formais provenientes das autoridades escolares. O docente "técnico" é aquele que possui e aplica um repertório de técnicas pedagógicas e *know-how* precisos e eficazes, derivados de estudos científicos. Cf. Lang (1996).

"perda de sentido", o "vazio dos valores", o individualismo, etc. Segundo esses atores, essas transformações exigem, da parte dos docentes, uma nova maneira de praticar e de conceber o seu ofício: novas "competências" a adquirir, mas também uma nova "cultura" e uma "identidade profissional" recomposta em torno de três dimensões centrais constitutivas do modelo do prático reflexivo.

Uma prática reflexiva

Diante de um contexto educativo e social mutável e complexo, o docente deve tornar-se um *prático reflexivo*, capaz de adaptar-se a todas as situações de ensino pela análise das suas próprias práticas e de seus resultados. Deve refletir sobre a questão do sentido das ações que efetua, interrogar-se sobre suas próprias concepções, sobre o que faz e por que o faz. Por essa capacidade de "autoanalisar-se", ele pode então "identificar os seus sucessos e insucessos" e assim ajustar as suas ações. Assim, o docente não pode mais se contentar em reproduzir rotinas pedagógicas, "receitas e regras preestabelecidas e exteriores". Pelo contrário, deve ser capaz de utilizá-las e/ou criar novas, de maneira "autorreflexiva" e "em situação". Doravante, é o próprio docente que deve construir para si "a boa maneira de fazer", por meio de um vaivém entre prática e teoria, adotando uma atitude "crítica, pragmática, e até oportunista" em relação aos saberes teóricos, às técnicas e instrumentos pedagógicos que ele aprendeu quando de sua formação, nos quais ele pode se abastecer, mas de maneira refletida e adaptada à situação. Espera-se que essa dimensão "autorreflexiva" do trabalho torne o docente "autônomo": ele deve tornar-se um "ator" (por oposição à figura do "executante") não só capaz de agir e pensar por si mesmo (capaz de autorregular sozinho a sua ação), mas também consciente de que pode ter um controle sobre os efeitos do seu trabalho, de que pode "(re)agir diante das dificuldades do seu ofício, ao invés de sofrê-las".

Um especialista em aprendizagem

Diante de um público percebido como mais difícil e desmotivado e diante do problema do fracasso escolar, o docente também é chamado a tornar-se um *especialista em aprendizagem*, centrando-se, no seu trabalho de classe, no processo de aprendizagem dos alunos e realizando uma pedagogia de tipo construtivista e diferenciado. Não pode mais apenas contentar-se em "transmitir o seu saber", mas deve levar o aluno a ser o "ator" da sua formação e ajudá-lo a tornar-se um "sujeito" que perceba o sentido da aprendizagem. Deve praticar uma pedagogia diferenciada, particularizando seus métodos de aprendizagem (mas não os objetivos), para responder às necessidades específicas de cada aluno. Para isso, o docente não deve mais apenas dominar os conteúdos do ensino (os saberes ligados à disciplina que ensina, característica do "mestre instruído"); doravante ele também deve

3. O modelo do prático reflexivo diante da enquete na Bélgica

questionar e dominar as competências necessárias ao ato mesmo de ensinar, o "saber-ensinar".

Essa concepção do docente como "especialista em aprendizagem" caminha junto com uma valorização de uma identidade profissional ampla, a de "formador", que seja comum a todos os docentes, superando as identificações ligadas às disciplinas ensinadas, ao ramo ou nível de ensino, e afirmando que "todos os docentes participam do mesmo projeto: o de educar e o de ensinar a aprender".

Um professor interativo, trabalhando em equipe e fixado no seu estabelecimento

Enfim, diante das novas "missões" da escola e da maior complexidade do seu papel, o docente é instado a *trabalhar em equipe* e a desenvolver *práticas institucionais*, investindo-se na gestão coletiva da vida do seu estabelecimento. A ênfase é situada nas interações entre os diferentes atores: o docente é um "ser-em-relação", não só com seus alunos quando da aprendizagem em classe, como vimos, mas também com seus colegas e com "a gente lá de cima" (o ministro, o poder organizador, a inspeção, as comissões de programa, a direção, os pais, os pesquisadores universitários, os docentes das escolas normais, o ambiente socioeconômico, etc.). O trabalho docente é assim chamado a tornar-se um "trabalho coletivo" (rompendo o isolamento atual no qual trabalham os docentes), implicando "práticas institucionais" no seio da organização escolar: trabalho em equipe pedagógica, classes cooperativas, projetos de estabelecimento, sessões de conselhos, etc.[10] O que exige, por parte dos docentes, a aquisição de novas competências: por um lado, saber comunicar, gerir um grupo, escutar opiniões divergentes, negociar com parceiros diferentes; por outro lado, saber, em colegialidade, elaborar propostas, gerir projetos, mobilizá-los, ajustá-los e avaliá-los (o que implica o conhecimento da organização e do funcionamento da instituição escolar).

Para "produzir os novos docentes de que a escola precisa", o meio proposto pelos diferentes atores é a formação (inicial e contínua), percebida como "a principal alavanca da mudança" e reconhecida por todos como indispensável e prioritária. A formação é assim chamada a desenvolver-se e a tornar-se permanente: ela não deve mais fazer-se a título pessoal ou excepcional, mas tornar-se uma parte

---

10. Esse trabalho em equipe também é percebido como uma ocasião para o docente de confrontar as suas próprias concepções com as de seus colegas, de dialogar sobre o saber que ele construiu para si mesmo, e assim ser reconhecido e reconhecer-se como "ator": "o docente não deve apenas saber fazer, mas também fazer com que saibam que ele sabe". Essa "concertação permanente" de "pesquisa coletiva e de compartilhamento das experiências" é também apresentada como um "tempo de autoformação informal". Especialmente, para que as reformas recentemente decretadas sejam a fonte de uma real modificação das práticas pedagógicas, parece necessário que os docentes construam em equipe essas novas práticas e se apropriem juntos das competências necessárias a essa nova concepção do ofício.

normal e natural da carreira. Além dos saberes disciplinares e dos saberes, *know-how* e métodos ligados ao modelo do prático reflexivo, a formação também deve trabalhar o *habitus* do docente, suas "crenças" e "atitudes". Definitivamente, a retórica sobre a transformação do ofício de docente não visa somente uma mudança "técnica" das maneiras de ensinar e de algumas competências, mas realmente uma mudança mais profunda, que deveria empenhar a identidade profissional ou o *habitus* do docente. Trata-se de promover uma conversão identitária dos docentes, de converter (individualmente) cada professor ao novo modelo de profissionalidade.

Uma reforma da formação inicial dos "professores primários e regentes"

O modelo do "prático reflexivo" encontra na CFB uma primeira concretização num projeto de reforma da formação dos docentes do ensino primário (*instituteurs*) e do secundário inferior (*régents*), que são formados na Bélgica em estabelecimentos de ensino superior não universitário (as "altas escolas" e seus departamentos pedagógicos)[11].

Em um decreto estabelecido pela ministra responsável, discutido e votado em 2000 e 2001, uma reforma da formação dos docentes foi proposta simultaneamente para enfrentar as mudanças sofridas pelos alunos, mas também para concretizar as reformas do sistema educativo que citamos. Efetivamente, como indica a ministra na sua exposição de motivos, "a CFB modificou profundamente o seu sistema educativo nestes últimos anos: a obrigação escolar foi alongada, missões prioritárias foram definidas para a escola, bases de competências e competências terminais foram fixadas em diferentes momentos da escolaridade dos alunos. O objetivo perseguido, ao introduzir essas reformas, é, primeiramente, garantir um ensino de qualidade. Inspiradas pela vontade de estabelecer mais igualdade entre os alunos, elas visam a lhes assegurar as mesmas oportunidades diante da formação e a promover o sucesso escolar do maior número[12].

Por isso, na esteira do decreto "missões" e da lógica "competências" que o caracteriza, essa reforma quer partir das "competências que os docentes deveriam possuir para cumprir suas novas missões junto aos alunos de hoje"[13]. O projeto

---

11. Os docentes do secundário superior (os *agrégés*, dotados previamente de um título universitário) são formados no quadro das *agrégations*, dependente das universidades: esse curso de formação está também em reforma, em função de princípios vizinhos. Não os abordaremos neste texto.

12. "Formation initiale des instituteurs et régents. Note de synthèse de la Ministre Dupuis", 24/03/2000, [s.l.], p. 1.

13. Ibid.

3. O modelo do prático reflexivo diante da enquete na Bélgica

define então uma lista de treze competências fundamentais, que deverão ser desenvolvidas pela formação inicial.

Essas treze competências são as seguintes: "1) mobilizar conhecimentos em ciências humanas para uma justa interpretação das situações vividas em classe e em torno da classe, e para uma melhor adaptação aos públicos escolares; 2) manter com a instituição, os colegas e os pais relações eficazes de parceria; 3) estar informado sobre o seu papel no seio da instituição escolar e exercer a profissão tal como é definida pelos textos legais de referência; 4) dominar os saberes disciplinares e interdisciplinares que justificam a ação pedagógica; 5) dominar a didática disciplinar que guia a ação pedagógica; 6) ser detentor de uma cultura geral importante, a fim de despertar o interesse dos alunos pelo mundo cultural; 7) desenvolver as competências relacionais ligadas às exigências da profissão; 8) ponderar as questões éticas ligadas à sua prática diária; 9) trabalhar em equipe no seio da escola; 10) conceber dispositivos de ensino, testá-los, avaliá-los e regulá-los; 11) manter uma relação crítica e autônoma com o saber científico passado e futuro; 12) planejar, gerir e avaliar situações de aprendizagem; 13) manter um olhar reflexivo sobre a sua prática e organizar a sua formação contínua"[14].

Em grande parte, essas competências convergem, explicitando-as e detalhando-as, com aquelas que reunimos em torno do modelo do prático reflexivo. Efetivamente, encontramos competências que operacionalizam a noção de "especialista em aprendizagem" (competências 1, 5, 6, 10, 12, especialmente); outras podem ser relacionadas com a ideia de uma "prática reflexiva" (competências 11, 13 e 8 notadamente); enfim competências que atestam uma capacidade de integração num coletivo de docentes e em uma organização escolar (competências 2, 3, 7, 9). Além disso, o decreto insiste na necessidade de dominar saberes disciplinares e interdisciplinares e na cultura geral, associados explicitamente pelo texto à figura do "mestre instruído", que se trata, não de recusar, mas de integrar num modelo de profissionalidade mais amplo, implicando uma capacidade dinâmica de evoluir em função das situações e dos contextos de ensino com os quais se trabalha. Daí a insistência sobre a necessária formação contínua, outro traço distintivo do novo modelo de profissionalidade.

A importância desse decreto e os debates que o acompanharam em 2000-2001[15] não está apenas no seu interesse intrínseco. Parece-nos que esse decreto constitui uma das vias privilegiadas para a evolução do sistema escolar. Paralela-

---

14. Ibid., p. 2.

15. A reforma da formação inicial dos docentes é, aliás, objeto de reflexão e de discussão há muito tempo. Já em 1989, o ministro responsável criou uma comissão científica para refletir sobre o tema, sob a direção do Prof. De Lansheere. A nova proposta de decreto foi objeto de uma ampla reflexão prévia, associando notadamente os atores cujo discurso analisamos. Um dos lugares desse debate foi o Conselho de Educação e de Formação, que emitiu várias opiniões sobre o assunto (principalmente o comunicado 71, de 31/03/2000).

mente às reformas institucionais mencionadas, a formação dos docentes se apresenta como uma rota preferencial para a transformação da instituição, através dos agentes que a compõem. O pressuposto é, na verdade, relativamente simples: como vimos acima, parece evidente que a formação deva garantir não só uma mudança dos instrumentos e receitas técnicas dos docentes, mas que opere uma real conversão identitária de cada (futuro) docente, devendo a soma das mudanças individuais contribuir para favorecer a mudança global da instituição. Em resumo, a questão do debate sobre a formação dos docentes está no fato de que muitos atores fazem da "profissionalização" dos docentes um dos vetores de modernização do sistema educativo. A promoção do modelo do prático reflexivo, e a reforma da formação que deveria favorecer a sua emergência concreta nas futuras gerações de jovens docentes assumem todo o seu sentido se são percebidas em sua função instrumental de complemento e aperfeiçoamento das evoluções e reformas institucionais mencionadas. O discurso sobre a necessária transformação do ofício de docente (e a necessidade de mudar a sua formação inicial) revela uma estratégia de mudança da instituição escolar, que repousa de modo muito importante sobre um empreendimento de conversão identitária e profissional dos docentes (CATTONAR & MAROY, 2000; 2001). Certamente, as mudanças de profissionalidade são desejadas para enfrentar os desafios de um trabalho docente que se torna cada vez mais complexo e difícil. Trata-se pois de ajudar o docente a resolver melhor os seus problemas. Entretanto, esses desafios também tomam sentido em relação às novas missões do ensino recentemente explicitadas e em relação às lógicas em ação nas políticas escolares efetivas. Para que a escola possa enfrentar as mudanças de ambiente e perseguir efetivamente objetivos de equidade e eficiência, é preciso conseguir mudar os docentes, arrancá-los às suas rotinas passadas, para que eles possam adotar novas práticas na classe (avaliação formativa, pedagogia construtivista e diferenciada, etc.) e agir de modo mais harmônico e mais coletivo no seio dos estabelecimentos. As reformas ministeriais introduzidas há alguns anos visam, além disso, a limitar se não a suprimir as variações entre estabelecimentos (denunciadas como particularmente fortes na Bélgica; CRAHAY, 1997), a reforçar uma relativa homogeneidade de exigências em todo o sistema escolar (via o ajuste de instrumentos como as "bases de competências", os "perfis de formação" que tendem a favorecer um currículo comum) e a promover uma lógica coletiva no próprio seio dos estabelecimentos (valorização de uma lógica de projeto, acordada com todos os membros da "comunidade" educativa). Para isso, uma das estratégias explícitas é conseguir que as práticas dos docentes sejam menos díspares (em termos de nível de exigências e de critérios de avaliação, por exemplo através da promoção de "baterias de provas escalonadas"), mais consensuais e até mais coletivas. Um dos problemas a resolver do ponto de vista dos gestionários do sistema e de seus conselheiros é pois a diversidade atual das práticas docentes e o isolamento no qual trabalham os professores.

Nesse contexto, a estratégia de conversão identitária dos docentes é explicitamente uma medida de acompanhamento das reformas, que visa a torná-las efetivas e de acordo com os objetivos pretendidos, tratando-se, por exemplo, da instauração de uma abordagem por competências em todos os estabelecimentos ou da promoção do consenso entre os docentes[16].

Definitivamente, um dos obstáculos maiores para a reforma do ensino parece ser implicitamente, nessa ótica, os próprios docentes, cujas identidades profissionais, excessivamente ligadas a uma escola do passado, geram uma resistência às reformas em curso. Em resumo, a estratégia citada pressupõe uma forma de arcaísmo do corpo docente, um conservadorismo pelo menos parcial, que constituiriam obstáculos à adaptação e à modernização necessárias da instituição escolar às novas situações institucionais, culturais ou sociais.

A pregnância do modelo do "prático reflexivo": alguns resultados de uma enquete

Nosso propósito será, agora, questionar os pressupostos dessa estratégia de "conversão identitária" (notadamente o pressuposto de um relativo arcaísmo dos docentes) partindo dos resultados de uma enquete realizada em 1999 pelo Girsef junto a 3.600 docentes do secundário da rede de ensino livre subvencionado na CFB (cf. box "Administração e representatividade da enquete").

Examinaremos primeiro em que medida as diferentes dimensões do modelo do prático reflexivo convergem ou não com as práticas autorrelatadas ou as representações dos docentes do secundário: em que medida se definem eles como "especialistas em aprendizagem" ou em uma disciplina? Participam ou não de um trabalho em equipe? Investem-se nas práticas organizacionais e institucionais do seu estabelecimento escolar? Pode-se observar a presença de uma reflexividade em suas práticas? Tratar-se-á então de examinar de maneira crítica o pressuposto do arcaísmo relativo dos docentes e de discutir uma estratégia de modernização da instituição escolar, se não alternativa, pelo menos complementar à abordagem mencionada.

---

16. Na França, V. Lang (1999) chega a uma conclusão muito próxima da nossa: a política de "profissionalização" atualmente promovida pelos decisores educativos franceses (segundo uma concepção também próxima do modelo do "prático reflexivo") seria uma das modalidades de modernização da instituição escolar, inscrevendo-se numa política de desconcentração dos poderes e de descentralização levando a uma responsabilidade local pelo seu funcionamento, e numa dinâmica de responsabilização dos atores incompatível com uma definição burocrática das tarefas e dos papéis (p. 14-15 e 238). A profissionalização se mostra assim como um meio estratégico de adaptação do aparelho educativo e de mudança (p. 14). Ela teria também as suas raízes na desqualificação relativa dos docentes (consequência da alta generalizada da qualificação da população), na transformação das missões da escola (produzir um ensino de massa de "alto nível", aliando eficiência e excelência) e no reconhecimento de um certo número de saberes e de *know-how* referentes especificamente à aprendizagem (p. 238).

> **Administração e representatividade da enquete**
>
> A enquete realizada junto aos docentes foi dirigida em maio de 1999 ao conjunto do pessoal docente que trabalhava nos 140 estabelecimentos escolares da rede livre subvencionada católica da CFB. Esses 140 estabelecimentos foram inicialmente selecionados a partir de um plano de amostragem estratificada segundo os ramos de ensino organizados. No total, a enquete atingiu 140 estabelecimentos identificados por sua matrícula administrativa (sobre os 288 que comporta, no total, a rede livre católica). O questionário foi então distribuído a todos os docentes trabalhando nesses estabelecimentos assim selecionados, por meio de um entrevistador formado para isso. O questionário era autoadministrado e devolvido pelo correio. No total, recebemos 3.621 questionários de volta, o que representa uma taxa de resposta global de 28%, taxa apreciável, pois o questionário era longo – 25 páginas, cerca de 100 perguntas – e exigia no mínimo uma hora e meia para ser preenchido. Um amplo trabalho de sensibilização dos docentes para o interesse da enquete deu seus frutos. Nossa amostragem é perfeitamente representativa da população (docentes da rede livre subvencionada) no que se refere ao sexo e ao estado civil dos docentes; ela não o é totalmente no que se refere à sua idade, à província onde estão localizados os estabelecimentos participantes e aos ramos de ensino que organizam (super-representação dos ramos profissionais). Todavia, as diferenças constatadas, estatisticamente significativas, são muito fracas na maioria dos casos (3% no máximo) e não justificaram um "ajuste da amostragem".

Professores que se definem como especialistas em aprendizagem

A enquete pedia aos docentes que se posicionassem em relação a capacidades propostas por L. Paquay (1994) numa tipologia das profissionalidades docentes[17]. Se examinarmos as capacidades classificadas como mais importantes (nas duas primeiras posições; cf. quadro 1), encontraremos, pela ordem, o domínio dos *know-how* pedagógicos, o saber-ser e a personalidade, o domínio de saberes disciplinares a transmitir, e enfim a reflexão sobre a sua prática. Vemos pois que os docentes estão longe de considerar como primordiais os saberes que dominam; em contrapartida, as capacidades pedagógicas, as capacidades relacionais ou pessoais que eles mobilizam na ação pedagógica são consideradas como mais cruciais. Assim, não se pode dizer que o modelo do "mestre instruído" seja predominante e pode-se afirmar que os professores julgam desde já crucial serem "especialistas em aprendizagem".

---

17. A pergunta era: "Na sua prática de docente, que capacidades julga mais centrais, mais importantes possuir e/ou pôr em ação?" Os docentes deviam responder classificando as capacidades seguintes, da mais central à menos central: a) domínio dos saberes a transmitir (de natureza disciplinar, em relação com as matérias ensinadas); b) domínio dos *know-how* e técnicas pedagógicas (que afetam a maneira de transmitir o saber); c) sua própria personalidade, seu saber-ser, suas atitudes pessoais (suas competências pessoais e relacionais); d) reflexão sobre a sua prática de docente, questionamento do seu trabalho, distanciamento; e) suas experiências passadas, seus saberes práticos, adquiridos por experiência; f) sua visão crítica do sistema escolar e seu engajamento em relação a questões sociopolíticas.

Quadro 1 – Capacidades julgadas mais centrais a serem mobilizadas pelos docentes

	Escolha 1	Escolha 2	Acúmulo de escolhas 1 e 2	N
Seu saber-ser, personalidade	34,9%	18,3%	53,2%	3.322
Domínio *know-how* pedagógico	26,7%	29,7%	56,4%	3.334
Domínio dos saberes disciplinares a transmitir	23,5%	21,2%	44,7%	3.337
Reflexão sobre a prática	10,7%	15,9%	26,6%	3.305
Saberes práticos de experiência	6,8%	13,7%	20,5%	3.302
Visão crítica do sistema escolar, engajamento sociopolítico	4,8%	3,5%	8,3%	3.293

Entretanto, é preciso relativizar o propósito, distinguindo o nível das capacidades cruciais e o da apresentação de si diante de outrem. Efetivamente, em uma análise dos papéis que os professores pensam efetivamente desempenhar, Branka Cattonar mostra que os docentes declaram primeiro ser "educadores" (no sentido genérico de "formadores de seres humanos"), antes de ser "especialistas em uma disciplina" ou "pedagogos". A pedagogia aparece aqui menos crucial. Se observarmos os papéis recusados pelos professores, vemos que nenhum deles parece anormal, ao contrário de papéis como "assistente social", "vigilante" ou "pai", que parecem anormais a uma pequena maioria de docentes. Vemos pois que o papel docente se mostra como uma forma de tríptico, articulando o saber disciplinar, a capacidade pedagógica e as capacidades pessoais ou relacionais.

O desenvolvimento de práticas de colaboração entre professores

O modelo do prático reflexivo quer romper com o isolamento do docente, único mestre em sua classe, desenvolvendo sua ação pedagógica minimizando a cooperação e a concertação com os colegas. Daí a insistência na promoção de um trabalho de cooperação com os colegas, seja na ação pedagógica imediata, seja no âmbito do estabelecimento. A enquete do Girsef abordou essas temáticas por várias entradas. Primeiro, exploramos o tempo de trabalho dos professores. A pergunta feita aos docentes foi a seguinte: "Pode estimar o número de horas que consagrou ao exercício da sua profissão na semana passada?" O total se referia tanto às horas de curso, às atividades "extraclasse" e ao trabalho em domicílio. Em seguida, pedia-se que o docente precisasse o número de horas passadas "na semana passada" em diversas tarefas: preparação de aulas, animação de atividades paraescolares, ou ainda *trabalho com colegas (extraclasse)*.

O tempo de trabalho total dos tempos plenos é de 36,7 horas, enquanto os tempos parciais chegam a 26,6 horas em média[18]. O tempo consagrado ao trabalho com colegas é de 1,38 hora em média, para o conjunto da amostra, o que representa 4% do tempo total. *A priori*, pois, o tempo de trabalho coletivo parece relativamente minoritário no tempo de trabalho dos docentes.

Também fizemos uma pergunta mais direta aos professores: "Durante este ano escolar, trabalhou com alguns dos seus colegas quando de reuniões formais de trabalho (fora dos conselhos de classe e jornadas pedagógicas) sobre os objetivos seguintes: questões pedagógicas (conteúdo dos cursos, métodos, avaliação, recuperação, etc.), questões disciplinares, condições materiais de trabalho, outras questões?"[19]

Uma minoria importante de docentes declaram ter participado desse tipo de reuniões "muito frequentemente ou frequentemente", primeiro a propósito de questões pedagógicas (43,3%), depois a respeito de questões disciplinares (30,9%) e enfim sobre as questões materiais (21,7%). Entretanto, uma maioria de docentes não participa dessas reuniões (quadro 2).

O tempo médio de trabalho com os colegas não varia de modo significativo se compararmos os docentes segundo as classes de idade. Aliás, cruzando a frequência das reuniões formais de trabalho com as classes de idade, constatam-se associações significativas mas extremamente fracas (taxa de Kendall de 0,06 para as questões pedagógicas, de 0,03 para as questões disciplinares, não significativa para as questões materiais) que atestam uma frequência um pouco mais alta entre os jovens docentes. Não há pois efeito de geração nitidamente perceptível que tornaria os jovens professores nitidamente mais dispostos ao trabalho coletivo do que os mais velhos[20]. Pode-se ter aqui uma primeira dúvida sobre o pressuposto mencionado quanto ao arcaísmo dos docentes: se esse fosse o caso, a diferença entre as classes de idade deveria ser mais marcada, na medida em que os docentes idosos deveriam ser mais marcados pelos modos de funcionamento e as modalidades de profissionalidade docente do passado.

---

18. Há uma relativa dispersão em torno dessas médias, principalmente quanto aos tempos parciais, pois os coeficientes de variação são superiores para estes últimos (33,6% contra 18,3%). O coeficiente de variação é o desvio-padrão em relação à média.

19. A categoria "outros" comporta um grande número de não respostas (86%). Quando é escolhida, ela se refere a questões como a organização de viagens escolares, de atividades paraescolares, de jornadas "portas abertas", etc.

20. Observemos, além disso, que a frequência do trabalho coletivo parece afetada pelas condições do trabalho pedagógico: assim, as reuniões formais sobre as questões disciplinares ou as condições materiais de trabalho são mais frequentes no ensino "profissional" em relação ao ensino geral ou técnico. As questões pedagógicas são abordadas menos vezes no ensino técnico em relação aos dois outros ramos.

3. O modelo do prático reflexivo diante da enquete na Bélgica

Quadro 2 – Frequência às reuniões de trabalho segundo os docentes

	Muito frequente	Frequente	Ocasional	Nunca	Total	
Questões pedagógicas	15,7	27,7	41,1	15,5	100%	3.578
Questões disciplinares	8,3	22,6	44.7	24,5	100%	3.552
Condições materiais de trabalho	6.0	15,7	37,5	40,8	100%	3.542

Entretanto, V. Dupriez mostra uma ligeira evolução no lugar tomado pelo trabalho coletivo nos estabelecimentos. Baseando-se em uma comparação entre uma enquete do Girsef junto a diretores de 93 estabelecimentos de ensino católico subvencionado (1999), e uma enquete anterior de 1991 com 247 estabelecimentos da mesma rede, concluiu que o número de reuniões entre docentes parece aumentar (cf. quadro 3)[21]. Ele insiste entretanto no fato de que essa evolução poderia também revelar a mudança da normatividade relativa ao trabalho docente e aos estabelecimentos, que dá um lugar nitidamente mais importante ao consenso e à cooperação entre docentes (cf. tb. DUPRIEZ & MAROY, 2001). Essa evolução normativa pode ter afetado as respostas dos diretores na enquete de 1999.

Quadro 3 – Reuniões de trabalho entre docentes segundo os diretores

Número de reuniões	Porcentagens de escolas	
	Enquete Girsef, 1999 (em 1 trimestre, N = 93)	Radioscopia, 1991 (em 1 ano, N = 247)
0	1,1	6,1
1	8	28,3
2 ou 3	42	32,8
entre 4 e 6	32,9	29,1
mais de 6	16	3,6
TOTAL	100	100

---

21. Nessa enquete do Girsef junto às direções, nós os interrogamos sobre o número de reuniões de trabalho (exceto o conselho de classe), para as quais foram convidados os professores do primeiro grau (isto é, os dois primeiros anos do ensino secundário), durante o trimestre passado, seja para trabalhar unicamente entre si, seja com todos os docentes do estabelecimento. Os números propostos na coluna "Enquete do Girsef" do quadro 3 correspondem à soma das respostas relativas a essas duas modalidades de reuniões. Aliás, o questionário enviado aos chefes de estabelecimentos no quadro da Radioscopia do Ensino (1991) lhes perguntava a quantas reuniões pedagógicas obrigatórias deviam participar os docentes durante um ano escolar (todos juntos ou por equipe).

Enfim, perguntamos aos professores que não participavam "nunca" ou só "ocasionalmente" de reuniões de trabalho formais com seus colegas quais eram as razões. As razões mencionadas são, por ordem de importância, as seguintes: 24% citam "as condições materiais inadequadas (local ou horário coincidente com as aulas)", 7% "a recusa dos colegas, ou o desestímulo e a desconfiança do chefe", 5% mencionam ainda "a falta de tempo, o fato de que as reuniões não estão incluídas no horário de trabalho". Em contrapartida, o desestímulo pela direção praticamente nunca é mencionado (0,9% apenas), enquanto raros também são aqueles que não percebem "a utilidade do trabalho em equipe" (4%), ou sentem uma "falta de reconhecimento pelo trabalho cumprido" (4%).

Definitivamente, mesmo que essas enquetes possam nos dar uma representação fiel da realidade do trabalho coletivo informal ou formal, percebe-se que a prática certamente não é dominante no tempo de trabalho, mas entretanto ela não é desprezível. Uma minoria significativa declara ter reuniões formais de trabalho de modo relativamente frequente. Se os docentes não as têm, mencionam primeiro e principalmente problemas de tempo e de espaço, que dificultam a sua realização. O próprio princípio desse trabalho coletivo não é pois questionado. Do mesmo modo, a baixa porcentagem dos docentes que declaram não ver a utilidade desse trabalho é impressionante. O trabalho coletivo parece pois constituir realmente uma norma cada vez mais interiorizada tanto pelos docentes quanto pelos diretores. Essa norma poderia, aliás, influenciar parcialmente as respostas retomadas nos quadros 3 e 4, na medida em que se trata, em ambos os casos, de comportamentos autorrelatados, que seriam sensíveis a um efeito de desejabilidade social.

A ação coletiva e a colegialidade nos estabelecimentos

A insistência no trabalho coletivo também caminha ao lado do modelo do prático reflexivo, com a evidenciação das questões institucionais do estabelecimento e a importância de uma implicação dos professores na vida institucional do seu estabelecimento. Essa importância da implicação e da ação coletiva dos docentes, mais amplamente a sua parte de responsabilidade e de influência nas tomadas de decisão, também foram abordadas pela enquete do Girsef junto aos docentes.

Se o modelo do prático reflexivo deseja um docente que se implique e pese coletivamente, se for o caso, nas decisões, é forçoso constatar que os docentes são primeiro dominados por um sentimento de baixa capacidade de ação coletiva. A ação coletiva não é a característica predominante quando se lhes pede que qualifiquem suas relações mútuas (cf. quadro 4): as relações com os colegas são percebidas como confiantes, relativamente igualitárias, razoavelmente francas, razoavelmente baseadas na ajuda mútua. Ao contrário, o que as caracteriza menos é a capacidade de ação coletiva, mesmo se o valor do *score* se inclina mais para o polo positivo (*score* intermediário = 3,5).

Quadro 4 – As relações entre colegas no estabelecimento

(1)	(6)	N	Média	Desvio-padrão
Relativa desconfiança	Relativa confiança	3.571	4,38	1,29
Relativa hierarquia	Relativa igualdade	3.539	4,02	1,40
Relativa hipocrisia	Relativa franqueza	3.577	3,83	1,54
Relativo individualismo	Relativa ajuda mútua	3.565	3,84	1,40
Relativas divergências de opiniões	Relativo consenso	3.541	3,78	1,31
Relativa incapacidade de ação coletiva	Relativa capacidade de ação coletiva	3.541	3,62	1,44

Além disso, pedimos aos docentes que precisassem essa capacidade de ação coletiva em função dos campos ou das questões dessa ação. Como se vê no quadro 5, a capacidade de ação coletiva permanece em geral média (frequentemente um pouco superior ao *score* intermediário de 3,5). Mas ela se revela mais defensiva (para defender um docente contra um aluno, para defender o emprego ou o *status*, para defender um docente diante dos pais) ou ainda lúdica (atividades de convívio). A capacidade de ação coletiva no campo pedagógico ou naquilo que se refere à reflexão sobre a vida da escola é, em comparação, mais fraca.

Quadro 5 – Circunstâncias nas quais os docentes do estabelecimento se dispõem a agir juntos

	Docentes		
	N	Média	Desvio-padrão
Defender um professor diante dos alunos	3.512	4.08	1,44
Atividades sociais (aniversário, jantar)	3.559	3,99	1,43
Atividades sociais (aniversário, jantar)	3.514	3,97	1,53
Defender o emprego e o *status* docente	3.532	3,86	1,38
Área pedagógica (métodos, etc.)			
Defender um professor diante dos pais	3.486	3,81	1,51
Refletir sobre a vida da escola	3.546	3,80	1,32
Repartição das tarefas comuns	3.502	3,52	1,38
Defender um professor diante do diretor	3.462	3,46	1,49
Adesão a modalidades de exercício da autoridade	3.424	3,44	1,36

1 = Não, de modo algum / 6 = Muito

Indagou-se também sobre o lugar dos docentes na tomada de decisão na escola, seja coletivamente, seja individualmente. A pergunta feita era a seguinte: "Em geral, o senhor tem uma influência significativa (individual ou coletivamente com outros docentes) sobre as decisões seguintes? Pensa que o seu poder de decisão sobre cada um desses aspectos é suficiente?" No quadro 6, classificamos os itens em função da frequência decrescente de entrevistados que responderam "não" à pergunta "tem influência sobre estas decisões?" Por isso, encontram-se, na parte superior do quadro, itens sobre os quais a influência individual e coletiva dos docentes é relativamente fraca, enquanto que, na parte inferior do quadro, essas influências são mais fortes. As diferentes questões de decisão podem ser então classificadas em várias categorias, segundo a natureza das influências predominantes.

As decisões de natureza pedagógica ou disciplinar também são assim submetidas à influência individual, mas principalmente coletiva, dos professores. Os critérios de avaliação dos alunos, a organização de atividades extraclasse, as medidas disciplinares, o regulamento de ordem interior são decisões que resultam da influência coletiva e, em graus variáveis, seja da influência individual dos docentes, seja de uma influência de outros atores da escola (no caso, os diretores). Os métodos pedagógicos em aula resultam principalmente da influência individual dos docentes (49,8%).

Um segundo tipo de decisão parece escapar aos professores tanto individual quanto coletivamente. São principalmente decisões administrativas, que aliás pertencem em geral ao diretor do estabelecimento. Ocorre isso com uma série de decisões que afetam o modo de organização e a divisão do trabalho no estabelecimento e que têm consequências importantes sobre o trabalho pedagógico de cada docente: horário, atribuição do NTPP (que pode, por exemplo, afetar o número de alunos por classe, a presença ou ausência de atividades de remediação, a repartição dos recursos humanos entre anos de estudo ou opções de ensino), a formação das classes (modo de composição que favorece ou não a homogeneidade dos alunos), a atribuição das classes aos professores, ou ainda a utilização do orçamento de funcionamento, a programação de opções, de cursos ou de ramos novos. A gestão do pessoal, a matrícula dos alunos estão também nessa categoria, mas seu impacto sobre o trabalho do docente é certamente menor ou menos direto.

Em relação a esses dois primeiros tipos de decisão, não é surpreendente que a satisfação ou a insatisfação dos docentes em relação à sua influência efetiva seja diametralmente oposta. Pensam que seu poder é relativamente satisfatório quanto às primeiras decisões: por exemplo quanto aos métodos pedagógicos, ao regulamento de ordem interior, às atividades paraescolares. Mas também, em relação às segundas, é interessante constatar que os docentes pensam muitas vezes que seu poder é insuficiente: é especialmente o caso das decisões que os afetam diretamente em suas condições ou recursos de trabalho: o uso do NTPP, do orçamento de funcionamento (ou seja, os recursos-chave da organização), mas também a atri-

3. O modelo do prático reflexivo diante da enquete na Bélgica

Quadro 6 – Participação dos docentes nas decisões nos estabelecimentos

	Não	Sim Coletivamente	Tem influência sobre estas decisões? Sim Individualmente	Seu poder é: insuficiente	suficiente
Gestão do pessoal (mutação, admissão, demissão)	96,6	2,4	1,0	42,6	*57,4*
Utilização do orçamento de funcionamento	85,6	12,7	1,7	56,7	43,3
Uso do NTPP*	82,1	16,2	1,8	60,9	39,1
Matrícula dos alunos	81,1	14,2	4,7	49,5	50,5
Formação das classes	80,2	16,8	3,0	54,1	45,9
Atribuição das classes aos docentes	79,9	10,5	9,6	57,0	43,0
Horário de alunos e professores	76,5	12,7	10,8	54,5	45,5
Programação de cursos, opções e ramos	74,6	22,5	2,9	52,4	47,6
Orientações pedagógicas do estabelecimento	51,8	44,2	4,0	51,3	48,7
Exclusão de alunos	46,5	49,1	4,4	53,7	46,3
Regulamento de ordem interior	39,3	58,1	2,6	40,4	*59,6*
Medidas disciplinares	36,6	48,7	14,8	49,1	*50,9*
Critérios de avaliação dos alunos	17,4	54,4	28,2	31,4	*68,6*
Organização das atividades extraclasse	16,8	45,0	38,2	15,2	*84,8*
Métodos pedagógicos em classe	16,6	33,5	49,8	22,2	*77,8*

* O Número Total de Períodos-Professores (NTPP) corresponde a um "capital de tempo de trabalho" de que dispõe o estabelecimento, em função do número de alunos inscritos. Ele deve ser repartido entre os docentes em função das prioridades do estabelecimento, das horas de aula a organizar e de exigências legais relativas ao *status* dos docentes.

buição das classes aos docentes, os horários, a formação das classes ou a exclusão de alunos. Em contrapartida, algumas decisões escapam aos professores, sem que isso lhes cause problema (por exemplo, a gestão do pessoal), enquanto outras são objeto de uma apreciação dividida quanto à sua influência nessa área (as orientações pedagógicas do estabelecimento, a programação dos cursos e opções, a inscrição dos alunos).

O modelo do prático reflexivo insiste na necessidade de um ensino implicado na dinâmica organizacional e institucional do seu estabelecimento, além da sua participação em uma abordagem pedagógica mais consensual e coletiva. Vê-se através dos nossos resultados que os docentes são capazes de ação coletiva no estabelecimento de modo defensivo ou lúdico, porém mais raramente num plano mais proativo, no que se refere à pedagogia ou à divisão das tarefas. Entretanto, não se pode dizer que os docentes não se sentem atingidos pela questão e pelas consequências de certas decisões tomadas muitas vezes no nível da direção do estabelecimento. Eles o manifestam expressando muitas vezes uma falta de influência na tomada de decisões sobre muitas decisões administrativas, que afetam suas práticas individuais de docentes. Essa falta seria suficiente para estimulá-los a investir-se na vida institucional da escola? Isso não é seguro, mas atesta, de qualquer forma, que os docentes não são atores indiferentes às decisões que lhes dizem respeito e que isso pode, desde já, constituir um terreno favorável para o estímulo de uma maior implicação e de uma maior ação individual ou coletiva na vida institucional do estabelecimento.

Professores reflexivos?

Como fica, afinal, a reflexividade para os professores da nossa amostra? Certamente, essa dimensão da prática docente é a mais difícil de apreender pelas vias de um questionário, que nunca revela mais do que representações sobre a prática. Entretanto, na questão sobre as capacidades julgadas mais cruciais pelos docentes, podemos ter um índice da importância assumida pela reflexividade, pelo menos na concepção ideal do ofício pelo docente, se não na sua própria prática. O quadro 1 nos mostra que a capacidade reflexiva fica muito secundária em relação às capacidades centrais já mencionadas, que fazem referência tanto ao plano pedagógico quanto ao plano dos saberes disciplinares. Isso poderia estar ligado à compreensão dos partidários da noção de capacidade reflexiva, entendida sob um modo "intelectualista", como uma postura de observação posterior à ação que, definitivamente, afeta pouco o modo de engajamento efetivo nas situações. Num ofício em que o engajamento na relação pedagógica e no componente relacional do ofício parecem centrais aos olhos dos docentes (TARDIF & LESSARD, 2001), talvez não seja estranho, nessas condições, que a capacidade reflexiva pareça secundária. O saber-ser e as capacidades relacionais, ao contrário, parecem determinantes.

3. O modelo do prático reflexivo diante da enquete na Bélgica

No total, se nós nos interrogamos sobre a pregnância efetiva do modelo do prático reflexivo nas concepções do ofício e as práticas autorrelatadas dos docentes, o quadro parece relativo. Os professores parecem, definitivamente, próximos do modelo do prático reflexivo no plano das orientações pedagógicas. Valorizam claramente o *know-how* pedagógico e didático ou, mais ainda, as competências relacionais e o saber-ser que lhes parecem implicados na relação pedagógica. Nem por isso negligenciam os saberes disciplinares necessários ao cumprimento de sua tarefa. Ao contrário, as capacidades reflexivas parecem nitidamente menos cruciais.

No plano do trabalho coletivo e da colaboração entre docentes, pode-se notar uma disposição positiva, resultante de uma interiorização dos modelos e discursos que os valorizam. As práticas efetivas de colaboração estão, certamente, ainda pouco desenvolvidas e o tempo efetivo de colaboração no tempo de trabalho total do docente continua minoritário. Enfim, quanto à participação nas decisões, ao engajamento na vida institucional do estabelecimento escolar, num plano individual ou colegial, nota-se, por um lado, uma capacidade de ação coletiva ainda pouco acentuada e, por outro lado, uma frustração relativa que não deve ser associada a muitas decisões de natureza administrativa, cujas incidências sobre as condições e os recursos do trabalho do docente individual são consideráveis. Em resumo, à parte a reflexividade, não encontramos mais em nossa enquete o retrato de um docente definitivamente rebelde ao novo modelo de profissionalidade, nem o seu contrário. Entretanto, esse diagnóstico deve ser fundamentado sobre outras fontes além de um questionário e mereceria, aliás, ser aperfeiçoado por uma análise mais profunda das diferenças no seio do corpo docente (cf. CATTONAR, 2001).

As vias de implicação dos professores na modernização do sistema escolar: conversão identitária ou "empowerment"

O interesse da pregnância do modelo do prático reflexivo nas representações dos docentes parece-nos relativizar o pressuposto, ou mesmo o estereótipo, que orienta frequentemente a representação do mundo docente: um docente mais conservador, pouco disposto a mudar suas práticas em função das orientações novas que diversos peritos desejam dar ao seu trabalho. A evidenciação do fato de que os docentes compartilham desde já muitos traços do modelo do prático reflexivo lança uma dúvida sobre o pressuposto de arcaísmo que lhes é muitas vezes atribuído. Em uma proporção importante, os docentes da nossa amostra nos parecem já parcialmente "convertidos" para o modelo do prático reflexivo, pelo menos num plano representacional.

Além disso, não há motivo para pensar que os docentes sejam por princípio e essência conservadores opostos a toda forma de mudança da escola e de suas práticas. Uma outra pergunta da nossa enquete mostra isso. Fizemos primeiramente uma pergunta relativa aos objetivos que a escola poderia seguir, razoavelmente, em matéria de igualdade de oportunidades e/ou resultados escolares. Nesse plano, não se pode afirmar que os docentes não tenham, pelo menos no plano das opiniões professadas, objetivos de igualdade das oportunidades (94% estão de acordo, contra 6% em desacordo) e numa medida nitidamente menor de igualdade dos resultados (44% estão de acordo, contra 56% em desacordo). Principalmente, fizemos a pergunta seguinte: "Em sua opinião, se desejamos promover uma escola que vise a igualdade dos resultados escolares, o que conviria fazer?" Os docentes deviam marcar a sua concordância numa escala com 6 posições, indo de "completamente de acordo" até "totalmente em desacordo".

Como se pode constatar no quadro 7, uma ampla maioria sobressai em favor da mudança do sistema escolar, do estabelecimento e principalmente das práticas pedagógicas. Sem dúvida, há também a metade dos docentes que pensam que as desigualdades entre indivíduos são inevitáveis, mas é interessante constatar que uma tal opinião não impede adotar outras que estimulam mudanças internas e também externas ao sistema escolar.

Quadro 7 – Opinião dos docentes sobre os meios para promover uma igualdade de resultados no sistema escolar

	Completamente de acordo			Totalmente em desacordo		
Não há nada a fazer, pois as desigualdades entre indivíduos são inevitáveis	18,9	14,1 50,5	17,5	12,6	13,9 49,5	23,0
Seria necessário modificar as estruturas socioeconômicas da nossa sociedade	30,9	23,6 77,4	22,9	11,4	5,8 22,6	5,3
Seria necessário modificar as estruturas e o funcionamento do sistema escolar (ramos, momento da orientação, etc.)	35.9	27,2 84,1	21,0	7,8	5,0 15,9	3,1
Seria necessário modificar o funcionamento dos estabelecimentos escolares (um projeto de estabelecimento orientado para o sucesso de todos, etc.)	18,1	18,8 60,0	23,1	15,3	13,0 40,0	11,7
Seria necessário modificar as práticas pedagógicas dos docentes	20,5	21,5 67,5	25,6	13,5	11,7 32,5	7,2

N = 3.500.

3. O modelo do prático reflexivo diante da enquete na Bélgica

Se os docentes são menos conservadores do que se pressupõe, e sobretudo já parcialmente adeptos do modelo do prático reflexivo, a "estratégia de conversão identitária" mencionada acima, concebida como uma das vias principais para promover a mudança nas instituições escolares, não nos parece forçosamente a estratégia mais pertinente e, em todo o caso, a única a adotar.

Em outras palavras, podemos perguntar se a retração, o ceticismo, até a oposição e a resistência (cf., por exemplo, CORNET, 1998; 2000) que muitos professores opõem efetivamente às reformas concretas que os atingem não teriam a sua origem em outra fonte, e não no arcaísmo dos seus modelos identitários. Correlativamente, outras vias de mudança deveriam então ser imaginadas e mobilizadas se se quer ganhar os docentes para as reformas necessárias do sistema de ensino. A esse respeito, poderemos apenas esboçar aqui uma hipótese e uma pista de reforma complementar à da reforma da formação dos mestres.

Uma hipótese. A falta de entusiasmo em relação a certas reformas não provém principalmente de uma forma de arcaísmo ou de resistência de princípio a toda forma de mudança. Ela se alimenta – singularidade da CFB – de uma falta de meios estruturais concedidos ao ensino (CORNET, 2000), mas principalmente de uma tendência – mais geral no número de sistemas de ensino – à acentuação da divisão do trabalho entre os "docentes de base", por um lado, e duas elites, "administrativa" e "intelectual", oriundas do corpo docente, por outro lado (CATTONAR & MAROY, 2000b). Estas últimas tendem a exercer sobre os docentes uma forma de autoridade organizacional ou profissional, e são amplamente associadas às reformas em curso, seja em sua concepção, seja na sua execução. Por sua vez, os docentes, considerados como executantes a serem adaptados às novas situações organizacionais, culturais e sociais do sistema de ensino, sentem-se postos à margem e despojados, pelo menos relativamente, de uma forma de domínio sobre as reformas que os afetam. Nossa hipótese é pois que o campo dos "profisssionais da educação" vê a sua divisão do trabalho interno formalizar-se e tornar-se mais complexa. Na escala do conjunto dos profissionais da educação, assiste-se à acentuação da divisão social do trabalho na profissão entre vários segmentos, dedicados, por um lado, à gestão e à administração, por outro lado à pesquisa/desenvolvimento, e enfim à prática de campo. Correlativamente, uma formalização crescente de novos modos de controle tende a acentuar as distâncias sociais e técnicas entre as diversas categorias de profissionais do campo educativo, a ponto, efetivamente, de que se poderá perguntar, afinal, se eles ainda têm pontos comuns. A elite intelectual é composta de pesquisadores, encarregados de missões, docentes-pesquisadores, formadores de docentes ou ainda de interventores, muitas vezes vindos do mundo docente, que contribuem para a concepção ou a difusão de modalidades ou instrumentos de trabalho pedagógicos novos (por exemplo, as bases de competência, as baterias de prova escalonadas, etc.). Certamente seu papel é técnico, mas eles veiculam simultaneamente uma definição pedagógica e moral da profissionalidade docente e contribuem também para dar crédito e plausibilidade a novos modelos de referência quanto ao funcionamento do estabelecimento escolar (DUPRIEZ & MAROY, 2001). Poderíamos pois, com Freidson, falar de uma *knowledge elite* (FREIDSON, 1994: 142), de uma elite "tecnopedagógica" no seio da profissão, que sem dúvida não é nova, mas tendeu, durante a última década, a crescer consideravelmente. Seu papel se torna também mais formalizado e sua existência cada vez mais institucionalizada, em relação com os peritos universitários, que preexistiam de longa data.

Ao lado dessa *knowledge elite*, também é preciso notar o reforço considerável de uma elite administrativa (*administrative elite*) que também existe de longa data. Entretanto, pode-se afirmar que suas prerrogativas, sua formação, suas competências tendem progressivamente a formalizar-se, e seu poder a reforçar-se. Assim, na CFB, em virtude do decreto "missões" já mencionado, "instâncias de coordenação dos poderes organizadores" são doravante reconhecidas e subvencionadas legalmente. Essas instâncias, na teoria, só exercem o papel de delegadas por suas entidades constituintes; todavia, elas são levadas a produzir não só uma perícia pedagógica e administrativa sobre o funcionamento do campo escolar, mas também a assumir um papel central na negociação com as autoridades públicas. Por isso, seu poder se desenvolve de modo considerável. Aliás, outro componente da elite administrativa da profissão docente é composto das direções de escola, tradicional e legalmente oriundas do corpo docente. O administrativismo que acompanha a instalação dos novos modos de regulação do sistema gera uma tendência a redefinir o seu papel, acentuando cada vez mais as suas especificidades de "gestionários". No próprio seio dos estabelecimentos, os modos de relações hierárquicas com os docentes tendem a flutuar entre relações marcadas pela colegialidade profissional (diretor como *primum inter pares*) e a emergência de figuras mais nitidamente gestionárias.

Definitivamente, como Lessard indica (1999: 6), há uma divisão crescente entre "docentes práticos-executantes" e uma "supraestrutura" de indivíduos (como as autoridades escolares, os peritos, os interventores pedagógicos, etc.) que pensam o trabalho mas não o executam. A acentuação e a formalização dessa divisão social e técnica do trabalho no coração do campo da educação nos parecem levar a um risco de despojamento relativo, por parte dos docentes, de uma parcela das decisões que entretanto afetam a conduta do seu trabalho. Vimos isso a propósito de muitas decisões administrativas no seio dos estabelecimentos escolares belgas, em relação aos quais uma maioria de docentes experimenta um déficit de poder e de influência. Seria preciso testar essa situação, a respeito das relações dos docentes com as novas categorias profissionais em desenvolvimento (conselheiros pedagógicos) ou em via de redefinição (inspetores) cujo papel é aconselhar, formar, estimular a inovação e a procura de qualidade no funcionamento dos estabelecimentos e nas práticas docentes. Esse despojamento nos parece uma das fontes da retração, dos freios e das resistências que uma parte dos docentes opõem às reformas em curso no sistema de ensino.

3. O modelo do prático reflexivo diante da enquete na Bélgica

Se essa hipótese tem fundamento, a associação do corpo docente na modernização do sistema escolar, na transformação dos seus modos de regulação ou de aperfeiçoamento do funcionamento dos estabelecimentos e das práticas docentes não poderá fazer-se sem mais negociações com docentes constituídos em interlocutores válidos no plano local. Parece-nos que uma das pistas de trabalho é refletir sobre as condições sociais de uma real profissionalização dos docentes, que acentuaria o seu poder coletivo, por um lado diante das "autoridades" pedagógicas que orientam as decisões pedagógicas no sistema escolar, por outro lado diante das direções de estabelecimentos ou das autoridades escolares, com as quais trata-se de construir cooperações negociadas em vista de tornar o sistema ou o estabelecimento mais eficiente e equitativo. Ou seja, a profissionalização mencionada na maioria dos países industrializados não deve apenas remeter à dimensão das competências, do saber e da perícia; ela deve também remeter à construção de um poder, de uma margem de autonomia coletiva e de negociação (LANG, 1999; CATTONAR & MAROY, 2000b). As soluções para a retração docente remetem seguramente, em parte, a questões de formação e de mudança de identidade profissional. Elas nos parecem também remeter a uma tomada de responsabilidade (*empowerment*) individual e coletiva dos docentes, que procede de uma vontade de dar mais lugar à palavra coletiva, notadamente no nível das escolhas organizacionais e pedagógicas dos estabelecimentos. As modalidades de uma real profissionalização nos parecem, a esse respeito, questões cruciais não só para enfrentar os problemas encontrados pela escola na execução de suas missões, mas também para conseguir superar os problemas e o mal-estar docente (CATTONAR & MAROY, 2000; 2001).

Conclusão

Na Bélgica francófona, o modelo do prático reflexivo orienta uma reforma da formação inicial dos docentes, concebida simultaneamente como um complemento indispensável para outras grandes reformas modernizadoras da instituição escolar e como uma adaptação às evoluções culturais e sociais dos alunos e da sociedade. Certamente, essa modernização se mostra necessária, mas questionamos um dos pressupostos da estratégia adotada. Os docentes seriam mais conservadores e arcaicos, o que tende a explicar suas resistências às reformas e justifica desde já, ainda mais, a necessidade de "convertê-los" ao novo modelo do prático reflexivo. Ora, na base dos resultados da enquete do Girsef, os docentes se mostram mais pedagogos, menos conservadores e, afinal, relativamente próximos do novo modelo. Fizemos então uma reflexão sobre as razões de suas resistências às reformas e sugerimos que seu despojamento relativo em termos de poder podia ser uma hipótese alternativa.

Tal interpretação mereceria certamente uma verificação mais ampla no quadro belga, mas também à luz de outras experiências europeias ou norte-americanas. Assim, no que diz respeito aos docentes belgas, restaria confirmar nosso diagnóstico por outras fontes, e não apenas por um questionário. Além disso, a interpretação alternativa necessitaria de um mais amplo desenvolvimento sobre as fontes, os obstáculos e as formas de uma ação dos docentes, organizada no plano local. Aliás, a difusão do modelo do prático reflexivo nos contextos do Quebec ou da França permitiria interrogar-se sobre a pertinência das nossas interpretações além do quadro belga.

Definitivamente, a modernização da instituição escolar impõe sem dúvida uma reflexão sobre as maneiras de ensinar e as evoluções a esse respeito. Entretanto, as mudanças a operar nesse plano pedagógico não são talvez as mais difíceis de aceitar pelos docentes, no nível dos princípios. Os fenômenos de retração docente e de desconfiança em relação às consequências concretas de certas reformas em curso deveriam ser combatidos refletindo-se em uma forma de implicação mais coletiva dos docentes nos processos de decisão. O desafio seria conseguir coordenar as decisões ligadas ao pedagógico e aquelas mais classicamente ligadas ao terreno social, mas também os diferentes níveis de ação no sistema de ensino.

4
As políticas reformistas: transição na formação dos professores na Inglaterra

Robert Moon
The Open University, Grã-Bretanha

Introdução

Na Inglaterra, o começo de uma formação inicial sistemática para os docentes se situa por volta de 1798. Nesse ano, a primeira escola de formação de professores foi aberta no bairro Southwark, de Londres. Situado ao sul do Tâmisa, esse bairro era, e ainda é, a parte relativamente pobre da cidade. Um jornalista especialista em educação considerou que isso era simbólico do *status* incerto da formação dos docentes através dos séculos.

O fato de que foi Southwark e não Oxford que viu nascer a formação de docentes explica uma parte dos problemas com os quais os formadores se defrontam até hoje, principalmente a falta de credibilidade, a penúria de competências entre os estudantes, assim como as ambiguidades de um programa de estudos que mistura educação pessoal e formação profissional. Todas essas dificuldades como falta de dinheiro, de recursos e, até recentemente, de talentos, resultaram, em parte, desse nascimento humilde em Southwark.

Ao contrário da teologia, da medicina ou do direito, a formação de docentes não pode reivindicar nenhuma tradição universitária de excelência ou de respeitabilidade. Ela tem mais traços em comum com os corpos de ofícios medievais, à maneira do sistema de aprendizagem que precedeu o ensino técnico moderno (HENCKE, 1978: 13).

O *status* da formação dos docentes na Inglaterra está estreitamente ligado à posição dos professores na sociedade. Desde a fundação do estabelecimento de Borough Road em Southwark, há mais de duzentos anos, o *status* dos docentes permaneceu incerto. Sob o título de "Recenseamento de rejeição aos professores", o *Times Educational Supplement* (suplemento educativo do *Times*), de 23 de março de 2001, relata o seguinte:

> Os docentes são rebaixados na hierarquia social, com esse recenseamento oficial que os destitui do seu *status* profissional superior. Por ocasião

dos recenseamentos, os docentes eram classificados entre os "profissionais de nível superior", no nível dos médicos e dos advogados. Ora, o recenseamento iminente de 2001 rotulará o ensino como uma "profissão de *status* inferior", com pouca influência sobre o trabalho, os salários ou as condições de trabalho. Os resultados desse recenseamento, que estabelece um quadro estatístico nacional a cada dez anos, serão conhecidos no dia 29 de abril. Uma nova escala de classificação das profissões em oito categorias será usada, de acordo com as recomendações feitas em 1998. Os trabalhadores do país serão, por conseguinte, classificados em categorias profissionais indo da referência "superior" até a base da escala, onde se encontrarão os motoristas e agentes de serviços.

Os dirigentes das associações de docentes julgaram que essa evolução era um triste reflexo do declínio recente, em matéria de *status* e de condições salariais, que a educação sofre.

O lugar da formação dos docentes na estrutura institucional do sistema educativo é também ambivalente. Dos anos 1990 até nossos dias, os governos conservador e trabalhista fizeram esforços obstinados para conseguir que a formação inicial dos docentes passasse das universidades para as escolas. Em 1995, a tentativa do Homerton College, uma antiga escola de formação de professores primários em Cambridge, de criar uma licenciatura em pedagogia, suscitou uma forte oposição por parte dos universitários em outras matérias. O *Times* publicou um artigo sobre esse conflito:

Um estabelecimento de Cambridge é acusado de oferecer a postulantes pouco qualificados uma porta de acesso discreta para a universidade. Essa questão se arrisca a degenerar numa rixa inabitual entre professores de universidade.

Projetos de instituição de um novo diploma de pedagogia, uma licenciatura, no Homerton College, já provocaram uma controvérsia em Regent House, o parlamento dos professores universitários. O Dr. Frank King, professor de informática do Churchill College, declarou que tinha demonstrado que o estudo acadêmico da pedagogia era inútil ou até nocivo.

O Dr. King afirma que a introdução do novo BA (Bachelor of Arts) em Homerton, uma antiga escola de formação de docentes, permitiria aos estudantes desviarem-se para outras faculdades com qualificações nitidamente inferiores às dos seus pares. Ele se propõe a contestar as propostas formais da universidade quando estas forem publicadas na próxima semana e a submeter a questão a um referendo dos universitários.

Cambridge não é exceção à regra. Os departamentos de formação dos docentes obtêm raramente um *status* elevado no seio das universidades inglesas, mesmo com boas atuações em matéria de pesquisas.

A institucionalização da formação dos professores foi realizada na Inglaterra um pouco mais tarde do que nos outros países da Europa. Um século antes da

4. As políticas reformistas: transição na formação dos professores na Inglaterra

abertura da escola de Southwark, Jean-Baptiste de La Salle fundava a primeira escola normal em Reims. Na Alemanha, os primerios seminários de formação (*Lehrerseminar*) foram criados em Gotha em 1698 (NEATHER, 1993). Desenvolvimentos institucionais posteriores na Inglaterra, todavia, se produziram em paralelo com os de muitos países vizinhos. Ao longo do século XIX, à medida que sistemas de educação elementar eram instalados em todo o país, surgiram instituições consagradas à preparação dos docentes dos cursos elementares. Na Inglaterra, os docentes do secundário não recebiam nenhuma formação formal. Considerava-se que um bom nível de conhecimento de uma matéria bastava para cumprir um programa do secundário.

A evolução da formação dos docentes na Inglaterra durante o século XX pode ser dividida em três fases:

1) florescimento da tradição progressista fundamental, 1900-1970;

2) esperança e expansão, 1970-1985;

3) desilusão e contração, 1985-2000.

O florescimento da tradição progressista fundamental, 1900-1970

Na primeira metade do século XX, uma forte tradição de formação dos docentes dos cursos elementares foi estabelecida. Algumas escolas de formação dos docentes eram ligadas a universidades, mas na maioria dos casos o setor se desenvolvia independentemente do ensino superior. O programa de estudos comportava algumas disciplinas com ênfase nos métodos de ensino. Um interesse crescente existia, durante esse período, pelos modelos europeus de ensino progressivo centrados na criança. Foram ministrados muitos cursos sobre as obras de Froebel, de Pestallozi, de Montessori. No período pós-guerra, esses desenvolvimentos se acentuaram, atingindo o seu ponto culminante nas reformas muito importantes da educação primária até os anos 1960. Um crescimento demográfico rápido permitiu a construção de muitas novas escolas abertas, a fim de promover o trabalho individual e de grupo em lugar do ensino em sala de aula. Os visitantes vinham do mundo inteiro para observar as escolas primárias em regiões como Oxfordshire ou Leicestershire, onde essa filosofia teve uma ascendência importante.

Esse movimento também obteve legitimidade nacional, graças à publicação de um relatório nacional, o relatório Plowden (Central Advisory Council for Education) em 1967. O governo trabalhista da época instalara uma comissão encarregada de estudar todos os aspectos da escola primária. Esse relatório, cuja repercussão foi considerável junto ao grande público, inscreveu-se no quadro do movimento progressista.

Nessa época, duas mudanças importantes foram introduzidas nos estabelecimentos de formação. Primeiramente, depois de um relatório sobre a educação superior, o relatório Robbins de 1963, eles foram renomeados como "Colleges of Education" (Escolas de formação de docentes). Na Inglaterra existe uma distinção importante entre as palavras *train* (formar) e *educate* (instruir). Isso pode confundir as pessoas provenientes de comunidades linguísticas nas quais essa nuança não existe ("formation", na França, por exemplo). O dicionário Oxford English define assim a palavra *train*: "ensinar uma técnica precisa, especialmente pela prática", ao passo que *educate* significa: "dar uma instrução intelectual, moral e social".

Essa distinção foi o centro de grandes conflitos ideológicos. Nos anos 1960, o procedimento foi elevar o *status* das escolas de formação de docentes, ligando-as à educação e não à formação (como se pode ver abaixo, o inverso aconteceu nos anos 1990). A segunda mudança consistiu em planejar um sistema de formação que desse a todos os docentes o nível de licenciados. Os Colleges of Education se ligaram muitas vezes às universidades locais, que conferiam os diplomas de Bachelor of Education (B. Ed.) (licenciatura de ensino) a todos aqueles que seguiam a formação para o primário.

Esse período, consequentemente, foi otimista. A formação dos docentes para o ensino secundário surgiu a partir dos anos 1950. A necessidade de formar milhares de professores suplementares constituíra uma prioridade desde o fim da Segunda Guerra Mundial. Estabelecimentos improvisados para a formação dos docentes foram criados pelo país, principalmente para reconverter rapidamente o pessoal das forças armadas, que poderia ser recrutado para ensinar nas escolas primárias e secundárias. Um grande número desses estabelecimentos se tornaram instituições reconhecidas e, no conjunto dos estabelecimentos de formação, ofereceram-se programas de formação de três e quatro anos em diversas matérias para os docentes do secundário. As universidades, por sua vez, começaram a introduzir um programa de um ano, para um diploma chamado Postgraduate Certificate of Education (PGCE), equivalente ao Capes (Certificado de Aptidão ao Professorado do Ensino do Segundo Grau, na França).

Esperança e expansão, 1970-1985

A segunda fase do desenvolvimento, bem mais curta, poderia ser qualificada de período de esperança e de expansão. Foi caracterizada por um certo número de mudanças. Nos anos 1970, a Inglaterra, a exemplo de muitos outros países, passou pelo que foi chamado de "universitização" da formação dos docentes (NEAVE, 1992). Num período de expansão da universidade e numa disposição de otimismo quanto à elevação do *status* e da credibilidade intelectual dos docentes do primário e do secundário, parecia apropriado elevar a formação dos docentes ao nível superior. Vantagens burocráticas também seriam levadas em conta. Como os Colleges of Education eram muitas vezes estabelecimentos relativamente pe-

4. As políticas reformistas: transição na formação dos professores na Inglaterra   97

quenos e difíceis de rentabilizar, o ministério central aproveitou essa ocasião para fechar e fusionar a maioria deles, incorporando-os ao setor universitário. Esse procedimento nem sempre foi recebido positivamente pelos formadores de docentes. Embora esse período tenha sido marcado, no conjunto, pela esperança e pela expansão, também teve conflitos institucionais importantes.

Em 1973, foi instituída a obrigação de dispor de uma qualificação de docente para exercer nas escolas secundárias públicas. Todos aqueles que obtiveram a licenciatura antes de 1973 foram autorizados a entrar diretamente no ensino, mas, para aqueles que obtiveram sua licenciatura depois dessa data, uma qualificação PGCE era necessária. Isso foi durante muito tempo um tema de campanha para os sindicatos de docentes, particularmente para o mais importante, a National Union of Teachers, mas a decisão foi recebida como uma vitória pelo corpo docente. Os anos 1960 e 1970 marcam, por conseguinte, o apogeu do entusiasmo nacional pela formação dos docentes e essa situação prosseguiu até o início dos anos 1980.

Todavia, a instalação, no começo dos anos 1980, de um Committee for the Accreditation of Teacher Education (comissão encarregada de validar a formação dos docentes), conhecida pela sigla Cate, constituiu um sinal da preocupação do governo quanto à qualidade dos programas de formação dos docentes. Na origem, essa comissão era dirigida por William Taylor, um pedagogo reputado, que anteriormente ocupara a função de diretor da University of London Institute of Education. O objetivo da comissão era estabelecer critérios reconhecidos, para todos os aspectos da concepção e da realização dos cursos. Até certo ponto, foi seguido o modelo do National Council for the Accreditation of Teacher Education dos Estados Unidos, embora, ao contrário do que ocorre além-Atlântico, todos os cursos de formação dos docentes na Inglaterra devam receber a validação do Cate.

A criação do Cate foi a primeira tentativa governamental de impor uma certa ordem à formação dos docentes que acabava de ser confiada às universidades. A nova administração conservadora de Margaret Thatcher também pedira ao corpo nacional dos inspetores, Her Majesty's Inspectors (HMI), que realizasse um controle de todos os cursos de formação de professores.

Na Inglaterra, a autonomia das universidades é zelosamente preservada. Essa liberdade diante da ingerência governamental constitui uma das pedras angulares do credo universitário. De um certo lado, a instalação do Cate e a pressão visando a operar inspeções pareciam constituir uma verdadeira ameaça. Uma tal coerção aplicada ao setor do direito ou da medicina também teria suscitado resistência. Entretanto, como a formação dos docentes constituía uma novidade no mundo da educação e não se beneficiava nem do *status* nem da tradição das outras profissões, ela dispunha de pouca proteção. Apesar de algumas apreensões, a validação pelo Cate e a inspeção pelos HMI foram firmemente estabelecidas em meados dos anos 1980.

Desilusão e contração, 1985-2000

A terceira fase, de 1985 a 2000, é descrita como a da desilusão e da contração. Durante um período de 15 anos, mudanças importantes foram introduzidas na formação dos docentes. Poucos, se não nenhum país europeu teve reformas intervencionistas tão rápidas no seu sistema de formação dos docentes. O termo "desilusão" é verdadeiramente apropriado. Representa um sentimento amplamente compartilhado no mundo da educação diante da resposta governamental. Essas políticas geraram, igualmente, uma redução do efetivo em muitos ramos de formação dos professores. As reformas eram integradas num programa geral de transformações iniciadas pela adoção do Education Reform Act (lei sobre a reforma da educação) em 1988.

Todavia, depois de um período de conflitos intensos, certos elementos do sistema emergiram e suscitaram provavelmente a adesão de todas as pessoas implicadas na formação dos professores. Os formadores publicaram muitos textos, em boa parte hostis, sobre essas reformas. Eram vistas como uma ameaça profissional e até pessoal, mas um olhar racional e objetivo ainda não foi dirigido para elas. Considerando-se o interesse da experiência inglesa, é importante analisar os acontecimentos no contexto desse período.

No fim dos anos 1980, células de reflexão do Partido Conservador ou certas organizações independentes de reflexão política começaram a fazer uma revisão crítica da formação dos docentes. O grupo mais influente na época era o Centre for Policy Studies, dirigido por Sheila Lawlor. Em 1990, ela publicou um ataque violento intitulado *Teachers Mistaugh: training in theories or education in subjects* (Docentes malformados: a formação em teoria ou a educação em questão). O título revela o alvo do ataque. A formação dos docentes era considerada como a propagação do pensamento da esquerda sobre o ensino e suspeitava-se de que ela gerava uma baixa no nível das escolas. O que era necessário, segundo Lawlor, era uma abordagem mais rigorosa, baseada sobre as matérias escolares, tendo como primeira fase a valorização da leitura e das noções de cálculo. A abordagem fonética tradicional do ensino da leitura, por exemplo, deveria ser restaurada no programa de estudos de formação dos docentes.

Um novo ministro responsável pela educação, Kenneth Clarke, foi nomeado. Político ambicioso, procedeu com rapidez para introduzir reformas radicais. Os funcionários que se opunham aos seus planos foram desviados para outros departamentos. Eis um resumo das suas decisões:

• Abolição do Cate e criação de uma Teacher Training Agency (Agência de formação de professores) em nível nacional, com um conselho que representa os interesses tradicionais da direita na educação. A utilização da palavra "formação" era explícita, para indicar o que devia ser o objetivo central da formação dos docentes.

4. As políticas reformistas: transição na formação dos professores na Inglaterra

• Obrigação de uma duração mínima que os estagiários deviam passar nas escolas. 24 das 36 semanas que dura uma formação de PGCE de um ano deveriam ser realizadas em um estabelecimento escolar.

• Informação das universidades sobre o fato de que uma parte do dinheiro recebido para a formação do estagiário seria paga às escolas, como reconhecimento do seu papel e de suas responsabilidades aumentadas.

• Introdução de uma declaração estatutária das competências de docente, que todos os cursos de formação deveriam desenvolver. Os cursos só receberiam financiamento se, depois de uma inspeção, o inspetor HMI fornecesse uma prova satisfatória da sua qualidade.

• Indicação de que as escolas e os grupos de escolas poderiam formar docentes independentemente de qualquer universidade.

Essa abordagem era populista. Muitos docentes se ergueram contra uma visão excessivamente teórica da formação dos professores e as medidas de Kenneth Clarke afetaram, neles e em certos pais, um ponto sensível. Os formadores de docentes eram praticamente todos contrários às reformas (cf. STONES, 1994; EDWARDS, 1994), mas se mostraram incapazes de orquestrar uma oposição que reunisse todos os grupos de interesse implicados. As propostas de Clarke dividiram o *establishment* da educação, segundo a apelação de certos detratores das pessoas que trabalhavam na educação. Além disso, elas exploraram a abordagem mais escolar da formação dos docentes que, nos anos 1980, foi introduzida por certos departamentos de universidade como um modelo mais progressista da formação dos docentes. As universidades de Oxford e de Sussex, por exemplo, já tinham experimentado durante vários anos essa abordagem, embora nenhuma delas tenha sugerido a transferência dela para as escolas, na escala prevista pelas novas reformas.

Ao longo dos anos 1980, a abordagem de Clarke foi integrada ao sistema. Outras iniciativas também foram introduzidas. A partir de 1994, os cursos por correspondência da Open University se tornaram um modo de formação de mil estudantes por ano, à base de tempo parcial, por meio de métodos de ensino abertos e à distância. Isso fazia parte do programa governamental, que consistia em diversificar a maneira pela qual as pessoas podiam se formar no ofício de docente. O programa da Open University era destinado particularmente aos candidatos de idade madura, um grupo também favorecido pelo governo.

Em meados dos anos 1990, a forma de inspeção mudou e o financiamento dos estabelecimentos de formação e o número de estudantes foram ligados aos resultados da inspeção. As avaliações dos inspetores foram e continuam a ser baseadas em dados quantitativos. Quanto melhor uma instituição era avaliada pela inspeção, mais alunos ela podia acolher. Os *scores* obtidos pelas instituições de formação de docentes foram publicados. Esse modelo de inspeção provocou uma intensa hostilidade, questionando particularmente a confiabilidade e a validade do método. Entretanto, a formação dos docentes apenas vivia o mesmo movimento de medida, de contabilidade e de concorrência que era aplicado ao sistema educativo no seu conjunto.

Três aspectos da reforma, desenvolvidos e aperfeiçoados pelos formadores de docentes, apesar de sua hostilidade inicial, parecem agora aceitos. Primeiramente, a noção de "parceria" entre os formadores de docentes e as escolas; em segundo lugar, a ideia de que o docente, no seio da escola, age como um "mentor" do estagiário; em terceiro lugar, a aceitação da noção de um quadro de competência ou de norma para a avaliação dos docentes no nível probatório. Esses aspectos serão analisados de maneira mais detalhada na seção seguinte deste estudo de caso.

Em resumo, o histórico da formação dos docentes na Inglaterra é apenas o reflexo das tendências e dos desenvolvimentos em outras partes da Europa. A propensão a fornecer a paridade de formação para os docentes do primário e do secundário, a importância crescente das universidades nessa formação e o interesse crescente que o governo dedica à qualidade do ensino são todos inspirados em experiências realizadas em outros países. Entretanto, a Inglaterra é única na abordagem extremamente centralista e intervencionista adotada pelo governo nos anos 1990. A hostilidade dos formadores de docentes a esse processo pode esconder às vezes certos ganhos e vantagens, que são agora geralmente aceitos no conjunto do sistema. Também é importante notar que, embora essas mudanças tenham sido introduzidas pelo governo conservador de direita, elas foram conservadas pelo governo trabalhista de Tony Blair. Muitas características das reformas descritas na seção seguinte deste estudo de caso parecem destinadas a sobreviver ao século XXI.

Formação dos professores na Inglaterra, 2000-2001

O modelo de formação inicial dos docentes deve ser ressituado hoje no contexto dos desenvolvimentos históricos descritos acima, notadamente aqueles instalados nos anos 1990. Alguns pontos gerais devem ser considerados:

• os docentes, em sua maioria, são formados em instituições universitárias;

• as necessidades de conhecimento e de formação para os docentes do primário e do secundário são comparáveis;

• um movimento notável se instaurou, segundo o qual os cursos de quatro anos que integram ensino acadêmico e ensino pedagógico dão lugar a um modelo "consecutivo", que prevê três anos para a obtenção de uma licenciatura, seguidos de um ano de preparação para o certificado de qualificação para o ensino;

• o ensino primário se tornou mais popular do que o secundário; há uma crise, oficialmente reconhecida, no recrutamento de professores do secundário, no que se refere a matérias tais como matemática, ciências, línguas estrangeiras modernas, tecnologia e até inglês e geografia;

4. As políticas reformistas: transição na formação dos professores na Inglaterra

• as tentativas de diversificação das vias que conduzem ao ensino se multiplicaram, embora o número de pessoas que escolhem esses novos ramos permaneça baixo.

São estes os três campos nos quais a descrição dos diferentes aspectos da formação dos docentes e de sua instrução será realizada: as estruturas, os programas de estudo e os estímulos para abraçar a carreira de professor.

As estruturas

A principal via que conduz ao ensino passa por uma formação de um ano de nível de terceiro ciclo. É fornecida pelas universidades e o sucesso nesse curso também leva ao *status* qualificado de docente. A universidade confere o certificado, mas a garantia formal do estado qualificado de docente permanece sob a tutela do Department for Education and Skills (Departamento encarregado da educação), a administração ministerial nacional.

Outra possibilidade é uma formação que dura geralmente quatro anos, de nível de licenciatura, conferida também por uma universidade. Esses cursos estão em relação direta com os cursos relativos ao primário, fornecidos pelas escolas de formação de docentes. Formações de quatro anos existem também para certas matérias do secundário, embora as disposições variem entre as universidades.

Em 2000, 21.150 docentes foram formados pelos cursos de um ano do PGCE, contra 8.960 pelos cursos de nível de licenciatura.

Atualmente, existem três meios de obter o *status* qualificado de docente. Dois já estão operacionais.

• O *status* pode ser adquirido por meio de um consórcio de formação de docente, repousando sobre a escola: grupos de escolas, em base voluntária, associam-se para oferecer cursos de formação para o ensino às pessoas que tenham uma licenciatura. Recebem, para cada pessoa formada, uma quantia ligeiramente superior àquela outorgada às universidades. Cabe ao consórcio decidir as modalidades da instalação da formação e as escolas podem, se quiserem, pedir a uma universidade a homologação da formação.

• O *status* pode ser adquirido por acesso rápido pelos candidatos portadores de uma licenciatura: os diplomados que comprovem uma grande motivação para se tornarem professores podem requerer a dispensa de uma boa parte da formação convencional, fazer estágios práticos em várias escolas e passar rapidamente para o *status* de docente qualificado.

• O *status* pode ser adquirido por um curso de terceiro ciclo com matérias à escolha: trata-se de uma nova forma de diversificação destinada a recrutar um número significativo de docentes a partir de 2002. Os cursos são organizados em estrutura modular e necessitam de elementos importantes de análise das necessidades como ponto de partida; aqueles que detêm uma experiência prévia de ensino, mesmo no estrangeiro, podem valer-se disso e seguir uma formação mais rápida até a qualificação: trata-se de uma formação universitária e a Open University (organismo de ensino por correspondência) é, de longe, o principal formador.

O tempo passado nas escolas é regulado para cursos de terceiro ciclo e de nível de licenciatura (quadro 1).

Quadro 1 – Tempo organizado que os futuros docentes devem passar em estágios de prática nas escolas – nível 3º ciclo e nível licenciatura

Curso de 1 ano – primário	18 semanas
Curso de 1 ano – secundário	24 semanas
Curso de 3 anos – primário	24 semanas
Curso de 3 anos – secundário	24 semanas
Curso de 4 anos – primário	32 semanas
Curso de 4 anos – secundário	32 semanas

O conteúdo do programa de estudos dos estagiários para o primário é mais pesado do que aquele destinado aos estagiários do secundário. A exigência do domínio da matéria é, por exemplo, mais importante. A proporção de estágios de prática nas escolas é, consequentemente, menor.

A Inglaterra desenvolve meios mais diversificados de obtenção do *status* de docente qualificado do que qualquer outro país europeu. Essa situação se deve, em parte, à perda de confiança em relação às formações universitárias, que foi iniciada com as reformas de Clarke durante os anos 1990. Ela reflete também a crise crescente do recrutamento de docentes do secundário (cf. adiante). Entretanto, o número de candidatos que, no momento, usam os novos ramos de acesso ao ensino permanece baixo. Projetando-se num futuro previsível, as universidades podem formar pelo menos quatro em cinco docentes.

É cedo demais para julgar em que medida a formação universitária vai ocupar menos lugar do que os novos programas, como parece desejar o governo. A despeito de muitas críticas, a infraestrutura fornecida pelos cursos de terceiro ciclo e de nível de licenciatura continua sendo a principal fonte de formação de docentes na Inglaterra.

Os programas de estudos

O programa de estudos da formação dos docentes é doravante organizado por uma circular governamental. Muitas vezes, é considerado como um programa de

4. As políticas reformistas: transição na formação dos professores na Inglaterra

estudos nacional para a formação dos docentes, pelos ministros e responsáveis do governo. A prescrição foi modificada durante os dez primeiros anos e contém um grande número de exigências. A circular se intitula *Standards for the Award of Qualified Teacher Status* (QTS) (Normas para a atribuição do *status* de docente qualificado) e é dividida em quatro seções:

• conhecimentos e compreensão;

• planejamento, ensino e gestão de classe;

• avaliação, registro, relatório (aos alunos, aos pais, ao chefe do estabelecimento) e responsabilidade;

• outras exigências profissionais.

Apresentamos abaixo a regulamentação que se aplica à seção de planejamento, de ensino e de gestão de classe. A formulação é idêntica, tanto para os docentes do primário quanto para os do secundário.

Planejamento

Qualquer que seja o curso, as pessoas a quem a qualificação de docente qualificado é atribuída, quando são avaliadas, devem demonstrar que são capazes de:

a) planejar o ensino, para favorecer a progressão na aprendizagem dos alunos, graças a:

i) identificação de objetivos e de conteúdos de ensino claros, apropriados à matéria e às crianças – a especificação da maneira pela qual o ensino é ministrado e avaliado;

ii) estabelecimento de tarefas para o conjunto da classe, trabalhos individuais e de grupo, inclusive deveres de casa que estimulem as crianças e garantam níveis de interesse elevados de sua parte;

iii) estabelecimento de expectativas apropriadas e exigentes para a aprendizagem, a motivação e a apresentação do trabalho dos alunos;

iv) estabelecimento de objetivos claros para a aprendizagem dos alunos, aprendizagem construída sobre aquisições prévias – a garantia de que as crianças estão conscientes da substância e do objeto daquilo que lhes é pedido;

v) a identificação dos alunos que:

• apresentem necessidades educativas especiais, notadamente dificuldades de aprendizagem específicas;

• sejam superdotados;

• não falem inglês correntemente; e saibam onde obter ajuda para uma assistência positiva e focalizada;

b) oferecer estruturas claras para as lições e sequências de lições, a curto, médio e longo prazos, que mantenham o ritmo, a motivação e o interesse dos alunos;

c) fazer uso eficaz das informações de avaliação relativas às aquisições e aos progressos dos alunos em sua aprendizagem e no planejamento das futuras lições e sequência de lições;

d) planejar as oportunidades, a fim de contribuir para o desenvolvimento pessoal, espiritual, moral, social e cultural dos alunos;

e) garantir, quando isso for requerido, a cobertura apropriada dos programas de exames e dos programas de estudos nacionais.

Ensino e gestão de classe

Qualquer que seja o curso, as pessoas a quem a qualificação de docente qualificado é atribuída, quando são avaliadas, devem demonstrar que são capazer de:

f) garantir a eficiência do ensino ao conjunto das classes, dos grupos e dos indivíduos, de tal modo que os objetivos da instrução sejam atingidos, assim como uma melhor utilização do tempo de ensino;

g) controlar e intervir no ensino, a fim de assegurar uma aprendizagem e uma disciplina de qualidade;

h) estabelecer e manter um ambiente de trabalho aplicado;

i) definir expectativas elevadas quanto ao comportamento dos alunos, estabelecer e manter um bom nível de disciplina por meio de um ensino bem objetivado, e pela instauração de relações positivas e construtivas;

j) criar um ambiente seguro, que sirva de base para a instrução e no qual os alunos se sintam seguros e confiantes;

l) usar métodos de ensino que mantenham o dinamismo do trabalho das crianças e mantenham a sua atenção por meio de:

i) *estimulação* da curiosidade intelectual, comunicação do entusiasmo pelos temas ensinados, estímulo e manutenção da motivação dos alunos;

ii) *correspondência* entre as abordagens usadas para iniciar os assuntos e o ensino que é dado;

iii) *estruturação* da informação, com anúncio do conteúdo e dos objetivos, indicação das transições e resumo dos pontos-chave à medida que a lição progride;

iv) *apresentação* clara do conteúdo organizado em torno de ideias principais, graças a um vocabulário apropriado inerente ao tema, assim como ilustrações e exemplos bem escolhidos;

v) *ensino* conciso e demonstrações claras, assim como explicações precisas e adaptadas ao ritmo de trabalho;

vi) *questões* eficazes, que correspondam ao ritmo e ao sentido do curso, e que assegurem a participação dos alunos;

vii) atenção *dirigida* aos erros e à má compreensão dos alunos, assim como à ajuda destinada a corrigi-los;

viii) escuta *atenta* dos alunos, análise de suas respostas e atitudes construtivas, a fim de fazer progredir a aprendizagem;

ix) *seleção* e utilização apropriadas de manuais escolares, tecnologias da informação e da comunicação e outros meios de estudo que permitam atingir os objetivos do ensino;

x) *fornecimento* de oportunidades aos alunos para que consolidem seus conhecimentos e maximizem as vantagens, tanto em classe quanto por meio do estabelecimento de deveres objetivos para casa, e que contribuam para reforçar e desenvolver o que aprenderam;

xi) *exploração* das oportunidades destinadas a aperfeiçoar os conhecimentos básicos dos alunos em leitura, cálculo e tecnologias da informação e da comunicação; desenvolvimento das técnicas de estudo individuais ou coletivas que permitam uma aprendizagem eficaz e compreendam a informação obtida nas bibliotecas, pela leitura de textos e graças a outras fontes;

xii) *exploração* das oportunidades, a fim de contribuir para o valor do desenvolvimento intelectual geral dos alunos, e suas evoluções pessoal, espiritual, moral, social e cultural;

xiii) *instalação* de expectativas elevadas para todos os alunos, apesar de suas diferenças intelectuais, de cultura, sexo ou origem linguística;

xiv) *disponibilização* de oportunidades para desenvolver a compreensão geral dos alunos, remetendo o seu aprendizado a exemplos concretos e práticos;

m) permitir uma familiarização com o código de boa conduta relativo à identificação e à avaliação das necessidades educativas específicas e, no quadro de suas responsabilidades, respeitando a deontologia, usar e conservar dados referentes aos planos de educação individual (IEP) para os alunos no nível 2 do Código e acima;

n) certificar-se de que os alunos adquirem e consolidam os seus conhecimentos, aptidões e compreensão da matéria;

o) avaliar o seu próprio ensino de maneira crítica e servir-se dessa reflexão para melhorar a sua eficiência.

Na rubrica "Outras exigências profissionais", os docentes devem ter um bom conhecimento de questões indo da legislação específica até a necessidade de manter o seu próprio desenvolvimento profissional.

Outras exigências profissionais

Primário e secundário

Qualquer que seja o curso, as pessoas a quem a qualificação de docente qualificado é atribuída, quando são avaliadas, devem demonstrar que são capazes de:

a) possuir um conhecimento prático e uma boa compreensão dos:

i) deveres *profissionais* dos docentes, tal como são apresentados no documento intitulado "School Teachers' Pay and Conditions" (Pagamento e condições dos professores) publicado no âmbito da lei School Teachers' Pay and Conditions de 1991;

ii) deveres e responsabilidades legais dos docentes ligados aos fatos seguintes:

• o Race Relations Act (Lei sobre a discriminação racial) de 1976;

• o Sex Discrimination Act (Lei sobre a discriminação sexual) de 1975;

• as Seções 7 e 8 da Health and Safety at Work Act (Lei sobre a saúde e a segurança no trabalho) de 1974;

• as obrigações que a common law impõe aos docentes para garantir a saúde e a segurança dos alunos nos locais da escola e quando de suas atividades, tais como as visitas, as excursões ou as saídas com finalidades educativas que se fazem no exterior;

• as medidas que forem razoáveis para salvaguardar e promover o bem-estar das crianças, Seção 3 (5) da Children Act (Lei sobre as crianças) de 1989;

• o papel dos serviços educativos na proteção das crianças contra os maus-tratos (exposto na circular DfEE 10/95 e no guia *Working together* do Home Office (Ministério do Interior), do Department of Health (Ministério da Saúde), do DfEE e do Welsh Office (Ministério dos assuntos galeses) *que expõe o dispositivo de cooperação interministerial para a proteção das crianças contra os maus-tratos, de 1991*;

• os contatos físicos adequados com os alunos (expostos na circular DfEE 10/95);

• as coerções físicas apropriadas em relação aos alunos, Seção 4 do Education Act 1997 e da circular DfEE 9/94;

• a retenção dos alunos por motivos disciplinares, Seção 5 do Education Act de 1997.

b) estabelecer, durante o trabalho em aula, relações profissionais eficazes com os colegas de trabalho e com o pessoal associado;

c) constituir um bom exemplo para os alunos, por meio de sua apresentação, assim como de sua conduta pessoal e profissional;

d) empenhar-se em que cada aluno obtenha a oportunidade de valorizar o seu potencial e atingir os objetivos elevados que lhe são indicados;

4. As políticas reformistas: transição na formação dos professores na Inglaterra · 107

e) compreender a necessidade de empenhar a sua responsabilidade no próprio desenvolvimento profissional e manter-se informado sobre o estado das pesquisas e dos desenvolvimentos em matéria de pedagogia, assim como nas disciplinas que ensinam;

f) compreender a sua responsabilidade profissional em relação com os usos e costumes da escola, sem esquecer todas as medidas relativas à função de orientador e à segurança individual, entre as quais as violências verbais;

g) tomar consciência do fato de que o ensino se inscreve num contexto interno e externo à escola e compreender a necessidade de estabelecer relações construtivas com os pais, os outros trabalhadores sociais e as instituições responsáveis pela educação e pela ajuda social aos alunos;

h) estar conscientes do papel e do objetivo das instituições encarregadas da educação.

Regras específicas foram introduzidas recentemente para precisar os conhecimentos e a compreensão que os docentes devem ter em matéria de tecnologias da informação e da comunicação, quando do seu recrutamento (cf. Anexo 1 da circular).

Essa determinação provocou críticas violentas, que se referiam tanto à adoção do quadro de competências ou de padrões quanto ao alcance e à complexidade das expectativas. A partir dos anos 1990, os governos conservadores e trabalhistas mostraram uma grande determinação no que se refere à manutenção do quadro de competência. As únicas modificações que surgiram se referiam, antes, à redução da extensão e da complexidade da visão adotada. Uma abordagem mais simples e mais direta na instalação do quadro de competência está sendo adotada em outros setores da política educativa (a maneira pela qual o programa nacional de estudos é apresentado e a organização dos testes de avaliação são dois exemplos). Os trabalhos continuam atualmente para substituir a circular 4/98, que regulamenta a formação dos docentes, a fim de gerar um documento muito mais sucinto.

Um aspecto essencial das mudanças recentes consiste em enfatizar os estágios de prática nas escolas. É importante observar que os docentes em formação apreciam essa reforma. Alguns estudos mostram avaliações mais positivas atribuídas pelos estagiários aos seus cursos depois da apresentação da abordagem baseada na formação prática na escola.

A qualidade da experiência que pode ser obtida nas escolas constitui, assim, um dos aspectos maiores do programa de estudos. A maioria das universidades desenvolvem doravante projetos que apresentam a forma assumida pelo programa de formação na escola e o programa dos estudos no interior da universidade. Professores experientes participam do planejamento e da instalação do programa. As escolas, principalmente as do secundário, propõem aos seus estagiários um programa coordenado por um membro experiente do corpo docente. Formas variadas de parceria existem (GRIFFITHS & OWEN, 1995). Os inspetores HMI julgam a qualidade da parceria no seu conjunto e em seus componentes.

O papel do professor experiente que age como "mentor" assume também uma importância significativa. O papel de orientador é praticado agora num grande leque de contextos profissionais e comerciais. De certa forma, essa prática sempre existiu, ainda que fosse informalmente. Na Inglaterra, o apoio prestado pelos docentes aos seus colegas em formação é uma prática tradicional. No quadro das regulamentações atuais, entretanto, a orientação é mais formal e constitui uma organização mais profissional. Todas as universidades fornecem uma formação aos "mentores" e lhes apresentam o papel que devem desempenhar, avaliando os estágios durante e no fim da formação. Certas universidades propõem cursos de "mentoria", que podem ser levados em conta no quadro de uma qualificação profissional de terceiro ciclo.

A formação inicial dos docentes assume, consequentemente, uma característica mais sólida, mais prática diriam alguns, e deixa pouco lugar para as considerações especulativas sobre a teorização da educação. Embora isso seja raramente expresso, os governos sucessivos consideraram com uma certa condescendência algumas das ortodoxias dominantes, que estavam na moda no nível internacional, na formação dos docentes. Em meados dos anos 1990, por exemplo, as teorias de práticas reflexivas ou de práticos reflexivos eram objeto de muitas críticas. Entretanto, um grande número de formadores tentam conservar uma perspectiva de autocrítica no seu trabalho. Paralelamente, correntes de pensamento mais recentes, amplamente influenciados pelos desenvolvimentos ocorridos nos Estados Unidos, ocupam um lugar mais importante. O interesse atual que assumem as perspectivas sociais da educação ocupa, em nossos dias, um lugar cada vez maior (LAVE & WENGER, 1991; WENGER, 1998; PUTNAM & BORKO, 2000). A ideia segundo a qual os docentes trabalham no seio de comunidades de prática, que fornecem de maneira interna a iniciativa e o potencial de desenvolvimento, é considerada como pertinente para as duas formações, a inicial e a contínua, dos docentes. Embora a retórica sobre esses temas não esteja tão bem estabelecida quanto nos Estados Unidos, sua importância é crescente. As formas que essas comunidades podem tomar são variadas, mas os "sujeitos" (os matemáticos, os cientistas, os historiadores) fornecem uma categoria de organização. Isso contribui para a explicação do entusiasmo oficial do governo pela promoção do "sujeito", mais do que pela da teoria educativa, como alvo principal dos programas de formação inicial e profissional.

A formação dos docentes na Inglaterra é fortemente orientada para os desenvolvimentos teóricos ocorridos na América do Norte. Embora a participação nos projetos e nos programas europeus seja importante e muitos formadores colaborem com conferências como a Conferência Europeia sobre a Pesquisa Educativa, que se realiza todos os anos, a tomada de consciência dos debates e da pesquisa nas línguas da Europa Continental, como o francês e o alemão, por exemplo, é reduzida. Existem, todavia, certas indicações de percepções mais europeias (cf. MOON, 1996; BANKS; LEACH; MOON, 1999).

Os estímulos para abraçar a carreira de professor

A crise do recrutamento dos docentes do secundário caracteriza em nossos dias a formação dos professores na Inglaterra. Essa situação não é única. Muitos países pensam que a atração dos empregos criados pelas novas tecnologias afasta um número significativo de pessoas que tradicionalmente se dedicariam ao ensino. Citemos, entre os outros fatores que contribuem para essa dificuldade, a situação relativamente florescente da economia, assim como o estado e a imagem pouco sedutora que são conferidos ao ensino pela mídia. O ensino, nas escolas secundárias em particular, é muitas vezes visto como difícil e exigente. Esses fatos têm consequências prejudiciais no recrutamento e na evolução das carreiras. O quadro 2 apresenta a extensão da crise de vocações.

Esses números devem ser remetidos a outros dados, que mostram que só três estagiários em quatro abraçam efetivamente a carreira de professor.

Quadro 2 – Recrutamento dos docentes na Inglaterra por matéria e por fase 2000/2001 (números fornecidos pela Teacher Training Agency)

	Objetivo 2000/2001	Recrutamento 2000/2001
Matéria	Total	Total
Arte e desenho	863	851
Estudos comerciais	534	475
Design e tecnologia	1.053	860
Inglês	1.971	1.829
Geografia	1.092	899
História	920	913
Tecnologias da informação e da comunicação	550	520
Matemática	1.877	1.290
Línguas vivas	2.052	1.635
Música	635	560
Outros	534	519
Educação física	1.193	1.205
Primário	13.105	13.173
Educação religiosa	666	573
Ciências	2.686	2.413
Total	29.731	27.715

Em 2000, o governo trabalhista deu uma resposta à crise de vocação, outorgando aos docentes em formação uma bolsa de 6.000 libras esterlinas (cerca de 4.000 euros). Uma verba suplementar de contratação de 4.000 libras esterlinas (cerca de 2.700 euros) está prevista para os estagiários de terceiro ciclo que se preparam para ensinar matemática, ciências, inglês, línguas vivas, desenho e tecnologia, assim como as tecnologias da informação e da comunicação. Outras disposições ligeiramente diferentes estão instaladas para os outros ramos. Todavia, nenhum pagamento é previsto para as formações de quatro anos de um nível de licenciatura, o que constitui uma indicação suplementar da vontade governamental de estimular um modelo consecutivo.

O problema do recrutamento e da conservação dos efetivos é agudo. Os docentes originários da Austrália, da Nova Zelândia ou da África do Sul preenchem atualmente na Inglaterra o déficit notado no recrutamento. Certos países europeus (Países Baixos, Irlanda) constituem também provedores de docentes. Esse problema é manchete na mídia. O desenho humorístico abaixo apresenta David Blunkett, ministro em exercício da Educação de 1997 a 2001, segurando um bastão com a cenoura, na crise do recrutamento dos docentes.

(*The Guardian*, jeudi 4 janvier 2001)

4. As políticas reformistas: transição na formação dos professores na Inglaterra

A organização do sistema de recrutamento dos docentes, da sua formação à sua contratação, carece singularmente de rigor. Os estagiários não têm nenhum laço com as estruturas locais de educação, ao contrário principalmente da França e da Alemanha. Os docentes não são funcionários e todas as ofertas de postos são publicadas em nível nacional, o que diminui a reserva nacional de candidaturas. É interessante notar que, apesar da adoção de uma abordagem extremamente controlada e centralizada da educação e da formação dos docentes, existem poucas tentativas visando a reforçar a organização central da admissão e do emprego. Essa parte do sistema educativo permanece, tal como era tradicionalmente, delegada e essencialmente aberta na sua abordagem. Sua sobrevivência dependerá da gravidade que a crise do recrutamento atingir.

5
As "Altas Escolas Pedagógicas" (HEP) suíças entre a forma escolar e a forma universitária: as questões*

Philippe Perrenoud
Universidade de Genebra

Introdução

Na Suíça, a maioria dos cantões, dos quais depende a formação dos docentes, estão confiando essa tarefa às Altas Escolas Pedagógicas (HEP). Esse movimento se inscreve em uma vasta reestruturação, que tende a reagrupar em "Altas Escolas Especializadas" (HES) as formações técnicas superiores, inclusive a gestão e a documentação. Paralelamente, tende-se a reagrupar, de um lado, as escolas superiores de enfermagem e de trabalho social em "HES saúde social"; por outro lado, os conservatórios de música e as escolas de arte em "HES artísticas".

Poderíamos considerar as HEP como a família "formação dos docentes" das HES. Ela se distingue entretanto das outras HES técnicas por uma diferença de tamanho: enquanto estas últimas aceitam os portadores da nova maturidade profissional, as HEP exigirão, em princípio, uma maturidade acadêmica, título requerido também para entrar na universidade e que equivale ao bacharelado francês, além disso seletivo (título obtido por menos de um quarto de uma classe de idade).

---

* Uma primeira versão deste texto foi publicada em CRIBLEZ, L.; HOFSTETTER, R. & PÉRISSET-BAGNOUD, D. (orgs.). *La formation des enseignants*: histoire et réformes actuelles. Berna: Lang, p. 341-369. O texto mostra um problema e intervém no debate sobre as HEP em um momento em que nem todas as decisões foram tomadas. Mas pode-se lê-lo também como um convite à pesquisa, na medida em que, de hoje até 2005, saberemos que rosto institucional terão tomado as HEP. No momento, e diante do progresso desigual dos projetos, e com os processos de decisão inacabados, seriam percebidos apenas intenções ou debates. A primeira versão deste texto foi objeto de um documento de trabalho que circulou nos grupos interessados na Suíça romântica (PERRENOUD, 1997). Uma versão traduzida e adaptada para o alemão foi publicada por Beiträge zur Lehrerbildung (PERRENOUD &WYSS, 1998), sob a dupla assinatura do autor e do tradutor-adaptador. Completo aqui a versão de 1997, contextualizando-a mais e acrescentando-lhe alguns desenvolvimentos.

5. As "Altas Escolas Pedagógicas" suíças...

As HEP não serão, por isso, "universitárias", no sentido que se dá, na Suíça, a essa expressão, que é reservada:

• às faculdades de letras, medicina, direito, ciências naturais ou humanas;

• a certas escolas ligadas às faculdades ou diretamente à reitoria (por exemplo farmácia, arquitetura, interpretação, altos estudos comerciais);

• às escolas politécnicas federais.

Criar uma HEP não é uma obrigação para os cantões, mas a publicação de teses sobre as HEP em escala nacional, a perspectiva de subvenções federais, quando se está inscrito nesse modelo, e a abertura das HES provocaram evoluções paralelas e às vezes conjuntas nos diversos cantões. Em quase todos os casos, a formação dos docentes primários será confiada a uma HEP, retomando as tarefas e muitas vezes as infraestruturas e o pessoal das Escolas Normais, que devem desaparecer em sua forma atual. Só o cantão de Genebra continua a se singularizar, pois ali a formação já é parcialmente universitária desde 1930. Esse cantão escolheu, desde 1992, formar os professores primários inteiramente na universidade, em um curso de quatro anos, terminando em uma licenciatura de ciências da educação dita "menção *Ensino*". Esse grau é concedido depois de um segundo ciclo universitário completo e corresponde ao que se chama "mestrado" em vários países (PERRENOUD, 1996; 1998).

Para a formação dos docentes secundários é preciso esperar uma maior diversidade, notadamente porque ela já é confiada à universidade em certos cantões, o que torna difícil a sua integração a uma HEP, menos bem situada na hierarquia corrente das instituições de ensino superior.

Em muitos casos, entretanto, a HEP reagrupará todas as forças e todas as missões dos estabelecimentos que fornecem hoje a formação inicial dos docentes, essencialmente escolas normais para o primário e seminários pedagógicos para o secundário. Esses estabelecimentos dependem em geral do departamento cantonal da instrução pública ou da formação, que desempenha o papel de Ministério da Educação. Lembremos que na Suíça a escolaridade básica e a formação dos docentes são, constitucionalmente, competência dos cantões. Também está previsto, frequentemente, ligar às HEP a formação contínua e o aperfeiçoamento profissional, e mesmo a pesquisa em educação não universitária.

Reunir várias instituições sob um mesmo teto não é fácil, principalmente sem novos meios. Ora, as finanças públicas estão no vermelho por toda a parte e a ordem implícita é fazer melhor com menos. Ainda é mais difícil criar uma HEP pondo em comum os recursos de vários cantões, como acontece aqui e ali. Leis novas, problemas de estruturas e infraestruturas, *status*, formação e qualificação dos formadores, modalidades de admissão dos estudantes, programas e ramos de formação, parceria com as universidades, cooperação com os docentes e as escolas para a formação prática, lugar a dar à pesquisa, coordenação entre os cantões: as questões não faltam.

Entretanto, há uma que parece um pouco eclipsada pela urgência da instalação das novas instituições. Mas ela é fundamental e deveria ser debatida nas altas esferas: *as HEP serão verdadeiras instituições de ensino superior?* Ou vão continuar como escolas aparentadas ao ensino secundário pós-obrigatório ou escolas de nível terciário fortemente dependentes das administrações de tutela?

Na França, a formação dos docentes é confiada, desde 1989, a Institutos Universitários de Formação de Mestres (IUFM), exteriores às universidades propriamente ditas, mas como estas sob a autoridade de um reitor de academia. Os IUFM recrutam seus estudantes depois de três anos de estudos universitários. Na América do Norte e em parte da América Latina, como em diversos países europeus, são as faculdades universitárias que formam os docentes.

Em outros países (Bélgica, Portugal ou Brasil, por exemplo) a questão do *locus* da formação foi ou está sendo publicamente debatida. Ela apenas começou a ser considerada na Suíça, salvo em alguns cantões, por exemplo em Genebra e em Friburgo. Isso parece indicar que o próprio debate é prematuro, na paisagem institucional e cultural helvética. Ele se desenvolverá talvez quando as HEP forem abertas e tropeçarem em dificuldades na parceria com as universidades.

Podemos propor várias hipóteses para explicar essa ausência de interesse pela simples eventualidade de uma universitarização da formação para o ensino:

• várias universidades suíças não parecem ter grande interesse pela formação dos docentes, porque as ciências da educação são inexistentes ou pouco desenvolvidas nessas entidades, porque as faculdades literárias ou científicas não valorizam a didática ou ainda porque a visão predominante da universidade rejeita a própria ideia de assumir formações profissionais, pelo menos no campo das ciências humanas;

• em muitos cantões, a passagem para uma HEP já constitui um salto considerável, pois esta substituirá notadamente as escolas normais, nas quais os alunos se matriculavam aos 15-16 anos, depois da escolaridade obrigatória, para sair quatro ou cinco anos depois, com um diploma que atestava simultaneamente um nível de cultura geral e uma competência profissional;

• certos cantões não dispõem de sua própria universidade e não têm nem os meios nem o projeto de criá-la; a universitarização da formação dos docentes os situaria na dependência de cantões universitários, enquanto esses ramos são, tradicionalmente, intimamente ligados à cultura, à política e ao sistema educativo de cada cantão;

• em certos cantões (principalmente na Suíça Central), a criação de uma HEP foi e continua sendo fortemente combatida, e a hipótese universitária pareceria surrealista.

Poderíamos estranhar a ausência do argumento econômico. Efetivamente, ele não é relevante: um curso universitário de quatro anos, levando a um mestrado, não custa necessariamente mais caro do que um ramo HEP de três anos, considerando-se o fato de que as universidades acolhem milhares de estudantes e podem pois fazer economia nas infraestruturas, nas bibliotecas, nos serviços comuns e até nos postos de professores.

Apesar de sua reticência em universitarizar a formação dos docentes, certos atores desejariam que as HEP fossem consideradas *ipso facto* como instituições universitárias, sem ter por isso de depender dos reitorados ou comparar-se com as faculdades. Elas resolveriam, assim, duas questões ao mesmo tempo, apropriando-se do rótulo acadêmico sem pagar nada por isso.

Isso mostra a ambiguidade das denominações: o que é, exatamente, uma universidade hoje? Qualquer estabelecimento de ensino superior merece essa apelação, ou deve-se reservá-la para alguns deles apenas? Até um período recente, nenhuma outra instituição disputava às escolas politécnicas federais e às universidades cantonais o monopólio da formação universitária. Na tradição helvética, assimilava-se até então o ensino superior ao ensino universitário. Falava-se, antes, de formação terciária, para designar todos os ramos que dão continuidade à escolaridade secundária pós-obrigatória, quaisquer que sejam seu nível de exigência e sua orientação. É por isso que, certamente, não existe base legal que defina o ensino superior e estabeleça uma clara distinção entre ensino superior e ensino universitário. Formalmente, nada impede, por conseguinte, considerar como universitário *lato sensu* todo estabelecimento de ensino superior.

A recomposição da paisagem ligada à emergência das HES e das HEP introduz pois uma certa confusão. Às vezes, até se ouve falar de *universidade dos ofícios* para designar as Altas Escolas especializadas, mesmo quando elas exigem, para a admissão dos alunos, um nível de estudos que não dá acesso às faculdades. Na medida em que as HEP recrutariam no mesmo nível que as faculdades, elas teriam, mais do que as HES, argumentos para declarar-se universitárias[1].

As peculiaridades simbólicas e políticas desta ou daquela denominação não são desprezíveis: ampliando o ensino universitário de modo que nele figurem as HES e as HEP, a Suíça pareceria recuperar o seu atraso em matéria de taxa de escolarização nessa ordem de ensino. Além disso, o país criaria a competição entre instituições muito desiguais, prontas para defender a pesquisa fundamental e o pensamento crítico. Daí, favorecer as universidades "pragmáticas" e penalizar as universidades excessivamente "teóricas".

---

1. Certamente, o nível dos estudantes não é o único parâmetro. Nos países que têm uma viva concorrência entre universidades estatais e universidades particulares, entre universidades de excelência e universidades regionais, as exigências para a admissão e as competências na saída são muito desiguais. Mas todas são universidades.

Sem subestimar a importância daquilo que evolui em torno das denominações, meu propósito não é aqui aprofundar essa análise. Parece-me mais produtivo tentar evidenciar a *pluralidade dos modelos institucionais e das formas de ensino em presença.*

Mais do que os rótulos, a questão crucial é saber se as HEP vão se aproximar da forma universitária de ensino e do modelo de gestão institucional que lhe é associado. Isso é importante para o futuro, pois a unidade do ensino superior dependerá dessa escolha.

Se as HEP se desenvolvem inteiramente do lado da forma escolar e na dependência estreita da administração, a mudança ficará limitada, a parceria com as universidades ficará difícil e será preciso reconduzir o dispositivo sobre o ofício quando ele tiver atingido os seus limites, notadamente no âmbito do reconhecimento mútuo dos diplomas em escala europeia. Se, ao contrário, as HEP representam uma etapa de transição para a forma universitária de ensino e o modelo institucional correspondente, poderíamos esperar evoluções mais lentas e "naturais", com, por exemplo, parcerias evoluindo gradualmente para uma forma de integração das HES a uma universidade que ampliaria, ela própria, as suas missões e assumiria diversas formações profissionais.

A curto prazo, não é nem possível nem desejável que a forma de ensino e o modelo de organização das HEP copiem as universidades, que, aliás, também estão em curso de transformação, com a emergência de reitorias fortes e a tendência a regular as relações entre o Estado e a Universidade, por meio de contratos de prestação, no sentido do *New Public Management* (NPM) ou mais recentemente das "convenções de objetivos".

Aliás, a forma universitária ainda deve ser posta à prova, no campo das formações profissionais. A tendência das faculdades de medicina a adotar modelos de "formação por problemas" mostra que, mesmo nesse campo fortemente instituído, a forma universitária clássica não responde às exigências da profissionalização.

Seria essa uma razão para conservar integralmente o modelo escolar para a formação dos docentes? Por que as HEP não procurariam uma *via original*, afastando-se do modelo dos estabelecimentos secundários superiores, para adotar certos funcionamentos da universidade, ou mesmo *inovando* verdadeiramente?

Diferenças entre forma escolar e forma universitária

Para alimentar o debate, não é inútil explicitar as diferenças entre a forma escolar e a forma universitária de ensino, e mais globalmente entre dois modelos institucionais de gestão dos postos, dos programas, dos recursos, das reformas. Essas diferenças estão resumidas no quadro 1, e depois comentadas.

Quadro 1: As HEP entre o modelo escolar e o modelo universitário

Indicador	Modelo escolar	Modelo universitário
1) A ligação jurídico-administrativa das HEP.	Ao DIP, como um serviço da administração.	Ao Conselho de Estado e ao Grande Conselho, como uma corporação de direito público.
2) O modo de designação dos responsáveis.	Diretor nomeado pela autoridade de tutela.	Presidente ou decano eleito pelos professores.
3) *Status* dos colégios de professores.	Consultativo.	De decisão.
4) A competência de propor a nomeação dos docentes.	Confiada ao diretor.	Confiada ao colégio dos professores e às comissões de nomeação.
5) As tarefas dos formadores.	18 a 24 horas de ensino, pouco tempo para pesquisa, gestão e outras atividades.	8 a 12 horas de ensino, muito empenho na pesquisa, gestão e outras atividades.
6) As condições de trabalho dos formadores.	Presença durante os cursos, sala dos professores.	Escritórios na instituição, presença regular.
7) A liberdade acadêmica dos formadores.	Fraca, limitada por programas precisos.	Forte, baseada em competência devidamente verificada.
8) O *status* da pesquisa.	Marginal, a cargo de cada formador.	Instituído, integrado ao mandato da instituição.
9) A gestão dos recursos.	Sob delegação com orçamento atribuído em detalhe e autorização de empenho.	Sob mandato de prestação, com verba orçamentária e controle *a posteriori*.
10) As tarefas de gestão (orçamento, informática, locais).	Assumidas pelo diretor, que mobiliza colaboradores administrativos.	Repartidas entre os docentes, delegação a grupos de trabalho.
11) A colaboração com os estabelecimentos escolares.	Sob a égide da administração escolar, poder organizador que fala em nome da área.	No quadro de um contrato de parceria negociada com a administração escolar, os estabelecimentos e os docentes.
12) O *status* e os direitos dos estudantes.	Alunos, submetidos a um regulamento de estudos.	Estudantes, representados nas instâncias de decisão.
13) O "ofício" de aluno ou de estudante.	Assistir às aulas de 30 a 40 horas semanais, tomar notas, entregar trabalhos práticos.	Trabalhar de maneira autônoma; as aulas ocupam apenas 20 horas semanais.

Indicador	Modelo escolar	Modelo universitário
14) A admissão dos estudantes.	Em função dos postos a preencher, logo das necessidades do empregador potencial.	Em função das vagas de estágio e das condições ideais de enquadramento.
15) Reestruturações periódicas da instituição.	Iniciativa do diretor ou da autoridade de tutela, auditoria ou avaliações externas.	Iniciativa dos colégios de docentes, autoavaliação e procedimentos de projeto.

A relação jurídico-administrativa das HEP

Na Suíça, parece ser óbvio que as HEP serão ligadas a um ou vários departamentos da instrução pública, como as Escolas Normais ou qualquer outra escola pública. Neste país, o Estado é muito amplamente proprietário e gestor das escolas, enquanto na Bélgica, por exemplo, o Estado central só gere diretamente 10% dos estabelecimentos, os demais dependendo de poderes organizadores provinciais, comunais ou associativos.

Na Suíça, o Estado, proprietário e gerente, entende controlar de perto a marcha das escolas, as nomeações, o uso dos recursos, integrando os estabelecimentos à sua máquina administrativa comum. A gestão por projetos e o NPM atenuam essas dependências, fazendo-as evoluir para contratos de prestações, mas as responsabilidades dos departamentos não são afetadas. Enquanto a França deu aos estabelecimentos primários e secundários um *status* de direito, hesita-se, na Suíça, em instituir um *status* equivalente, mesmo para as escolas terciárias públicas, que permanecem sob tutela orçamentária e administrativa. O setor privado correspondente é muito amplamente financiado pelo dinheiro público, logo cada vez mais controlado. De tal modo que, na cultura político-administrativa do país, é difícil imaginar escolas que gozem de forte autonomia.

A organização das universidades é diferente. Na Suíça existem poucas universidades particulares. Elas não são subvencionadas e ensinam em inglês. Exceto essas poucas exceções, o ensino universitário é público. A história constituiu as universidades em corporações de direito público, cuja dependência em relação ao Estado é ambígua:

• por um lado, dinheiro público, organização no quadro da lei, controle parlamentar, tutela de um ministério sobre os diplomas, os regulamentos de estudos e as nomeações, tanto dos docentes quanto do reitorado;

• por outro lado, uma certa autonomia de gestão no quadro de um mandato global e uma "liberdade acadêmica" reconhecida quanto aos temas e conteúdos específicos do ensino e da pesquisa.

Seria inexato pretender que esse modelo é, em todos os aspectos, convincente. A explosão do número dos estudantes e a crise orçamentária aumentam a ten-

5. As "Altas Escolas Pedagógicas" suíças...

dência a estreitar os laços entre a universidade e a cidade, e a reforçar os executivos. As universidades mais lúcidas estão à procura, de maneira "inteligente", de prestar contas, a meio caminho entre uma burocracia hesitante e uma instituição tão opaca quanto incontrolável.

Conhecendo o medo das administrações de ver o controle lhes escapar, na falta de uma tradição acadêmica forte nos círculos que desenvolvem as HEP, pode-se imaginar que a orientação adotada será para uma dependência administrativa clássica. Entretanto, valeria a pena refletir nisso. Se as HEP continuarem assimiladas a simples "serviços" no seio das administrações escolares, elas oferecerão formações calcadas nas necessidades do Estado enquanto empregador dos futuros docentes, não favorecerão a mobilidade entre sistemas e, principalmente, terão dificuldade para adotar uma postura intelectual crítica em relação ao sistema educativo e para formar práticos reflexivos.

O modo de designação dos responsáveis

Se as HEP estiverem sob a responsabilidade de um diretor nomeado pela autoridade de tutela, elas funcionarão como estabelecimentos escolares, com as vantagens e inconvenientes que todos conhecem: o diretor não é a emanação do corpo docente, ele recebe o seu *status* e a sua legitimidade "de cima". Não pode pois ser "refém dos docentes". Ao contrário, ele não pode, exceto se tiver os meios e o carisma pessoais, impor-se como líder legítimo do projeto pedagógico do estabelecimento. É um gestor, convidado a não se intrometer muito nos conteúdos e procedimentos de formação; em compensação, reinará sozinho sobre os aspectos materiais e administrativos da vida escolar. Os professores não se sentem solidários de uma direção que não escolheram e na qual o organograma não lhes dá nenhum lugar. Certamente, um chefe de estabelecimento tem em nossos dias uma obrigação de informação e às vezes de consulta, mas estamos longe de uma gestão coletiva. Para ele, é possível esvaziar a participação de qualquer sentido, organizando sessões de vinte minutos, quando nada se diz, cuja pauta é, invariavelmente, *1) Assuntos de ordem geral, 2) Diversos.*

Quando uma instituição é dirigida por um professor eleito por seus pares, ele "volta para a ativa" dois, quatro ou seis anos depois. Durante o seu mandato, ele exerce o poder sob delegação de um colégio, sob o seu controle e em seu nome. Cada um dos professores é então corresponsável pelas decisões, o que implica no estudo dos processos. Ele participa do debate e compartilha as incertezas e os riscos de toda decisão complexa. Um colégio de professores não pode se desinteressar das decisões de um presidente que elegeu, que o consulta sobre as opções graves e pode ser interpelado a qualquer tempo sobre a conduta dos assuntos comuns. Isso desacelera às vezes as decisões, impõe certas concessões, mas garante uma forma de solidariedade e uma certa coerência na execução do trabalho. Não se deve idealizar esse sistema, que autoriza investimentos individuais muito diversos e pode tender para a proteção das aquisições, em prejuízo de uma política audaciosa de desenvolvimento. Entretanto, se se pensa que um responsável deve exercer uma liderança forte e poder mobilizar o corpo docente, sua legitimidade "democrática" pode compensar largamente os inconvenientes de um governo de iguais.

O **status** dos colégios de professores

Dificilmente pode-se imaginar uma instituição de ensino superior que não reconheça nenhum poder à assembleia dos professores. Entretanto, se esse colégio permanece consultativo, cada um dos seus membros viverá o habitual *dilema da participação*: por que perder tempo com reflexões, documentação, consulta, reuniões, redação de projetos, se ninguém tem a menor garantia de ser ouvido, a menor chance de exercer alguma influência? Os estabelecimentos escolares estão repletos de docentes decepcionados de ter investido em tarefas institucionais sem ter sido ao menos ouvidos.

Não há participação duradoura no trabalho sem *divisão*, pelo menos parcial, do *poder* de decisão. Um funcionamento colegial é certamente mais lento, mais pesado, mas ele reforça a identidade e a coerência da instituição. Talvez é isso que teme a autoridade de tutela: é mais fácil convencer um diretor do que controlar um colégio, que não pode ser tão dependente quanto uma pessoa de uma hierarquia administrativa ou do poder público.

A competência de propor a nomeação dos professores

A nomeação, na função pública, depende do governo. Resta saber quem tem a competência de *propor* uma nomeação. Sabe-se que ela não é insignificante, pois ela limita, na prática, na maioria dos casos, as escolhas da autoridade de nomeação.

Confiando essa competência de proposta a um diretor (nomeado ou eleito), ou a um serviço do pessoal docente situado fora do estabelecimento, liberam-se os docentes desse estabelecimento de uma tarefa delicada, com os riscos de cooptação, as "dívidas morais", as estratégias de promoção e todos os jogos que se organizam em torno das nomeações.

Se se confia a competência de propor uma nomeação ao colégio dos professores, a partir dos trabalhos de uma comissão de nomeação designada por ele, como nas universidades, é importante pois formalizar procedimentos que garantam a confidencialidade absoluta dos processos e a equidade de tratamento. Em Genebra, por exemplo, as comissões de nomeação que nomeiam os professores de universidade são compostas de quatro a seis docentes de qualificação pelo menos igual à do posto a ser preenchido; eles trabalham sob o controle de peritos externos (escolhidos por uma instância independente) e sob o olhar de observadores preocupados com o respeito aos procedimentos e à igualdade de tratamento entre as mulheres e os homens. Com essa condição, o corpo docente se torna responsável pela sua própria renovação e logo pela integração dos novos professores, que ele não descobre apenas no dia de suas chegadas, porque examinou seus processos e propôs suas nomeações vários meses antes.

Dificilmente pode-se imaginar um procedimento tão pesado em escolas secundárias, em razão do movimento importante de pessoal. No ensino superior, a mobilidade não é tão intensa. A instituição de comissões de nomeação compostas de professores é perfeitamente possível em uma HEP. Ela daria um outro *status* à instituição e apresentaria também a vantagem de uma abertura de concurso fora do círculo local e de um julgamento que desse o peso principal ao valor do currículo científico e pedagógico.

Nas universidades, a abertura de um concurso se baseia, doravante, cada vez mais metodicamente, sobre as conclusões de uma "comissão de estrutura", encarregada de decidir a oportunidade de preencher um posto ou criar um novo, tendo em vista a evolução dos planos de estudos e das necessidades. As universidades de Genebra e Lausanne generalizaram, há alguns anos, essas comissões, cuja missão é reexaminar a divisão do trabalho a cada sucessão, sem manter automaticamente os postos existentes, o que permite favorecer colaborações e repartições de tarefas entre instituições da mesma rede.

A tarefa dos formadores

Considerando-se as suas implicações orçamentárias, o assunto é delicado. Entretanto, é preciso apresentar claramente o problema: se se atribuem 18 a 24 horas de ensino por semana a um docente HEP em tempo integral, ele conseguirá apenas, com dificuldade, preparar suas aulas, reunir-se com os colegas, fazer as avaliações e o acompanhamento do estudante. Então, vai restar-lhe pouco tempo para a pesquisa, a gestão e outras atividades. Nas universidades, as cargas de ensino dos docentes-pesquisadores são da ordem de 6 a 12 horas por semana, segundo os *status*. Mas o seu elenco de encargos inclui uma atividade permanente de pesquisa, a direção de dissertações e teses, a animação de equipes e pesadas tarefas de gestão.

As HEP poderiam pretender uma situação intermediária, 8 a 14 horas de ensino por semana e, em contrapartida, uma obrigação de fazer pesquisa, gestão e outras atividades, principalmente as relações exteriores da instituição e as tarefas de desenvolvimento.

Elas podem também renunciar a definir precisamente os outros encargos e confiar em regulações informais. Dizer quantas horas cada um deve dedicar ao acompanhamento de uma dissertação, às comissões e instâncias de gestão, à pesquisa, aos serviços à cidade, à sua própria formação contínua ou a outras modalidades de trabalho, isso é algo que tranquiliza a administração e também os formadores, que não têm mais de se preocupar em conciliar os próprios interesses, o bem público e a equidade. Ao mesmo tempo, essa responsabilidade pelo emprego do tempo não favorece a profissionalização dos formadores e substitui por uma aritmética de horas devidas a lógica dos objetivos a atingir.

Encontra-se um dilema clássico no seio das organizações: querendo prevenir os abusos, impedem-se as iniciativas, cada um faz aquilo pelo qual é pago, nem mais nem menos. Ora, nesse nível de qualificação e de salário, pode-se dizer que seria mais justo e mais interessante que cada um fizesse o que há a fazer.

As condições de trabalho dos formadores

Os estabelecimentos secundários, em geral, oferecem aos professores apenas salas de aula, salas de professores, às vezes um centro de documentação. O essencial do trabalho de preparação e de correção se realiza pois no domicílio pessoal do professor, de modo que a tradição só o obriga a estar presente no estabelecimento quando ele dá as suas aulas ou participa de uma reunião oficial. Quanto ao resto do tempo, ele se organiza como quiser. Daí a opacidade do tempo de trabalho real dos docentes e a suspeita de imensas disparidades.

Em uma universidade, a presença não é obrigatória, mas todos dispõem, no mínimo, de um lugar de trabalho individual em um escritório e dos recursos elementares necessários a um trabalho intelectual, com uma certa tranquilidade e relativa eficiência. Evidentemente, isso gasta metros quadrados e aumenta os custos de funcionamento, mas torna possíveis interações diárias com os professores entre si e com os estudantes.

Além das condições de trabalho, vamos ressaltar os aspectos ligados aos contatos e à cooperação entre profissionais. Hoje insiste-se na "cultura da organização", no sentimento de pertencimento, na identidade coletiva, na participação nas decisões, na procura da qualidade, fatores que dependem da coexistência nos lugares de trabalho. Isso é ainda mais importante, no ensino, pois a própria natureza da atividade exclui os contatos entre professores durante as aulas. Se eles chegam cinco minutos antes e partem imediatamente depois, quando discutiriam sobre o trabalho?

A liberdade acadêmica dos formadores

No ensino secundário, os docentes têm uma grande liberdade metodológica, enquanto os conteúdos do seu ensino são ditados por planos de estudos e programas anuais mais ou menos detalhados. Na prática, os textos deixam uma margem apreciável de interpretação dentro do quadro traçado pela instituição. No ensino universitário, os professores são nomeados em virtude de uma competência cien-

5. As "Altas Escolas Pedagógicas" suíças...

tífica avançada, devidamente verificada. Seu elenco de encargos lhes atribui um terreno formulado de modo lapidar: ensinar e desenvolver tal disciplina (ou parte de disciplina) ou tal objeto interdisciplinar; precisam-se eventualmente os títulos dos temas a tratar. Nenhum programa descreve em detalhes os conteúdos a cobrir, pois considera-se que, em princípio, ninguém melhor que o professor, como especialista da área, sabe o que se deve ensinar de mais pertinente para o desenvolvimento da pesquisa, do nível de estudos e dos objetivos da formação.

Outra diferença, ligada à precedente: enquanto no ensino secundário muitos professores ensinam o mesmo programa em classes paralelas, em uma universidade cada professor ensina, em geral, uma matéria diferente da dos seus colegas e torna-se assim "o único da sua espécie". Paradoxalmente, o que poderia levar a um certo isolamento torna-se um fator favorável ao trabalho de equipe. Os professores de universidade não podem formar "grupos disciplinares" defendendo interesses idênticos, por exemplo horas na grade horária. Em contrapartida, eles se agrupam em departamentos, equipes de pesquisa e cada vez mais, em função dos novos procedimentos de formação, em equipes de ensino. Exigem-se pois uma abertura para a cooperação profissional e competências de comunicação, animação e negociação, sem as quais a vida científica se esclerosa.

Aqui também, as HEP poderiam procurar uma via mediana. Sem ir para especializações tão intensas e avançadas como a universidade, elas poderiam considerar elencos de encargos ao mesmo tempo diferenciados e complementares, no seio de equipes de ensino e de pesquisa, com um recrutamento a partir de currículos, avaliando não só o nível global de qualificação, mas também a experiência e os trabalhos acumulados numa área específica.

A função pública ainda está associada a uma garantia de emprego vitalício, na maioria dos setores. Nas HEP, os formadores que ocuparão os postos na abertura da instituição em 2002-2005 terão vivido um período de mutação institucional movimentado, durante o qual muitos se sentiram ameaçados e alguns perderam vantagens adquiridas. Assim, eles aspirarão a um novo *status* estável. Talvez seja preciso pesar os efeitos perversos de uma garantia "vitalícia" concedida a empregos altamente qualificados, para os quais a manutenção de um nível de competência supõe um trabalho pessoal constante de formação, de reflexão, de pesquisa.

Nas universidades, os professores são funcionários, mas seu mandato é regularmente reavaliado. Sem dúvida, é preciso que haja sérias razões para não renová-lo, mas isso acontece. Em contrapartida à liberdade acadêmica de que gozam, os professores devem prestar contas regularmente de suas atividades de ensino e de pesquisa. Quando seu mandato é de duração limitada, por exemplo quatro ou sete anos, renovável, uma comissão analisa o relatório de atividades e as publicações, e propõe a recondução do mandato. Normalmente, um aumento de liberdade resulta num aumento de responsabilidade.

O *status* da pesquisa

O *status* da pesquisa é, evidentemente, muito dependente do *status* dos formadores. Se nada valoriza a pesquisa no procedimento de nomeação e na evolução da carreira dos docentes das HEP, essa atividade ficará sendo marginal, dependente da iniciativa de cada formador.

Nas instituições de formação de docentes, a presença da pesquisa em educação tem três razões para ser prioritária:

• integrar as aquisições e as problemáticas da pesquisa à formação profissional dos docentes;

• participar da orientação da formação para uma prática reflexiva inspirada no procedimento científico e reforçar a formação dos formadores nesse sentido;

• contribuir, nos lugares de formação, para o desenvolvimento dos saberes científicos e profissionais sobre a educação, especialmente sobre o ensino e a formação dos docentes.

Esses objetivos deveriam fazer parte das missões da instituição e, logo, ser claramente dissociados das questões estatutárias das pessoas e das estratégias de desenvolvimento da pesquisa fundamental ou aplicada. Se quisermos instituir a pesquisa como componente da atividade das HEP, ela deve ser integrada ao mandato dos docentes e das unidades que os reúnem. Isso não quer dizer que seja preciso, forçosamente, calcar essa pesquisa sobre os padrões universitários e esperar o mesmo tipo de produtos. As HEP poderiam privilegiar tanto a pesquisa-desenvolvimento, a pesquisa-ação, a pesquisa aplicada sob contrato, quanto pesquisas fundamentais sobre objetos significativos para quem trabalha na área.

Parece-me que a pesquisa nas HEP pode visar a efeitos de formação e de inovação tão dignos de interesse quanto o aporte ao conhecimento fundamental, sem imitar as universidades, sem a corrida aos subsídios para pesquisas e às publicações. A complementaridade e o respeito mútuo – se forem desejados! – podem compatibilizar-se com diferenças de orientação e de relação com o saber, porém mais dificilmente com uma hierarquia dos níveis muito forte. Quanto mais as HEP se aproximarem da forma escolar, menos sua atividade de pesquisa parecerá confiável.

A gestão dos recursos

Em uma administração, tradicionalmente, a aplicação dos recursos se faz por delegação e sob controle da hierarquia, no quadro de linhas orçamentárias precisas. Sob o impulso do NPM, certos setores da administração evoluem no sentido de mandatos de prestação, com verbas orçamentárias e controle *a posteriori*. Seria paradoxal que as HEP a serem criadas fossem, sob esse aspecto, menos audaciosas do que o serviço dos transportes ou diversas empresas públicas...

5. As "Altas Escolas Pedagógicas" suíças...

Uma certa independência financeira e administrativa das HEP permitiria também não calcar os orçamentos e a definição dos postos e dos salários sobre as tradições da administração escolar. O *status* da universidade permite mais facilmente do que num estabelecimento escolar:

- nomear professores convidados ou prever contratos curtos;

- oferecer prestações (formação contínua, perícia, intervenções, certificados) que permitissem uma parte do autofinanciamento;

- praticar nomeações concertadas entre várias instituições;

- considerar financiamentos conjuntos de projetos ou subvenções pelo Fundo Nacional de Pesquisa Científica ou Fundações;

- negociar parcerias com empresas privadas (por exemplo, para editar uma revista ou uma série de obras, ou para desenvolver softwares ou tecnologias);

- pôr em rede certos recursos raros, humanos, informáticos, documentais.

Se cada HEP ficar fechada na lógica das funções, dos salários, dos procedimentos contabilísticos de uma administração cantonal, ela será antes uma engrenagem dessa máquina e não um ator institucional.

As tarefas qualificadas de gestão

Sempre há algum risco em falar de "gestão", pois essa expressão evoca tarefas consideradas técnicas e tediosas, sem mostrar que elas sustentam a *pilotagem* da instituição. Gerir os postos, os empregos, os programas, os orçamentos de funcionamento, é orientar um estabelecimento, às vezes de modo transparente, depois de um debate sobre as finalidades e as estratégias de desenvolvimento, às vezes de modo mais discreto. Importa que, nas instituições de ensino superior, essas tarefas não sejam desprezadas pelos docentes. Ou então, que eles não se queixem de depender de serviços administrativos, financeiros ou técnicos, entidades que – dizem os professores – consideram a formação como a última das suas preocupações.

Mas as tarefas de planejamento, de gestão do orçamento, do equipamento, do aparato informático, dos locais são ingratas e exigem saberes e um *know-how* específicos. Quando são assumidas pelo diretor, que mobiliza serviços administrativos e técnicos, os professores não se queixam, na medida em que não aspiram a resolver tais problemas e não são especialmente competentes, pelo menos no início.

Repartidas entre os professores, essas tarefas não são, certamente, cumpridas tão depressa e seguramente como se o fossem por técnicos, mas elas ficam conectadas mais estreitamente com as missões principais da instituição, formação e pesquisa. Se os professores não são especialistas em equipamentos informáticos, construções ou orçamento, têm pelo menos a preocupação com a utilidade, para os estudantes e os docentes, dos meios materiais e técnicos introduzidos.

Saber quem vai gerir os recursos e a organização do trabalho nas HEP determinará pois em parte a sua proximidade com as universidades. É possível, diga-se de passagem, que as universidades façam uma parte do caminho em sentido inverso: as questões de coordenação, os déficits orçamentários e a onda de racionalização tendem a despojar as faculdades, e logo os professores, do controle dos recursos, e até dos programas. Em busca do menor centavo, o Estado parece considerar hoje que a gestão é uma coisa séria demais para ser confiada aos professores. O futuro dirá se o bom-senso não consistiria, ao contrário, em confiá-la aos seus usuários. Os delírios informáticos das últimas décadas evidenciam os limites das racionalidades centralizadoras que, a pretexto de fazer economia, impõem uma escolha única ao conjunto dos usuários e constroem verdadeiras catedrais...

A colaboração com os estabelecimentos escolares

Na tradição das Escolas Normais e dos Seminários Pedagógicos, os estágios dos estudantes-estagiários em escolas ficam sob a responsabilidade principal do departamento de instrução pública e do poder organizador comunal. A instituição de formação não precisa convencer ninguém, os lugares de estágio lhe são fornecidos pela autoridade escolar.

Um dos sinais de independência administrativa de uma HEP poderia ser a negociação de um *contrato de parceria* entre ela e a administração escolar, completado por contratos mais específicos, feitos com estabelecimentos, equipes pedagógicas ou docentes, para acolher e formar estudantes-estagiários.

No interior do aparelho do Estado, a prática das convenções se desenvolve. Ela substitui uma coordenação imposta de cima por uma negociação entre partes contratantes, o que implica concessões equilibradas, cada um dos parceiros só assinando e renovando o contrato se estiver satisfeito.

Um contrato de parceria feito entre a HEP e a administração escolar não poderia, evidentemente, ser rompido sem aviso prévio. Considerando-se as questões institucionais, com a preocupação com o bem público, as partes parecem condenadas a se entender. Pelo menos, cada uma delas teria então o direito de negociar e apresentar condições, e não receber um mandato.

Na formação dos docentes, a independência jurídica da instituição formadora é, paradoxalmente, uma garantia da qualidade do trabalho na área: se os práticos devem ser formadores dos seus futuros colegas, é essencial que eles sejam totalmente voluntários e dialoguem diretamente com os formadores HEP. Esta última deveria ter a responsabilidade de recrutar mestres de estágios (também chamados "formadores de área"), mais do que receber passivamente colaborações decididas pela administração, como é claramente o caso na França, por exemplo, onde o Ministério participa aos IUFM os lugares de estágios disponíveis.

O *status* e os direitos dos estudantes

Os jovens e menos jovens que se matricularão nas HEP serão adultos, mas serão tratados como tal? Nas universidades modernas os estudantes:

- são responsáveis por seus estudos e não são obrigados a comparecer às aulas;
- têm direito de oposição e recursos diante das decisões que lhes dizem respeito;
- constituem um dos colégios reconhecidos pela lei como interlocutor das instâncias de direção (reitores, decanos de faculdades, presidentes de seções ou de departamentos universitários);
- elegem representantes em diversas instâncias de gestão da universidade;
- participam das orientações da política universitária.

As HEP poderiam, no campo da participação, ir bem mais longe do que as escolas secundárias. Hoje, quando se fala de cidadania, de cooperação e de profissionalização, é estranho ver que em muitas escolas profissionais continua-se a infantilizar os estudantes, enquanto seria possível dar-lhes mais responsabilidades. Certamente, eles são ambivalentes e os formadores também, inclusive na universidade. Pelo menos, a lei prevê formas de participação inevitáveis.

Essas experiências deveriam fazer parte de um currículo de formação profissional, pelo menos se se pretende formar práticos reflexivos, sujeitos tão autônomos quanto capazes de trabalhar juntos. Importa que uma instituição de formação que se diz participativa não faça como se fosse óbvio, para um aluno ou estudante, que ele se torne ator dentro de uma comunidade escolar.

O "ofício" de aluno ou de estudante

Assumir o *status* e o papel de aluno é assistir regularmente às aulas, ou "apresentar uma justificação válida". É fazer regularmente um trabalho definido como deveres, exercícios, trabalhos práticos, um plano semanal. É submeter-se regularmente a uma avaliação padronizada. É estar comprometido de segunda-feira de manhã até sexta-feira à tarde, com 25 a 40 horas de aulas. É pertencer a um grupo-classe, ao mesmo tempo ambiente de vida e de trabalho, sob a responsabilidade de um ou vários professores. É também manter uma relação dócil com o saber, num quadro em que os professores são mediadores, mas não produzem os saberes transmitidos. Finalmente, é ser rotulado por uma média anual, suposta síntese de um nível de excelência escolar.

Assumir o *status* e o papel de estudante é, em princípio, outra coisa. É ter duas vezes menos horas de aula, não ser obrigado a assistir a elas, ser julgado uma ou duas vezes no ano por meio de exames ou trabalhos pessoais de certa importância. É traçar o próprio percurso, o que se torna mais fácil porque o programa funciona por unidades capitalizáveis e não é recortado em anos estanques. É fazer parte de vários grupos e trabalhar em diversas redes. É passar muito tempo lendo e escrevendo. É iniciar-se progressivamente à pesquisa e a uma relação ativa e crítica com o saber, num ambiente em que os professores são também pesquisadores e participam da produção dos saberes. É terminar os estudos por um trabalho de diploma ou uma dissertação, que constitui uma forma de integração e de validação das competências adquiridas, com um orientador de dissertação, uma defesa de tese diante de uma banca.

Os funcionamentos universitários são diversos e nem sempre convincentes. Detecta-se uma evolução geral para o sistema das unidades capitalizáveis. Adota-se cada vez mais um sistema eurocompatível de créditos, um crédito valendo 9 horas de aula ou o equivalente segundo outras modalidades, um ano universitário representando 60 créditos, ou seja, 540 horas de aula ou equivalente. Caminha-se também para uma diversificação dos formatos das unidades de formação. Enfim, as avaliações sobre trabalhos tendem a substituir os exames em certas áreas ou em um certo nível de estudos.

As Altas Escolas Pedagógicas terão alunos ou estudantes? Funcionarão elas segundo o regime flexibilizado de um liceu ou de um ginásio, ou como uma faculdade de vocação acadêmica e profissional? Encontrarão elas uma via mediana?

A admissão dos estudantes

Uma escola normal está tradicionalmente ligada com o empregador potencial. É por isso que ela modula as admissões em função dos empregos de docentes, a serem providos três ou quatro anos mais tarde. Isso traduz uma preeminência da gestão do emprego sobre o direito à formação. No outro extremo, as universidades supostamente acolhem todos os estudantes que comprovem o nível requerido e lhes dão o direito de estudar ali durante todo o tempo em que respeitarem os regulamentos de estudos e progredirem "normalmente" no *cursus* universitário.

Nesse aspecto, onde se situam as HEP? Na formação dos docentes, as vagas de estágio não são ilimitadas e as condições de orientação dos estudantes não deveriam descer abaixo de um limite razoável, o que pode justificar uma seleção. Essa situação não obriga a proporcionar as admissões ao número previsto de postos vacantes! Se as HEP se aproximarem da forma universitária, admitirão que os estudantes têm o direito de se formar, e depois apresentar-se em um *mercado de trabalho* aberto, e, logo, entrar em competição com outros diplomados. Nesse caso, nada garante *a priori* uma constante adequação entre a oferta e a procura. A regulação se fará mais aproximativamente, segundo uma orientação profissional realista, como em outros setores. A formação para o ensino perde então o seu *status* de exceção e se articula com o emprego por meio de um verdadeiro mercado de trabalho.

Como conciliar o custo social do ensino superior e o direito das pessoas à formação de sua escolha? As HEP podem hesitar em tornar-se mais universitárias por esta única razão: evitar essa tensão ou, mais exatamente, exportá-la. As universidades não estão à procura de bases legais para limitar o acesso a certos ramos? As HEP fariam bem em procurar uma via mediana entre o livre acesso e um *numerus clausus* de admissão, decidido em função apenas das necessidades das administrações escolares. O reconhecimento mútuo dos diplomas, que se desenvolve, torna aliás cada vez menos razoável o "casamento" local da formação e do emprego. Além disso, quanto mais as HEP limitarem as admissões por razões essencialmente orçamentárias, menos elas estarão, simbólica e praticamente, próximas das universidades, e mais se mostrarão como instrumentos a serviço das administrações escolares, e não da formação do maior número.

Os processos de admissão nos ramos profissionais são muitas vezes fundados na predição da adaptação profissional. Nesse espírito, as HEP procurariam detectar os jovens capazes de se tornarem bons professores. As universidades não podem praticar uma "pré-seleção" profissional, supondo-se que encontrem sólidos fundamentos para isso. Quando elas selecionam os estudantes, é em princípio segundo critérios que favorecem os melhores *estudantes*. Isso pode levar a uma seleção pela excelência acadêmica, mas também a procedimentos qualitativos (*curriculum vitae*, entrevistas) que avaliam a capacidade de se empenhar, por exemplo, numa formação profissional em alternância, orientada para uma prática reflexiva. O que farão as HEP?

Finalmente, uma das diferenças diz respeito ao reconhecimento das aquisições. As escolas exigem em geral que seus novos alunos tenham feito os ciclos de estudos anteriores, obtido um certificado ou passado por um exame equivalente. As universidades já concedem equivalências para formações feitas em outras instituições suíças e estrangeiras. Essa prática se acentua com os programas europeus de intercâmbios, que favorecem a mobilidade dos estudantes. A admissão, por currículo, de estudantes não titulares de maturidade se torna uma prática corrente em várias faculdades suíças e outras se preparam para isso. Seguindo o exemplo de universidades estrangeiras, elas se empenham ou se empenharão progressivamente no desenvolvimento de métodos de validação das aquisições experienciais, profissionais ou não. Elas estão, efetivamente, confrontadas com públicos cada vez mais heterogêneos, principalmente com profissionais que desejam retomar os estudos, depois de oito ou 15 anos de prática. Trata-se de *validar aquisições* que não tomam a forma de cursos, mas de experiências formadoras, no quadro associativo, familiar, político, profissional.

No momento de criar as HEP, dois caminhos se apresentam em matéria de regulação dos fluxos: fazer escolhas solitárias, num quadro cantonal ou intercantonal, ou inscrever-se numa rede sem fronteiras de instituições de formação que, sem ser independentes das sociedades políticas que lhes fornecem o essencial dos seus meios, não estão submetidas a uma demanda social exatamente proporcionada às necessidades do emprego.

Reestruturações periódicas da instituição

No mundo em transformação, nenhuma instituição pode sobreviver sem se reestruturar regularmente. A quem cabe tomar a iniciativa de começar um processo de avaliação-balanço e depois o projeto? Se é o diretor ou a autoridade de tutela, os professores participarão sem entusiasmo. Ficarão na defensiva, por causa das avaliações externas ou auditorias que os intimarão a fazer melhor com menos, sem levar em conta a sua opinião.

Se a HEP assumir um verdadeiro procedimento de projeto, a questão das finalidades e das estruturas será problema do colégio dos professores e talvez dos estudantes, enquanto o próprio funcionamento da instituição assumirá a sua própria evolução.

A universidade é um mundo bastante formal: as decisões são protocoladas, os relatórios são aprovados por vários colégios, os planos e regulamentos de estudos são adotados segundo trâmites bastante exigentes. Paradoxalmente, isso dá possibilidade de mudança a certos aspectos análogos aos de uma associação; cada um pode fazer propostas que serão estudadas, tratadas e que, se forem adotadas, determinarão uma parte da evolução do sistema.

Os estabelecimentos escolares têm certamente, no âmbito das leis e regulamentos que os organizam, uma margem importante de manobra, mas que protege mais a autonomia de pessoas ou de subgrupos do que a possibilidade de criar instituições internas. As organizações complexas mudam constantemente, ao sabor das estratégias dos atores. Para mudar de modo consensual, negociado, democrático, elas precisam de um espaço de autonomia estruturado por instituições internas e provido de procedimentos claros para avaliá-las e transformá-las.

Importa também dar um lugar importante à autoavaliação e a avaliações externas, considerando que isso faz parte do funcionamento, e logo do orçamento, e que não se trata de uma resposta a uma situação de crise, mas uma rotina que facilita o ajuste contínuo dos objetivos e do funcionamento de uma organização.

Questões institucionais, questões de formação

As poucas dimensões que acabamos de explorar não esgotam a realidade das formas escolares ou universitárias de ensino, nem a diversidade dos modelos institucionais em cada categoria. Talvez essas indicações bastem para mostrar algumas das questões maiores. Algumas são mais institucionais, outras se referem à qualidade das formações oferecidas diante das evoluções do sistema educativo.

As questões institucionais

A pesquisa

Se as HEP quiserem verdadeiramente tornar-se parceiras da pesquisa em educação, é importante que adotem modos de gestão, participação, nomeação e controle compatíveis com uma atividade intelectual independente de produção e de difusão de saberes. É a principal justificação da relativa complexidade do modelo universitário. O alvo da universidade não é encarnar os princípios de colegialidade, de participação ou de liberdade acadêmica. Esses princípios estão a serviço de uma causa que vai além deles: favorecer a renovação dos conhecimentos e das ideias, estruturar e manter o debate crítico a esse respeito.

A aproximação com as universidades e a questão identitária

Se quisermos fazer com que as HEP trabalhem em parceria e em rede com as universidades, seria melhor que não houvesse anos-luz entre as culturas e as estruturas de ambas. Seria uma prova de respeito mútuo e de colaboração entre pessoas que decidem trabalhar juntas.

As instâncias responsáveis pelas duas instituições podem estabelecer convenções, mas estas determinarão apenas prestações de serviço ou agrupamento de recursos, por meio de um trabalho intelectual comum sobre problemas de pesquisa ou de formação.

Para cooperar, não é necessário assemelhar-se em cada traço. Ao contrário, importa que cada instituição tenha uma identidade afirmada e compartilhada pela maioria dos seus semelhantes. A parceria confinada aos acordos de cúpula tem interesse limitado. Para que ele se estenda aos colaboradores das instituições em presença, é preciso que cada um se sinta, até certo ponto, depositário e garantidor da identidade institucional, e não diga que "*isso é problema da direção*".

A profissionalização dos formadores e dos docentes

Como formar espíritos livres numa instituição fortemente dependente do futuro empregador? Como tornar-se um formador crítico, se o mandato é conformar os futuros docentes com um perfil definido pela administração escolar?

Para que haja parceria equitativa é preciso que haja negociação entre iguais. Para que formadores das HEP e formadores de área falem de igual para igual, cada um deveria poder alegar que executa um "ofício" em vias de profissionalização.

Rumo a um ensino superior coerente

A qualidade e a independência da formação e da pesquisa nas HEP não se basearão apenas sobre as estruturas. Procura-se, por toda a parte, um modelo ideal, tanto para a forma jurídica das instituições quanto para o *status* dos professores, pois trata-se, afinal, de viver uma *tensão* entre lógicas difíceis de conciliar: prestar contas sem renunciar a qualquer iniciativa, trabalhar para o bem público sem estar a serviço das políticas do momento, ser construtivo sem deixar de ser crítico. As estruturas são apenas meios.

A instalação das HEP se estenderá por cerca de uma década. Não é pois necessário que tudo esteja esclarecido imediatamente. Entretanto, pode-se temer que certas opções tranquilizadoras a curto prazo – ficar próximo daquilo que se conhece – condenem, a médio prazo, a fazer "mais do mesmo".

Certamente, existem questões financeiras, mas talvez elas sejam mais conjunturais do que as questões jurídicas. Na Suíça, não há verdadeira identidade do ensino dito *terciário*. A criação da maturidade profissional e das Altas Escolas especializadas modificará profundamente a paisagem. É possível que seja necessário introduzir distinções no conjunto das escolas que sucedem a maturidade acadêmica ou profissional. Simplificando, as HEP podem fundir-se nas HES e não enfatizar a diferença de nível escolar dos estudantes no momento da admissão. Elas também podem visar a constituir, com as universidades e as Altas Escolas, um verdadeiro *sistema de ensino superior*, universitário e não universitário, que compartilharia uma relação científica e crítica com o saber e a pesquisa.

Para caminhar nesse sentido, é tempo de demonstrar *imaginação institucional*, inventar formas jurídicas e funcionamentos que, no início, parecerão insólitos e farão temer uma perda de controle.

Estruturas de transição

É certo que, se as HEP não se limitam a uma simples "maquiagem" das instituições existentes, elas podem apenas introduzir um processo de mudança que ninguém pode antecipar e controlar completamente, nem que fosse apenas porque vão emergir *novas categorias de atores*, tanto estudantes quanto formadores, novas alianças, novos saberes institucionais. A França abriu seus Institutos Universitários de Formação dos Mestres (IUFM) em 1989, sem que todos os textos tivessem sido adotados previamente. Eles foram escritos progressivamente, à medida das necessidades e das negociações, e assim colaram-se à realidade da demografia, das estratégias dos atores, dos problemas de integração em um só corpo, no seio de uma só organização, de formadores de *status* variados provenientes de instituições anteriormente bem distintas.

Por que não aceitar uma tarefa difícil mas necessária, por que não dar às futuras HEP um *status* legal e abertamente *experimental e evolutivo*? Isso permitiria inscrever nos textos uma missão e dispositivos de *desenvolvimento*. Apenas um exemplo: os cantões serão muito tentados a conservar uma direção forte, nomeada "de cima", para ter um interlocutor único e previsível. Se não estamos prontos a dar imediatamente o passo rumo a uma direção colegial e presidentes ou decanos eleitos pelos professores, por que não prever na lei uma direção tendo o mandato de, em cinco anos, instalar a cultura e as regras que garantem um funcionamento colegial?

Mais e mais vezes, nas instituições, será preciso afirmar *intenções*, sem ser capaz de realizá-las imediatamente, mas sem limitar-se a dizer que um belo dia alguém voltará a falar do assunto. Por que não *conceber estruturas que permitam uma evolução gradual*, sem volta a procedimentos parlamentares ou referendários pesados, porque a própria lei terá planejado o desenvolvimento e previsto a mudança?

As questões de formação

A forma universitária de ensino não poderia garantir, sem profundas adaptações, uma formação profissional de qualidade. Não é possível construir competências limitando-se a distribuir saberes e a confiar em alguns estágios de fim de estudos para assegurar a ligação entre a teoria e a prática.

Para organizar uma verdadeira formação em alternância, é preciso rever a grade horária, o formato das unidades de formação, a divisão do trabalho entre formadores. É preciso introduzir unidades de integração, seminários de análise de práticas e encontrar o equivalente da clínica médica tanto quanto da aprendizagem por problemas.

Seria pois arriscado afirmar que as universidades são, logo de saída, apenas porque detêm o saber erudito e fazem pesquisa, capazes de estabelecer uma boa formação de docentes. O *status* universitário não garante, enquanto tal, nem a postura reflexiva, nem a implicação crítica (PERRENOUD, 1999b).

A curto prazo, parece mais seguro, em muitos sistemas, apostar em instituições pedagógicas superiores, menos suspeitas de evadir-se no discurso e na teoria e menos hesitantes em dar um lugar aos práticos experientes, mesmo que não estejam cobertos de diplomas acadêmicos.

É por isso que, abstração feita da preparação dos espíritos, a universitarização imediata da formação dos docentes não seria, na Suíça, uma boa ideia para os professores primários. Ela se fez em Genebra, no prolongamento de uma longa história e graças a uma aliança específica de diversas forças (associação profissional, autoridade escolar, universidade), das quais cada uma tinha o poder de bloquear o processo de universitarização.

Mas parece-me que a médio prazo, se ela quiser fazer o esforço de sair dos seus hábitos, a universidade é o lugar por excelência da formação dos docentes, principalmente se houver ênfase na sua dimensão reflexiva e na profissionalização do trabalho.

Efetivamente, não há profissionalização sem domínio:

• por um lado, de saberes teóricos e metodológicos enraizados na pesquisa;

• por outro lado, de um pensamento autônomo e crítico, fundamento de toda prática reflexiva que se afasta das regulações técnicas e autoriza uma reflexão sobre as finalidades, as identidades, as culturas em jogo.

Ora, só a universidade está na fonte dos saberes e se encontra ao mesmo tempo protegida de pressões excessivamente vivas do meio escolar, dos sindicatos e das autoridades.

É verdade que, quando a universidade assume uma formação profissional, aliena uma parte da sua autonomia, pois deve procurar uma parceria com a comunidade, notadamente para os estágios, e fazer com que seus programas ou diplomas sejam reconhecidos pela ou pelas instâncias que controlam o acesso ao emprego. Esse risco, que não é desprezível, dissuade certamente uma parte dos universitários de envolver-se, como corporações ou como pessoas, no debate sobre a formação dos docentes, e menos ainda na sua execução. É preciso pois que a contrapartida seja interessante para satisfazer a universidade. Em certos países, essa satisfação é financeira: quando as subvenções do Estado são calculadas *per capita*, formar docentes enche a caixa da universidade!

Outras razões são mais desinteressadas: serviço à cidade, criando uma imagem positiva, mandatos de pesquisa ou crescimento por captação de públicos flutuantes. Existe uma de que pouco se fala, ao passo que ela me parece decisiva: para uma faculdade de ciências da educação, formar os docentes é um meio não apenas de difusão de saberes, mas também de dinamização da pesquisa fundamental. Isso pode parecer estranho. Na verdade, ouve-se muitas vezes o temor de que a formação de práticos rebaixe a pesquisa à posição de colecionadora de receitas.

Se nos empenharmos num procedimento clínico de formação, trabalhando sobre as práticas, os saberes de experiência, a dimensão reflexiva, não deixaremos – pelo contrário – de estimular a pesquisa sobre os processos de aprendizagem e de ensino, sobre a construção de competências e a relação com o saber, sobre os ofícios e o trabalho, tanto dos docentes quanto dos alunos. Longe de desviar da pesquisa fundamental, uma formação clínica atrai para ela, pois cada caso pede e mobiliza ferramentas teóricas e evidencia as lacunas do saber homologado.

Infelizmente, podemos temer que as universidades não compreendam isso, enquanto os ministérios, e até as associações, continuam a ter uma enorme desconfiança dessas formações universitárias confinadas numa "torre de marfim". O florescimento das HEP surgiu, talvez, dessa dupla ambivalência.

6
Comunidades docentes em transformação: a tradição da mudança nos Estados Unidos*

Stephen E. Anderson e
Dennis Thiessen
Universidade de Toronto

Apresentação

Um ambiente de aprendizagem para todos: a maioria das escolas podem pretender que esse lema traduz o que elas são, pelo menos em certos momentos, em certas circunstâncias e segundo um certo grau; além disso, a maioria delas podem reconhecer-se neste outro princípio: *empenhar-se num ciclo contínuo de renovação*. Entretanto, certas escolas se distinguem das outras pela profundidade e pela constância do seu empenho em ensinar e pela intensidade e o alcance das reformas que adotam. Chamamos essas escolas de *comunidades docentes em transformação*.

Este artigo é baseado em um "contraestudo" de caso de doze escolas – variando em termos de níveis, lugares, tamanhos e condições socioeconômicas – que tinham a reputação de ter introduzido mudanças significativas e globais na maneira pela qual os docentes apoiam individual e coletivamente a aprendizagem dos alunos (THIESSEN & ANDERSON, 1999). Nosso propósito era descobrir como essas escolas operavam mudanças, assim como as condições e os processos que contribuíam para essas mudanças. Quando de nosso estudo, a expressão que adotamos para designar essas escolas – *comunidades docentes em transformação* – visava veicular o duplo sentido da noção de mudança, seja como característica integrante da vida nessas escolas (*transformação* como qualificação), seja como série de ações deliberadas devendo permitir e facilitar a reforma e a renovação escolares (*transformar* como verbo). Essa ideia de mudança, com o duplo sentido que lhe atribuímos, nos levou, em nosso estudo, a formular duas questões para a pes-

---

* O título em francês deste capítulo, "Communautés apprenantes en transformation: la tradition du changement aux États-Unis", joga com a polissemia do verbo "apprendre", que significa tanto "aprender" quanto "ensinar", o que está perfeitamente adequado ao conteúdo e ao significado do texto (N. da trad.).

quisa: 1) Com que se parecem as comunidades docentes em transformação? e 2) Como se tornam elas (e continuam a ser) comunidades docentes em transformação? Acreditamos que a resposta a essas perguntas é capaz de fornecer uma orientação estratégica para o pessoal escolar, e também para outras pessoas (pais, membros de diversas associações, etc.) da comunidade, que podem desejar desenvolver hábitos de mudança que caracterizam as comunidades docentes em transformação.

Comunidades docentes: um quadro conceitual

As comunidades docentes escolares englobam pelo menos três contextos, em que os docentes trabalham com os alunos, os colegas, os administradores, os pais e outras pessoas da comunidade exterior, para guiar e apoiar o seu desenvolvimento individual e coletivo (THIESSEN & ANDERSON, 1999; THIESSEN, 1993). É *na sala de aula* que os alunos aprendem por si mesmos, com os outros alunos e por meio de sua interação com os docentes. Esse primeiro contexto inclui a aprendizagem dos alunos no interior (sala de aula, biblioteca, pátio...) e no exterior da escola (a vizinhança, os parques, os museus...) (MURPHY, 1995; NEWMANN et al., 1996; NEWMAN & WEHLAGE, 1995; RANDI & CORNO, 1997; THIESSEN, 1992). É *nos corredores, isto é, metaforicamente no conjunto dos outros espaços escolares* que os docentes trabalham com outros adultos, para organizar, facilitar o funcionamento e tomar decisões sobre a escola e seu desenvolvimento (COCHRAN-SMITH & LYTLE, 1999; ELMORE, PETERSON & McCARTHEY, 1996; HARGREAVES, 2000; LIEBERMAN & MILLER, 1999; SMYLIE & PERRY, 1998). Paralelamente, é *com outras comunidades ou partes delas* que os docentes, os alunos, os agentes administrativos e outros membros do pessoal escolar interagem com os grupos e as organizações fora da escola, para melhorar e estender a capacidade e as prioridades desta (FULLAN, 1999; HARGREAVES & FULLAN, 1998). Podem existir laços com organizações locais (meios de negócios, agências sociais...), outros grupos profissionais (universidades, redes profissionais...) e outros níveis de autoridade (o distrito, o Estado...).

Uma das principais dimensões das comunidades docentes escolares que nosso estudo evidenciou foi a ligação e a coerência na aprendizagem e as atividades ligadas à mudança através desses três contextos. Esforços para iniciar e garantir as mudanças na classe tiveram repercussões no trabalho do pessoal escolar nos outros espaços da escola e com as outras comunidades, e vice-versa. Aliás, no plano conceitual, uma outra dimensão importante do nosso estudo se refere aos três processos sócio-organizacionais pelos quais a aprendizagem pode ser gerada no interior e no exterior das classes para os alunos e os professores: a colaboração, a integração e a enquete. A *colaboração* representa as situações em que duas ou três pessoas põem em comum a perícia, a compreensão ou o domínio (LOUIS; KRUSE et al, 1995;

MAEHR & MIDGLEY, 1996). A *integração* combina entre si estruturas bem distintas inicialmente, estratégias ou elementos de programa (LEITHWOOD & LOUIS, 1999). A *enquete* implica esforços consensuais e cooperativos para relatar ou avaliar experiências (JOYCE; CALHOUN; HOPKINS, 1999).

Finalmente, o fato de acrescentar a noção de *transformação* a essa concepção das comunidades docentes diferencia mais ainda essas escolas enquanto ambientes orientados para a mudança. Louis, Toole e Hargreaves (1999) identificam três fontes de mudança que interagem na vida profissional dos docentes e no desenvolvimento escolar. Primeiramente, certas mudanças intervêm naturalmente em função dos ciclos rotineiros do trabalho dos docentes (adaptação a novos alunos todos os anos, mudança de tarefas pedagógicas, mudanças periódicas nas políticas dos programas...). Em segundo lugar, certas mudanças podem decorrer de acontecimentos não antecipados (a partida súbita de um agente administrativo principal, a eleição de um novo comitê escolar com novas prioridades...). Em terceiro lugar, certas mudanças resultam de esforços deliberados (internos ou externos à escola) para introduzir transformações planejadas nas classes ou nos outros espaços da escola. Notamos como os educadores das escolas visadas pelo nosso estudo de caso transformavam, a partir dessas três fontes de mudança, as condições e a qualidade do trabalho dos docentes e da aprendizagem dos alunos, através das ações estratégicas que contribuíram para um aperfeiçoamento na escala escolar. Afirmamos que, com o tempo, essas ações estratégicas podem adquirir o *status* de maneiras habituais de abordar e administrar a mudança, desembocando assim em comunidades escolares docentes que se implicam num estado positivo de transformação em curso no contexto da rotina, da mudança não antecipada e da mudança planejada. Definitivamente, pensamos que, embora aquilo que essas escolas tenham cumprido e continuam a cumprir seja notável, essas ações estratégicas pelas quais elas o fazem são realizáveis por todas as escolas.

Comunidades docentes em transformação: um retrato

Traçamos agora um retrato do que significa ser uma comunidade docente em transformação, servindo-nos de uma concepção multidimensional da comunidade (KRATZER, 1997). As comunidades docentes em transformação têm dois componentes unificadores: todas elas enfatizam, de modo sistemático e global, *a aprendizagem* no interior da classe e por parte dos grupos de alunos em classe; dedicando ao mesmo tempo uma atenção contínua aos *laços com o interior da escola, em interação com os três contextos de mudança*: na classe, nos corredores e com outras comunidades. Esses dois componentes se encontram, nas diversas dimensões da comunidade, presentes em cada contexto: dimensão social (compartilhamento do trabalho comum), dimensão ecológica (compartilhamento de espaço e tempo comuns), filosófica (compartilhamento de valores e crenças comuns), política (compartilhamento de processos comuns de direção), histórica (compartilhamento de experiências comuns de mudança com o tempo) e finalmente dimensão estratégica (compartilhamento de abordagens comuns de mudança). Nas páginas que se seguem, vamos apresentar, em função dessas diversas dimensões, as comunidades docentes escolares que estudamos. Examinaremos depois as ações estratégicas que modelam a maneira pela qual as escolas se tornam e permanecem comunidades docentes escolares.

Dimensões da comunidade nas comunidades docentes escolares

Dimensão social. Nessas escolas, observa-se que mais pessoas trabalham juntas sobre assuntos que se referem diretamente à aprendizagem dos alunos, ao desenvolvimento contínuo dos docentes e ao aperfeiçoamento da escola. A ênfase na aprendizagem e no apoio mútuo da comunidade docente (alunos, docentes, etc.) caracteriza as interações dos docentes e dos alunos, e dos docentes com outros docentes nos três contextos: classes, escola e comunidade exterior. Em certos estabelecimentos, esse compartilhamento da aprendizagem leva a uma difusão crescente daquilo que acontece nas classes e na escola. Os professores de toda a escola, por exemplo, podem elaborar estratégias pedagógicas similares (aprendizagem cooperativa, seminários orientados pelos alunos ou avaliação de documentos...). Eles também podem observar princípios pedagógicos comuns, estimulando ao mesmo tempo a experimentação em classe de práticas alternativas associadas a esses princípios (as inteligências múltiplas, o ensino orientado para a enquete, a aprendizagem por projetos, o docente como animador e o aluno como trabalhador...). Nos corredores, os docentes podem formar equipes ou exercer atividades conjuntas de aprendizagem (grupos de estudo, orientação pelos pares...), participando assim do desenvolvimento mútuo da prática pedagógica. Na medida em que interagem igualmente com outras comunidades, os docentes que trabalham com organismos externos poderiam conjuntamente planejar, distribuir, avaliar e melhorar as experiências de aprendizagem dos alunos na comunidade, ou estudar coletivamente o insucesso e os problemas de frequência dos alunos e controlar os resultados de ações conjuntas. Introduzir a aprendizagem na rede social das escolas contribui para a coerência crescente da maneira pela qual se comportam os membros das comunidades docentes em transformação.

Dimensão ecológica. Aqui, a gama de espaços e tempos comuns nos quais as pessoas trabalham juntas se ampliou e continua a ampliar-se em cada um dos três contextos de mudança: na sala de aula, nos corredores e com outras comunidades. Por exemplo, os docentes deslocam suas aulas para outras salas a fim de ficar mais perto dos colegas com os quais ensinam regular ou ocasionalmente em equipe. Programas diários e semanais são reorganizados, a fim de oferecer às equipes de docentes, aos comitês de aperfeiçoamento escolar e aos grupos profissionais de aprendizagem tempo para se encontrarem. A aprendizagem dos alunos se estende além do campo da escola para outros meios da comunidade (os meios de negócios, as organizações comunitárias, outras escolas...), o que incorpora assim uma maior variedade de ambientes e de pessoas ao processo de ensino e aprendizagem. As classes, os corredores e os meios onde os docentes interagem com parceiros externos não existem como nichos ecológicos isolados nas escolas. Eles são ricamente ramificados em densas redes de comunicação, interação e ação conjugadas no tempo.

A aprendizagem que ocorre num contexto está muitas vezes ligada a eventos que sobrevêm em outros contextos e é apoiada por eles. Os docentes que adotam uma abordagem de enquete na exploração das necessidades de aperfeiçoamento escolar podem estender essa abordagem a lições orientadas para a enquete com os alunos. Os docentes que aplicam o método de discussões dirigidas pelos alunos podem achar que a mesma abordagem pode ser adotada com os colegas em discussões no seio do pessoal sobre assuntos importantes. Os docentes que valorizam princípios democráticos (a escolha, a responsabilidade...) na tomada de decisões escolares podem estendê-los para a participação dos alunos nas decisões sobre o seu trabalho escolar e sobre a organização da jornada escolar. Uma certa harmonia aparece quando o conteúdo, a conduta ou os princípios inicialmente aprendidos num contexto são transferidos para outro. Assim, o ecossistema das comunidades docentes em transformação fica consolidado com todas as mudanças operadas em conexão entre o espaço, o tempo ou as práticas.

Dimensão filosófica. Efetivamente, essas escolas se caracterizam por um diálogo profissional contínuo entre os docentes e com as outras pessoas empenhadas na obra educativa comum, a respeito das ideias centrais subjacentes aos objetivos da educação, às necessidades dos alunos, às práticas eficazes e à maneira pela qual as escolas poderiam se organizar melhor para manter um ensino e uma aprendizagem de qualidade. A formulação da missão de uma escola, a declaração coletiva de empenhar-se num modelo particular de reforma, na escala de toda a escola ou a decisão de submeter uma proposta são momentos de ajustes filosóficos. As características mais evidentes dessa dimensão filosófica da comunidade se observam na interação dialógica em torno de ideias que modelam esses acordos e os valores que lhes são associados: o que convém fazer, o que é prioritário, o que é viável, etc. Mesmo que não haja consenso sobre todas as ideias (muitos dizem que a unanimidade não seria boa!), entretanto existe acordo sobre a necessidade de um diálogo contínuo a propósito das ideias centrais e de sua relação com práticas e estruturas possíveis ou existentes.

Dimensão política. Os docentes e outras pessoas que trabalham nas 12 escolas associadas a esse projeto exercem uma autoridade coletiva e um controle maiores sobre decisões que afetam a aprendizagem dos alunos e a mudança escolar. A mudança tem duas faces: o empenho dos docentes em decidir coletivamente coisas sobre as quais eles refletiram primeiro individualmente (suas escolhas pedagógicas na classe...) ou que já foram debatidas pela administração da escola ou outras autoridades centrais ou externas. Esse empenho se realiza concretamente por meio de estruturas de orientação próprias aos estabelecimentos, em comitês de aperfeiçoamento escolar, equipes pedagógicas descentralizadas e outras estruturas de colaboração e processos que gozam de um poder de decisão. A comunidade é reforçada graças à sua maior participação nessas ocasiões de tomada de decisões e ao sentimento de pertencimento e de empenho que emerge dessas mesmas decisões, forjadas por processos que maximizam a implicação, e não apenas por votos. A comunidade política não é simplesmente definida pela participação na direção formal, mas também pela participação no microcosmo político da interação cotidiana, enquanto os docentes e aqueles com quem eles trabalham tentam influenciar e proteger seus interesses individuais e coletivos. É no seio da comunidade política que as tensões sobre os direitos profissionais individuais, sobre a autoridade coletiva e a autonomia, e sobre os resultados desejados provocam e fornecem a substância para o compartilhamento, a discussão e o debate em contextos formais e informais.

Dimensão histórica. As comunidades docentes em transformação criam histórias coletivas de mudança nas salas de aula, nos corredores e com outras comunidades. Nas escolas, a dimensão histórica da comunidade se caracteriza, em parte, por lembranças comuns e histórias comuns ligadas à emergência coletiva de reconhecimento de necessidades comuns, de esforços conjugados para abordar essas necessidades e mudanças conduzidas na classe, nos corredores e além. A história das mudanças é um relato contínuo no qual diferentes alvos e diferentes momentos são percebidos, vividos e relacionados uns aos outros, e isso num relato coerente. A história é pois uma espécie de conto, de narração do desenvolvimento, emergindo não só de experiências coletivas com a mudança, mas também da aprendizagem coletiva através da mudança e das ações realizadas em consequência dessa aprendizagem (o estudo contínuo e o aperfeiçoamento de práticas, o abandono de práticas, a experimentação de novas práticas...). É uma história não só de programas, de estruturas e de práticas introduzidos nas classes e nos corredores, mas também de ações estratégicas e de intervenções específicas para facilitar o ajuste dessas mudanças.

Dimensão estratégica. As escolas que conhecemos e descrevemos como comunidades docentes em transformação são lugares onde os docentes, os diretores e seus colaboradores adquiriram e praticam hábitos de mudança que estimulam, apoiam e mantêm a enquete e o desenvolvimento contínuo na aprendizagem dos alunos e em seu nome. Voltaremos, na segunda metade deste capítulo, a esses hábitos de mudança. Eles se referem notadamente à atenção dedicada às diversas ligações que intervêm entre os três contextos: as classes, os corredores e a comunidade exterior. Eles se caracterizam pela disposição de abordar o trabalho menos como uma execução repetitiva de tarefas do que como um processo contínuo de aprendizagem, estimulado e facilitado pelo trabalho em parceria com os outros (*colaboração*), pela união de atividades tradicionalmente separadas de pessoas e de ambientes (*integração*) e pela deliberação constante, pelo questionamento e pela investigação do conteúdo, do contexto e das tensões persistentes de reforma e de renovação (*enquete*). Eles remetem ao empenho constante em ações estratégicas que desafiam as formas usuais do ensino e da aprendizagem em classe, as condições organizacionais estabelecidas, as relações profissionais de trabalho e de aprendizagem entre docentes, assim como os laços com outras fontes de aprendizagem fora da escola. Como veremos na segunda parte do texto, acreditamos que, efetuando essas ações estratégicas, as escolas adquirem de maneira crescente as características de comunidades docentes em transformação, familiarizando-se com a mudança.

Comunidades docentes em transformação: controlar a mudança

Nossa contra-análise de caso das 12 escolas selecionadas para esta investigação revelou as ações estratégicas seguintes, enquanto quadros ou abordagens de mudança:

- redefinir a aprendizagem dos alunos;
- reorientar a prática do ensino;
- criar condições que permitam e estimulem a inovação;
- desenvolver a capacidade de trabalho coletivo;
- desenvolver experiências de aprendizagem interdisciplinares;
- trabalhar e aprender fora da escola;
- negociar e manter laços exteriores;
- estender o desenvolvimento colegial;
- ampliar a responsabilidade coletiva.

Essas ações estratégicas se manifestam numa gama de ações mais concretas, que constituem as intervenções específicas efetuadas em escolas em períodos particulares no processo contínuo de mudança em escala escolar global. Discutimos e ilustramos aqui as ações estratégicas que contribuíram para a evolução dessas escolas como comunidades docentes em transformação e que caracterizam os seus esforços para melhorar a qualidade do ensino e da aprendizagem para alunos e professores. Concluímos com um comentário sobre as qualidades que fazem dessas ações estratégicas poderosos instrumentos de aprendizagem e de controle da mudança.

A redefinição do trabalho dos alunos e *a reorientação da prática pedagógica* representam duas abordagens da mudança, baseadas na classe, a primeira dando predominância à mudança na natureza do trabalho dos alunos nas escolas e a segunda centrando a mudança nos papéis e nas práticas pedagógicas dos docentes.

Mesmo que essas ações estratégicas não representem a norma das mudanças que podem ser realizadas, há uma semelhança impressionante nesses tipos de mudança que se efetuam em relação à classe. Por exemplo, nas escolas estudadas, era comum encontrar uma ou várias das seguintes inovações em diversos estágios de desenvolvimento: aprendizagem cooperativa; atividades de ensino e aprendizagem indutivas e orientadas para a enquete; experimentação das Inteligências Múltiplas enquanto princípio organizador para a diversificação das estratégias de ensino e aprendizagem; ênfase nas tarefas de performance, nas quais os alunos são desafiados a demonstrar seus conhecimentos de maneira autêntica; práticas alternativas de avaliação nas quais os alunos desempenham um papel maior em sua própria avaliação (projetos pessoais, autoavaliação, conferências realizadas pelos alunos...). Nas escolas do nosso estudo, os docentes reinventavam a imagem central da instrução. Essa nova imagem enfatiza, metaforicamente, a perícia e a flexibilidade do docente na utilização de múltiplas estratégias pedagógicas e situa os docentes em relações mais próximas das de um dirigente com os alunos no processo de aprendizagem.

Essas mudanças não são notáveis em si mesmas, pois várias escolas fizeram reformas similares. Entretanto, o que sobressai, nas escolas estudadas, é a intensidade e a predominância do programa de mudança na classe, os laços constantes entre as inovações pedagógicas que os docentes criam e a coerência entre as mudanças na classe e as mudanças nos corredores e com outras comunidades. Os processos e os resultados do ensino e da aprendizagem nas classes encontram-se assim na primeira posição e são um objeto de interesse constante de discussão e de ação. De acordo com o *ethos* das comunidades docentes, as práticas de classe enfatizam o trabalho em colaboração, o trabalho orientado para a pesquisa e o trabalho integrado. A mudança em classe foi uma parte do programa desde o início, insistindo às vezes nos comportamentos dos alunos em situação de aprendizagem, às vezes nas práticas de ensino e frequentemente em ambos, e depois conjugando esses esforços para mudanças em outros aspectos do ambiente de ensino e de aprendizagem na escola e além dela.

A criação das condições que permitem e estimulam a inovação e *o desenvolvimento da capacidade de trabalho coletivo* se referem às condições organizacionais da mudança nas comunidades docentes em transformação. "Se pelo menos..." é uma queixa comum nas escolas em que os docentes frustrados revelam barreiras organizacionais que dificultam o ajuste de práticas inovadoras possíveis ou que os impedem de ter o tempo de aprender, de planejar, de colaborar entre si e com os outros sobre assuntos referentes à reforma e à renovação escolares. "Por que não..." era a resposta comum nas doze escolas do estudo de caso. No interior dos parâmetros das políticas do Estado e do distrito – as convenções coletivas sindicais, o equipamento escolar, etc. – os docentes e as direções dessas escolas encontraram múltiplas maneiras de reorganizar e renegociar várias das condições organizacionais que os docentes de outras escolas consideram como obstáculos à mudança.

No interior das classes, certas inovações requerem essencialmente mudanças estruturais. Por exemplo, períodos de aula mais longos tornam mais fáceis o desenvolvimento de certos tipos de atividades de ensino e aprendizagem, como o trabalho por projetos e as demonstrações, as atividades cooperativas de grupo e tipos de pedagogia mais centrados no aluno. Outras mudanças estruturais são introduzidas com muito menos limites de tempo, de modo a aumentar o potencial de inovação. A fusão de áreas associadas e a repartição dos docentes e dos alunos por equipes, por exemplo, criam a possibilidade de um ajuste melhor e de agrupamentos flexíveis, assim como a integração de sujeitos agrupados e de unidades de docentes-alunos no interior do programa.

A colaboração docente-docente é amplamente considerada como uma estratégia capital para estimular e manter a inovação nas escolas (FULLAN & HARGREAVES, 1991; LITTLE, 1981; ROSENHOLTZ, 1989). As mesmas barreiras contra a inovação na classe são muitas vezes citadas como barreiras a um maior trabalho coletivo entre os docentes e com outras pessoas no interior e no exterior da escola. As mudanças estruturais que mantêm a inovação na classe podem assim facilitar simultaneamente a capacidade de trabalho coletivo entre os docentes. A criação de equipes pedagógicas, o tempo dedicado ao planejamento do trabalho coletivo, a fusão de temas pedagógicos análogos e a aproximação física dos grupos de alunos com os quais trabalham os docentes de uma mesma equipe, por exemplo, fundamentam a capacidade organizacional da colaboração entre docentes, enquanto eles aumentam o potencial da inovação em classe.

O desenvolvimento de experiências interdisciplinares de aprendizagem, embora emane da colaboração docente extraclasse, isto é, naquilo que nós chamamos metaforicamente de corredores da escola, é uma ação estratégica tipicamente baseada na classe e centrada nela. Para os alunos, a aprendizagem se torna mais integrada e menos fragmentada em temas diferentes, particularmente quando os resultados de suas experiências de aprendizagem interdisciplinares são agrupadas em produtos unificados (projetos pessoais dos alunos, demonstrações, exposições de grupo, etc.). Para os docentes a aceitação concreta da interdisciplinaridade os leva a repensar os conteúdos e os temas do programa, assim como os laços entre as atividades de aprendizagem dos alunos, seus resultados e o tempo de aprendizagem dos alunos. Embora seja perfeitamente realizável em classe, o trabalho interdisciplinar muitas vezes é um desafio para os docentes e os obriga a empenhar-se no planejamento e na transmissão mútua de experiências de aprendizagem, no seio de equipes pedagógicas, ou mais amplamente, quando os docentes se empenham no desenvolvimento e na transmissão de unidades temáticas pelas equipes e até em toda a escola. Os docentes de certas escolas estendem a aprendizagem interdisciplinar para a comunidade, servindo-se de bases de conhecimentos que vão além do programa oficial ou utilizando situações externas à escola como centros de interesse para a enquete interdisciplinar. Assim, eles alargam as fronteiras da comunidade docente escolar e começam a implicar os outros membros da comunidade social como coeducadores, na transmissão e até no planejamento da aprendizagem dos alunos.

Em várias das escolas estudadas, a aprendizagem dos alunos se transformava, pela ação estratégica de *trabalhar e aprender fora da escola.* Essa ação, quando é seriamente perseguida, supõe que os alunos (das escolas elementares e secundárias) entrem numa interação contínua com ambientes e recursos de aprendizagem, e com pessoas situadas fora do contexto tradicional da classe regular (outras escolas, museus, organizações comunitárias e agências locais, meios de negócios locais...). Esse tipo de ação estratégica proporciona à aprendizagem dos alunos uma pertinência fundada no mundo real; ela leva simultaneamente os docentes a instaurar novas relações com outros parceiros para apoiar essa aprendizagem. Às vezes, o centro de interesse do programa escolar é definido pela natureza da experiência externa vivida pelos alunos, como por ocasião de suas atividades com o serviço comunitário e por ocasião dos estágios escola/trabalho. Em outros momentos, os docentes colaboram com seus parceiros exteriores para integrar no programa escolar experiências de aprendizagem externas, o que renova de modo significativo os parâmetros tradicionais da aprendizagem dos alunos em classe. Além disso, quando os docentes interagem com colaboradores exteriores, acabam assumindo novos papéis profissionais como peritos pedagógicos que guiam o planejamento e a transmissão dessas experiências de aprendizagem.

A negociação e a manutenção dos laços com o exterior é uma ação estratégica pela qual o pessoal escolar desenvolve parcerias formais e informais com fontes de aprendizagem fora da escola, inclusive com pais, outros agentes de educação e grupos comunitários (meios de negócios, organizações comunitárias, etc.). Essas parcerias fazem com que os colaboradores externos à escola contribuam para o planejamento e a transmissão de experiências de aprendizagem dos alunos, tanto no interior quanto no exterior da escola. Os docentes e as direções de certas escolas do estudo (principalmente as que servem às comunidades socioeconomicamente desfavorecidas) ampliaram o programa das reformas escolares de aprendizagem para o bem-estar dos alunos. Suas estratégias de mudança incluem acordos mútuos com agências sociais e comunitárias para propor soluções para uma variedade de necessidades de apoio às crianças ou às famílias e cuja satisfação subjaz à participação dos alunos na escola (nutrição, vestuário, saúde, moradia, segurança...). Evidentemente, a criação dessas parcerias a longo prazo requer a criação de estruturas, de papéis e de novas formas de controle para coordenar o ajuste e o desenvolvimento contínuo dessas associações.

Aliás, ampliar e facilitar as formas tradicionais de implicação parental são uma dimensão corrente das reformas nessas escolas. Encontram-se aqui novas estratégias para a comunicação "domicílio-escola" (conferências pais-professores dirigidas pelos alunos, utilização de novas tecnologias), a educação parental (formação em curso de emprego para os pais, a fim de que se familiarizem com o uso de inovações pedagógicas em classe), o trabalho voluntário dos pais (como avaliadores dos projetos dos alunos, etc.) e o apoio parental para a aprendizagem em domicílio (criação de atividades de aprendizagem a domicílio que impliquem os pais em novas formas de ensino e de aprendizagem em classe...). No plano político, essas escolas ampliam a representação parental no seio das estruturas e processos de decisão, inclusive quando das propostas de mudanças importantes. Certas escolas até desenvolvem alianças com grupos de pais para obter um apoio político local (no distrito, por exemplo) para reformas definidas nas classes e nos corredores dos estabelecimentos.

Os docentes dessas escolas orientadas deliberadamente para a mudança aprendem a melhorar os seus estabelecimentos e fazem um uso estratégico de recursos externos para manter as suas iniciativas. Por exemplo, investem seu tempo e sua perícia na procura e na gestão de fundos adicionais e de recursos (subvenções, prêmios, doações, etc.) a fim de realizar seus objetivos de mudança na classe, nos corredores e na comunidade. Se necessário, recorrem aos especialistas em desenvolvimento do pessoal (serviços oferecidos pelas universidades, pelos centros de desenvolvimento profissional) e orientam ativamente esses serviços para responder às prioridades da aprendizagem na escola. Enfim, várias das escolas que participaram deste estudo se filiaram formal ou informalmente a estabelecimentos empenhados em mudanças similares, assim como a grupos de interesse. Numa perspectiva estratégica, essas relações beneficiaram as escolas em termos de filiação a uma maior comunidade de escolas inspiradas na mesma orientação; essas relações entre escolas também favoreceram o acesso a uma assessoria profissional ligada aos seus próprios programas de mudança escolar (formação em curso de emprego e consultoria, recursos de ensino e de aprendizagem, conferências, visitas internas de outras escolas, correspondência pela internet). Elas também tiveram aconselhamento na construção de sua visão reformadora.

A extensão do desenvolvimento colegial é uma ação estratégica que tem o propósito de estar diretamente centrada na mudança na aprendizagem profissional dos docentes. Os professores das comunidades docentes em transformação situam boa parte da sua aprendizagem profissional na escola e a associam a prioridades comuns em favor da mudança. Sua aprendizagem se torna assim mais integrada no seio da escola e focalizada coletivamente em esforços para introduzir e desenvolver mais a perícia em inovação pedagógica na classe. Essa ação estratégica tem como condição *sine qua non* enfatizar a aprendizagem coletiva dos docentes. Todavia, essa aprendizagem coletiva não se reduz apenas aqui ao fato de aprender juntos; ela vai mais longe e engloba a aprendizagem mútua entre docentes, com a finalidade de aprofundar a sua própria perícia e colocá-la verdadeiramente a serviço da escola. O ensino com os pares se torna assim uma norma concreta, que se encarna de várias maneiras na vida coletiva da escola, por exemplo nas investigações de grupo e nas exposições coletivas dos docentes, quando de suas demonstrações públicas comuns, em colaboração com a direção, mas também nas interações pedagógicas cotidianas das equipes de docentes, enquanto criam conjuntamente unidades de ensino, discutem sobre alunos com problemas ou trocam ideias sobre suas experiências e seus métodos pedagógicos. No que se refere aos próprios docentes, a mais profunda mudança na sua aprendizagem profissional ocorre quando eles começam a estudar conjuntamente as consequências de suas próprias práticas docentes e de suas atividades de transmissão de conhecimentos, esforçando-se em ir além das formas tradicionais de ensino orientadas para a aquisição e a aplicação de conhecimentos "externos", isto é, sem ligação com o vivido dos alunos. Esse tipo de aprendizagem profissional está enraizado no lugar de trabalho; ele é intercontextual (ligando a aprendizagem dos docentes nos corredores a temas de importância na classe), colaborativo e orientado para a enquete; isto é, a preocupação de empenhar-se conscientemente num autêntico processo coletivo de mudança benéfica para os alunos e a escola.

Desse ponto de vista, os professores das comunidades docentes em transformação expressam e demonstram um alto nível de interdependência em relação a seus colegas na realização do seu trabalho profissional. Essa interdependência entre pares se realiza progressivamente graças a essa ação estratégica que chamamos de *extenção da responsabilidade comum*. A responsabilidade comum para o desenvolvimento dos alunos é correntemente incorporada a atividades como o ensino com os pares, o trabalho interdisciplinar e a iniciativa comum para abordar as necessidades dos alunos com problemas no plano escolar ou social. Essa responsabilidade comum pelo desenvolvimento escolar é facilitada pelo desenvolvimento consensual em torno de objetivos e crenças compartilhados a respeito das necessidades dos alunos e das expectativas de sucesso destes. Ela é também diretamente associada à descentralização da autoridade e da tomada de decisões em equipes pedagógicas, comitês de aperfeiçoamento escolar e outros grupos de trabalho em colaboração. Os consensos e a interdependência de objetivos são mantidos por uma ampla participação nas redes de comunicação dessas escolas. Os docentes e os outros parceiros têm oportunidades contínuas de trocar informações e discutir ideias e assuntos importantes pertinentes à aprendizagem dos alunos e à mudança escolar. À medida que as comunidades docentes em transformação se consolidam, a responsabilidade comum se estende para uma variedade crescente de pessoas, contextos e objetos de tomada de decisão referentes a aspectos variáveis do desenvolvimento dos alunos e do aperfeiçoamento escolar. Essa forte interdependência cria expectativas elevadas no interior da escola e favorece uma participação responsável no seio de toda a comunidade docente.

Acreditamos que as diversas ações estratégicas descritas nas páginas precedentes permitem apreender melhor a multiplicidade das direções e projetos nos quais se empenharam as escolas orientadas para a mudança. Nossa análise mostra que a mudança não decorre de uma única ação, mas, ao contrário, opera em vários planos e em vários níveis. Efetivamente, vimos que as escolas conseguiram transformar significativamente a natureza da aprendizagem e da comunidade, reorientando e redefinindo o trabalho dos docentes e dos alunos na classe, criando condições de organizações que permitem e apoiam a inovação e empreendimentos em colaboração, e também ao quebrar as fronteiras tradicionais da aprendizagem, graças a experiências de aprendizagem interdisciplinares ou baseadas na comunidade. Essas escolas também conseguiram interessar outras pessoas e organismos em relações contínuas, como parceiros no desenvolvimento dos alunos e dos professores. Seus docentes se empenharam assim voluntariamente em formas de aprendizagem profissional mais coletivas e baseadas na vida da escola, aumentando ao mesmo tempo o quadro da participação e da responsabilidade comum para a aprendizagem dos alunos, e mais geralmente para a reforma e a renovação escolares. Certamente, essas diferentes ações estratégicas não eram forçosamente todas iniciadas com a mesma intensidade em todas as escolas ou mesmo no seio da mesma escola ao mesmo tempo; mas todavia estamos convencidos de que elas refletem importantes pistas de desenvolvimento estratégico, que podem certamente repetir-se, de maneira mais ou menos similar, em todas as escolas que procuram ativamente desenvolver-se enquanto comunidades docentes em transformação.

Ações estratégicas como hábitos de mudança

Na seção precedente, estudamos o processo de mudança – associado às nove ações estratégicas que citamos – no qual estavam empenhadas as doze escolas do nosso estudo. Desejaríamos concluir este texto com algumas observações finais sobre a maneira como essas ações estratégicas servem para instaurar e consolidar hábitos de mudança. Vamos focalizar quatro temas 1) sua relação com intervenções específicas; 2) seus efeitos catalisadores no tempo; 3) sua simultaneidade, pois elas operam ao mesmo tempo como estratégias para a mudança e como objetos de aprendizagem; 4) seus poderosos efeitos, que repercutem em diferentes dimensões e os diferentes contextos das comunidades docentes.

O que chamamos de "ações estratégicas" designa orientações gerais para a ação em função de realidades particulares da atividade organizacional e da estrutura dessas escolas. Essas orientações gerais não resultam num repertório de intervenções determinadas ou receitas práticas, e isso de modo intencional. Efetivamente, como pudemos constatar, as intervenções específicas associadas a cada uma das ações estratégicas são extremamente variadas nas doze escolas. Por exemplo, identificamos sete diferentes formas de ensino pelos pares associadas à maneira pela qual os docentes dessas escolas estendem o desenvolvimento colegial (a direção com os pares, os grupos de estudo, as exposições comuns...). Durante um certo período, diversas formas de ensino com os pares podiam desenvolver-se entre os docentes de uma escola e de múltiplas formas simultaneamente. Nesse sentido, a ação estratégica *ampliando o desenvolvimento colegial* fornece, não uma receita precisa, um guia técnico, mas antes um horizonte de antecipação e uma via contínua para a reflexão e a ação sobre a aprendizagem dos docentes na escola. A maneira pela qual ela se desenvolve será determinada pelas possibilidades práticas e as preferências dos docentes trabalhando em suas escolas.

Na medida em que se tornam hábitos organizacionais e pessoais em favor de mudanças, as ações estratégicas têm efeitos catalisadores sobre o desenvolvimento rápido e contínuo das comunidades docentes em transformação. Por exemplo, o estímulo a comportamentos ligados a uma autêntica liderança entre os docentes (*a reorientação da prática pedagógica*) pode inicialmente afetar a posição mais diretiva de certos docentes. Mas essa nova orientação pode, em contrapartida, levar a abordagens em que os alunos investem mais tempo em projetos independentes e em que os docentes concentram seus esforços na facilitação do desenvolvimento desses projetos. Em resumo, o que se iniciou como uma intervenção centrada no ensino finalmente resultou em mudanças positivas nas experiências de aprendizagem para os alunos. A ação estratégica representa, assim, um guia contínuo para a mudança e não simplesmente uma poderosa e única intervenção que permita aos docentes continuar a sua. Seu potencial catalítico persiste pois através dos tempos e das circunstâncias.

Um fenômeno similar se produz quando se elabora um consenso sobre as finalidades e as crenças desembocando sobre *um aumento da responsabilidade comum*. Esse aumento da responsabilidade pode muito bem produzir-se quando de um encontro em retiro fechado do pessoal da escola ou durante uma reunião dedicada a uma revisão dos objetivos de uma escola no fim do ano. Todavia, ele se mantém posteriormente, quando de práticas como encontros bissemanais de equipes pedagógicas durante o ano escolar ou reuniões de grupos de planejamento comum com um membro da direção, para discutir os elementos principais da declaração da missão de uma escola ou demonstrar o progresso alcançado na implantação da reforma nas classes, nos corredores e com outras comunidades. Os efeitos catalíticos das ações estratégicas sobre o desenvolvimento das escolas enquanto comunidades docentes evidentemente não flutuam no vazio, dependem estreitamente de intervenções contínuas que os mantêm no seio dos campos de atividade visados por essas ações.

As ações estratégicas são fontes de aprendizagem ao mesmo tempo profissionais e organizacionais. Por exemplo, *o trabalho e a aprendizagem no seio da escola* não são vistos como uma série de ações distintas a instaurar no programa de ensino; eles são considerados, antes, como um horizonte de preocupação para a experimentação, a reflexão e o desenvolvimento progressivo da qualidade das experiências de aprendizagem dos alunos fora da escola. No mesmo sentido, *o desenvolvimento de experiências de aprendizagem interdisciplinares* não é uma simples questão de criação e de aplicação temática de unidades de ensino, mas, antes, uma verdadeira preocupação para o estudo de modelos alternativos de integração, por exemplo tentando diferentes abordagens e levando em conta os resultados dos alunos.

Daí decorre, não uma receita, mas uma maior perícia na pedagogia do ensino e da aprendizagem de um programa interdisciplinar. A introdução de equipes de docentes (como parte da *construção da capacidade do trabalho coletivo* e *o aumento da responsabilidade comum*) serve ao mesmo tempo de catalisador para a mudança na classe (os métodos pedagógicos, a disciplina, o trabalho interdisciplinar, etc.) e de centro de atenção para as mudanças em si mesmas. Os docentes que trabalham no seio das equipes pedagógicas podem começar a questionar e a inventar modalidades de trabalho em equipe, enquanto adquirem habilidades de colaboração, procuram as melhores maneiras de pôr em comum o pessoal e os programas, e descobrem como enfrentar a renovação dos programas ou outros problemas inesperados. As ações estratégicas são então, ao mesmo tempo, um estímulo e um guia para a aprendizagem contínua e o aperfeiçoamento no tempo.

Finalmente, as ações estratégicas têm um poderoso impacto que se exerce sobre as diferentes dimensões e os diferentes contextos das comunidades docentes em transformação. Por exemplo, se o *aumento da responsabilidade comum* diz respeito principalmente ao caráter político das escolas, as estratégias associadas a essa ação estratégica levam frequentemente os docentes e os outros agentes a entrar num diálogo regular e prolongado (tempo reorganizado – dimensão ecológica), a colaborar em diferentes fóruns (dimensão social) em que valores e crenças fundamentais são reconsiderados (dimensão filosófica) em relação simultaneamente com práticas passadas e futuras (dimensão histórica). As ações se tornam inevitavelmente multidimensionais e multicontextuais em seu alcance e em suas implicações. As mudanças num contexto dado são deliberadamente consideradas à luz de suas consequências para a mudança em outros contextos, enquanto a aprendizagem dos alunos continua sendo uma consideração fundamental ao longo do processo. Os laços entre os contextos e graças a eles resultam menos de uma ação estratégica qualquer do que dos efeitos combinados de intervenções associadas a múltiplas ações estratégicas.

As ações estratégicas situam os docentes no centro da mudança nas comunidades docentes em transformação. Cada uma das ações estratégicas empenha os docentes em relações modificadas com todos os outros parceiros educativos: os docentes com os alunos, os docentes com seus colegas, os docentes com os pais e outros parceiros exteriores. Segue-se então que a transformação das comunidades docentes escolares diz respeito fundamentalmente à reestruturação do trabalho dos docentes. Nesse sentido, é imperativo reconhecer e ocupar-se dos docentes enquanto alunos empenhados nessas novas relações e levar em conta o impacto que pode resultar disso sobre o seu próprio trabalho. A posição central ocupada pelos docentes não é, entretanto, a de sujeitos que sofrem a mudança nas comunidades docentes em transformação. Pelo contrário, eles são estrategistas de primeiro plano e poderosos agentes de mudança na evolução da aprendizagem coletiva e das ações estratégicas. Neste capítulo, evidenciamos por várias vezes o valor da inclusão, isto é, de uma *visão comunitária* da mudança. Uma tal visão comunitária não nega, absolutamente, as contribuições dos indivíduos-chave (os diretores, os responsáveis pelos docentes, etc.) na reforma e na renovação escolar; ela reconhece claramente que, nas comunidades docentes em transformação, o verdadeiro desenvolvimento tira a sua força das contribuições individuais ao sistema inteiro, sem que cada uma delas pretenda resolver tudo sozinha.

O desenvolvimento do hábito de mudança exige ações estratégicas que criam, mantêm e enriquecem o que queremos que nossas escolas se tornem verdadeiramente, pois precisamos de escolas que estejam profundamente empenhadas em melhorar o que se produz nas classes e com elas, e isso no seio de um ambiente em que as relações entre as pessoas, as ideias e as práticas são verdadeiramente valorizadas. Essas escolas compreendem que a edificação de uma comunidade devotada à aprendizagem está diretamente ligada à aprendizagem da maneira de ser de uma comunidade. Como mostra a experiência das doze escolas deste estudo, as comunidades docentes em transformação são diretamente afetadas pela perpetuação desse hábito de interdependência comunitária.

Nota metodológica

A pesquisa inicial sobre a qual se baseou esta análise foi realizada como parte do projeto mais amplo sobre as comunidades docentes em transformação, uma iniciativa financiada em 1997-1998 pelo departamento de educação de Ohio (Ohio Department of Education) dos Estados Unidos, a fim de aprofundar a compreensão dos esforços reformadores desenvolvidos nas escolas primárias, nas escolas do primeiro ciclo e nas do segundo ciclo secundário de Ohio. O projeto implicava estudos de caso e um contraestudo de caso de doze escolas financiadas pelas bolsas de estudo Venture Capital do Estado de Ohio (cinco escolas primárias, três escolas do primeiro ciclo secundário e quatro do segundo ciclo secundário). O programa Venture Capital concedeu cinco bolsas de estudos de US$ 25.000 por ano às escolas que submeteram propostas operacionais de reforma e de renovação escolar a longo termo e na escala da escola. No momento do nosso estudo, o programa entrava no seu quinto ano de aplicação, com mais de 600 escolas participantes. Utilizamos uma amostra das escolas reconhecidas por ter introduzido uma mudança significativa durante os três a cinco anos precedentes. Equipes de pesquisa compreendendo um pessoal universitário e escolar sob a supervisão de dois diretores de projeto (os autores deste artigo) realizaram estudos de caso em cada escola. Os dados compreendiam entrevistas, observações, enquetes e documentos coletados durante um período aproximativo de 30 dias em cada local. A contraintervenção e a contra-análise de caso foram realizadas pelos diretores do projeto. Os produtos do projeto TLC incluíam doze monografias de estudos de caso e o relatório da contra-análise. Detalhes completos da investigação são relatados por Thiessen e Anderson (1999). Lembramos aqui que o fenômeno de modelos e de redes globais de reforma escolar emergiu nos Estados Unidos nos anos 1980 e 1990. Os modelos populares compreendiam a Coalizão de Escolas Essenciais (Coalition of Essential Schools), as Escolas Aceleradas (Accelerated Schools) e o Sucesso para todos (Success for All). Esses modelos de reforma escolar compreendem geralmente disposições para a mudança na classe, assim como nas condições organizacionais da escola para apoiar essa mudança. Os modelos são disseminados e mantidos através dos centros e das redes organizados, muitas vezes baseados em universidades em que esses modelos se desenvolveram. O governo federal americano e várias autoridades educativas dos Estados ou dos distritos escolares locais fornecem apoio e estímulo para permitir às escolas adotarem e aplicarem modelos globais de reforma escolar. Para compreender os modelos globais de reformas escolares mais importantes, podemos consultar Stringfield et al., (1996), Herman et al., (1999), McChestney e Hertling (2000), New American Schools (1999), North Central Regional Educational Laboratory (2000), Slavin e Fashola (1998), Stringfield (2000).

7
A profissão de professor na França: permanência e fragmentação

Vincent Lang
Universidade de Nantes

Introdução

Quem são os docentes na França, hoje? Herdeiros de uma longa tradição, são eles os portadores das culturas profissionais e dos valores que os constituíram socialmente no passado? O desenvolvimento de uma escolaridade longa, as mutações do público escolarizado, as transformações das relações sociais, das condições de vida, do acesso à informação ou as incertezas quanto aos valores educativos têm, necessariamente, efeitos sobre o exercício profissional e as maneiras de estar no ofício. Indagaremos aqui, essencialmente, como compreender uma aparente estabilidade das práticas e das identidades profissionais, rapidamente assimilada ao imobilismo de um grupo protegido, enquanto este viu sua composição transformada, suas condições de exercícios tumultuadas, suas missões redefinidas.

O contexto

Segundo os dados ministeriais, o primário tem, em 1998, 360.000 docentes, dos quais 315.000 no ensino público; os nãotitulares são muito poucos (700 na rede pública), a taxa de feminilização é muito elevada (77% no setor público, mais de 91% no setor particular). Se os efetivos[1] aumentaram regularmente de 1960 até meados dos anos 1980 (mais de 38% para o público), ficaram depois relativamente estáveis.

O secundário (geral e profissional) conta com mais de 496.000 docentes, dos quais cerca de 94.000 no setor particular; a proporção dos nãotitulares é muito variável segundo os períodos, oscilando para o setor público entre 14.000 e

---

1. Neste texto, a palavra "efetivo" é tomada na sua acepção de número de indivíduos que compõem um grupo [N.T.].

31.000 durante a última década; a taxa de feminilização se eleva a 57%, com fortes variações segundo o tipo de estabelecimento e as disciplinas.

O secundário teve um forte crescimento durante a segunda metade do século XX; em cinquenta anos, os efetivos públicos foram multiplicados por 14,5, com fortes variações segundo as categorias: de 5.100 a 41.800 para os professores *agrégés*[2], de 11.200 a 223.850 para os professores certificados[3] e assemelhados, no mesmo período (os dois corpos se distinguem por seu nível de recrutamento teórico – bac+4 para os *agrégés*, bac+3[4] para os certificados –, por seu salário, suas obrigações de serviço); nestes últimos anos, esse crescimento permanece contínuo (14% em dez anos). No conjunto, o esforço do poder público foi muito elevado durante esse período.

O grupo profissional dos docentes do secundário constitui um mundo compósito, apesar da imagem de um corpo unido e homogêneo, como o vê a opinião pública. Linhas de clivagem separam os docentes segundo eles sejam titulares ou não titulares[5], segundo a disciplina que ensinam, o tipo de estabelecimento em que exercem, e mais ainda segundo o corpo administrativo a que pertencem: corpos dos *agrégés* (11,2% do efetivo), dos certificados (60%), dos professores de liceu profissional (16,2%), dos adjuntos de ensino (2,5%), dos ex-professores do ensino geral de colégio (PEGC, 10%). O crescimento dos efetivos dos professores do secundário, que se tornaram mais numerosos do que seus colegas do primário, produz um efeito de banalização do ofício; essa perda de prestígio social é reforçada pela predominância do corpo dos certificados, enquanto o grupo profissional era antes composto majoritariamente de *agrégés*. A desqualificação é ainda mais vivamente sentida porque, por um lado, a posição dos professores primários foi nitidamente revalorizada pela criação recente do corpo dos "professores das escolas", cuja carreira é organizada sobre o modelo da carreira dos professores certificados, e, por outro lado, o nível teórico de recutramento destes últimos não se alterou há pelo menos 60 anos, enquanto o conjunto da população tem o seu nível de qualificação fortemente aumentado. A tradicional rivalidade com os docentes do primário, exacerbada por essa lenta desqualificação, marcou profundamente as identidades profissionais, como mostram, por exemplo, as ásperas lutas sobre as questões de sindicalização que resultaram, em 1992, na fragmentação da antiga Federação da Educação Nacional.

---

2. Professor *agrégé* é aquele que foi aprovado no concurso denominado *agrégation*, o que o torna apto a trabalhar em liceus e a ministrar certas disciplinas do ensino superior [N.T.].

3. Professor certificado (*certifié*) é o detentor de um Certificado de Aptidão ao Professorado do Ensino Técnico (Capes) [N.T.].

4. Bac+1, Bac+2, etc.: nível de formação correspondente ao cumprimento de 1, 2 etc. anos de estudo superiores depois do *baccalauréat* (= diploma que assinala o fim dos estudos secundários, considerado como o primeiro grau universitário) [N.T.].

5. Titular: que ocupa um cargo ou função para os quais foi escolhido ou nomeado [N.T.].

A questão da origem social dos docentes ocasionou um certo número de estudos, que tendem a mostrar que o recrutamento dos docentes do primeiro grau teria se tornado menos popular e traduziria um "lento emburguesamento geral" desse grupo profissional (BERGER, 1979), devido, especialmente, à elevação progressiva do nível de recrutamento (CHARLES & CLÉMENT, 1997); para o segundo grau, os resultados são mais incertos. Um estudo recente (DEGENNE & VALLET, 2000), referente a um longo período, leva a rever algumas dessas conclusões; esse "emburguesamento" corresponde a um movimento, comum a toda a população ativa, de elevação progressiva da qualificação paterna: para o primeiro grau, até o fim dos anos 1970, a composição do grupo profissional se aproxima daquela do conjunto dos ativos, e depois fica estável; para o segundo grau, essa aproximação continua de modo atenuado, até 1997, como já mostrara Thélot (1993). Assim também, se os docentes do secundário são tradicionalmente de origem social mais elevada do que os do primário, essa distância tende a diminuir. Parece pois legítimo falar de uma diluição das características socioculturais dos corpos docentes. É realmente assim que os docentes do primeiro grau percebem a própria situação: Maresca (1995) constata que eles pensam que a sua própria origem social se eleva a cada geração.

De um ponto de vista sociográfico, observa-se enfim que as pirâmides das idades dos diferentes grupos de docentes são muito desequilibradas e que mais de 40% dos que estão na ativa devem partir nos próximos dez anos: essa renovação de grande amplitude afetará certamente as identidades profissionais dos docentes e transformará as profissionalidades de modo mais radical do que as ações atuais de formação em curso de serviço.

Para compreender a evolução das profissionalidades, além das evoluções dos corpos docentes, é preciso examinar as transformações das condições de exercício, e em primeiro lugar as do contexto organizacional. Como em muitos países, o aparelho educativo foi profundamente remodelado na segunda metade do século XX; as políticas escolares privilegiaram quatro transformações mais importantes:

• prolongamento da escolaridade, com a dupla preocupação de democratização do acesso aos estudos e de elevação do nível geral de qualificação da população ativa; em termos de finalidades, trata-se de recrutar elites sobre uma base democrática, o que supõe abrir maciçamente o ensino secundário a categorias sociais que tradicionalmente não entravam nele e tende a produzir um efeito de pilotagem pelo aval para o ensino primário, com muitas consequências em termos de identidade profissional;

• massificação dos estudos secundários, empurrando progressivamente os patamares de orientação para cada vez mais tarde;

• racionalização da gestão dos fluxos de alunos em função das orientações definidas por um planejamento que visará, num primeiro tempo, a pôr em correspondência os "níveis" de saída da escolaridade, as aptidões individuais, os ramos de formação e as necessidades do país, transformando profundamente o aparelho educativo tradicionalmente organizado em ordens separadas (rede primária, rede secundária e rede técnica) em um sistema unificado fundado em uma seleção mais rigorosa pela orientação;

• descentralização e desconcentração da gestão do aparelho educativo durante os anos 1980; elas abrirão um espaço de autonomia e de concorrência locais para os estabelecimentos e permitirão a emergência de políticas educativas das coletividades territoriais, que às vezes entrarão em competição com as do Estado.

Por um lado, o sistema não separa mais as classes sociais segundo duas redes de escolarização, e, por outro lado, as missões de instrução e de educação não são mais dissociadas da inserção socioprofissional e da formação profissional: o fim dessa dupla dissociação marca uma ruptura na história da escola republicana (RAYNAUD & THIBAUD, 1990).

As condições do exercício profissional foram profundamente modificadas, não só por transformações de grande amplitude das finalidades e da organização do aparelho escolar, mas também pelas evoluções do contexto social, levando a uma real crise da relação pedagógica, da qual sublinharemos aqui três aspectos. Em primeiro lugar, o conjunto dos peritos aponta uma dificuldade propriamente pedagógica em levar em conta a heterogeneidade dos alunos: heterogeneidade dos níveis, de socialização, de aspirações; mais do que competência técnica, trata-se de uma atitude profissional nova quando se trata de assumir alunos com dificuldades escolares, "populações de alto risco" (PERRENOUD, 1993), e mais geralmente de transformar um ensino elitista em um ensino de massa. Em segundo lugar, as relações adultos/"jovens" se modificaram profundamente na sociedade, tornando difícil a comunicação entre alunos e professores, porque talvez os comportamentos aceitos em família – direito à palavra, participação nas decisões, direito à explicação, autonomia, etc. – muitas vezes não sejam "engolidos" pela instituição escolar francesa, ou não se adaptem a ela. Mais fundamentalmente, para a quase totalidade dos jovens, a adolescência é vivida agora na instituição escolar; ora, por um lado, a escola não lhes oferece pontos de referência suficientemente claros para que eles construam a sua identidade; por outro lado, os docentes têm o sentimento de uma transferência de responsabilidade por parte das famílias, aumentado pela multiplicação de injunções educativas, como se a escola devesse assumir grande parte dos problemas políticos e sociais: violência nas periferias, instauração de uma nova cidadania, drogas ou segurança no trânsito, etc. Nem a cultura profissional dos docentes, nem sua formação os preparam a desempenhar esses papéis educativos, menos ainda porque, anteriormente, a socialização juvenil se efetuava muito amplamente no mundo do trabalho. Enfim, o modo de relação tradicional aluno-professor é caracterizado por uma tripla defasagem: por um lado, a evolução dos saberes escolares depois de décadas de estabilidade e os novos modos de acesso à informação pelas tecnologias modernas levam a uma espécie de dessacralização da posição de docente, sendo a transcendência da cultura a garantia da sua autoridade tradicional; por outro lado, a grande massa dos alunos manifesta uma distância, e até uma desconfiança, vivamente sentida pelos professores (DUBET, 1991); essas relações muito distantes se traduzem por uma degradação do clima da classe e questionam a imagem de si e a identidade dos docentes; enfim, a emergência de uma relação muito instrumental com a escolaridade instaura uma profunda defasagem entre as expectativas dos professores e as aspirações dos seus alunos, especialmente para aqueles que tentam seguir uma escolaridade tendo grandes dificuldades em atribuir um valor e um sentido cognitivos e culturais às atividades de aprendizagem e aos conteúdos de saber (CHARLOT; BAUTIER; ROCHEX, 1992). Observa-se que, se no passado a diferenciação das populações escolarizadas se operava antes do estabelecimento, com as famílias escolhendo um tipo de formação e de estabelecimento, agora ela se constrói no interior dos estabelecimentos: essa função de orientação pesa fortemente sobre a relação pedagógica, especialmente em termos de mobilização/desmobilização dos "futuros orientados" ou dos "já orientados".

A partir dos anos 1980, os responsáveis pela conduta da instituição acrescentarão, às reformas de estrutura, uma política de desenvolvimento profissional visando a redefinir o campo e o teor dos ofícios docentes e a promover novas competências. A ideia de "trabalhar de outra forma" só tomará corpo, na França, em uma nova abordagem do funcionamento do sistema educativo, fundada na ideia de tratar os problemas tal como eles se apresentam em nível local e na emergência correlativa da noção de ator. Ela se manifestará primeiro por uma forte pressão, institucional e social, para prolongar efetivamente a escolaridade até os 18 anos para a maioria dos alunos; essa demanda de eficiência para todos, vivida às vezes como uma injunção de resultados e como uma negação do *know-how* dos docentes, é uma exigência nova, ausente das antigas profissionalidades, mais centradas nos saberes do que nos alunos que aprendem. Para transformar as culturas e as identidades docentes, a instituição tentará apoiar-se em três alavancas: a refundação da formação inicial, o desenvolvimento de uma formação em curso de serviço, a "modernização" da organização e do seu funcionamento. Vamos examinar as transformações dessas formações profissionais iniciais.

A formação inicial

Examinaremos aqui as questões das transformações das condições de recrutamento e de formação, para compreender melhor os seus efeitos sobre as profissionalidades.

A herança

A antiga formação inicial do ensino primário era uma verdadeira formação profissional, pensada em função das concepções que se tinham, na época, do processo ensinar-aprender (LANG, 1999); mas ela mascarava o aspecto técnico do ofício sob as suas dimensões sociopolíticas. Essa formação funcionava segundo um modelo carismático (BOURDONCLE, 1990), privilegiando o companheirismo, a virtude do exemplo, inserindo o indivíduo numa rede de interações densas, que favoreciam os processos de imitação e de identificação, e permitiam a aquisição de *know-how* e de interiorização dos valores do meio profissional. Pode-se datar do fim dos anos 1960 o começo do processo de transformação geral dessa formação inicial: os docentes do primeiro grau serão, doravante, sistematicamente recrutados no nível do bacharelado e rapidamente o antigo sistema de "clausura" em internato na Escola Normal cairá em desuso; ao mesmo tempo, esses estabelecimentos serão submetidos a um período de profundo questionamento dos antigos modos de formação e, com uma grande autonomia, vão muitas vezes implicar-se em dinâmicas de inovação e em reformas dos programas da escola elementar. Em trinta anos, o nível de recrutamento dos docentes-estagiários passa de "bac-3" (fim da classe de *troisième*[6]) para "bac+3" (licenciatura) e o nível de titularização de "bac+1" para "bac+4"; o regime atual, generalizado a partir de 1991, assinala o desaparecimento das Escolas Normais e a instituição dos Institutos Universitários de Formação dos Mestres (IUFM). Assim, não é estranho que as enquetes (MARESCA, 1995; MIGEON, 2000) apresentem a imagem de um grupo profissional pouco homogêneo por suas características ligadas à história do seu recrutamento: as modalidades de acesso à formação inicial modificaram profundamente as identidades e culturas profissionais.

O ensino secundário ignora durante muito tempo toda formação profissional, de direito e de fato: "A frequência intensiva e prolongada a um campo de estudos universitários constitui por si só uma experiência profundamente educativa e suficiente" (BOURDONCLE, 1990); em um contexto de forte proximidade entre docentes e público escolarizado, a aprendizagem difusa ao longo dos estudos bastava para garantir sem maiores dificuldades a transmissão efetiva das práticas pedagógicas da época. Entretanto, observa-se desde 1941, para certas categorias de docentes, a instalação de uma formação inicial cujo objetivo confessado era suprir a insuficiente formação acadêmica, sendo a norma de excelência na matéria a *agrégation*; com esse espírito foram criados em 1952 Centros Pedagógicos Regionais (CPR) para o novo corpo dos certificados: eles perdurarão até a abertura dos IUFM. A necessidade de uma formação profissional dos professores do secundário será manifesta quando a população escolar se diversificar, a fim de responder à heterogeneidade crescente dos alunos; os anos 1980 verão então essa formação do modelo do ho-

---

6. *Troisième*: as séries são numeradas em ordem decrescente, sendo a terceira uma das últimas [N.T.].

mem culto transformar-se na do modelo do prático. Essa guinada assinala a preocupação de privilegiar a adaptação ativa às condições de exercício, mas o dispositivo adotado liga-se a uma formação geral organizada (tutoria), que privilegia efetivamente a imitação de tutores experientes, limitando-se a formação teórica, na maior parte do tempo, a uma transmissão de informações díspares.

Se examinarmos as condições de recrutamento por tipo de corpo administrativo, constataremos, em primeiro lugar, que a *agrégation* permanece durante todo o período como um concurso muito seletivo e que o acesso interno ao corpo dos *agrégés* permanece limitado: também se observa um aumento tendencial do nível de formação inicial: em 1994, 35% dos professores *agrégés* declaram um nível "bac+5", 54% um nível superior. Os outros corpos, certificados, PEGC, docentes do setor profissional, se caracterizam por sua forte heterogeneidade interna, devido principalmente à evolução das condições de recrutamento, a uma seletividade dos concursos variável segundo os períodos e a dispositivos de integração de pessoais de origens diversas. O nível atual de formação inicial dos professores certificados reflete ao mesmo tempo essa diversidade dos recrutamentos e uma tendência para a alta da qualificação inicial: 6% têm um nível inferior ou igual a "bac+2", 17% igual a "bac+3", 38% a "bac+4", 28% a "bac+5", 11% superior a este último nível (PÉRIER, 1994). Quanto aos professores de ensino profissional, observa-se uma transformação cultural radical, passando o recrutamento do operário profissional no início dos anos 1950 para o diplomado do ensino superior, dos setores técnicos (a partir de 1975) e depois científico. Em conclusão, constata-se pois que cada um dos corpos docentes conserva, em graus diversos, as marcas da sua história recente: os currículos escolares, as trajetórias profissionais, os modos de acesso ao ensino variam fortemente segundo as idades. O crescimento dos efetivos, a heterogeneidade das formações e dos níveis são acompanhados necessariamente de uma perda das referências comuns, do fim do "espírito de corpo". Também se observa que o nível do diploma adquirido tende a subir em todos os corpos: essa superqualificação visa à manutenção do *status* social.

A criação dos IUFM em 1989 se inscreve numa conjuntura marcada ao mesmo tempo por uma crise maciça de recrutamento dos docentes, por uma renovação amplamente aceita das formações iniciais, pelo término progressivo de uma escola média única, pela harmonização programada dos *status* dos novos professores das escolas e dos professores certificados. Essa conjuntura torna legítima a ideia de uma formação compartilhada nos mesmos centros universitários e profissionais.

Os IUFM (Institutos Universitários de Formação de Mestres) e a profissionalização dos docentes

Que transformações das profissões docentes as novas formações determinam? Os planos de formação, ambiciosos, ilustram a dificuldade de mudar os paradigmas que definem as profissões do ensino. Quatro princípios permitem ao

7. A profissão de professor na França...

mesmo tempo delinear as mudanças em curso e as tensões que elas suscitam. A afirmação da continuidade do desenvolvimento profissional ao longo da carreira, alternando as fases de trabalho de rotina, de inovação e de aperfeiçoamento, constitui um projeto a longo prazo e é bastante bem recebido pelos atores. Nessa perspectiva, os projetos de ajuda ao trabalho dos docentes iniciantes ou a muito recente ligação da formação contínua dos docentes do segundo grau aos IUFM, por complexos que sejam, abrem novas perspectivas.

Em segundo lugar, a universitarização da formação cristaliza um certo número de tensões: remete, por um lado, a questões de requalificação (primeiro grau) ou de desqualificação relativa (segundo grau), por outro lado a conflitos de território entre IUFM e universidades, a propósito, especialmente, do controle das preparações dos concursos do segundo grau, que levou a uma volta ao *statu quo ante*, depois de uma breve tentativa de profissionalizar esses concursos; enfim, num plano pedagógico, essa universitarização não é indiscutível, podendo cortar a formação dos lugares de exercício profissional (BOURDONCLE, 1994), além dos conflitos de modelos de formação que ela suscita entre os diferentes atores, segundo sua posição na instituição.

O terceiro princípio opera uma reversão de perspectiva, inscrevendo a formação no lugar de trabalho dos práticos, lugar de mobilização, de produção, de transmissão das competências profissionais. A referência ao "prático reflexivo" se tornou dominante nos institutos de formação, que são confrontados, para construir uma "formação integrada", com dois campos de trabalho particularmente difíceis diante do peso das heranças. Trata-se, por um lado, de pôr em rede recursos tradicionais de formação, a fim de construir sinergias entre as diferentes instituições (universidade, IUFM, estabelecimentos de estágio ou de exercício), os tipos de interventores (docentes-pesquisadores, formadores do IUFM, formadores de terreno, pares). O segundo desafio visa articular no seio da formação saberes de natureza diferente, científica, didática, pedagógica, mas também a determinar o lugar e o modo de intervenção dos saberes construídos pelas ciências sociais e humanas, para responder ao caráter multidimensional do exercício profissional; ora, a integração desses saberes evoca facilmente a formação tradicional dos docentes do primeiro grau: ela é portadora, para o segundo grau, de uma fantasia de perda de uma "alta cultura", de diluição das competências disciplinares especializadas em funções de animação e de trabalho social.

Em quarto lugar, trata-se de desenvolver as novas competências que ampliam os ofícios tradicionais dos docentes segundo quatro registros principais: a formação visa ao desenvolvimento de uma cultura organizacional, de uma formação para a relação, de uma reflexão ética sobre o ofício e suas condições de exercício atuais, de uma cultura colegial de cooperação entre colegas. Se a demanda social é urgente (ligada à violência nos estabelecimentos, por exemplo), as respostas não são óbvias e os institutos se encontram relativamente desprovidos em termos de recursos e de *know-how*. Essa cultura de ator é ainda mais complexa de construir porque ela comporta a ideia polêmica de uma cultura comum ao conjunto dos docentes, que permanece entretanto menor nos fatos, em termos de volumes horários e não parece ser uma questão de importância, na arquitetura das formações, nem nas construções identitárias, nem na formação pedagógica.

Quais são as questões para os atores?

A questão principal da instalação dos IUFM não depende de uma nova concepção da profissão docente ou de uma revolução nos dispositivos de formação: nesse terreno, a continuidade predomina amplamente sobre as transformações (LANG, 1999). Essas novas formações têm primeiramente um impacto de ordem simbólica ao reconhecer a existência de uma profissionalidade docente específica; elas atingem também a posição social e o *status* dos docentes, especialmente pelo recrutamento generalizado no nível da licenciatura e pela reunião de todas as formações e uma mesma instituição ligada ao ensino superior, atestando, sem dúvida, a continuidade da escolaridade dos alunos, porém mais ainda a unidade da função docente (HIRSCHHORN, 1993). Assim, a questão estratégica da abertura dos IUFM diz respeito à redefinição das identidades dos docentes, para si mesmos e para outrem, o que tendem a mostrar as enquetes realizadas com novos professores: elas mostram um grau de satisfação e um sentimento de reconhecimento social mais elevados do que seus antecessores imediatos, é verdade que num contexto geral de crise de emprego.

Os docentes do primeiro grau têm, a curto prazo, benefícios evidentes com a política de profissionalização: um desenvolvimento da autonomia na prática profissional, porque as normas diretoras tradicionais se apagam, dando lugar a uma iniciativa crescente no exercício profissional; a cessação de uma lenta desqualificação relativa no seio da população é acompanhada de um ganho financeiro e de *status*, certamente às custas da perda de uma identidade profissional específica, que lhes valia outrora um forte reconhecimento da população.

Para os docentes do segundo grau, a criação dos IUFM demonstra claramente o reconhecimento de uma identidade profissional que não se reduz apenas à competência cultural pessoal, mas a formação contínua é sem dúvida mais "estratégica" para o desenvolvimento de suas competências. Quanto à sua posição social, a instalação dos IUFM se traduz por um certo número de temores, em torno de uma desclassificação relativa do grupo, de uma normalização da profissão pela imposição de padrões de competência, de um questionamento dos *status* em nome de novas competências e de uma qualificação em situação.

Assim, os resultados das enquetes sobre os efeitos da formação não são surpreendentes. Por um lado, submetidos a fortes coações (lugar dos concursos, urgência da tomada de função), os formadores dos IUFM se inscrevem em formações profissionalizantes: seus objetivos visam as práticas e a eficiência profissionais, privilegiando atitudes de análise e de reflexividade, rompendo com as antigas formações que impunham modelos ou se fundavam na acumulação de experiência; constata-se entretanto que aquilo que amplia o ofício de docente para além da classe muitas vezes não é uma prioridade, como se o estabelecimento ou o ciclo não tivesse realidade nas práticas profissionais (LANG, 2001). Por outro lado, observa-se que, depois do período de tomada de função, os jovens docentes encontram, nos terrenos, as mesmas dificuldades profissionais que seus predecessores, e reivindicam motivações vizinhas; se expressam uma melhor apreciação sobre a formação recebida nos IUFM do que os antecessores sobre as das instituições anteriores, pensam que as formações não disciplinares são pouco úteis, salvo quando são confrontados com públicos escolarmente difíceis; globalmente, as novas formações parecem menos produzir uma transformação substancial do ofício do que uma melhor adaptabilidade às mudanças de situação (ROBERT & TERRAL, 2000).

As transformações do ofício

Quais são as principais evoluções das profissões que podemos detectar? Vamos basear-nos simultaneamente na análise das condições de exercício e nas enquetes, nacionais e locais, privilegiando o ponto de vista dos atores.

Evoluções tendenciais

As práticas profissionais estão estreitamente ligadas às condições reais de exercício e, mais do que outros, os estabelecimentos que acolhem os públicos populares e imigrantes devem inventar soluções pedagógicas e organizacionais para melhorar o nível de instrução, assumir as diferenças escolares dos alunos, e também levar em conta as culturas particulares familiares, locais ou juvenis, assim como as políticas da cidade (segurança, luta contra a exclusão), enquanto outros se confrontam com as estratégias dos pais no "mercado escolar" (VAN ZANTEN, 1998).

Em primeiro lugar, no trabalho cotidiano, são as atividades tradicionais de ensino que devem ser adaptadas, ao mesmo tempo por uma concentração sobre o aluno que aprende e por uma preocupação de adaptação do ensino à heterogeneidade dos grupos de alunos no quadro de objetivos nacionais. Trata-se, por exemplo, de levar em conta as concepções dos alunos, construir novas mediações entre os conhecimentos escolares e os saberes dos alunos, trabalhar sobre sua implicação nas situações propostas, e também desenvolver a ajuda metodológica ao trabalho pessoal, etc. Embora inscrevendo-se na continuidade da missão de ensino, essas adaptações interrogam as práticas tradicionais: O que é preparar uma aula?

O que é preciso mobilizar para "dar aula" ou "fazer com que aprendam"? O que é avaliar? Elas fazem então perguntas éticas sobre a natureza do ofício, o tipo de intervenção junto aos alunos, a função social da escolaridade, etc.

Essas transformações das condições de exercício, como já dissemos, afetam igualmente o conjunto da vida escolar, em suas múltiplas dimensões: relações sociais e interpessoais diárias, socialização, educação para a cidadania, que se constroem às vezes segundo formas estranhas às culturas docentes tradicionais: que autonomia conceder à Casa dos Ginasianos, que liberdade dar ao jornal ginasiano, etc.? Mais geralmente, trata-se de uma ampliação do quadro de referência da ação pedagógica que se inscreve doravante no contexto de um estabelecimento.

E finalmente, um último traço essencial: as antigas fronteiras entre o interior e o exterior do estabelecimento, tradicionalmente marcadas na França, tornaram-se permeáveis; não se pode mais ignorar um ambiente cujas pressões são múltiplas, que é considerado ao mesmo tempo como recurso e obstáculo e é atravessado por lógicas de ações heterogêneas; os pais são simultaneamente parceiros das ações instauradas e consumidores num mercado escolar que se tornou globalmente mais competitivo, que obriga a levar em conta a imagem do estabelecimento (prêmios de performance, valorização das condições de trabalho, desenvolvimento de opções ou ramos procurados, preocupação com a reputação do estabelecimento no mercado local do trabalho, etc.). No quadro da descentralização e da desconcentração do aparelho educativo, o ambiente é percebido como um conjunto complexo de instituições que devem se relacionar, pela montagem de projetos e orçamentos, etc. Construir e realizar projetos pedagógicos, trabalhar colegialmente, investir em parcerias educativas, mostrar uma imagem positiva do estabelecimento são dimensões do exercício profissional fortemente enfatizadas hoje, e requerem *know-how* de tipo organizacional, relacional, que não pertence às culturas profissionais tradicionais.

O que pensam os professores?

As pesquisas medem mais as representações do que as práticas e mostram em geral um *continuum* das atitudes mais militantes às mais estáticas.

Se interrogamos os docentes sobre o que pensam ser suas missões prioritárias, eles propõem respostas estreitamente ligadas à definição do seu ofício. No ensino primário, motivar o gosto pelo saber é a primeira, depois a ênfase é posta sobre as competências globais (métodos de trabalho, autonomia, saber ler, etc.), sendo que os mais jovens docentes e os mais diplomados privilegiam esse tipo de competências mais do que a aquisição de instrumentos (MARESCA, 1995). No secundário, trata-se, primeiro, de fazer com que os alunos adquiram conhecimentos, numa perspectiva de formação da pessoa e de utilidade social (MARESCA, 1997), depois, de ensinar a desenvolver métodos de trabalho, de tornar-se autônomo nas aprendizagens, de dar aos alunos meios de compreender o mundo e situar-se nele (PÉRIER, 1994). Em relação às pesquisas anteriores, a relação com o mundo, em termos de compreensão e de inserção, tornou-se mais importante e o caráter gratuito de uma formação liberal reservada a poucos pertence ao passado.

Entre os motivos de satisfação profissional apresentados, os iniciantes no segundo grau citam em primeiro lugar o prazer de ensinar a disciplina, e depois o contato com os alunos; depois de alguns anos essa ordem se inverte e esses jovens docentes voltam às escolhas do conjunto dos professores; posteriormente, são citadas a vontade de transmitir conhecimentos e a autonomia no exercício do trabalho. Encontram-se as mesmas atitudes no primeiro grau: entre as razões da escolha do ofício, o desejo de ensinar é preponderante entre os mais jovens, o desejo de ocupar-se com crianças aumentando de acordo com a antiguidade desses docentes; depois são mencionados, muito distanciados, a autonomia no trabalho e o tempo livre. Em termos de satisfação proporcionada pelo ofício, a relação com as crianças está muito à frente, em todas as idades da carreira.

Quais são as principais dificuldades que os docentes dizem encontrar no exercício do ofício? Observa-se aqui ainda que os docentes mais jovens têm respostas idênticas às dos mais velhos, depois de alguns anos de exercício. No secundário, os objetivos mais difíceis de atingir são, por ordem decrescente: interessar os alunos menos motivados, fazer com que alunos de níveis heterogêneos trabalhem, atingir os objetivos de trabalho no tempo previsto e fazer com que os alunos trabalhem individualmente. No primário, os objetivos mais difíceis de atingir são os mesmos, mas classificados de modo diferente.

Que lugar os docentes dão às novas práticas? Para o secundário, as mobilizações atuais se referem primeiro ao trabalho de equipe, reconhecido como indispensável por 80% dos docentes e praticado em graus diversos por 64% deles; quanto à pedagogia diferenciada, 70% são favoráveis e 51% pensam que a praticam; para a pedagogia do contrato, os números correspondentes são de 51 e 38%. É preciso relativizar essas indicações: o uso regular dessas novas práticas permanece minoritário e varia segundo o estabelecimento ou o diploma; assim, o trabalho em equipe é considerado mais eficaz pelos docentes dos ramos tecnológicos do que entre os *agrégés* literários de liceu (42% contra 24%). Outros indicadores mostram a pregnância das práticas antigas: assim, o manual é muito utilizado, principalmente no ensino geral e no colégio, enquanto as novas tecnologias o são pouco. Trancart (1996) distingue três grupos de docentes, repartidos entre dois polos: uns declaram uma pedagogia centrada nos alunos (34%); os segundos constituem um grupo intermediário (42%); os terceiros reivindicam práticas tradicionais individualistas (25%).

Na escola primária, a quase unanimidade dos docentes afirma o interesse das técnicas de pedagogia diferenciada e 75% declaram praticá-las, mas certas formas de diferenciação não são estranhas às práticas tradicionais desse grupo profissional. O trabalho em equipe é muito valorizado, mas seus aspectos mais ambiciosos só mobilizam um terço dos docentes, sua prática regular cerca de um quarto deles (MARESCA, 1995); é mais frequente, para a harmonização das avaliações, para os projetos periescolares, e as formas mais cooperativas do trabalho se encontram nos primeiros níveis da escola elementar, como se essas evoluções ficassem na periferia do ofício tradicional.

Todas as enquetes mostram evidentemente a variabilidade dessas concepções dos docentes: as representações do ofício são fortemente ligadas ao corpo de pertencimento, à disciplina ensinada, ao tipo de estabelecimento e à sua localização. As práticas só parecem pois evoluir muito lentamente e essa estabilidade aparente pode ser referida a certas características do exercício profissional: a forte indeterminação das tarefas, por um lado, a incerteza das finalidades, a diversidade e o caráter compósito dos acordos locais, por outro lado (DEROUET, 1992), enfim o isolamento de muitos docentes que trabalham sozinhos diante de seus alunos favorece a reprodução das práticas tradicionais, mais do que a emergência de novas competências.

Outras enquetes, mais qualitativas, mostram entretanto uma imagem diferente da evolução das atividades profissionais, insistindo nas variabilidades locais das condições de exercício, das práticas executadas, das éticas profissionais, particularmente entre os estabelecimentos "comuns" e os estabelecimentos difíceis das zonas de educação prioritárias (ZEP). Para dois terços dos professores primários, trabalhar em um bairro favorecido ou em um bairro difícil de cidade grande não é mais o mesmo ofício (MARESCA, 1995). Para o secundário mais particularmente, nos estabelecimentos reputados difíceis, a demanda do docente se desloca frequentemente dos saberes e das performances do aluno à relação que este mantém com o seu trabalho e com os conteúdos de conhecimento. Aqueles que se investem nesses estabelecimentos desenvolvem localmente um certo número de estratégias (ROCHEX, 1995; VAN ZANTEN, 1999): em sua maneira de estar no ofício, os docentes enfatizam a importância da improvisação regulada, da adaptação em situação, da modulação das exigências e dos objetivos em função dos públicos; eles sublinham o peso crescente da ordem disciplinar e do seu papel de educadores para manter a situação escolar e para que os jovens possam posicionar a si mesmos como alunos; diante dos problemas de indisciplina e de violência, os modos de resposta são múltiplos em termos de reputação estabelecida para os mais antigos, de humor, etc.; esses docentes desenvolvem uma ética da honestidade, da implicação pessoal e da gestão coletiva das dificuldades, mesmo que o recurso a soluções coletivas não seja a atitude geral. Para uma parte dos docentes, a definição do seu ofício está ligada ao seu contexto particular de trabalho; ela não poderia ser generalizada para o conjunto do grupo profissional e o estabelecimento é um elemento essencial da sua mobilização e da sua identidade profissionais (KHERROUBI, 1997). Essas enquetes recentes abrem novas perspectivas de

Conclusão

O balanço de conjunto poderia limitar-se a constatações triviais: de trinta anos para cá, os corpos docentes estão empenhados em evoluções lentas, em graus diversos segundo o seu lugar na instituição; por trás de uma unidade de fachada, reacional muitas vezes, a heterogeneidade é muito forte; a futura mudança de geração vai ampliar essas evoluções e marginalizar as antigas culturas profissionais estreitamente ligadas a estados anteriores do sistema educativo. Três perspectivas podem modificar esse ponto de vista.

Em primeiro lugar, a continuidade não é apenas a reprodução de um estado anterior, é a afirmação da permanência e do aprofundamento de uma missão e do sentido do ofício; os docentes de todas as idades privilegiam finalidades de instrução, de educação, mais do que de inserção ou de desenvolvimento do laço social. As resistências com as quais se defrontam os docentes hoje são pontos cegos das antigas profissionalidades que se apoiam sobre uma série de pressupostos (LANG, 1999): a afirmação de uma motivação apenas pelos conteúdos, a ideia de que o controle dos saberes disciplinares basta para "dar aula", a certeza de que é possível ignorar a heterogeneidade dos alunos, o postulado de uma causalidade direta entre o trajeto intelectual do mestre e o dos alunos, etc. Assim também, as enquetes sobre a qualidade dos docentes mostram ao mesmo tempo a continuidade do empenho pessoal e das rupturas no exercício profissional por valorização da função educativa, contextualização da excelência profissional, recentramento sobre as condições de aprendizagem (ALTET, 1993). Assim sendo, as mudanças profissionais dependem da adaptabilidade e do "enfrentamento" pessoais na ausência de normas de bom exercício. Mais ainda, quando as condições de trabalho são difíceis, observa-se um trabalho de reelaboração daquilo que parece "natural" aos docentes em sua história pessoal, reinterrogando o sentido da cultura escolar para os alunos e para si mesmos, as condições para fazer ainda hoje uma cultura viva, solicitando cada um além de si mesmo (ROCHEX, 1995).

Numa segunda perspectiva, a estabilidade aparente das profissões repousa sobre o postulado de uma homogeneidade forte dos docentes, de uma identidade profissional comum aos docentes de um mesmo grau; uma abordagem interacionista, ao contrário, define o grupo profissional como "conglomerado de segumentos em competição e em reestruturação contínua" (BUCHER & STRAUSS, 1992) e não como unidade orgânica. Assim, o problema é menos procurar as transformações globais das culturas profissionais ou dos ofícios do que apegar-se às carreiras dos indivíduos, definidas em termos de percurso de uma pessoa durante o seu ciclo de vida, pondo em relação trajetória biográfica e sistema de emprego;

trata-se de compreender as condições de mobilização, as resistências, as adaptações, as eventuais recomposições identitárias "que se operam no seio dos estabelecimentos e que reforça a segmentação do grupo profissional" (VAN ZANTEN, 1999).

Em terceiro lugar, observa-se que as evoluções das práticas docentes não seguem, de certo modo, um ritmo "esperado", como mostram as novas formas de regulação internas à instituição. A partir dos anos 1980, observa-se a emergência de um modo de regulação que tenta promover uma obrigação dos resultados, inscrevendo-se ao mesmo tempo em uma dinâmica de racionalização técnica da atividade, abandonando a normalização anterior dos meios doravante deixados à iniciativa local, preconizando uma cultura da avaliação e da comunicação, devendo os atores levar em conta os efeitos de suas ações, tanto no interior da instituição quanto no que se destina ao público, e relatá-los. Sem dúvida, a legitimidade dessa racionalização moderna pode chocar as sensibilidades dos docentes tradicionalistas, que reivindicam um duplo sistema de referências, o microespaço da classe e o horizonte de finalidades universais, sejam elas de ordem política ou cultural, ignorando assim a ordem construída localmente e a sua organização. Mais fundamentalmente, essas regulações internas, no seio de um estabelecimento, só podem ser de tipo normativo: se a autonomia dos docentes é uma condição do cumprimento do seu ofício, porque toda ação pedagógica é uma construção pessoal e social irredutível a uma racionalidade técnica de transmissão de informações, trata-se então de transformar as maneiras de estar no ofício, as expectativas, as definições do bem, desenvolvidas pelos indivíduos e pelos grupos profissionais; essas regulações repousam pois sobre um trabalho de mobilização para obter o consentimento ou a adesão dos atores, na medida em que as posturas éticas (e políticas) são essenciais no exercício profissional, a não ser que se reduza a educação a uma atividade de prestação de serviços. Essa mobilização-conversão não depende de uma gestão previsional dos empregos e nos remete efetivamente à pluralidade e à contextualização dos mundos docentes.

O ensino na virada do milênio? Um universo compósito que requer uma visita aos seus próprios fundamentos e cuja temporalidade não é redutível à das agendas políticas.

Parte II

Ensinar hoje: tensões, dilemas e desafios múltiplos

8
Pluralidade dos mundos e cultura comum: professores e alunos à procura de normas consensuais*

Yves Dutercq
INRP

Introdução

Querendo responder às perguntas feitas pela gestão da diversidade dos alunos de colégio, uma equipe que associava sociólogos e didatas analisou o trabalho dos docentes de um estabelecimento situado em ambiente difícil, nos seus esforços de coerência entre suas missões de ensino e a socialização dos alunos (DUTERCQ (org.), 1999). Esse colégio, outrora modelo da educação em ambiente popular, é refém da dúvida há alguns anos: os alunos provenientes das classes médias o abandonam e as relações entre docentes e alunos são tensas. Para corrigir a situação, os adultos do estabelecimento se impuseram regras estritas de relacionamento com os alunos. O ensino é muito enquadrado, a disciplina é estreitamente controlada, a gestão das relações oscila entre paternalismo e maternalismo. Essa forma de mobilização exige uma grande atenção entre os pares (WOODS & HAMMERSLEY, 1984). As trocas de informações entre adultos são numerosas e os recém-chegados são "formados" e acompanhados pelo núcleo dos antigos.

Mas isso não basta: essas regras de conduta são constantemente postas à prova em classe. Da mesma maneira que os adultos expõem a sua solidariedade e a coerência da sua ação pedagógica, os alunos afirmam, diante dos docentes, uma solidariedade juvenil às vezes desestabilizante: as violências que ocorreram no estabelecimento, poucos anos antes, constituíram uma expressão extrema, para a qual a comunidade dos adultos não estava absolutamente preparada. Na verdade,

---

* Este capítulo deve muito às discussões realizadas em torno do material da enquete com vários pesquisadores da equipe. Agradeço especialmente à minha colega socióloga, Marie-Claude Derouet-Besson (Grupo de estudos sociológicos, INRP, Paris) e aos meus dois colegas didatas Christine Barré-de Miniac (IUFM de Grenoble) e Pierre Fillon (Didáticas das disciplinas, INRP, Paris).

enfrentamentos, muitas vezes contraditórios e não forçosamente violentos, aconteciam todos os dias nas salas de aula. Os analistas da escola mostraram que, a partir de meados dos anos 1970, a classe é um mundo não estável: se o docente dispõe *a priori* de um poder estatutário, é contestado pelos alunos que tomaram consciência de que também tinham recursos para impor a sua própria definição da situação, o que Willard Waller, numa obra surpreendentemente precursora, já enfatizara desde 1932 (WALLER, 1932). Certamente podemos ver, como fizeram os teóricos da resistência, nessa luta de poder, os vestígios de outras lutas, entre classes sociais, entre etnias, entre sexos (GIROUX, 1981; 1983). Mas a observação das situações, o trabalho etnográfico realizado junto aos docentes e aos alunos permite ir mais longe na análise dos processos interativos e na compreensão da construção das desigualdades e, logo, dos fracassos escolares (MEHAN, 1979; 1992).

Para bem avaliar os motivos das incompreensões e dos enfrentamentos que aparecem entre alunos e professores, é preciso investigar as próprias modalidades da aprendizagem no seio das classes. O trabalho apresentado aqui tenta ressaltar a interação essencial, desse ponto de vista, entre mundos de fora e mundo de dentro. Os conflitos observados e analisados se referem claramente à transmissão dos saberes, mas a isso se acrescentam elementos internos, próprios da situação, e externos, vindos daquilo que ocorre no estabelecimento ou daquilo que ocorre nos outros lugares de vida dos alunos.

Analisar as divergências entre professores e alunos

O estudo do colégio ao qual essa contribuição se refere se desenrolou a longo prazo, e passou por várias fases sucessivas de enquetes, cujos objetivos eram, ao mesmo tempo, particulares e articulados (cf. box 1). Resumidamente, podemos dizer que foi primeiro um trabalho sobre os docentes. A equipe procurava compreender que formas poderia assumir, hoje, o ensino em um colégio escolarizando alunos provenientes quase exclusivamente de meios sociais desfavorecidos. Muitos consideram que a única adaptação possível em tais condições é o rebaixamento das exigências. Parecia-nos que era possível analisar de outra forma as escolhas feitas em matéria de adaptação: os docentes compõem com o programa oficial para construir um currículo ajustado às possibilidades dos alunos. Esse currículo é local, menos pela redução feita nos objetivos do programa de ensino oficial do que pela forma pedagógica que o sustenta e que é muitas vezes cuidadosamente trabalhada pelas equipes docentes. Os professores estão pois totalmente conscientes de proceder a uma forte adaptação, mas só os alunos podem dizer se essa adaptação lhes permite aproveitar da melhor maneira o ensino que lhes é oferecido. É por isso que decidimos prolongar a enquete até os alunos, a fim de interrogá-los claramente sobre a sua interpretação daquilo que lhes é ensinado.

8. Pluralidade dos mundos e cultura comum...

Box 1 – Os dispositivos da enquete

Primeiro, um dispositivo de enquete clássica a partir de uma seleção de documentos e de entrevistas essencialmente junto aos membros do estabelecimento.

O objetivo é recuperar "grandes relatos" do estabelecimento, detectar e solicitar a análise dos pontos de tensão ou de litígio.

Depois, uma enquete junto aos docentes.

Binômios para os entrevistadores (um didata e um sociólogo).

Um trabalho em três tempos em torno de um curso padrão (nem exemplar nem catastrófico, mas deixado à escolha do docente):

- uma entrevista prévia, centrada na interpretação do currículo prescrito e no trabalho de adaptação e formatação que o docente executa em função das circunstâncias;
- uma observação do curso escolhido, gravada e transcrita integralmente;
- uma entrevista posterior, na qual o docente confronta a sua análise do curso à dos entrevistadores.

Finalmente, um trabalho estendido aos alunos.

Protocolo similar ao precedente, salvo que, depois do curso, acrescenta-se uma segunda entrevista com o docente:

- uma entrevista coletiva com um pequeno grupo de alunos da classe observada.

O objetivo é então um confronto de três olhares: o do professor, o da equipe de pesquisa e o dos alunos.

Uma análise de um estabelecimento que não leva claramente em conta o ponto de vista dos alunos tem forçosamente apenas um sentido restrito, limitado ao organizacional e a um organizacional desencarnado, que só considera os alunos sob o aspecto do número e das tipologias disponíveis. Se a análise quiser entrar mais a fundo no funcionamento pedagógico e logo no mundo das aprendizagens da classe, deverá apoiar-se nos pontos de vista das pessoas, consideradas como interagentes, isto é, docentes e alunos. Para que esse confronto dos pontos de vista seja produtivo, tivemos de reunir várias condições: constituir uma pequena amostra de alunos, ao mesmo tempo voluntários e, no plano escolar, mais ou menos representativos de uma classe observada, situá-los num quadro de discussão propício à livre palavra, mas também nitidamente inscrito no seu colégio (pudemos usar um local confortável e acolhedor, o centro de documentação), propor questões abertas para diferentes tipos de respostas, pessoais, coletivas, contraditórias, com espaço para o debate, concentrar-nos, pelo menos para começar, no curso recentemente observado, assim como fizemos nas entrevistas com os docentes, também depois dessa observação.

Orientando as entrevistas com os alunos em torno de uma situação precisa, vivida, damos-lhes a faculdade de fundamentar seu ponto de vista e de centrar o intercâmbio. Afinal, a intenção principal do dispositivo da enquete é fazer com que os pontos de vista em torno de uma mesma situação-problema variem: confrontar os sentidos que os docentes e os alunos dão a esta ou àquela situação de aprendizagem, e também às próprias interpretações do entrevistador. A discussão que pode se instalar em torno das interpretações de um curso entre docente e equipe de pesquisa permite construir uma análise contraditória muito fina: as hipóteses interpretativas são confrontadas, precisadas, enriquecidas. É uma maneira de proceder a uma primeira validação dessas interpretações: docente e pesquisador fazem evoluir os seus pontos de vista e concluem por uma análise plausível, eventualmente aberta, se persistiram divergências entre as leituras das situações. Quando se acrescenta o ponto de vista dos alunos, o debate vai para outra dimensão. Os alunos têm sobre a situação de curso um olhar completamente diferente do dos adultos. As entrevistas ou as discussões que os pesquisadores lhes propõem ocasionam interpretações, cujo desvio em relação às análises dos adultos é às vezes considerável. Por exemplo, o julgamento que eles fazem, nessa ocasião, sobre os professores, os critérios que lhes parecem pertinentes para caracterizá-los e agrupá-los resultam num mapa do estabelecimento que contrasta com aquele que os adultos propõem.

O interesse pela sociologia que praticamos é que se pode assim fazer emergir uma visão comum do estabelecimento (mínima ou não), passar muitas vezes da impressão de diversidade e fragmentação para a compreensão de uma relativa comunidade ou pelo menos para os elementos que podem participar da construção desta. As especificidades do dispositivo escolhido eram destinadas a procurar na base, na classe, esses elementos de diversidade ou de comunidade.

Isso nos levou, quando da fase de análise do material colhido, a centrar nossa reflexão sobre algumas questões-chave, às vezes simples palavras, em torno das quais se criam os mal-entendidos. O que significam, para uns e outros, *dificuldade? compreender?* etc., "palavras-valises" que criam defasagens entre alunos e professores (BARRÈRE, 1997)... Os alunos afirmam *trabalhar* mas não *compreendem*, forçosamente (e reconhecem isso). Quanto aos professores, estes atribuem os maus resultados e a *incompreensão* dos alunos à sua insuficiência de *trabalho*. Esses dois pontos de vista só podem ser levados a sério se se aceita considerar que alunos e professores não têm a mesma definição de *trabalho* (cf. box 2).

Ainda se encontram essas divergências na interpretação contraditória do *trabalho em grupo*: os alunos trabalham em grupo, mas não da maneira desejada pelo professor que, mesmo reconhecendo uma certa validade na concepção dos alunos, não pode aceitar o seu princípio, pois ela não corresponde a um funciona-

Box 2 – Divergências de interpretação

(S = sociólogo; D = didata)

S – Vocês disseram que podiam dizer ao professor que não conseguiram fazer o trabalho. É fácil dizer isso?

Didier – Depende.

Federico – É, no outro dia tinha um dever e não conseguimos fazer, aí ele deu bronca. A gente não sabia fazer.

Didier – Porque a gente não aprendeu a fazer. Mesmo se esforçando, não acho que a gente poderia fazer.

S – Então, o professor não tinha razão.

Federico – Isso.

S – O que acontece quando vocês têm a impressão que o professor se enganou ou explicou mal? Pode acontecer, né? Vocês vão e dizem a ele?

Didier – Sim, a gente diz. Mas ele acha... (hesitação)

Joel – Mas ele acha que é porque a gente não quis fazer, que não quis se esforçar.

S – É mesmo?

Joel – Afinal, ele deu o trabalho dois dias antes, então quando a gente foi falar com ele, ele disse que vai dar os deveres com duas semanas de antecedência, que isso não vai chegar para nós, já que a gente não soube fazer em três dias.

S – Será que certos alunos têm mais facilidade para falar com ele, e ele escuta estes mais do que os outros?

Joel – Claro, isso não tem dúvida. Os que trabalham melhor ele escuta mais.

D – Quando tem alguma coisa um pouco difícil, que vocês não compreendem, vocês mesmos fazem a pergunta ou preferem passar por um colega que vocês acham que o professor vai escutar melhor?

Didier – Não, a gente tenta perguntar para o colega, e se ele também não entendeu, então a gente pergunta ao professor.

---

mento repertoriado do trabalho escolar. Os alunos podem, efetivamente, ter uma concepção ao mesmo tempo sutil e inesperada dos seus diferentes papéis: assim, Federico, mesmo tendo compreendido, pede uma nova explicação, porque sabe que outros não compreenderam. Cada aluno também sabe a quem se dirigir quando não está compreendendo: há uma prática instintiva e renovada do ensino mútuo, pouco utilizado pelos docentes, dos quais muitos consideram, também nesse caso, que essa não é uma forma aceitável de trabalho escolar. Leila chama isso de "ajudar uns aos outros" (cf. box 3). Certamente, alguns tirarão pouco proveito disso, conforme eles mesmos confessam, opinião reforçada pelo pensamento do docente, mas o intercâmbio entre pares permite a um grande número resolver o problema e, em certos casos, "produzir" dentro do prazo um trabalho autônomo que surpreende o professor.

Box 3 – Divergências de interpretação

(**S** = sociólogo; **D** = didata)

S – Sim, isso na matemática. E no francês?

Sokona – Tudo bem, eu entendo.

Raffi – Ela anda depressa demais.

Sokona – É verdade que ela anda depressa demais. Eu tento escutar e tenho uma filha na classe, Isolde, ela me explica. Eu peço a ela para me explicar quando eu não entendo.

S – Então, na verdade vocês têm uma colega boa em praticamente todas as matérias.

Leila – Sim.

S – Como Bernarda ou um colega, que vocês podem explorar...

Sokona – Eu peço para me explicar, só isso.

S – Sim.

Raffi – Quando ela dita, tem uns que ainda estão na primeira frase e ela já acabou.

D – Ela dita depressa demais?

Raffi – Depressa demais. A gente não tem tempo de escrever.

D – E na matemática?

Leila – Na história, sabe, quando eu não compreendo, ela explica. A gente se ajuda.

Incomunicabilidade ou capacidades críticas?

A observação das situações (cf. box 1) nos convida a fazer uma importante diferença entre o que ocorre quando se opõe o mundo dos adultos do estabelecimento ao mundo dos alunos (solidariedade contra solidariedade), e o que ocorre na classe quando o professor está sozinho diante dos alunos e reinterpreta as normas do grande grupo dos seus pares.

Podemos assim defender uma hipótese forte: não só a situação de ensino é uma coconstrução de atores de *status* diferente, adultos e alunos, o que os etnometodologistas americanos (MEHAN, 1979), como os etnógrafos ingleses (STEBBINS, 1975; WOODS (org.), 1980; 1981) mostraram há muito tempo, mas acrescentaremos que esse trabalho de atores em inter-relação na classe também pode ser analisado como a procura de um acordo entre mundos inicialmente muito estranhos uns aos outros. Se os docentes e os alunos nem sempre visam aos mesmos objetivos, entretanto é possível afirmar que eles tentam, voluntariamente, estabelecer entre si procedimentos de estabilização da situação. Bem mais do que isso,

8. Pluralidade dos mundos e cultura comum...

pode-se considerar que os equilíbrios descobertos ou não nas situações de ensino contribuem para pôr ou não ordem no nível do estabelecimento, sendo a ordem no estabelecimento fortemente dependente do acordo (do compartilhamento) das normas e dos procedimentos entre adultos e alunos.

Esse compartilhamento não é dado e não teria nenhuma chance de ocorrer se se pensasse que ele poderia emanar de um acordo global pressuposto, tal como podia existir numa escola outrora fundada na conivência cultural ou ainda na confiança de princípio.

No colégio estudado, existe uma concepção forte da comunidade educativa à qual os docentes ou os adultos devem todos aderir, e assim reservada, em um primeiro tempo, apenas aos adultos: o controle das situações passa por uma solidariedade sem falhas entre adultos, que por sua vez passa pela troca sistemática de informações. Esse controle constrói um verdadeiro modelo de funcionamento do colégio, destinado a mantê-lo, e que repousa pois sobre o compartilhamento (entre adultos do estabelecimento) de normas sociais aceitáveis, segundo eles, para alunos de famílias desfavorecidas. A chegada progressiva de jovens professores que não têm mais as mesmas referências (particularmente em matéria de visão do mundo, mas também de concepção do ofício docente) abala essa visão comum do colégio.

Os adultos propõem, efetivamente, um quadro, uma progressão, conteúdos, valores de referência que constituem escolhas pessoais sob uma influência plural correspondente à sua inscrição plural, que remetem a um número de "nós" não assimiláveis no tecido do estabelecimento (nós, os docentes ou o pessoal deste colégio), na sua disciplina (nós, os especialistas ou representantes de tal saber), no sistema educativo (nós, os docentes) e na sociedade (nós, os adultos, os cidadãos, etc.). Assim, segundo sejam *agrégés* titulares, ex-professores do primário, docentes contratados, jovens substitutos, etc., sua visão das coisas será diferente (DUTERCQ, 1993).

Em situação de classe, essas divergências, esses conflitos – que podem resultar em arranjos mais ou menos aceitáveis (como as *survival strategies* de que falam HAMMERSLEY & WOODS, 1977), em formas de negociação (WOODS, 1979) – sobressaem, pois a leitura da situação pelos alunos está muitas vezes defasada em relação à do professor, e a questiona de um modo suficientemente lúcido para ser desestabilizante. É o que mostram as entrevistas com os alunos, que evidenciam uma capacidade crítica em relação às escolhas e propostas do seu professor na própria gestão do curso. Essas capacidades críticas se encontram no questionamento da gestão das relações entre adultos e alunos no seio do estabelecimento, reveladas pelas violências ocorridas. Mas um desses conflitos tem realmente, na sua base, o problema da transmissão do saber.

Por exemplo, acontece que docente e alunos tenham uma leitura diametralmente oposta desta ou daquela parte de um curso (cf. box 4). Se o pesquisador pode, com proveito, comparar as interpretações globais que os professores e alunos fazem das situações em torno de grandes temas, nosso método de enquete estimula a trabalhar sobre momentos precisos, por exemplo a interpretação daquilo que um professor de matemática, o Sr. Houvier, fez durante o início do seu curso de álgebra (lembrança de noções básicas de geometria sobre o cálculo do perímetro e da área dos quadriláteros).

Box 4 – As capacidades críticas dos alunos

A respeito do curso de matemática do Sr. Houvier
(**S** = sociólogo; **D** = didata)

S – Vocês acham que a aula dele foi boa, hoje de manhã? Vocês acham que ele podia fazer de outra maneira ou que foi bem?

D – Vou completar a pergunta: vocês gostaram da aula ou seria melhor passar um pouco mais de tempo em cada parte?

Federico – Era preciso ter certeza que a área foi bem aprendida para passar para os exercícios.

S – Você acha que seria melhor fazer uma revisão sobre a área, rever algumas noções, antes de entrar nisso?

Federico – Sim.

D – E você, Joel, o que acha?

Joel – Eu, bem, eu acho que o Sr. Houvier ensina bem, mas quando a gente tem que saber uma coisa, por exemplo quando a gente tem que saber as regras, ele pensa que a gente já sabe. Para os que têm nível melhor, os perímetros, as áreas e isso tudo eles já viram na outra classe, então ele passa menos tempo com isso.

Federico – Ele não vai se preocupar com isso.

Joel – É, ele não vai se preocupar com isso e vai passar menos tempo com isso do que com as outras coisas que a gente está aprendendo. Afinal, a gente ainda está aprendendo.

D – Vocês acham que ter um trabalho com áreas e perímetros, em vez de ajudar, atrapalhou vocês hoje?

Joel – É, foi isso mesmo.

Federico – Porque tem muito perímetro para calcular...

Joel – Eles não sabem como fazer.

Os alunos não reagem à proposta do docente como ele previa, como lhe parecia normal que fizessem: eles próprios já têm posições fortemente construídas, que transportam para a gestão da situação de curso e a influenciam. O Sr. Houvier tem, no entanto, a reputação de explicar bem (os alunos o citam entre os professores de que eles gostam, porque explicam bem). Por que, no dia da nossa observação, eles não compreenderam bem o que o professor lhes explicou? Segundo os alunos, ele não os fez revisar elementos indispensáveis para compreender a nova lição. Ora, na verdade, o professor começou pela revisão: os exercícios que ele propôs no começo da aula eram destinados a lhes lembrar as noções necessárias. Os alunos não perceberam, ou antes, não fizeram a ligação que lhes teria permitido compreender.

Se nos situarmos num ponto de vista didático, poderemos formular a hipótese de que a lógica do professor não se casa com a dos alunos porque o seu procedimento é conduzido sem correspondência com uma necessidade ou uma demanda dos alunos; de certa forma ele é "sobreposto". Embora o professor seja aberto e atento às reações dos alunos, ele constrói o saber apenas na sua lógica, e não na dos alunos. A revisão de noções que ele propôs no começo da aula é da ordem daquilo que os didatas chamam de lógica transmissiva: ele se apoia em pré-aquisições, mas não tem certeza de que os alunos vejam as coisas da mesma maneira, que seja preciso, por exemplo, ir do mais simples ao mais complicado. As correspondências a estabelecer para ajudar os alunos a mobilizar os novos elementos que o professor quer introduzir em um conjunto de conhecimentos que eles já possuem não são fixas e dependem de um estado de coisas que varia forçosamente de aluno para aluno, de uma classe para outra: a dificuldade é, evidentemente então, para o docente, analisar esse estado de coisas e estabelecer essas correspondências. Mas esse trabalho não é obrigatoriamente interindividual; mesmo que os alunos reajam diferentemente, em função principalmente do que já sabem, toda a classe ou pelos menos certos alunos participam e contribuem para ajudar o professor nessa tarefa.

Uma nova hipótese pode ser proposta sobre o trabalho de tradução necessário para uma parte dos alunos, para a compreensão daquilo que o professor disse. Vimos que certos alunos servem de guias, como o caso de Federico, já citado; mas cada grupo, ao que parece, tem o seu; outros (às vezes os mesmos) são verdadeiros tradutores, no sentido que Bruno Latour dá a esse termo (LATOUR, 1984). Queremos dizer que esses alunos se situam num espaço intermediário entre seus colegas de classe e os docentes. Eles podem, em certos casos, simplesmente expressar na língua dos alunos o que o professor disse na língua dos adultos "cultos", o que remeteria a uma forma simples da tradução; mais frequentemente, eles se apoiam em seu conhecimento dos diferentes mundos, mais amplo do que aqueles que os outros possuem (notadamente o professor), para estabelecer as correspondências e as ligações necessárias à aprendizagem. Eles constroem passagens de um mundo para outro, fazendo um trabalho de conexão, forma mais complexa da tradução.

A classe e a guerra dos mundos

A observação da situação da classe e da sua evolução permite compreender os elementos dessas interações entre universos de referência, na sua instantaneidade e naquilo que elas contêm como elementos exteriores. Ou seja: as situações de aula constroem a situação do estabelecimento, o influenciam fortemente, mas ao contrário elas também estão repletas das suas regras de funcionamento (implícitas e explícitas), de relações interindividuais, porém mais ainda intergeracionais, das quais o estabelecimento é o palco. Elas também estão repletas de formas interacionais e de normas na matéria, que governam os outros mundos aos quais pertence cada um.

Quando, depois de uma aula, interrogamos os alunos de uma professora de inglês, a Sra. Rossignol, eles nos levaram rapidamente para pistas que vão além da análise da situação de aula: eles falaram longamente daquilo que acontece no caminho que os leva do seu bairro ao colégio, da vida na periferia, esquecendo às vezes o objeto da entrevista, mas fazendo também sutis relacionamentos entre as relações que se atam aqui e lá, relações entre eles, alunos e jovens do bairro, relações com o colégio, relações com a escolaridade, relações com a cultura escolar, ou simplesmente com "o aprender" (cf. box 5).

Box 5 – A guerra dos mundos

(**S** = sociólogo; **D** = didata)

S – E você, você disse que às vezes não vem?

Leila – É.

Thérèse – Sim, quando a gente pensa na classe, no ambiente.

Raffi – Isso mesmo.

S – Isso desanima vocês a esse ponto?

Leila – Francamente, quando o Monroe me falou daquele jeito, francamente.

S – Foi o Monroe que falou?

Leila – Foi. A próxima vez que você fizer isso, te dou porrada. Além disso, vou foder a tua mãe.

Thérèse – Senhora, nós fomos para o fundo da classe, a gente nem escutava mais a professora.

D – Espera, a próxima vez que você fizer o quê? Que você responder?

Leila – Às vezes, eu tenho vontade de responder, mas...

D – Sim?

Raffi – Não estou nem aí, eu respondo e ninguém diz nada, eu respondo assim mesmo.

D – Ele te... te ameaça, você e a sua família?

Leila – Não, ele não conhece a minha família.

Raffi – Mas, senhora, ele ofende os parentes sim.

D – Claro, sem dúvida. Mas eu queria saber até aonde isso vai.

Raffi – Os pais não.

Leila – Apesar de tudo, os pais não.

O que ocorre na aula de inglês, inclusive no plano da transmissão dos saberes, só pode ser compreendido se conhecemos os outros mundos dos alunos. A análise sociológica se diferencia da análise didática, pelo fato de que ela se refere a uma longa duração, sobre o aquém e o além das situações. Segundo os acontecimentos vividos pelos alunos, antes ou em torno da aula, seu comportamento e, mais fundamentalmente, sua capacidade de compreender o que o docente lhes propõe serão mais ou menos favoráveis. Certamente, é um mau método projetar sobre a análise de uma situação um conjunto de conhecimentos referentes àqueles que são os seus atores, conhecimentos que podem induzir a compreensão do seu sentido. Mas também não se trata de limitar a análise dessa situação à sua observação. Os protagonistas, alunos e docente, nos fornecem elementos de conhecimentos propícios a uma compreensão mais global do desenvolvimento da situação, dos seus referentes exteriores e dos seus implícitos, sem com isso pré-construir a interpretação. Os alunos interrogados à saída da aula de inglês ressituam essa aula numa globalidade, a do dia de adolescentes que habitam um bairro difícil: a análise da situação de aula não se reduz à de um "aqui e agora" das relações cruzadas entre alunos, professor e saber.

Evidentemente, o docente tem um papel importante na instalação de uma situação propícia à aprendizagem, mas os alunos, em função daquilo que trazem do exterior, preocupações e conflitos diversos (cf. box 5) ou, ao contrário, o desejo de aprender e maneiras de aprender (às vezes diferentes daquelas usualmente admitidas pelos docentes, cf. supra), agem fortemente sobre o sucesso da construção desejada pelo docente. Este não pode ignorar isso e sua atenção deve ser intensa, para apreender as oportunidades de ajuste que se revelam a ele: em alguns casos, ele pode reconduzir os alunos à sua aula tal como ele a havia preparado, mas deve, mais frequentemente, reorientar as suas previsões para levar em conta a capacidade receptiva dos seus alunos.

Como observamos quanto aos docentes, mas em grau mais problemático, descobrimos nos alunos um verdadeiro conflito, um quase dilaceramento entre mundos plurais, nos quais eles vivem e que lhes criam grandes dificuldades de interpretação, a ponto de levá-los a confundir algumas vezes as situações e os modos sociais que subjazem a elas: mundo familiar, mundo dos colegas (bando, periferia), mundo da escola. Essa confusão é uma fonte de explicação de muitos deslizes e violências, desses tumultos tão repentinos que parecem incompreensíveis.

Conclusão

Na maioria dos estabelecimentos escolares, o trabalho de coerência deve hoje compor referências diferentes de natureza e de nível, sem que um predomine *a priori* sobre os outros (VAN ZANTEN, 1998; DEROUET (org.), 1999).

As normas nacionais, tanto as grandes missões atribuídas à escola em matéria de formação e socialização dos mais jovens quanto os programas de ensino, constituem pontos de apoio essenciais para muitos professores, especialmente os mais antigos. Entretanto, todos aprenderam a reinterpretar essas normas à medida de experiências sucessivas de ensino. Alguns se afastaram delas mais do que outros. Os alunos são assim "puxados" por mundos que propõem modelos culturais dispersos (DUBET & MARTUCELLI, 1996; RAYOU, 1998). O estabelecimento se torna então o lugar de encontro dessa pluralidade de referências. Essa constatação se faz em várias dimensões, que nossas observações ressaltaram.

O currículo local é uma coprodução dos docentes e dos alunos, ainda mais positiva porque a relação entre eles foi claramente instalada, sobre a base da explicitação das regras em vigor e da utilização máxima dos recursos disponíveis.

As competências críticas de que dispõem professores e alunos constituem tais recursos, na medida em que sejam levados a sério e utilizados para reajustar o currículo, ao menos sob seus aspectos pedagógicos, no sentido dos meios e das maneiras de aprender. O ajuste passa efetivamente por um trabalho transversal entre docentes (troca de informações, continuidade dos ensinos, etc.) e pela construção de um quadro coerente, que permitem que os alunos se reconheçam nele e façam a ligação de um curso a outro. Mas esse ajuste também passa por um trabalho com os alunos, que devem poder expressar suas dificuldades e suas expectativas e contribuir assim, inclusive pelo recurso às suas capacidades críticas, para construir as condições favoráveis à sua aprendizagem.

Fizemos referência por várias vezes aos trabalhos dos etnógrafos da educação anglo-saxônicos, mas nosso ponto de vista difere de modo essencial do deles, no fato de que ele propõe uma análise mais aberta das relações que se instauram na classe entre docente e alunos, inclusive nos estabelecimentos difíceis como o que nos serviu de terreno de enquete. Os adultos, e muitas vezes também os alunos, participam das tentativas de estabilização que permitem trabalhar juntos e se possível ter sucesso (DEMAILLY, 1993; KHERROUBI; PEIGNARD; ROBERT, 1997; 1998; BOURREAU (org,), 2000). Os equilíbrios, forçosamente provisórios, misturam pois contingências nacionais e locais, globais e particulares. Não só a observação das situações de classe mas também a análise que fazem delas os seus protagonistas, docentes e alunos, quando relatam essas mesmas situações, mostram a complexidade da interpenetração dos mundos, mundos comuns da classe e do estabelecimento, mundos particulares a cada grupo e a cada indivíduo.

Construir favoravelmente a situação de aprendizagem é primeiro concordar com um compartilhamento de normas e com a instalação de procedimentos que não são óbvios. Seria falso ignorar, assim como não constatar que esse trabalho não é apenas um esforço dos docentes, mas um esforço compartilhado entre alunos e docentes, cada um com seus recursos.

9
Impacto das TIC (Tecnologias de Informação e Comunicação) sobre a atitude, a motivação e a mudança nas práticas pedagógicas dos futuros professores

Thierry Karsenti
Universidade de Montreal

Introdução

Durante os últimos 50 anos, muitas transformações afetaram a sociedade, entre as quais as novas tecnologias da informação e da comunicação, usualmente chamadas NTIC ou TIC. Essas inovações, acrescidas às mudanças dos hábitos familiares e dos valores sociais, tiveram certamente um impacto particular nos estudantes, principalmente naqueles que cresceram junto com essas transformações sociais e essa revolução tecnológica. As novas gerações, ao contrário das antigas, têm assim expectativas e necessidades novas, que parecem especialmente presentes nos meios do ensino, tais como a universidade.

Contexto e objetivo do estudo

Na esperança de responder aos novos desafios que o ensino universitário propõe, particularmente no que se refere à motivação dos estudantes, à construção de competências visando a autonomia intelectual, a alfabetização informática dos futuros docentes e o desenvolvimento de ambientes tecnológicos cada vez mais ricos e estimulantes, decidiu-se desenvolver e experimentar cursos *on line* no ciberespaço, na Universidade de Quebec, em Hull (Canadá).

O presente estudo tem como objetivo compreender melhor a mudança operada nos futuros docentes confrontados com as TIC (a partir da inovação pedagógica representada pelos cursos *on line*), no plano de sua motivação diante da integração das TIC na pedagogia universitária, de suas atitudes diante desse novo modo de aprendizagem, de suas práticas pedagógicas na sala de aula.

Parecia ainda mais oportuno realizar essa experiência na formação dos mestres, pois um estudo recente de Larose, David, Lafrance e Cantin (1999) mostrava que era frequentemente na formação dos mestres que a integração das TIC se fazia com mais dificuldade.

> [...] Eles (os professores de ciências humanas) fazem parte daquelas e daqueles que recorrem menos frequentemente a esses meios didáticos. Enfim, um elemento distingue a subamostra docente da faculdade de educação do conjunto da amostra. As professoras e os professores dessa faculdade têm uma atitude nitidamente menos favorável que seus colegas [de ciências aplicadas] em relação à utilização pedagógica das TIC e um sentimento de ansiedade significativamente mais elevado que [...].

Postulamos assim que as novas tecnologias não podem mais ser consideradas, como eram até agora, como aperfeiçoamentos extrínsecos e instrumentais, cursos destacados da prática profissional diária. Pelo contrário, afirmamos que elas são capazes de trazer uma mudança profunda à formação no meio prático, assim como no futuro perfil de prática dos docentes em formação.

Problemática

A reforma na era das TIC

Há seis anos, em Quebec, tanto o ensino primário quanto o secundário e a formação para a profissão docente estão em plena transformação. Não só os paradigmas clássicos dão lugar a novos paradigmas, mas os fundamentos epistemológicos das práticas pedagógicas e didáticas estabelecidas são sistematicamente questionados, tanto no plano do programa quanto no da formação inicial e contínua para a profissão docente. A partir de 1990, o Estado convidou as universidades de Quebec a reformarem a formação para a docência, e isso, centrando-se numa formação profissionalizante recorrendo a diversos saberes (de experiência, de alteridade, etc.), ancorados nas práticas exercidas no meio escolar: os estágios (GOVERNO DE QUEBEC, 1997; 1998; 1999). O Estado, aliás, convidou as universidades a dar um papel importante à integração das TIC, tanto na formação para a docência quanto na prática atual dos professores, numa perspectiva de coerência da formação inicial com as novas realidades escolares e profissionais (MEQ, 1997a). Em 1995, em consequência da reforma da formação dos mestres, todos os programas de formação inicial ao ensino em Quebec tornaram obrigatório um curso sobre as TIC. Em 29 de janeiro de 1997, o MEQ lançou o *Plano de intervenção: as tecnologias da informação e da comunicação na educação* (1997c). O objetivo era contribuir para uma melhor preparação dos futuros docentes em relação à integração das TIC no seu ensino. No interior desse plano de intervenção, encontravam-se duas principais críticas ligadas à integração das TIC na formação dos mestres:

- o número de cursos oferecidos é pequeno (apenas um por universidade);

- as tecnologias são geralmente apresentadas como uma especialidade e não como um instrumento de aplicação geral na didática e na pedagogia.

O Ministério da Educação questionava, na mesma ocasião, as orientações tradicionais do programa, privilegiando abordagens socioconstrutivistas, convidando os formadores de todo tipo de ensino a concentrarem-se na construção de competências, mais do que privilegiarem a aquisição de conhecimentos (MEQ, 1997b). Essa guinada requer, da parte dos futuros docentes, uma modificação da relação com o saber privilegiado e induz uma guinada maior no plano das práticas pedagógicas. Como enfatizou o Comitê de Educação da OCDE no seu relatório do seminário referente às TIC (1998), não basta enxertar a utilização da ferramenta informática sobre as pedagogias existentes; é preferível adaptar o ensino às novas possibilidades e vantagens que se oferecem.

Há alguns anos, o MEQ já apoia sistematicamente a informatização das classes primárias e a formação inicial e contínua dos docentes. Vários projetos-piloto realizados no interior da rede escolar, com ou sem a participação de pesquisadores universitários, mostram o interesse e a utilidade das TIC como instrumento didático ou ambiente de aprendizagem. Entretanto, apesar do aumento do número de postos de trabalho disponíveis nas escolas e notadamente dos computadores ligados à internet – o Ministro da Educação de Quebec anunciava em 14 de junho de 1999 que todas as escolas de Quebec estavam conectadas à Internet[1] – o crescimento real da utilização pedagógica das TIC nas escolas da região continua relativamente limitado. Segundo Larose et al. (1999), a forma que essa utilização assume varia essencialmente segundo três parâmetros: 1) o grau de alfabetização informática do docente; 2) a representação que ele tem do papel que a informática escolar pode desempenhar no plano da aprendizagem; 3) as estratégias de intervenção pedagógica que o docente privilegia. Ora, parece que, para agir sobre essas três variáveis determinantes na utilização das TIC nas escolas, os futuros docentes inscritos na formação dos mestres não devem necessariamente fazer cursos sobre as tecnologias, mas, antes, "vivê-las" em todos os cursos (CHARTRAND; MOORE; LOURIE-MARKOWITZ, 2000). As TIC não devem ser um objeto de aprendizagem; as TIC devem estar a serviço da pedagogia para que os futuros docentes sejam expostos a modelos eficazes de integração pedagógica das TIC. A exemplo daquilo que enfatizava o Ministério da Educação de Quebec (2000), para a reforma dos programas no primário e no secundário, as competências *tecnopedagógicas* são competências transversais que deveriam ser construídas pelos futuros docentes no conjunto de suas atividades de aprendizagem, e não em um único curso sobre as tecnologias.

---

1. Alocução do ministro da Educação de Quebec, 14 de junho de 1999: //www.meq.gouv.qc.ca/ CPRESS/ cprss99/c990614.htm

A integração das TIC no ensino superior: resultados de pesquisa compartilhados

A documentação científica recente indica que, se essas tecnologias são objeto de cursos específicos no currículo, mas não têm uso no âmbito dos ensinos regulares vividos pelos formados, estes desenvolvem certas competências informáticas, mas não as operacionalizam em suas práticas profissionais, tanto no quadro de seus estágios quanto em situação de inserção profissional (BRUMMELHUS & PLOMP, 1994; BYARD, 1995; LAROSE, 1997; KARSENTI, 2000).

No contexto dos novos programas de formação para a profissão docente, a observação das práticas por parte de profissionais experientes poderia ter um papel preponderante na formação inicial (LENOIR; LAROSE; SPALLANZANI, 1999). A baixa frequência de exposição a práticas didáticas e pedagógicas que recorrem às TIC pelos docentes associados arrisca-se a reforçar a percepção da formação para a utilização pedagógica das TIC enquanto formação instrumental tendo uma utilidade no plano das práticas particulares, mas que não se transpõe enquanto material ou contexto didático. A reforma da formação para a profissão docente deve permitir uma adequação entre o perfil de prática dos profissionais e os objetivos da reforma do ensino na ordem primária e secundária, tanto no sentido de uma educação que permite a construção de competências para os formados quanto no sentido de um recurso mais sistemático às TIC, no seio das práticas docentes (MEQ, 1997a; 1997b).

Mencione-se, como vários pesquisadores (WARSCHAUER, 1996; RELAN, 1992), que essas lacunas encontradas na formação para a profissão docente no plano da integração das TIC poderiam ser preenchidas, pelo menos em parte, por uma motivação aumentada dos futuros docentes em aprender e integrar as TIC em sua prática pedagógica. Uma motivação aumentada, permite, em geral, um maior interesse pelas tarefas escolares (DECI & RYAN, 2000), uma maior facilidade para enfrentar os problemas escolares encontrados (ARUNKUMAR; MAEHR; MIDGLEY, 1995), uma maior capacidade de concentrar esforços em objetivos fixados (SCHOLES & KARDASH, 1995), uma maior flexibilidade cognitiva (DECI & RYAN, 2000), uma melhor aprendizagem (CHAPMAN & TUNMER, 1995; OBACH & MOELY, 1995), mais curiosidade (DECI & RYAN, 2000).

Mais e mais professores integram as TIC à sua prática pedagógica, quer se trate do simples plano de aula *on line*, quer se trate do curso exclusivamente na web. O interesse quase desmedido de querer informatizar tudo na universidade parece evidente, além de uma moda social estimulada por uma notável evolução tecnológica dos modos de comunicação, de vários estudos que demonstraram que um estudante muitas vezes aprendia melhor graças às TIC, aos APO e aos cursos *on line* do que face a face, numa sala de aula "normal" (HAUGHEY & ANDERSON, 1999; SCHUTTE, 1999).

Entretanto, vários se insurgem, porque em nome do progresso cada vez mais cursos que integram as TIC são oferecidos aos estudantes (RUSSELL, 1999; WISHER & PRIEST, 1998; CLARK, 1994). Pode-se realmente aprender com as TIC? Há cursos cujo conteúdo se adapta mais ao ambiente TIC ou virtual? Há outros que não deveriam ser ministrados com as TIC? A opinião dos peritos parece dividida. Mesmo que um número importante de estudos mostrem que a integração das TIC favorece mais a aprendizagem do que os cursos "regulares" (HAUGHEY & ANDERSON, 1999), uma literatura importante sublinha também que não existe diferença significativa no nível da aprendizagem (RUSSELL, 1999; CLARKE, 1999; WISHER & PRIEST, 1998; McALPIN, 1998; GOLBERG, 1997; CLARK, 1994).

Essa dicotomia relativa nos resultados da pesquisa parece causada, pelo menos em parte, pelo tipo de integração das TIC, e também pelo instrumento ou o ambiente que se deseja "didático". A exemplo das conclusões dos estudos de Boshier et al. (1997), de Karsenti (1999), de Drent (2000), para citar apenas alguns, parece evidente que o tipo de integração das TIC, assim como os instrumentos ou os ambientes de aprendizagem podem variar. Além disso, enfatizam eles, os cursos *on line* são muitas vezes criados sem fundamentos pedagógicos. É forçoso constatar, como indica Marton (1999), que infelizmente, de modo geral, parece que se recorre a esses meios mais pela atração do novo e do moderno do que para objetivos precisos de formação. Depover, Giardina e Marton (1998) lembram também que os fundamentos sobre os quais os ambientes multimídia deveriam ser construídos, ou seja os princípios que regem a comunicação, a semiótica, a aprendizagem, a sistêmica, etc., nem sempre são respeitados. Esses autores também advertem, como Marton (1999), contra a tendência a ver as TIC como uma solução por sua própria natureza. Segundo eles, o alto nível de tecnologia não garante *de facto* a sua qualidade e ainda menos a sua pertinência educativa.

Metodologia

Sendo o objetivo do estudo compreender melhor a mudança de motivação, das atitudes e das práticas pedagógicas entre os futuros docentes confrontados com as TIC, optamos por uma metodologia mista (SAVOIE-ZAJC & KARSENTI, 2000), na qual serão usados métodos de coleta e análise de dados qualitativos e quantitativos. Nesta pesquisa, não consideraremos os métodos de pesquisa ditos qualitativos-quantitativos como dois polos de uma dicotomia, mas, antes, como dois polos de um *continuum*, no qual é possível colher dados, de um lado e de outro, em função do problema, da questão e dos objetivos da pesquisa. Os dados quantitativos serão particularmente explorados para avaliar e compreender melhor a mudança de motivação dos futuros docentes. Os dados qualitativos permitirão uma melhor compreensão da mudança nas atitudes e nas práticas pedagógicas dos futuros docentes.

Amostra

Constituímos uma amostra de conveniência, ou seja, o conjunto dos estudantes matriculados no curso Introdução à Pesquisa em Educação, curso que é exclusivamente ensinado *on line*[2]. Trata-se de um curso obrigatório nos programas de formação dos mestres na Universidade de Quebec em Hull, no bacharelado em ensino para o pré-escolar e o primário, assim como no bacharelado em ensino no secundário. As primeiras "experiências" de cursos *on line* ocorreram no outono de 1998. Os resultados apresentados são pois baseados em dados recolhidos entre setembro de 1998 e maio de 2000 (quatro sessões). No total, 327 estudantes (206 mulheres e 121 homens) participaram do estudo.

Métodos de coleta de dados de tipo qualitativo

Os resultados apresentados abaixo também são provenientes da análise de mensagens eletrônicas recebidas (uma amostra de 3.553 produções para mais de 5.000 recebidas) e de transcrições de conversações em modo síncrono – *chat* ou diálogo em tempo real (n = 40). Uma enquete por questionário também foi realizada com 151 estudantes depois da obtenção do seu diploma (e que já haviam feito o curso *on line*), a fim de verificar, entre outras questões, se as TIC estavam ou não integradas às suas práticas pedagógicas em sala de aula.

Métodos de coleta de dados de tipo quantitativo

No que se refere à avaliação da mudança da motivação dos estudantes, homens e mulheres, versões equivalentes de uma escala de motivação, a Emitice (Escala de Motivação quando da integração das tecnologias da informação e das comunicações no ensino), foram administradas aos estudantes. Trata-se da adaptação de uma escala desenvolvida originariamente por Vallerand, Blais, Brière e Pelletier (1989), e que se baseia na teoria motivacional de Deci e Ryan (1985; 1991; 2000). Os resultados das análises efetuadas mostram que a Emitice tem níveis de fidelidade e validade muito interessantes. No que diz respeito à fidelidade, a Emitice tem níveis de coerência interna relativamente elevados (0,74 a 0,91). Os resultados do presente estudo são igualmente conclusivos, no plano da validade: uma análise fatorial efetuada sobre o conjunto dos dados recolhidos com a Emitice mostra que os diferentes tipos de motivação estão presentes.

---

2. Para uma descrição mais completa do curso, sugerimos a leitura de T. Karsenti (1999), "Cours médiatisés sur le Web en formation des maîtres", *Formation et profession*, 6 (1), p. 14-24.

A primeira medida ocorreu durante a primeira semana do curso, enquanto os estudantes ainda não estavam verdadeiramente a par do modo de ensino do curso (na web). A segunda medida ocorreu entre a 3ª e a 4ª semanas do curso, quando os estudantes já estavam mais conscientes da natureza particular desse ambiente de aprendizagem. Enfim, a terceira medida ocorreu entre a 12ª e a 13ª semanas do curso.

Tratamento e análise dos dados qualitativos

Já que esta pesquisa visa essencialmente a compreensão mais profunda de um fenômeno, o tratamento e a análise dos dados é principalmente de tipo qualitativo. A análise dos dados se inspirou nos procedimentos propostos por L'Écuyer (1990), Sedlack e Stanley (1992) e Huberman e Miles (1991; 1994). Privilegiamos uma abordagem de tipo "análise de conteúdo". Segundo Sedlack e Stanley (1992) e L'Écuyer (1990), a análise de conteúdo é um "método de classificação ou de codificação dos diversos elementos do material analisado, permitindo ao usuário conhecer melhor as suas características e significação" (L'ÉCUYER, 1990, p. 9). As análises foram efetuadas com a ajuda do *software* NUD-IST4. Parece-nos importante sublinhar que a análise qualitativa dos textos das mensagens eletrônicas e das conversações em modo sincrônico parece uma via cada vez mais promissora na educação, muito especialmente com os meios didáticos e o ambiente de aprendizagem propostos aos estudantes nos cursos *on line* (WINIECK, 1999).

Tratamento e análise dos dados quantitativos

Na presente pesquisa, a escala de motivação Emitice foi usada para avaliar a mudança de motivação dos estudantes. Os resultados dessas duas medidas permitirão fazer inferências sobre a motivação dos alunos. Segundo vários autores (LORD, 1956; RICHARDS, 1974; CORDER-BOLZ, 1978; WILLET, 1988-1989), a utilização do ganho, ou seja, a diferença bruta entre as somas obtidas em duas medidas diferentes para um mesmo teste, é o melhor método para medir adequadamente a mudança de uma característica individual. A verificação da presença eventual de uma mudança será primeiro efetuada para o período observado, e isso para cada um dos tipos de motivação medidos. Essa análise será feita com a ajuda do teste "t" de Student entre os escores obtidos no pós-teste e no pré-teste, para o conjunto dos sujeitos presentes às duas medidas.

Apresentação e análise dos resultados

O objetivo do presente estudo é compreender melhor a mudança da motivação, das atitudes e das práticas pedagógicas entre os futuros docentes confrontados com as TIC, a partir da inovação pedagógica que os cursos *on line* representam. A análise efetuada evidencia uma grande mudança: da motivação e da atitude dos estudantes diante da integração das TIC na pedagogia universitária. Essa primeira constatação é particularmente evidente quando se consideram os resultados dos estudantes no teste de motivação, ou quando se procede a uma análise "cronológica" de mensagens eletrônicas recebidas. A última mudança se situa no nível da prática docente em sala de aula, bem depois de ter feito o curso *on line*.

Mudança do tipo de motivação dos estudantes

Os escores dos estudantes na Emitice mostram a queda significativa das motivações autodeterminadas (IDEN, MI), entre a primeira e a quarta semanas de curso. As motivações autodeterminadas são aquelas que, segundo Deci e Ryan (1985; 1991; 2000) e vários outros (PINTRICH & SCHUNK, 1996), favorecem uma maior aprendizagem e atitudes positivas diante da aprendizagem. No que se refere às motivações não autodeterminadas (AMO, REG, INTR) que Deci e Ryan (2000) suspeitam ter um impacto muito negativo sobre a aprendizagem, nota-se uma elevação significativa (quadro 1).

Quadro 1 – Representação do escore médio do perfil motivacional dos estudantes nas semanas 1 e 4

	Tipos de motivações pouco ou não autodeterminadas (suspeitas de ter impacto negativo na educação)			Tipos de motivações autodeterminadas	
	Amotivação	Regulação externa	Regulação introjetada	Regulação identificada	Motivação intrínseca
Semana 1	1,42	2,16	3,05	5,62	5,29
Semana 4	1,98	2,73	3,42	4,05	3,74
Significação (p) do ganho	$t = 4,92$ $p < 0,0001$	$t = 7,18$ $p < 0,0001$	$t = 8,03$ $p < 0,0001$	$t = 15,97$ $p < 0,0001$	$t = 22,79$ $p < 0,0001$
Análise	Alta significativa	Alta significativa	Alta significativa	Baixa significativa	Baixa significativa

Quadro 2 – Representação do escore médio do perfil motivacional dos estudantes nas semanas 1, 4 e 13

	Tipos de motivações pouco ou não autodeterminadas (suspeitas de ter impacto negativo na educação)			Tipos de motivações autodeterminadas	
	Amotivação	Regulação externa	Regulação introjetada	Regulação identificada	Motivação intrínseca
Semana 1	1,42	2,16	3,05	5,62	5,29
Semana 4	1,98	2,73	3,42	4,05	3,74
Semana 13	1,12	1,96	2,76	5,97	6,12
Significação (p) do ganho entre as semanas 1 e 4	T = 4,92 p < 0,0001	T = 7,18 p < 0,0001	T = 8,03 p < 0,0001	T = 15,97 p < 0,0001	T = 22,79 p < 0,0001
Análise (semanas 1 e 4)	Alta significativa	Alta significativa	Alta significativa	Baixa significativa	Baixa significativa
Significação (p) do ganho entre as semanas 1 e 13	T = 6,62 p < 0,0001	T = 4,72 p < 0,0001	T = 5,04 p < 0,0001	T = 7,31 p < 0,0001	T = 14,36 p < 0,0001
Análise (semanas 1 e 13)	Baixa significativa	Baixa significativa	Baixa significativa	Alta significativa	Alta significativa
Significação (p) do ganho entre as semanas 4 e 13	T = 16,54 p < 0,0001	T = 18,26 p < 0,0001	T = 21,30 p < 0,0001	T = 23,95 p < 0,0001	T = 38,93 p < 0,0001
Análise (semanas 4 e 13)	Baixa significativa	Baixa significativa	Baixa significativa	Alta significativa	Alta significativa

O quadro 2 ilustra a mudança – eventualmente positiva e significativa – das motivações autodeterminadas entre a 1ª e a 13ª semanas de aula, e também entre a 4ª e a 13ª semanas de aula. No plano das motivações não autodeterminadas, constata-se uma baixa significativa entre a 1ª e a 13ª semanas, e também entre a 4ª e a 13ª semanas. A figura 1 mostra a mudança que se operou entre a 1ª e a 13ª semanas, no plano das motivações autodeterminadas.

Figura 1 – Representação do escore médio dos estudantes nas semanas 1, 4 e 13 para as motivações autodeterminadas[3]

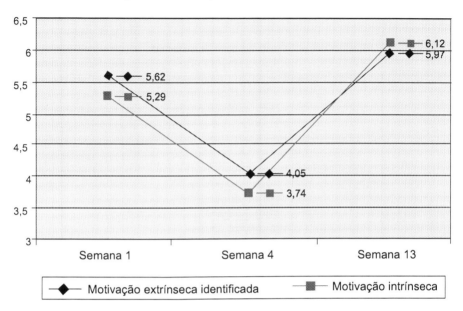

Os resultados obtidos pelos estudantes na Emitice mostram que a integração das tecnologias, e principalmente os ambientes de aprendizagem virtuais, como os cursos na web, participam eventualmente da sua motivação para aprender, mas um período de desmotivação se instala desde o início. Essa desmotivação temporária poderia ser explicada pelos níveis de implantação da mudança (FULLAN & STIEGELBAUER, 1991), em que os alunos estariam, no início do curso *on line*, no nível 1, isto é, no nível de implantação simbólica que Fullan e Stiegelbauer (1991) descrevem como um nível em que esta simplesmente não ocorreu. Depois, à medida que o curso progride, os alunos poderiam caminhar para níveis mais elevados. De um ponto de vista mais motivacional, essa queda da motivação se deve talvez ao que Festinger (1957) chama de dissonância cognitiva. Esta se apresenta quando um indivíduo fica desestabilizado cognitivamente e não consegue (ou não suficientemente) prever o que acontecerá. Existe então dissonância entre o ambiente do estudante e a interpretação que ele tem o hábito de fazer desse ambiente. Essa dissonância é certamente causada, entre outros fatores, pelo novo ambiente de aprendizagem que os cursos *on line* representam.

---

3. O eixo das ordenadas (y) se inicia em 3, a fim de evidenciar a mudança significativa que se produziu.

Mudança das atitudes dos estudantes

A análise das transcrições de conversações realizadas em modo síncrono (diálogo em tempo real ou *chat*), e das mensagens eletrônicas recebidas também mostra como um curso virtual tem um impacto negativo, mas temporário, sobre a motivação e as atitudes dos estudantes diante desse novo modo de aprendizagem.

Essa análise é também muito reveladora da mudança de atitude dos estudantes diante desse novo ambiente de aprendizagem, especialmente quando uma atenção particular é dedicada aos problemas que eles encontram. Efetivamente, os dados eletrônicos recolhidos quanto aos desafios e dificuldades encontrados pelos estudantes indicam a mudança de atitude que se operou neles.

A análise de conteúdo dos 3.553 e-mails recebidos nos permite agrupá-los em quatro categorias:

• mensagens relacionadas ao curso (perguntas, etc.);

• mensagens relacionadas às dificuldades ligadas a esse novo modo de aprendizagem;

• mensagens com trabalhos (sendo os trabalhos também enviados por e-mail);

• mensagens referentes a assuntos diversos, não diretamente ligados ao curso.

A figura 2 ilustra a repartição dos 3.553 e-mails recebidos em função dessas quatro categorias. Essa figura mostra claramente que as dificuldades (problemas encontrados pelos estudantes) representam o tipo de mensagem recebida mais frequentemente.

Para compreender melhor a mudança de atitude dos estudantes diante desse novo modo de aprendizagem, decidimos analisar, de modo cronológico e detalhado, o conteúdo das mensagens ligadas aos problemas encontrados pelos estudantes (as dificuldades). Conseguimos agrupar os *e-mails dificuldades* (problemas recebidos dos estudantes por mensagem eletrônica) em três grandes categorias:

• os problemas técnicos;

• os problemas ligados à autonomia dos estudantes;

• os "outros" tipos de problemas.

Figura 2 – Repartição dos e-mails recebidos segundo as categorias da análise de conteúdo

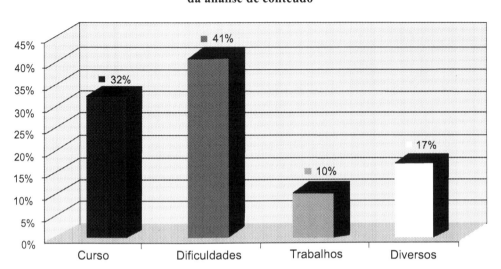

No início da análise de conteúdo, a categoria "problemas ligados à autonomia dos estudantes" fora primeiramente intitulada "problemas ligados ao fato de aprender sozinho". Todavia, como ilustram os trechos de e-mails recebidos e apresentados abaixo, parece que os *e-mails dificuldades* classificados nessa categoria são principalmente problemas de autonomia, mais do que problemas ligados ao fato de aprender sozinho. Um estudante que questiona dificuldades técnicas, ao passo que não leu um capítulo do livro, ou ainda uma estudante que não é capaz de ler o guia (de cerca de 200 páginas) porque diz não compreender a informática, são bons exemplos de problemas ligados à autonomia. Trata-se assim de problemas surpreendentes para estudantes que estão no seu último ano de formação para o ensino. Entretanto, parece importante observar que esses não são problemas exclusivos dos estudantes da Universidade de Quebec em Hull, pois o curso virtual do qual os estudantes participaram também era ministrado na Universidade de Quebec em Montreal, onde problemas similares também foram identificados.

Exemplos de e-mails recebidos e classificados na categoria "falta de autonomia":

• E-mail recebido na 4ª semana, inverno de 2000

– Senhor, desculpe o atraso. Fiz muitas substituições nestes últimos dias e não tive muito tempo para o seu curso [...]. Espero que não haja maiores problemas com o Sr. [...] e que eu não perca pontos.

• Troca de e-mails entre o professor e um estudante no fim da 3ª semana, inverno de 1999 (a parte do professor é escrita em itálico)

– Senhor, pode me explicar? O que devo fazer? Não estou entendendo nada!

– O que você não está entendendo? É preciso começar pelo Módulo... 1. Você leu o guia?

– Não. Não li por que [sic] não estou entendendo.

• E-mail recebido na 4ª semana, inverno de 1999

– Senhor [...], o que se deve fazer no curso? Devemos entregar trabalhos?

A figura 3 mostra a repartição dos tipos de problemas encontrados pelos estudantes quando das quatro primeiras semanas de curso. Observa-se que os problemas técnicos representam 34% dos *e-mails dificuldades* recebidos, mas que os problemas ligados à autonomia são mais importantes, numa proporção de 49%.

Figura 3 – Repartição dos *e-mails dificuldades* segundo as categorias da análise de conteúdo (semanas 1 a 4)

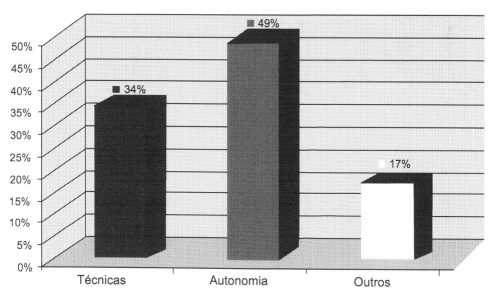

A figura 4 ilustra a repartição dos *e-mails dificuldades* nas semanas 5 a 8. Observa-se que os problemas técnicos quase não existem (3%) e que os problemas ligados à autonomia dos estudantes representam o tipo de *e-mails dificuldades* recebidos mais frequentemente (78%).

Por que uma tal queda de *e-mails dificuldades* ligados aos problemas técnicos? Como o curso não apresentava dificuldades técnicas maiores (conhecimento do e-mail e dos anexos, da navegação na internet e dos *downloads* de arquivos PDF eram as únicas habilidades técnicas necessárias ao acompanhamento do curso[4]), é normal que os estudantes não encontrem mais problemas depois de quatro

---

4. Oficinas sobre esses aspectos técnicos do curso foram oferecidas aos estudantes no início da sessão.

semanas. Além disso, vários trabalhos "obrigatórios" deviam ser entregues antes do fim da quarta semana, e para realizá-los os estudantes deviam dominar as habilidades instrumentais previamente enumeradas.

Figura 4 – Repartição dos *e-mails dificuldades* segundo as categorias da análise de conteúdo (semanas 5 a 8)

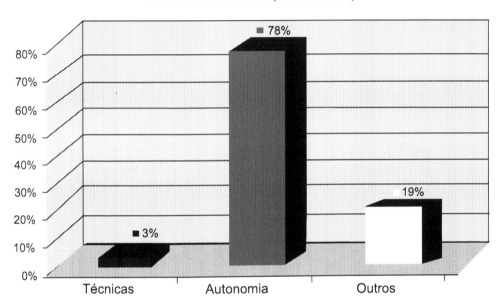

A figura 5 indica que os problemas de autonomia encontrados pelos estudantes diminuíram de modo muito significativo em relação às semanas precedentes. Não representam mais do que 18% dos *e-mails dificuldades* recebidos, enquanto eram 78% nas semanas 5 a 8. Um trecho de conversação em modo síncrono ilustra bem essa "mudança de atitude" diante do novo modo de aprendizagem representado por esse curso *on line*.

> [...] no começo, eu não estava habituada a me disciplinar. Mas, depois de algumas semanas, achei o curso muito bom. Era a primeira vez, desde muito tempo, que eu me sentia responsável por aquilo que ia aprender [...] (uma estudante).

Nota-se também que nessa figura os problemas técnicos representam sempre uma porcentagem muito baixa dos *e-mails dificuldades* recebidos (0,2%), enquanto os outros tipos de problemas encontrados representam 81,8%.

Figura 5 – Repartição dos *e-mails dificuldades* segundo as categorias da análise de conteúdo (semanas 9 a 11)

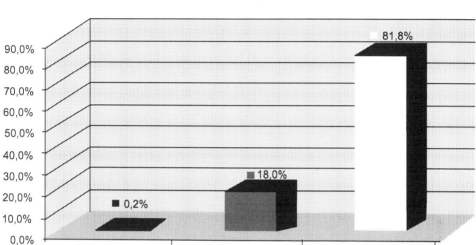

Figura 6 – Repartição dos *e-mail dificuldades* segundo as categorias da análise de conteúdo (semanas 12 a 15)

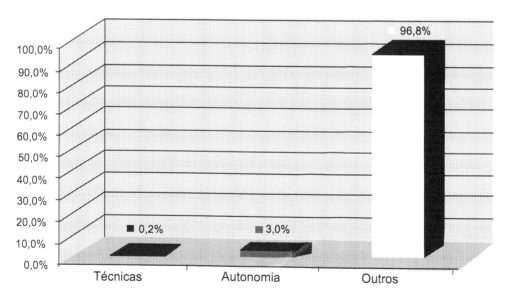

A figura 6 mostra que os problemas de autonomia (3%) representam uma baixa porcentagem dos *e-mails dificuldades* recebidos nas semanas 12 a 15, assim como os problemas técnicos (0,2%). Mais uma vez, são os outros tipos de problemas que representam a mais alta porcentagem de *e-mails dificuldades* recebidos (96,8%).

Entretanto, é importante notar que, mesmo que os outros tipos de problemas encontrados pelos estudantes representem uma alta porcentagem dos *e-mail dificuldades* recebidos durante as semanas 9 a 11 e 12 a 15, eles só representam uma baixa porcentagem do número total de *e-mails dificuldades* recebidos. A figura 7 ilustra a repartição da porcentagem do número total de *e-mails dificuldades* recebidos, para cada um dos períodos cronológicos de análise dos *e-mails dificuldades*. Nota-se que 62% dos e-mails são recebidos durante as quatro primeiras semanas de curso, e que cerca de 90% dos *e-mails dificuldades* são recebidos nas oito primeiras semanas de curso.

Figura 7 – Porcentagem de *e-mails dificuldades* recebidos, segundo os quatro períodos de análise dos dados

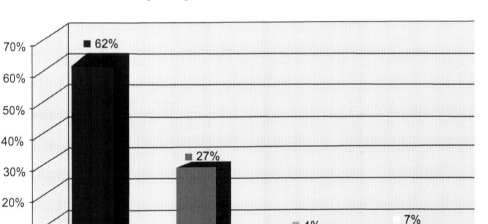

Antes da análise dos e-mails e das conversações em modo síncrono, tínhamos suposto que a queda de motivação e as atitudes negativas diante desse novo ambiente de aprendizagem eram causadas, em grande parte, pelo recurso às TIC. Entretanto, embora seja fácil presumir que a tecnologia tenha sido o principal obstáculo enfrentado pelos estudantes matriculados no curso, os resultados da nossa análise mostram claramente que esse não é o caso. As dificuldades ligadas às TIC vêm em segundo lugar. O problema maior encontrado pelos estudantes parece pois ser a sua falta de autonomia. A exemplo do que enfatizava Lamontagne (1999), os estudantes tinham dificuldade em "reaprender a aprender". Essa constatação é particularmente evidente após quatro semanas de curso, quando o ambiente de aprendizagem se tornou mais familiar e todos podiam navegar com facilidade no *site* do curso.

Apesar desses obstáculos, a análise das transcrições de conversações realizadas em modo *chat* (diálogo em tempo real) e dos e-mails recebidos mostra a maneira pela qual um curso virtual participa, eventualmente, do desenvolvimento da motivação dos estudantes para aprender. Essa análise cronológica dos *e-mails dificuldades* recebidos também ilustra a mudança de atitude dos estudantes diante desse novo ambiente de aprendizagem. Nota-se uma fase de desestabilização evidente no início do curso, principalmente nas quatro primeiras semanas; depois os estudantes parecem adaptar-se e até adotar uma atitude muito mais positiva para com a integração das tecnologias na pedagogia universitária.

Mudança das práticas pedagógicas

A enquete por questionário com estudantes se efetuou por e-mail. O questionário, enviado a 151 estudantes que obtiveram seu diploma e tinham feito o curso *on line*, tinha como objetivo, entre outros, compreender se as TIC eram integradas nas suas práticas pedagógicas em sala de aula. Uma das perguntas feitas era: "Você integra as tecnologias da informação e das comunicações (TIC) na sua prática pedagógica em sala de aula?"

Os recém-diplomados deviam responder em uma escala de Likert, em que 1 representava "nunca", e 5 "sempre". A taxa de respostas foi de 28,5% (43 responderam, em uma possibilidade de 151). Entre os estudantes que responderam, 88,4% (n = 38) diziam integrar "de modo significativo" as TIC na sua prática docente (pelo menos 4/5 na escala de Likert).

Todavia, essa porcentagem não reflete a realidade vivida por todos os estudantes, pois o método de enquete por questionário eletrônico pode ser deturpado desde o início. Por exemplo, é possível que só os estudantes "antenados" tenham respondido, ou ainda que só os estudantes que integram em grande quantidade as tecnologias tenham preenchido o questionário. Seria pois conveniente, nos trabalhos futuros, variar os métodos de enquete, a fim de que eles comportem menos oportunidades de inexatidão.

Entretanto, os dados recolhidos permitem afirmar que 38 dos 151 estudantes que fizeram o curso *on line* integram de modo significativo as TIC à sua prática docente, ou seja, 25,2%. Isso representa uma mudança importante em relação aos estudos precedentes (TRUOG, 1998; ROBERTSON, 1996), que mostram que os novos docentes integram pouco ou não integram as TIC nas suas práticas pedagógicas em sala de aula. Seria eventualmente interessante continuar o estudo, a fim de descrever melhor as suas *práticas integradoras* e identificar os níveis e os tipos de implantação que esses jovens docentes efetuam.

Conclusão

Com a reforma da educação em Quebec, o desenvolvimento das competências informáticas é identificado como competência transversal que deve ser construída pelo aluno, no âmbito do conjunto das atividades das diversas matérias escolares (MINISTÉRIO DA EDUCAÇÃO DE QUEBEC, 2000). Do mesmo modo, a nova reforma da formação dos mestres não deveria assegurar a coerência entre a formação inicial dos docentes e as questões da reforma no primário e no secundário? No contexto atual do ensino universitário e da formação dos mestres (modificação de programas, experimentações de projetos-piloto de integração das tecnologias no ensino superior, etc.), torna-se muito importante dedicar-se aos efeitos desses novos contextos de ensino-aprendizagem sobre os futuros docentes e sua prática.

A experiência de mediatização de cursos na web realizada na Universidade de Quebec em Hull permitiu constatar que uma mudança se opera entre os futuros docentes, quando estes são confrontados com as TIC em sua formação prática: uma mudança no plano de sua motivação para aprender com as TIC, uma mudança de atitude diante da integração das TIC na pedagogia universitária, e também uma certa mudança – para um quarto dos estudantes que participaram da experiência – no plano de suas práticas pedagógicas em sala de aula. Sua experiência vivida enquanto alunos é também suscetível de manter neles uma atitude favorável à integração das TIC, ou ainda criar condições favoráveis para a modificação das estruturas de representação do papel ou da utilidade das TIC, em relação à sua aprendizagem ou à sua prática de ensino (estágio ou prática futura). Estas, talvez porque foram experimentadas em um contexto socioconstrutivista, são então vistas como ferramentas de aprendizagem por meio das quais o aluno aumenta a sua autonomia, o seu senso crítico; quando é confrontado com dilemas, ele deve encontrar fontes de informações válidas e pertinentes para responder às suas perguntas.

Os cursos virtuais parecem pois ter um impacto muito positivo sobre os futuros docentes, mas não se deve esquecer que existe ainda uma barreira importante entre a sala de aula na universidade e a sala de aula virtual, como mostram os 3.553 e-mails recebidos e analisados. A integração das TIC na pedagogia universitária representa assim um desafio imenso e as perturbações que inevitavelmente a acompanharão devem ser detectadas ao mesmo tempo com dinamismo e prudência. Entretanto, essa integração parece inevitável (MEQ, 1997a; 1997b; 2000), pois parece que, na falta de experiência direta ou observada diretamente em um terço, e na falta de uma formação específica referente aos diversos aspectos da integração das TIC no ensino, os novos docentes não serão equipados para integrar as TIC na sua prática atual (os estágios) ou futura.

Os resultados do nosso estudo poderiam eventualmente oferecer aos responsáveis pela formação dos mestres, aos interventores e aos que têm poder de decisão, informações importantes quanto ao impacto da integração das TIC (pelos formadores para a profissão docente) sobre a mudança de atitudes e de motivação, e também sobre as habilidades dos futuros docentes para integrar as TIC nos seus meios de prática. Além disso, num contexto social em que as iniciativas de integração das TIC na pedagogia universitária são plurais, os resultados obtidos poderiam proporcionar aos atores do conjunto da rede universitária da francofonia um esclarecimento pertinente quanto à natureza – ao mesmo tempo epistemológica e tecnológica – das vantagens e das dificuldades de uma formação aumentada para a integração pedagógica.

Para as futuras pesquisas, seria interessante procurar compreender melhor o impacto da integração das TIC na pedagogia universitária sobre as práticas pedagógicas atuais e futuras dos docentes em formação. Melhor compreender em que nível e em que tipo de implantação esses novos docentes situam suas *práticas integradoras* das TIC poderia também revelar-se pertinente. Enfim, seria interessante verificar se os novos docentes que receberam uma formação aumentada, tendo em vista integrar as TIC de maneira pedagógica, gozam de uma inserção profissional muito mais rica e "bem-sucedida". Ao invés de serem percebidos como "novos recrutas" na escola, seriam eles percebidos como "pessoas-recurso"?

10
A influência das normas de estabelecimento na socialização profissional dos professores: o caso dos professores dos colégios periféricos franceses

Agnès van Zanten
Observatório Sociológico da Mudança

Introdução

A influência do local de exercício na socialização profissional dos professores não recebeu muita atenção por parte dos sociólogos da educação até uma data recente, pois esse local parecia ter um papel menor por, pelo menos, três séries de razões. A primeira é que o caráter abrupto da tomada de função, que deixa pouco espaço para a penetração difusa das normas do meio profissional concreto. Efetivamente, ao contrário de outras profissões nas quais a aprendizagem se estende por vários anos, em que o neófito passa progressivamente das tarefas de execução simples para tarefas mais complexas exigindo mais responsabilidade, sob a supervisão de pessoas competentes, os docentes, muitas vezes, assumem da noite para o dia, depois de estágios cuja duração raramente vai além de alguns meses, a responsabilidade total de uma classe. A segunda é o caráter solitário da experiência profissional. A organização "celular" do trabalho nos estabelecimentos de ensino (um professor, uma classe) faz com que os docentes exerçam, na maior parte do tempo, a sua atividade num local retirado do olhar dos colegas e da administração, tendo como consequência principal o fato de que são os alunos, mais do que os colegas e a administração, que contribuem diariamente para a socialização dos recém-chegados. A terceira razão remete à ausência de um meio profissional constituído em razão tanto da fraqueza das bases teóricas sobre as quais poderia apoiar-se uma "tecnologia do ensino" quanto da autonomia reduzida de que dispõem as organizações escolares. Esses fatores levam os docentes a adotar soluções individuais *ad hoc*, privilegiando o recurso à sua própria experiência de alunos, à intuição e a "receitas", mais do que a elaborar respostas coletivas e duradouras, apoiando-se em fontes exteriores de informação e ajuda (LORTIE, 1975; HARGREAVES, 1984; HUBERMAN, 1989).

Um certo número de pesquisas e de pesquisas-ação realizadas a partir do fim dos anos 1980 contribuíram, entretanto, para modificar parcialmente essa visão. As conclusões desses trabalhos permitem apresentar três tipos de argumentos diferentes em favor de uma reconsideração da importância atual da socialização profissional dos docentes nos estabelecimentos de ensino. O primeiro refere-se ao fato de que, graças à universitarização da formação inicial, à maior abertura desta aos conhecimentos produzidos nestes últimos anos pelas ciências da educação e a ações de acompanhamento e formação contínua, estimuladas por pesquisadores ou por diversos especialistas, os docentes seriam hoje mais capazes do que no passado de operar uma revisão reflexiva sobre a sua prática. Essa reflexão permitiria fundar uma competência enraizada na experiência, mas integrando saberes teóricos (TARDIF & GAUTHIER, 1998; PERRENOUD, 1998). O segundo se apoia em conclusões de diversas pesquisas quanto às diferenças de funcionamento entre estabelecimentos escolares. Efetivamente, elas mostram que a maior autonomia de que esses estabelecimentos foram dotados a partir dos anos 1980 na maioria dos países se traduziu por diferenças mais afirmadas – ou pelo menos mais visíveis – em relação ao desenvolvimento pelos atores escolares de culturas locais de colaboração (LIEBERMAN, 1990; GATHER-THURLER, 1994; TALBERT & McLAUGHLIN, 1996; KHERROUBI, 1997; COUSIN, 1998; KHERROUBI & VAN ZANTEN, 2000). O terceiro argumento diz respeito ao impulso dado, a partir de cima, para transformar os estabelecimentos escolares, assim como a maioria das organizações, através da introdução de um modelo "empresarial" enfatizando a descentralização das decisões, a construção autônoma dos projetos, a cooperação entre agentes e a adaptação flexível à demanda dos usuários (DEROUET & DUTERCQ, 1997). Efetivamente, as pesquisas mostram que esse modelo induz novos modos de relação colegial ente docentes e novos modos de relação com a hierarquia (DEMAILLY, 1993; BALL & VAN ZANTEN, 1998; VERHOEVEN, 1999; TARDIF & LESSARD, 2000).

Sem inscrever-se necessariamente na linhagem direta dessas pesquisas que visam, algumas delas, tanto a transformar as práticas pedagógicas dos docentes através de uma visão renovada da "profissionalização" (LANG, 1999), quanto a compreender a realidade atual, o objetivo deste texto é detectar quais são os diferentes elementos em ação na socialização profissional dos docentes *in situ* na França e o tipo de regulação de que eles dependem. Por socialização profissional, entendemos aqui, numa ótica interacionista, a interiorização problemática – compreendendo resistências, adaptações e recomposições identitárias – não só de um conjunto de técnicas, mas também de valores, de representações e de modos de solidariedade associados ao exercício de uma perícia num quadro organizacional (BECKER & STRAUSS, 1956; HUGHES, 1958). Queremos, notadamente, avaliar a influência respectiva das *normas locais* elaboradas de modo *autônomo* pelos docentes e das normas que dependeriam mais de uma *colegialidade obrigatória* ou de uma *regulação de controle*, impulsionadas pela hierarquia (HAR-

GREAVES, 1992; REYNAUD, 1988). Por isso, vamos interessar-nos pelos professores do secundário que fazem pelo menos uma parte de sua carreira em colégios periféricos, isto é, em estabelecimentos que se caracterizam por uma posição de marginalidade diante das normas ditadas pelo centro, ao mesmo tempo em razão das características do seu público, dos seus modos de funcionamento e de sua posição de dominação no sistema escolar[1]. O postulado subjacente é que, nesses estabelecimentos, a distância muito grande entre a concepção dominante do papel fabricado pelo estereótipo do aluno ideal ou "comum" durante a escolarização e a formação profissional de um lado, e as condições reais de exercício do ofício por outro lado, reforça a importância da socialização secundária em situação (BERGER & LUCKMANN, 1966; DUBAR, 1991; DUBET, 1991). Partimos também do princípio de que, nesse trabalho identitário, os alunos têm certamente um papel central, mas é preciso, simultaneamente, estudar mais de perto a influência dos colegas e dos chefes de estabelecimento (assim como dos pais e dos agentes escolares não docentes que deixamos de lado aqui). O estabelecimento é pois concebido como um quadro central na emergência de *normas profissionais contextualizadas* em meio urbano desfavorecido (KHERROUBI, 1997; VAN ZANTEN, 1999; VAN ZANTEN, 2000). Para explorar essas pistas de pesquisa, nós nos baseamos num trabalho realizado em dois colégios do subúrbio parisiense, que chamaremos neste texto de "Apollinaire" e "Verlaine", entre 1995 e 1999, e que compreende notadamente entrevistas com 38 docentes, com cerca de 20 agentes não docentes, com quatro diretores, com 36 alunos e com um pequeno grupo de pais[2].

A socialização profissional pelos alunos: evasão, adaptação e desenvolvimento

Quaisquer que sejam as transformações ocorridas no funcionamento atual dos estabelecimentos de ensino, o contato diário com os alunos continua a ter um papel central na socialização profissional dos docentes. Essa influência é ainda mais importante nos estabelecimentos periféricos, pois os docentes percebem rapidamente a dificuldade de mobilizar os conhecimentos e as técnicas aprendidas durante a formação inicial e de seguir as instruções oficiais. Assim, se para a maioria dos docentes iniciantes a entrada no ofício se acompanha de uma tomada de cons-

---

1. Apresentamos uma análise de conjunto sobre o funcionamento dos estabelecimentos periféricos e seus efeitos sobre a evolução global do sistema escolar em VAN ZANTEN, A. 2001.

2. Privilegiamos entrevistas do tipo "compreensivo", permitindo apreender a compreensão teórica que os atores têm dos fundamentos de suas atividades e a vigilância reflexiva que eles exercem sobre elas e sobre as dos outros (GIDDENS, 1984). Assim também, na construção das tipologias apresentadas aqui, procedemos por um vaivém contínuo entre as categorias aplicadas pelos atores para tornar inteligível o seu ambiente e para agir sobre ele, e categorias provenientes da análise dos dados e da literatura pertinente.

ciência da necessidade de construir uma ordem local antes de poder ensinar, esta é muito mais brutal entre os docentes designados para os estabelecimentos mais "difíceis". Efetivamente, quatro docentes iniciantes entre dez dizem encontrar "muito frequentemente" ou "bastante frequentemente" problemas de disciplina; essa proporção se eleva a sete entre dez daqueles que foram designados para Zonas de Educação Prioritária (ZEP) (ANTIGNY, 1994). Mas, o que é mais importante é que não se trata somente, nesses contextos de ensino, de um problema de profissional iniciante. Ao passo que, em outros lugares, os docentes ainda podem esperar resolver essas dificuldades apoiando-se principalmente no papel de regulação desempenhado pela competição pelas melhores notas e pelas sanções, nesse tipo de estabelecimento a indisciplina é um problema crônico, considerando-se a relação mais complexa dos alunos com os saberes escolares e com as normas institucionais (VAN ZANTEN, 2000b).

Assim, não é estranho constatar que muitos docentes optam pela fuga. Esta pode assumir formas mais ou menos radicais: o abandono puro e simples da profissão, o que é bastante raro na França, onde a segurança do emprego ligado à função pública é um valor muito estimado no mercado de trabalho; a demanda corrente de mobilidade horizontal para outros estabelecimentos, percebidos como menos penosos; ou ainda o absenteísmo crônico. Mais frequentemente ainda, o que se observa entre muitos docentes ao fim de alguns anos de exercício nesse tipo de estabelecimento, é um desengajamento profundo, que se traduz pelo desenvolvimento de uma relação rotineira, ritualística ou desiludida com o trabalho. Essa atitude se segue muitas vezes ao esgotamento das *estratégias de sobrevivência* que os jovens iniciantes aplicam. Estes concebem a permanência nesses estabelecimentos como uma etapa curta e difícil da sua carreira. Entretanto, às vezes eles são levados a permanecer nela, em razão da dificuldade de entrar em outros estabelecimentos ou dos benefícios extrínsecos ligados ao exercício do ofício nesses contextos (bonificação proporcional, permitindo partir para um estabelecimento "melhor" mais tarde, mais meios a título de discriminação positiva, aluguéis módicos nas proximidades de Paris) (BECKER, 1952; WOODS, 1977). Essas estratégias se ligam a duas lógicas. A primeira é uma lógica de "positivação" dos alunos. Ela se traduz pelo recurso à *fraternização* mais corrente entre os homens, isto é, atitudes e práticas que jogam com a proximidade de idade, de referências culturais e de gostos, para construir uma conivência capaz de favorecer a implicação escolar dos alunos, ou à *compaixão*, mais corrente entre as mulheres, isto é, atitudes e práticas ditadas pela sensibilidade ao sofrimento que se percebe nesses alunos. A segunda é uma lógica mais profissional, em que se pode perceber a influência de novos modelos de formação, que insistem na aquisição das competências. Na verdade, esses "novos" docentes adotam um ponto de vista que os leva a conceber os estabelecimentos "difíceis" como um terreno de experimentação e de aprendizagem de um conjunto de saberes e de *know-how* capazes de ser reutilizados em outras situações, sem que se possa sempre excluir a hipótese de que se trata de uma racionalização destinada a reduzir as insatisfações profissionais do momento:

> Decidi ficar aqui porque, justamente, no ano passado, com uma de minhas classes, houve muitos problemas e eu não quis ficar com esse sentimento de fracasso. Pensei que, para mim, pessoalmente, era preciso que eu retomasse o trabalho, voltasse ao mesmo lugar e recomeçasse e progredisse aqui. Se havia um lugar em que eu podia progredir, seria um lugar onde eu não estivesse satisfeita e era necessário que eu recomeçasse, até fazer progressos, até ter a impressão, verdadeiramente, de ter progredido no ofício. Porque afinal o objetivo a longo prazo é tornar-se um bom professor! Logo, pensei que ainda tinha muito a aprender, e que, a partir do momento em que se consegue fazer coisas aqui, fazer com que os alunos progridam e se consigam pequenas vitórias ou satisfações aqui, penso que somos mais ou menos capazes de abordar qualquer tipo de estabelecimento e qualquer tipo de alunos, de classes, qualquer que seja o local para onde formos depois. E que essa etapa de formação, mesmo que ela seja um tanto violenta, é preciso fazê-la agora, porque não penso que conseguiria fazê-la aos 40 anos, com certeza! (Professora certificada de História e Geografia, Colégio Verlaine, há dois anos no estabelecimento).

Mas se as "estratégias de sobrevivência" permitem enfrentar durante alguns anos as dificuldades diárias encontradas no exercício do ofício, parece difícil construir um projeto a longo prazo com essa perspectiva. A partir do momento em que não há fuga real ou virtual dos estabelecimentos "difíceis" e os docentes procuram continuar a ter satisfações profissionais no exercício de sua atividade, um processo de *adaptação contextual* se instala e que não depende apenas da simples reação a situações. Trata-se de uma construção mais complexa de um modelo prático daquilo que é possível, pertinente e aceitável fazer nos estabelecimentos que concentram os públicos com mais dificuldades (BURGESS, 1988). Uma primeira dimensão dessa adaptação é a capacidade de enfrentar problemas de manutenção da ordem, graças ao manejo de diversas técnicas. Entre as mulheres, essas técnicas, na maioria das vezes, relacionam-se com a aproximação afetiva e uma abordagem psicológica "suave". Os professores homens e algumas professoras mulheres que adotam, antes, um estilo masculino, recorrem mais ao humor ou à réplica como meio de regular as relações. Se podemos conceber essas técnicas como uma elaboração mais complexa das *estratégias de sobrevivência*, devemos entretanto sublinhar a dimensão de *domínio* do ofício que subjaz à sua utilização. Na verdade, a experiência permite adquirir uma forma de segurança fundada na capacidade de prever as reações dos alunos e as suas próprias e servir-se habilmente disso, assim como na capacidade de tomar distância, de desempenhar um papel. O enraizamento no estabelecimento favorece, além disso, a aquisição de uma reputação no interior e no exterior, que também funciona como um mecanismo central de regulação dos problemas de disciplina e que pode ser percebida como uma das principais vantagens de uma carreira de longa duração nesse tipo de estabelecimento (BECKER, 1952):

> Agora, não preciso mais, no começo do ano, de me impor aos alunos, pois agora trabalho com os filhos de ex-alunos; tenho uma boa reputação na periferia, nas famílias, entre os irmãos maiores. Os meninos, quando chegam, sabem mais ou menos o que esperar. Logo, eles não me testam, coisa que é muito desagradável. Eles já sabem pelos parentes e isso os tranquiliza. Eu me tornei muito mais segura de mim. Há uma segurança em mim que faz com que eu não precise aplicar sanções contra alguns alunos. Mas, se um aluno me ameaça, eu o ironizo, também posso ser muito provocadora, isto é, fazer o contrário do que eles esperam. [...] De qualquer forma, eles sabem que não me atingem, eles sentem isso! (Professora certificada de História e Geografia, Colégio Apollinaire, há 27 anos no estabelecimento).

Mas a adaptação contextual também afeta os objetivos, os conteúdos e as atividades do ensino. Confrontados com um público que enfrenta dificuldades múltiplas diante da aprendizagem, os docentes são primeiramente levados a operar uma forte seleção no seio dos programas oficiais. Entre os docentes que exercem numa ZEP, 83% declaram que não cumprem inteiramente os programas (ANTIGNY, 1994). Entre os que interrogamos, a maioria confessa fazer "cortes profundos", "podar", fazer somente o que julgam "positivo". Essa seleção também é acompanhada por um *ajuste* dos objetivos. As exigências dos programas são adaptadas ao nível suposto dos alunos e modulados em função das classes e dos grupos, e mesmo das disposições dos alunos, podendo mudar de um dia para outro, o que leva certos docentes a abandonar qualquer planejamento de curso e outros, ao contrário, a preparar vários "planos B". Uma parte dos docentes entrevistados também lembra a importância do trabalho destinado a tornar os conteúdos mais acessíveis e atraentes, o que implica notadamente uma transformação das práticas de ensino no sentido de dar um lugar crescente ao oral e à imagem, e estratégias pedagógicas fundadas no jogo ou na teatralização (ROCHEX, 1995). A adaptação também tem repercussões importantes em matéria de avaliação. Observa-se notadamente que a expectativa de resultados em termos de aprendizagens cognitivas dá lugar à expectativa de resultados em termos de motivação, de relação com o trabalho e de aquisição de confiança por parte dos alunos, o que equivale a um questionamento profundo do lugar central ocupado pela transmissão de conhecimentos e o princípio meritocrático no ensino secundário francês:

> Enquanto anteriormente visava-se um resultado, algo a que eles chegariam, que era valorizante para eles, agora constato que cada vez mais muitas são as crianças que, de ano para ano, são desvalorizadas, que o são desde o curso primário e não têm confiança alguma em si mesmas, que fracassam porque estão saturadas de explicações; desde que elas são pequenas, existem problemas. Assim, tenho muito mais o objetivo de tran-

quilizá-las, reconfortá-las em relação ao que elas podem fazer e é verdade que não tenho mais exclusivamente o objetivo do sucesso (Professora certificada de Artes Plásticas, Colégio Apollinaire, há cinco anos no estabelecimento).

"Aguentar" nesse tipo de estabelecimento, ter satisfações profissionais e dar um sentido ao trabalho diário junto aos alunos supõem, realmente, uma transformação profunda, não só das práticas, mas também dos princípios que guiam essas práticas. O que distingue na verdade de maneira crucial a *adaptação contextual* das *estratégias de sobrevivência* é a emergência progressiva de uma *ética profissional contextualizada*. Essa ética se funda, primeiramente, no desenvolvimento de um olhar positivo sobre o público. Esse olhar remete a uma construção cognitiva e moral mais complexa do que aquela que subjaz às estratégias de *fraternização* e de *compaixão* e implica muitas vezes uma desqualificação dos pais, pois, fazendo com que estes assumam a responsabilidade pelos comportamentos desviantes dos filhos, esses filhos são, de certa forma, "desculpados". Todavia, a "redenção" social dos adolescentes caminha junto, muitas vezes, com uma visão muito negativa de suas capacidades intelectuais como alunos. De maneira coerente, essa concepção leva então a atribuir um valor muito positivo ao papel da educação, interpretado pelos docentes. Ao contrário dos docentes que trabalham em contextos favorecidos, que enfatizam o seu papel de transmissores de conhecimentos, os docentes que adotam uma lógica de adaptação que lhes permite "durar" nos estabelecimentos difíceis enfatizam o caráter engajado, e até humanitário do seu papel. Isso lhes permite dar ao trabalho o sentido de uma *missão*, que não está muito afastada daquelas de outros atores engajados na ação social junto aos pobres e às populações em situação precária (BOURDIEU, 1993):

> Não se continua a ser o professor que despeja um saber e pronto. Sim, concordo completamente com essa evolução do ofício, é de certa forma o que acuso no liceu, tem-se uma obsessão, o *bac*, é importante, é absolutamente normal, mas aqui temos um papel humano (Professora certificada de Ciências Naturais, Colégio Apollinaire, há 19 anos no estabelecimento).

Essa *adaptação contextual* parece-nos a orientação dominante entre os docentes que decidem ficar hoje nos estabelecimentos periféricos, sem adotar uma postura totalmente desencantada. Efetivamente, se a proporção de docentes que adotam posturas de fuga, real ou virtual, é menos importante do que faz supor um certo discurso alarmista, também é preciso sublinhar que os docentes "mobilizados", para quem a experiência participa de um modo de *desenvolvimento profissional* ligado a um projeto social, constituem também uma minoria. Esses docentes parecem conseguir estabelecer laços, de modo mais ou menos duradouro, entre os alunos "como eles são" localmente e finalidades educativas globais. Na prática, esses docentes procuram construir o aluno a partir de uma postura visando descobrir as capacidades de cada um e desenvolvê-las por meio de uma experimentação pedagógica permanente, que acarreta muitos questionamentos. A exemplo de outros profissionais que trabalham com públicos "difíceis", os docentes renunciam aqui a uma perícia fundada principalmente na qualificação pelos diplomas, para desenvolver uma competência profissional fundada na reflexão sobre a experiência, mas a partir de quadros elaborados coletivamente com outros colegas do estabelecimento ou com a ajuda de diversos especialistas, através da formação contínua (DEMAILLY, 1987; BAUTIER, 1995). Entretanto, se a reflexão didática e pedagógica ocupa nesses docentes um lugar central, seu modelo se baseia também numa ética profissional que põe no centro a construção da cidadania, tentando construir um laço entre o mundo dos alunos e o mundo da periferia.

A socialização profissional pelos pares: colegialidade autônoma, coesão de procedimentos e trabalho em equipe

O processo de adaptação nos estabelecimentos "difíceis" é em geral concebido como um processo individual. Mas se a solidão de que se queixam muitos docentes corresponde a uma ausência de comunicação frequente nos estabelecimentos em que coabitam docentes que exercem seu ofício de modo distante e outros que pensam principalmente em partir, as dificuldades encontradas no exercício do ofício tendem também a favorecer aproximações mais fortes entre docentes do que nos estabelecimentos "comuns". De fato, a desestabilização gerada pelo contato com públicos em dificuldade leva a procurar o *apoio moral* dos colegas. Ora, através desses contatos informais no interior do estabelecimento, que às vezes continuam no exterior, os colegas exercem uma influência ainda mais importante, pois seu caráter difuso lhe permite escapar ao controle da administração. Trata-se pois de um modo de regulação autônoma que deve ser analisado de outra forma, e não apenas como uma maneira, para os docentes, de aliviar um pouco, por baixo do pano, a tensão sentida nas situações em que eles estão em evidência, diante dos alunos (WOODS, 1983). Essas relações colegiais não se estabelecem, todavia, com todos os colegas. Clivagens múltiplas entre diferentes redes são muitas vezes percebidas (DUTERCQ, 1991). Aquela que nos pareceu mais importante em nossa enquete é a que opõe os "antigos", para quem essas relações adotam um modelo de tipo fusional ligado a um longo enraizamento temporal no estabelecimento e a um apego de caráter afetivo a ele, e os "novos" docentes. Estes, como outros jovens profissionais do serviço público, desenvolvem relações mais efêmeras e de mais afinidade num lugar de trabalho que é vivido como uma etapa na carreira e como um tempo e um espaço públicos nitidamente distintos do tempo e do espaço privados (FRANCFORT et al., 1995).

Para os "antigos", os contatos repetidos com os colegas têm um papel essencial de reafirmação identitária. Eles permitem forjar uma definição comum da situação, que reduz fortemente as incertezas profissionais. Um *modelo comunitário* tende então a se desenvolver, afastando esse segmento do grupo docente do modelo regulamentar de um Corpo regido por estatutos fixados pelo Estado e o aproxima do modelo da comunidade autogovernada de iguais (BUCHER & STRAUSS, 1961):

> Eu diria que uma das condições que faz com que hoje ainda, embora estejamos numa zona sensível, seja totalmente suportável estar neste colégio, é porque existe uma equipe de pessoas que se encontram regularmente, fazemos refeições juntos e temos uma visão relativamente próxima (Professor PEGC de Matemática e Física, Colégio Apollinaire, há 26 anos no estabelecimento).

Isso se torna possível pelo efeito conjugado de diferentes fatores. A aproximação entre os docentes que decidem permanecer nesses estabelecimentos pode ser primeiramente atribuída à proximidade das idades, das origens sociais, das trajetórias escolares e profissionais. Assim, entre os 15 "antigos" que ainda subsistem no Colégio Apollinaire, encontra-se uma maioria de docentes com idades entre 50 e 60 anos, oriundos de meios populares, que tiveram uma ascensão social através da escola e que iniciaram a carreira como professores de Ensino Geral de Colégios (PEGC) ou como mestres auxiliares. Mas esses traços comuns só favorecem a fusão porque são "ativados" num contexto de ensino específico, em que os títulos e a qualificação profissional que eles sancionam não protegem de modo evidente contra o caráter penoso do trabalho (DEMAILLY, 1987). Pouco a pouco, a hierarquia dos *status* – *agrégé*, certificado, PEGC, ou mestre auxiliar – e a das ligações disciplinares – do professor de Matemática até o professor de Artes Plásticas ou de Música – se apagam, em proveito de uma igualdade de condição entre docentes:

> Quanto a mim, sou professor de EPS [educação física e esportiva], mas ao lado disso sou professor no colégio Apollinaire. Não existe preconceito ligado às matérias. O professor é um adulto diante de garotos um pouco difíceis, e isso quebra a estrutura de classe (Professor certificado de EPS, Colégio Apollinaire, há 14 anos no estabelecimento).

A existência de uma comunidade de "antigos", unida em torno de um certo número de valores e maneiras de fazer, favorece a transmissão destes aos "novos". Essa *transmissão informal*, que passa por trocas de pontos de vista, conselhos e ajuda, tem muita chance de ter um papel importante em tudo o que diz respeito à manutenção da ordem. Na verdade, nessa dimensão da atividade, as diretivas oficiais adiantam pouco e os "antigos" podem provar aos "novos" que "a união faz a força", isto é, que a solidariedade pode desempenhar um papel essencial de regulação informal diante dos alunos, sem recorrer aos agentes não escolares e ao chefe do estabelecimento. Em contrapartida, a transmissão bem-sucedida das normas do estabelecimento é mais problemática em matéria de ensino. Por um lado, nessa área, a qualificação pode fazer mais concorrência à competência, e cada disciplina tem seu próprio sistema normativo em matéria de técnicas didáticas e de avaliação. Por outro lado, é claro que, se um certo número de "antigos" pensa ter um bom domínio dos problemas de manutenção da ordem, esse não é o caso em matéria de ensino, em que a insatisfação profissional é muito maior diante do fracasso escolar de uma maioria de alunos. Entretanto, as incertezas ligadas à distância entre os programas e o nível dos alunos nesses estabelecimentos levam mais os jovens mestres a consultar seus colegas mais velhos sobre a pertinência de suas escolhas do que nos estabelecimentos "comuns", e a adotar as maneiras de fazer dos veteranos:

> Meus colegas me ajudaram muito no começo do ano passado, quando cheguei. Trouxeram-me muito material pedagógico, deram-me temas para arguições, seus planos de aula, mostraram-me os exercícios que preferiam fazer e os que preferiam evitar. A Sra. B me deu muitas fichas feitas por ela mesma, o que me poupou uma quantidade enorme de trabalho [...]. Colaborar com os colegas é também o que tranquiliza, na ausência de inspeção, pois nunca recebi ninguém na minha classe, obtenho pouco retorno e também tenho um certo medo de me enganar (Professor certificado de Matemática, Colégio Apollinaire, há dois anos no estabelecimento).

Entretanto, essa transmissão só é possível quando há uma forte estabilidade e uma forte solidariedade entre os "antigos", como no Colégio Apollinaire. Em muitos estabelecimentos periféricos, a situação é mais próxima da do Colégio Verlaine, em que as partidas dos "antigos", ligadas às dinâmicas demográficas e a um desengajamento profissional em fim de carreira, traduzindo-se por pedidos de transferência, e a chegada em grande número dos "novos", que ficam alguns anos, antes de também pedir transferência, impede esse modo de coesão mais "mecânica" de subsistir. Em muitos desses estabelecimentos, a taxa muito elevada de rotatividade dos docentes leva a que os laços entre os profissionais da educação se enfraqueçam ou desapareçam, acarretando um funcionamento de tipo anômico. Outros estabelecimentos, como o Colégio Verlaine, conseguem se manter, mas entram num processo de *balcanização* (HARGREAVES, 1992). As lógicas comunitárias e fusionais dão lugar a uma fragmentação em pequenos grupos, formados a partir dos gostos e dos interesses comuns parciais. Os "novos" docentes desenvolvem uma sociabilidade geracional seletiva, através de contatos que lhes permitem sustentar-se mutuamente diante das múltiplas provações cotidianas. Todavia, ao contrário dos "antigos", observa-se neles um desejo mais forte de separar aquilo que se deve ao apoio moral e aos contatos amistosos e aquilo que se deve a *uma coesão quanto aos métodos* em torno de projetos pedagógicos. Efetivamente, esses "novos" docentes aderem, bem mais do que os "antigos", a uma certa lógica de profissionalização com forte conotação administrativa, adquirida através da formação nos novos Institutos Universitários de Formação dos Mestres[3] e estimulada pelos textos oficiais e por uma parte das autoridades hierárquicas. Sem estar sempre conscientes da maneira pela qual essas novas tecnologias são formas de controle que permitem uma gestão "liberal" do social nas sociedades pós-capitalistas (BERNSTEIN, 1996; BOLTANSKI & CHIAPELLO, 1999; COURPASSON, 2000), eles têm uma visão do trabalho coletivo no seio da qual os dispositivos formalizados, os procedimentos de organização e as técnicas de gestão desempenham um papel importante (DEROUET & DUTERCQ, 1997; VERHOEVEN, 1999):

> Neste colégio, há muitos grupos de trabalho e isso é muito bom. Há reuniões convocadas pelos docentes; há grupos de discussão chamados *hora azul*. É quando estabelecemos deveres comuns, falamos dos resultados de uma classe a outra. Acontecem coisas. Não voltamos para casa à noite, depois de terminar a nossa última hora de aula (Professora certificada de Alemão, Colégio Verlaine, há um ano no estabelecimento).

Ora, se todos os docentes lembram o fato de que trabalham em equipe, o sentido dado a esse termo é muito variável e corresponde apenas para uma minoria à ideia de uma colaboração para atingir objetivos pedagógicos ou educativos precisos. Para muitos docentes, "antigos" e "novos", o *trabalho em equipe* parece constituir pelo menos tanto um meio de reunir-se em torno de certos modos de trabalho e de uma certa relação com o ofício, quanto um meio de agir em relação aos alunos. Fazem-se coisas juntos porque se gosta da companhia dos colegas, a rigor independentemente ou quase daquilo que se faz, predominando a dimensão relacional sobre a eficiência pedagógica. Para os "antigos", a influência das redes de sociabilidade é especialmente importante, pois o trabalho em equipe, que se baseia bem mais em contatos e conivências implícitas do que em procedimentos formais de trabalho em comum, desempenha também um papel simbólico importante de valorização de uma identidade positiva e de uma ética profissional que vai muito além do seu papel propriamente pedagógico:

> Será que nos "bons" estabelecimentos, tipo Henri IV ou Janson-de-Sailly, será que o trabalho em equipe proporciona as mesmas alegrias? Não sei. Mas tenho a firme certeza de que, nos estabelecimentos difíceis, só o trabalho em equipe pode ser uma solução e uma saída para as dificuldades que se encontram. Disso estou verdadeiramente convencido (Professor PEGC de Matemática e Física, Colégio Apollinaire, há 26 anos no estabelecimento).

---

3. Os Institutos Universitários de Formação dos Mestres, criados em 1991, têm como objetivo oferecer aos docentes do primário e do secundário uma formação inicial centrada numa revalorização da dimensão profissional, pela articulação dos saberes científicos e pedagógicos e pelo desenvolvimento de competências, não só disciplinares, mas também relacionais e organizacionais.

Em contrapartida, os "novos" que criticam a confusão supostamente causada pelos "antigos" entre a convivência amistosa e os contatos propriamente profissionais, insistem mais na necessidade de reforçar os dispositivos formais. Entretanto, estão tão preocupados com os problemas organizacionais gerados pela instalação desses dispositivos que o trabalho em equipe acaba se tornando um objetivo em si, mais do que um meio a serviço de um projeto. Apenas alguns grupos parecem capazes de fazer do trabalho de equipe ao mesmo tempo uma ferramenta de desenvolvimento profissional e um instrumento de melhora das condições de escolarização do seu público. Nesse caso, trata-se muitas vezes de grupos em que trabalham juntos "antigos" e "novos", que se apoiam em aportes exteriores através de leituras, estágios e experimentações diversas, e que são estimulados pelo chefe do estabelecimento ou por membros da hierarquia administrativa.

A socialização pelo chefe do estabelecimento: energia carismática, colegialidade "obrigatória" e produção local de sentido

Com a massificação e a descentralização, as expectativas em relação aos chefes de estabelecimentos aumentaram consideravelmente. Nos colégios populares, principalmente, a administração exige dos diretores que mantenham a paz no estabelecimento e estimulem projetos que permitam reduzir o fracasso escolar. Entretanto, na França, eles nunca puderam ter um papel importante de coordenação hierárquica junto aos docentes, uma vez que têm pouco controle sobre o essencial, isto é, sobre a atividade pedagógica em classe. É verdade que a descentralização e as injunções institucionais de trabalho por projeto, em equipe, no quadro de contratos de objetivos suscetíveis de serem objeto de avaliações externas ao seio dos estabelecimentos, dotaram os chefes de estabelecimentos de recursos novos, para garantir uma *coordenação associativa*. Esta deixa, entretanto, uma margem de apreciação e autonomia bastante ampla para os associados, ou seja, os docentes, o que provoca o problema da maneira pela qual estes concebem o papel do chefe de estabelecimento e os fundamentos da sua legitimidade para enquadrar a sua atividade. Ora, se os docentes dos estabelecimentos "difíceis" tendem mais que seus colegas a atribuir um papel importante à direção, suas expectativas em relação a ela não são necessariamente convergentes.

Entre os "antigos", pode haver uma certa tendência a negar a importância do papel de impulsão do chefe do estabelecimento. Como vimos, a partir do momento em que a competência é essencialmente atribuída à experiência, a antiguidade, o bom conhecimento dos alunos e do bairro, assim como a coesão interna, quando ela existe como no Colégio Apollinaire, permitem reivindicar uma certa autonomia de funcionamento, uma "autogestão" das dificuldades em uma responsabilização coletiva pela socialização profissional dos recém-chegados. Essa tendência tem ainda mais chances de desenvolver-se, pois em muitos estabelecimentos periféricos, os chefes de estabelecimentos só permanecem alguns anos antes de partirem para estabelecimentos mais tranquilos e prestigiosos. Entretanto, esses docentes, no fundo, desejariam uma personalidade capaz de dar um *impulso de tipo carismático* à atividade dirigida para públicos mais em dificuldade, por meio de um engajamento pessoal em uma missão. Quando parece que o chefe de estabelecimento não pode assumir esse papel, este é muitas vezes parcialmente atribuído a um docente que assume a liderança dos projetos pedagógicos e se apresenta frequentemente como concorrente potencial do chefe de estabelecimento. Mas isso não impede os docentes de lamentarem uma ausência de apoio, que relacionam com o investimento mais importante do chefe de estabelecimento em outras atividades:

> Atualmente, os diretores se ocupam muito de finanças e de comércio exterior, fazem relações públicas, comunicação, essas palavras da moda, mas não ficam mais no estabelecimento [...] O Sr. P é um excelente *public relations*. É tremendamente brilhante nessa área, melhor para nós! Digamos que este colégio é especialmente bem representado no exterior. Então, eu desejo que aquilo que acontece no interior esteja à altura daquilo que se diz no exterior (Professor certificado de EPS, Colégio Apollinaire, há 14 anos no estabelecimento).

Aliás, a ausência do chefe do estabelecimento é ainda mais condenada, pois nesse modelo, a manutenção da ordem também é percebida como repousando inteiramente sobre a capacidade do chefe de estabelecimento de impor a sua autoridade aos alunos, por uma hábil dosagem de aproximação e distanciamento e pela instauração informal de um conjunto de normas locais de funcionamento. De fato, a legitimidade de tipo carismático que é atribuída ao chefe de estabelecimento faz com que a coesão e a motivação da *comunidade emocional* formada, até certo ponto, pelos docentes, sejam sempre fortemente ameaçadas pelo desaparecimento do chefe ou por sua presença "em filigrana" no estabelecimento.

Os "novos" docentes tendem mais a enfatizar o papel do chefe de estabelecimento em matéria de adequação dos meios aos fins visados pela instituição. Muitas vezes, é em função de critérios ligados a essa lógica (competências em matéria de coordenação, de animação e de avaliação dos projetos e das equipes) que esses docentes avaliam positiva ou negativamente a atividade da administração do estabelecimento:

> Não há impulso nem energia dados pelo diretor. Ele tem vontade de assumir um papel pedagógico, mas não sabe mobilizar uma equipe. Penso que há um problema de formação na gestão do grupo. Um grupo se administra, e administra-se no nível da comunicação interna e acho que a grande dificuldade num colégio, que é uma empresa em pequena escala, é a sinergia (Professora certificada de Espanhol, Colégio Verlaine, há dois anos no estabelecimento).

No modelo, que se pode chamar de *racionalista-administrativo*, espera-se, do chefe do estabelecimento, menos certezas morais ou uma presença intensiva do que uma capacidade de coordenar as ações de todos. Mas esse modelo, aparentemente mais igualitarista, dá ocasião a muitos conflitos de poder, pois os docentes percebem de modo confuso que ele se deve a uma "colegialidade obrigatória" que é na realidade, nas organizações liberais, pelo menos tanto um novo modo de controle quanto um meio de resolução coletiva dos problemas (HARGREAVES, 1992; BALL, 1994):

> No início, havia um grupo de pilotagem pedagógica que refletia sobre o projeto do estabelecimento e que era muito dirigido pelo chefe do estabelecimento, e tão dirigido que, finalmente, houve uma impressão de falta de sentido no trabalho que fazíamos, porque o resultado dele era pouco levado em consideração e, por fim, as decisões eram sempre tomadas "de cima" e caíam sobre nós sem mais conversa nem negociação. Assim, com isso o trabalho do grupo de pilotagem pedagógica foi suspenso e formaram-se pequenos grupos de reflexão entre nós, entre colegas, muito mais informais (Professora certificada de Espanhol, Colégio Verlaine, há dois anos no estabelecimento).

Entre os docentes mais empenhados coletivamente em ações visando reduzir o fracasso escolar e a exclusão dos adolescentes da periferia, as expectativas dos "antigos" e dos "novos" coexistem com uma insistência muito maior na necessidade, para o chefe do estabelecimento, de dar um sentido local ao investimento dos professores. Se esses docentes procuram claramente um líder capaz de mobilizar e remobilizar as tropas, eles esperam principalmente do diretor que este seja capaz de enunciar claramente as finalidades das ações. Desejam também que ele ou ela seja capaz de apoiar os docentes em suas dúvidas, hesitações e sua construção progressiva de um modo de funcionamento apropriado às necessidades do seu público e corrigir os erros cometidos no trajeto, graças à sua experiência profissional e à possibilidade, pela sua função, de adotar um ponto de vista mais distanciado em relação às situações concretas. Esses docentes exigem também do chefe do estabelecimento competências organizacionais, mas estas são subordinadas a uma capacidade mais global, que é ser capaz de ditar ou até de encarnar uma *norma educativa do estabelecimento*:

> Penso que se o chefe do estabelecimento acredita em um certo número de valores e em um certo número de coisas, ele pode fazer com que o estabelecimento funcione de uma certa maneira, e, logo, pode impulsionar, agir mais ou menos como um regente de orquestra, que consegue obter de cada pessoa o melhor para a mesma causa, isto é, a satisfação do público (Professora certificada de Italiano, fazendo atualmente uma formação para tornar-se chefe de estabelecimento, Colégio Verlaine).

Ora, muitos desses chefes de estabelecimento só podem decepcionar profundamente essas expectativas, que entram em contradição com as suas lógicas de carreiras e com a visão que eles têm, eles mesmos, do seu papel. Assim, os chefes de estabelecimento evitam investir-se na manutenção interna da ordem, que é, ao seu ver, uma atividade bem menos nobre do que o ensino e bem menos prestigiosa do que o trabalho externo de coordenação, de promoção e de representação do estabelecimento (GRELLIER, 1998). Sem dúvida, eles se apresentam muitas vezes no exterior, notadamente junto aos pais de alunos, como garantidores da Lei, não só no interior do estabelecimento, mas também em relação ao bairro, opondo a regra escolar à anarquia da vizinhança. No interior, eles também se fazem os porta-vozes de um discurso oficial sobre a cidadania, que se dirige a todo o pessoal, porém mais particularmente aos professores, e que permite a estes manifestar simultaneamente a sua adesão aos objetivos institucionais e a sua consideração das características do seu público. Assim, eles podem encontrar uma forma de valorização no fato de exercer um papel de conselho, notadamente junto ao pessoal iniciante, em nome de uma lógica educativa global e de uma consideração da especificidade do público:

> Pode acontecer que um professor tenha um comportamento que necessite de uma conversa e que eu lhe diga: será que você faria isso com seu próprio filho? Logo, não há nenhuma razão para fazê-lo a um outro, ou se alguém fizesse isso com o seu menino, como é que você reagiria? Não vou adotar essa abordagem com todos, mas acho que é importante dispor dessa abordagem (Diretor, Colégio Apollinaire).

Em contrapartida, o que os chefes que trabalham em estabelecimentos periféricos procuram evitar a qualquer preço, é intrometer-se na gestão cotidiana da disciplina e dos múltiplos conflitos que não deixam de surgir entre os docentes e os alunos e também entre os docentes e as outras categorias do pessoal. Isso causa um fenômeno clássico de delegação para os principais adjuntos e conselheiros de educação, tornando-se estes os representantes "internos" do chefe do estabelecimento, mais ainda porque este último encontra-se monopolizado pelas relações com o exterior (KHERROUBI & VAN ZANTEN, 2000).

Muito mais numerosos são os chefes de estabelecimento que desejam investir-se mais na área educativa. Alguns, aliás, deixaram o ensino, pois estavam em oposição com as lógicas individualistas de trabalho dominantes na profissão. Aprovam as novas diretivas da administração, que ampliam suas competências nessa área, ainda mais porque têm todo o interesse em representar as incitações institucionais, para se tornarem bem-vistos pelos seus superiores (PÉLAGE, 1998). Muitos se apresentam, aliás, como tendo um papel de intermediários entre as normas oficiais e as práticas profissionais, a partir de uma crítica do imobilismo, das divisões e do passadismo do mundo docente:

> Eles não trabalham muito em equipe, o que em nossos dias é quase uma falta profissional. Nunca estão nos lugares de vanguarda, assim fazem figura de indivíduos nostálgicos de um passado que não voltará, de uma época em que havia 200 alunos na sexta série, 200 na quinta e depois, de repente, só havia 100 na quarta. Isso acabou! Há 200 na quinta, 200 na quarta [risos] e temos de dar conta deles, só isso! [...] O nosso problema

> é que às vezes temos a impressão de que não conseguimos fazer com que os professores se mexam. Bem, agora, quando se vê que mais da metade deles estão em ações de projeto, fazem percursos diversificados, reúnem-se, fazem trabalho de equipe, acho que, apesar de tudo, as coisas andam (Diretor, Colégio Verlaine).

Entretanto, os chefes de estabelecimentos são frequentemente levados a abandonar essa dimensão do seu trabalho em razão das solicitações e das pressões externas por parte da administração, das coletividades locais ou dos pais. Principalmente, o seu investimento é fortemente limitado pelo fato de que eles não se sentem capazes de assumir uma verdadeira liderança pedagógica, por falta de tempo, de meios, e principalmente de um projeto coerente em nível nacional, que eles poderiam adaptar localmente:

> Encontro muitos professores infelizes, que não têm mais fé em sua missão, que na verdade não se sentem bem consigo mesmos, com o seu ofício, com suas convicções, mas não sei como lhes dar fé no ofício, não cabe a mim fazer isso (Diretor, Colégio Verlaine).

Na realidade, eles adotam uma posição que enfatiza muito mais a regulação burocrática do que a regulação normativa.

Conclusão

Esta análise dos modos de regulação da atividade docente nos estabelecimentos escolares da periferia mostra a importância, nos estabelecimentos que ainda estão preservados da espiral anômica gerada pela fuga e pelo desengajamento dos professores, de uma *regulação autônoma* que se baseia amplamente sobre uma interação com os alunos, mediada pela consideração do ponto de vista e das maneiras de fazer dos colegas. Efetivamente, a observação indireta ou direta das práticas dos outros, as discussões informais dentro ou fora do estabelecimento, as trocas de opiniões sobre os alunos, as "receitas" em matéria de disciplina ou de deveres e exercícios permitem construir progressivamente normas comuns que diferem daquelas em vigor em estabelecimentos que acolhem proporções menos importantes de alunos com dificuldades. Se todos os docentes não aderem com a mesma intensidade a essas normas, a presença de uma minoria considerável e unida, que as aceita e faz-se vetor delas junto aos recém-chegados ao estabelecimento, desempenha um papel central na manutenção de um certo nível de empenho e de coerência no trabalho, que impede a proliferação de condutas desviantes nos alunos e a intervenção "enérgica" da administração.

Paralelamente, observa-se assim a introdução nesses estabelecimentos de novos modos de *colegialidade obrigatória*, promovidos pela administração para garantir um controle mais flexível e menos pesado. Esses novos modos de regulação, que se baseiam em métodos como o projeto, o trabalho em equipe ou a avaliação externa, são veiculados por uma grande fração dos "novos" docentes, para quem esses procedimentos se incluem numa lógica de "profissionalização" à qual eles aderem fortemente. Em contrapartida, são olhados com muita suspeita pelos "antigos", para quem tudo isso são "truques" destinados a produzir uma boa imagem do estabelecimento e principalmente do seu chefe. Na verdade, os chefes de estabelecimento, por obrigação, mas também de modo relativamente voluntário, também são portadores de um discurso sobre esse tipo de regulação que lhes permite melhor consolidar a sua autoridade pedagógica no interior e sua imagem dinâmica no exterior, junto aos pais, às coletividades locais e à administração. Se nem sempre é fácil distinguir o que é mudança no discurso e o que é mudança real nas práticas, essa *colegialidade obrigatória* exerce também efeitos não desprezíveis no engajamento temporário dos jovens docentes, numa certa redistribuição das tarefas e no ajuste às demandas de certas categorias de pais (VAN ZANTEN, 2000a).

Todavia, parece evidente que nenhum desses dois modos de regulação permite atualmente aos estabelecimentos da periferia sair da situação de dependência em que se encontram, e pôr a sua autonomia a serviço da integração dos adolescentes que pertencem às camadas mais desfavorecidas da população. A *colegialidade autônoma*, principalmente quando funciona como quase autarquia em relação ao resto do sistema escolar e em relação a instâncias administrativas, de formação ou de pesquisa suscetíveis de proporcionar um acompanhamento e um olhar exterior aos docentes, ocasiona formas de adaptação contextual que, mesmo limitando a rebelião dos alunos ou a revolta dos pais, afinal só faz reproduzir as desigualdades e os processos de exclusão. A *colegialidade obrigatória* tende com mais frequência ao discurso mágico do que a uma mudança real, no nível da administração das organizações escolares, mas pode aumentar, não obstante, a dominação dos estabelecimentos "periféricos" que, em nome da "modernização" e da adaptação à demanda, não propõem mais nenhum projeto claro dirigido à maioria dos seus alunos (VAN ZANTEN, 2001). Entende-se pois a enorme dificuldade que encontra o punhado de docentes muito mobilizados em favor de uma melhora da escolarização em ambiente "difícil" para manter essa mobilização ao longo do tempo, para estendê-la a um número maior de colegas e para ter um apoio efetivo por parte dos chefes de estabelecimento e das administrações locais.

11
Os professores e o "novo" espaço público da educação

António Nóvoa
Universidade de Lisboa

> Nossa civilização está em crise. E o sinal mais convincente é sem dúvida a falência da nossa educação. Pela primeira vez na história, talvez, o homem se reconhece incapaz de educar seus filhos. Nossas prodigiosas descobertas na psicologia, nossas iniciativas pedagógicas, muitas vezes tão interessantes e generosas, não podem evitar essa constatação de fracasso; elas fazem com que o fracasso pareça ainda mais escandaloso. [...] Pode ser que essa desordem seja, na verdade, uma passagem para uma ordem superior, que essa destruição preceda uma criação. Pode ser; mas nada sabemos. Não temos outro recurso senão fazer um julgamento lúcido sobre aquilo que é (REBOUL, 1974).

Abro este texto com palavras "antigas" de Olivier Reboul, que me permitirão, logo de saída, ressaltar dois elementos essenciais à minha argumentação. O primeiro se refere à recorrência de um "discurso de crise", que atravessa o pensamento sobre a escola desde o fim do século XIX. Reboul, otimista, o aborda a partir da hipótese de que se trataria de uma *transição* para uma ordem superior. Para alguns – mas certamente não para o autor de *L'élan humain ou l'éducation selon Alain* – a "solução" estaria numa combinatória entre as lógicas do "mercado" e das "famílias". Quanto a mim, afirmo que assistimos ao fim do "Estado educador", mas isso não nos conduz, inevitavelmente, a fechar as escolas dentro de redes privadas (familiares, comunitárias, religiosas, econômicas). É por isso que defendo um esforço de abertura para o conjunto das possibilidades que podem contribuir para a renovação do espaço público da educação.

A segunda declaração de Reboul nos convida a um exercício de razão e de lucidez. Hoje, são os mesmos conceitos e princípios que circulam no plano mundial, como uma espécie de réplica a um discurso que tem seu centro nos Estados Unidos. Uma vez mais, como aconteceu em períodos-chave da história, tende-se a encarar a educação como a referência primeira dos programas de "reforma social". As teses mais populares se agrupam em torno de dois eixos: por um lado, a descentralização, a autonomia, as comunidades, a proximidade do local, a presença das famílias; por outro lado, a avaliação, a eficiência, a responsabilidade, a disciplina, a autoridade, a exigência acadêmica. Mas o consenso que se criou em torno dessas palavras que, na verdade, legitimam políticas muito diferentes, é ilusório. O estudo documentado e a análise rigorosa são os únicos meios para construir uma compreensão das controvérsias atuais, e de tudo o que as inspira.

Meu interesse se dirige às tensões entre a educação como *bem público* ou como *bem privado* que atravessam, uma vez mais, os debates sobre a escola. A questão é muito antiga, mas ela adquire, nos nossos "tempos mercantis", em que a educação é encarada como uma "mercadoria" submetida às leis do comércio e da livre concorrência (cf. os documentos assinados na Organização Mundial do Comércio), uma amplitude totalmente nova. Não se trata de retomar a querela escola pública/escola particular ou um pensamento dicotômico, que separaria os interesses públicos e os interesses privados. É preciso superar essas oposições, que empobrecem o debate. A propriedade da escola ou os dispositivos pedagógicos instalados não me são indiferentes, mas, neste texto, eles não estão no centro da minha argumentação. Sinto-me quase tentado a subscrever o agnosticismo de Larry Cuban, quando afirma que há "boas escolas" nos diferentes lados da barricada, sugerindo que a batalha de palavras entre os defensores do ensino tradicional e os do ensino progressista "tende a ignorar que a revitalização, a cada geração, das virtudes democráticas é a finalidade principal da escola pública, e, o que é ainda mais triste, tende a ignorar as boas escolas que já existem hoje" (2000: 169).

Para evitar as armadilhas de um pensamento dicotômico, prefiro elaborar minhas reflexões em torno das narrativas que organizam o debate sobre a escola, interrogando-me, na primeira parte, sobre o fim da educação, no sentido duplo de "finalidade" e "término". Tomo a metáfora do *espaço* muito mais no sentido social do que geográfico, para remeter os processos de reconstrução da educação ao espaço privado e os de renovação da educação ao espaço público. Seria desejável um fechamento das famílias em si mesmas, através de uma lógica de "proteção" ou de "consumo", levando a uma concepção da educação como um bem que se desenvolve num espaço privado? Ou seria preferível uma abertura das escolas, pondo fim aos obstáculos corporativos, estatais e burocráticos, preservando ao mesmo tempo o caráter público da coisa educativa?

Defendendo esta última hipótese, explico que o desenvolvimento desse espaço público, que não consiste em fazer alguns retoques na escola pública sob a tutela do Estado, acarreta toda uma série de consequências para repensar o trabalho e o *status* dos docentes. A segunda parte do texto é dedicada à apresentação de três dilemas da profissão docente: a comunidade, a autonomia e o conhecimento. Não são dilemas recentes. Pelo contrário, eles se apresentam a cada guinada da história da educação. Mas adquirem hoje configurações novas e exigem respostas por parte dos docentes. É um debate que tem repercussões no trabalho pedagógico e na própria identidade da profissão docente. Eu o abordarei com a ajuda de três teses, que apresentam "famílias de competências" – saber relacionar e saber relacionar-se, saber organizar e saber organizar-se, saber analisar e saber analisar-se – que redefinem a presença dos docentes no espaço público da educação.

O fim da educação

A ausência de sociedade

Em 1970, Ivan Illich publicou um livro simbólico. *Deschooling Society*, título traduzido em francês como *Une société sans école*, se inseria numa crítica do "projeto escolar" nascido em lugares tão diferentes quanto a sociologia da reprodução, as pedagogias não diretivas, as teorias da libertação, as abordagens institucionalistas ou os movimentos de educação permanente. A história não confirmou as expectativas de Illich. Durante os 30 últimos anos, assistimos à expansão dos sistemas escolares que invadiram todos os tempos e espaços da vida. O apelo recente "à educação e à formação ao longo da vida inteira" é o episódio mais novo de um longo processo de escolarização da sociedade.

As teses da desescolarização ainda estão vivas em algumas correntes radicais. *Escaping Education*, de Madhu Prakash e Gustavo Esteva, questiona a ideia segundo a qual a educação é um "bem universal" e um "direito humano"; defendendo a volta à cultura dos não instruídos, a obra celebra "a engenhosidade e a coragem daqueles que sobrevivem apesar das diversas formas de exclusão e de discriminação que lhes são impostas pela escola" (1998: 87). Hoje, é na emergência de um *discurso comunitário*, de tendência conservadora ou progressista, que se circunscreve a crítica mais sistemática do modelo escolar.

O *comunitarismo*, em suas múltiplas variantes, está presente no conjunto dos debates educativos. Seus limites se estendem no espaço imenso que vai do "individualismo" ao "coletivismo": "Se, nos anos 1960, a ideologia dominante era o coletivismo, e nos anos 1980 o individualismo, agora que nos aproximamos de um novo milênio a palavra-chave é *comunitarismo*" (SACKS apud ARTHUR, 2000: vii). O sucesso do conceito reside, justamente, na sua imprecisão e na sua plasticidade. Ele pode incluir quase tudo: do fundamentalismo religioso, que se legitima pelo "bem da comunidade", até as visões radicais dos "modelos alternativos" de organização social (ARTHUR, 2000).

Em 1995, o filósofo Neil Postman publicou uma obra que, infelizmente, teve pouca repercussão na Europa. Escrita à maneira das grandes reflexões sociais do fim do século, *The End of Education* pretendia ser uma réplica ao "fim da história" de Fukuyama, mas com o acréscimo do segundo sentido do termo *fim*, não só como "conclusão", mas também como "finalidade" ou "sentido". O autor se interroga sobre a crise da escola, mas interessa-se principalmente pelos *novos concei-*

tos que poderão dar um sentido à intenção de educar. Rejeita diversos *deuses* que procuram reorganizar o projeto escolar – os deuses da utilidade econômica, do consumismo, da tecnologia, do separatismo étnico ou cultural – concluindo que a educação pública depende da adoção de conceitos compartilhados e da recusa de conceitos que levam à alienação ou à separação:

> "O que torna públicas as escolas públicas, não é tanto o fato de ter objetivos comuns, mas o fato de que seus alunos tenham objetivos comuns. A razão é simples: a educação pública não serve a um público, ela forma um público. [...] O debate essencial não se refere a computadores, exames, avaliação dos docentes, tamanho das classes ou outros aspectos da gestão das escolas. O debate se refere a dois pontos, e somente a eles: a existência de conceitos compartilhados e a capacidade desses conceitos de dar uma razão de ser à educação" (1995: 18).

A perspectiva de Postman abre um debate que se increve numa história, recusando as panaceias que circulam com excessiva leveza. É fácil estabelecer um consenso em torno de meia dúzia de princípios: exames, padrões, avaliação, responsabilidade, mérito, flexibilidade, livre escolha das escolas, cheques-estudo, revalidação, descentralização, etc. Mas sempre falamos de *meios*, evitando assim uma interrogação sobre os *fins*. Ora, quais são os conceitos que organizam esses princípios ditos consensuais? Sem um pensamento histórico e filosófico cairemos na agitação das palavras e dos instantes – o que é a pior maneira de introduzir o debate educativo. É por isso que insisto na necessidade de inscrever a nossa reflexão na história, de inscrever-nos na história. Não para ficar prisioneiros dela: a história não é uma fatalidade, é uma possibilidade, mas para que saibamos, a partir da consciência histórica, encontrar novos caminhos para conduzir a nossa intenção de educar.

> "As notícias sobre a escola não são boas, dizem. Lembram-nos constantemente o seu fracasso. Nossos filhos não estão preparados para enfrentar os desafios do presente e do futuro. Nosso sistema educativo é fraco e ineficaz, como mostram os maus resultados dos alunos e a situação generalizada de indisciplina. Nossos docentes são malformados e estão mais preocupados com seus próprios interesses do que com os dos alunos ou com a economia do país. O saber ensinado na escola é obscuro e medíocre, e não consegue elevar o nível moral da nação" (APPLE, 1999: XV).

Essa descrição das contradições da reforma educativa nos Estados Unidos aparece na introdução de um livro publicado recentemente. A citação poderia ser a epígrafe de qualquer outro livro, em qualquer lugar do mundo.

Ao longo do século XX, concepções pedagógicas, psicológicas e sociológicas da infância foram misturadas com as "ideologias da salvação", alimentando a ilusão de que a escola é um lugar de "redenção pessoal" e de "regeneração social". Simultaneamente, a demissão das famílias e das comunidades de suas funções educativas e culturais transferia uma multidão de missões para as escolas. Além do "currículo tradicional", ondas sucessivas de reformas acrescentaram técnicas e

11. Os professores e o "novo" espaço público da educação

saberes novos, assim como um conjunto interminável de programas sociais, culturais e de apoio: educação sexual, luta antidrogas e antiviolência, educação ambiental, formação para as novas tecnologias, noções de trânsito, clubes europeus, atividades artísticas e esportivas, oficinas de todos os tipos, grupos de defesa do artesanato e das culturas locais, educação para a cidadania... A lista poderia ocupar o resto deste capítulo. Não há dúvida nenhuma de que, tomados isoladamente, cada um desses programas é do maior interesse, mas, vistos em conjunto, ilustram bem o amálgama no qual se transformou a nossa ideia de educação.

Uma sociedade sem escola, propôs Illich. *Escolas sem sociedade*, constatamos nós trinta anos depois. "Sem sociedade", porque estamos diante de uma ruptura do pacto histórico que permitiu a consolidação e a expansão dos sistemas públicos de ensino e que constituiu uma das marcas da civilização no século XX. "Sem sociedade", porque hoje, para muitos alunos e muitas famílias, a escola não tem nenhum sentido, não se inscreve num conceito coerente do ponto de vista dos seus projetos pessoais ou sociais. Não conseguiremos progredir em nossas reflexões se não percebermos o alcance dessa dupla ausência de sociedade que, paradoxalmente, projeta sobre os docentes um excesso de esperanças e de missões, que eles não são capazes de realizar por si mesmos.

Nesse contexto, não é estranho que os debates estimulem fortemente um engajamento social em relação à educação. As exortações sistemáticas à escola como "responsabilidade de todos", as políticas de descentralização e de "proximidade ao local", ou o discurso comunitário nascem da mesma preocupação. Mas reconheçamos que o consenso para aqui. O que fazer? A pergunta recebe as respostas mais variadas e mais contraditórias. Correndo o risco de uma excessiva simplificação, direi que há duas grandes tendências, que em certos momentos se superpõem, mas que abrangem conceitos distintos do projeto educativo: a reconstrução da educação como espaço privado e a renovação da educação como espaço público.

A distinção é puramente analítica. Ela procura esclarecer algumas das correntes atuais que atravessam o debate educativo. Não pretende erigir-se em programa. É fácil reconhecer que muitas tendências, que vão aparecer analiticamente separadas, se encontram associadas na "vida real", através dos projetos e das iniciativas que se inspiram de diferentes ideias e perspectivas (LEVIN, 2001). Além disso, não tenho absolutamente a intenção de voltar à querela escola particular/escola pública. Em certa medida, a controvérsia sobre a "propriedade" dos estabelecimentos de ensino me deixa indiferente. Historicamente, muitas instituições privadas cumpriram uma função pública e muitas instituições públicas serviram unicamente a interesses privados. Meu objetivo é explicar a diferença entre um conceito privado e um conceito público da educação, na acepção escolhida por Neil Postman. Ou, para ser ainda mais claro, entre perspectivas que organizam a educação numa esfera privada ou numa esfera pública, para recorrer à contribuição teórica de Jürgen Habermas em *The structural transformation of the public sphere* (cf. FRASER, 1997). É esse o sentido da minha interrogação.

A reconstrução da educação como espaço privado

A "crise da escola" provocou reações diversas, procurando "encerrar" ou "proteger" as crianças em espaços privados. As justificativas se baseiam em argumentos sociais (ausência de valores e violência crescente nas escolas) ou em argumentos acadêmicos (escolas sem qualidade e docentes medíocres)[1]. Entretanto, é necessário não construir uma unidade artificial em torno de correntes e perspectivas que têm origens e motivações muito diferentes (CARNOY, 2000; GORARD; FITZ; TAYLOR, 2001).

A combinação de um individualismo apoiado por quadros familiares e religiosos com uma lógica de mercado e de competição se mostrou muito poderosa e influente. Mas ela não conduziu a um plano único de ação. Pelo contrário, há uma multiplicidade de soluções e de políticas, como explica John Witte (2000). Em suas análises, Henry Levin chama a atenção sobre quatro critérios – liberdade de escolha, eficiência, equidade e coesão social – que ele considera como essenciais no estudo das políticas de privatização: "Diferentes planos valorizam prioridades diferentes no seio desses quatro critérios. Dentro de certos limites, esses planos são muito flexíveis e podem ser projetados para atingir prioritariamente objetivos determinados" (2001: 9).

A partir de um estudo da situação nos Estados Unidos, mas também em certos países europeus e sul-americanos[2], é possível identificar três grandes tendências de privatização: a escola em casa, os cheques-estudo e as *charter schools*.

A escola em casa. A volta a práticas de ensino em domicílio (*home schooling*), forma de educação das elites no século XIX, é um dos fenômenos mais curiosos destes últimos anos. Preocupadas com a "coerência" e a "proteção" dos herdeiros, essas práticas se desenvolveram num ritmo muito significativo, originando, em certos países, o aparecimento de um verdadeiro sistema educativo paralelo. Nos Estados Unidos, mais de um milhão de crianças e adolescentes, de 5 a 17 anos, são instruídos em casa. É uma situação-limite de "divisão social" que possui duas estruturas principais de apoio: um conjunto de empresas privadas que elaboram programas de formação e de "supervisão pedagógica" dos pais e lhes fornecem o material curricular e didático[3]; uma rede muito ativa de "comunidades religiosas"

---

1. Desejo agradecer a dois colegas por colaborarem na elaboração desta seção: John Witte (diretor da Robert La Folette School of Public Affairs, University of Wisconsin-Madison) e Henry Levin (diretor do National Center for the Study of Privatization in Education, Columbia University, Nova York).

2. Referindo-me unicamente a esses dois continentes, os exemplos mais citados na literatura especializada são o Reino Unido e os Países Baixos (na Europa), e o Chile e a Colômbia (na América Latina).

3. Em certos casos essas empresas privadas se propõem a assumir a responsabilidade da gestão da "carreira escolar" das crianças e adolescentes, mediante a assinatura de um contrato que lhes garanta a recuperação de uma porcentagem (por volta de 1%) dos salários que esses alunos receberão durante a sua futura vida profissional.

que enquadram e legitimam, do ponto de vista moral e social, esse conjunto de processos (SPRING, 2002). Não se pode ignorar o peso das associações religiosas, especialmente das "escolas cristãs"[4] na criação de uma visão do mundo que organiza essas formas de educação.

Os cheques-estudo. Os cheques-estudo (*educational vouchers*) constituem a fórmula mais conhecida de "escolha educacional"[5]. Entretanto, sua aplicação concreta foi até agora limitada. Nos Estados Unidos, apesar da visibilidade adquirida no debate político, esses programas, muito limitados, atingem apenas 15.000 alunos (WITTE, 2000). Como afirma um dos seus principais defensores, esse movimento tem tradicionalmente dois pilares: "o conservadorismo e a religião" (MOE, 2001: 3). Todavia, a designação "cheques-estudo" engloba políticas bastante diferentes. Assim, os pesquisadores acabaram centrando mais os seus estudos sobre a estrutura concreta dos diferentes programas. O princípio de universalidade dos cheques-estudo (*universal vouchers*), tal como foi inicialmente formulado por Milton Friedman, tende a ser abandonado. Em contrapartida, as ações dirigidas prioritariamente para os alunos de meios desfavorecidos (*targeted vouchers*) ganham adeptos e suscitam uma maior adesão da "opinião pública" (MOE, 2001). Ainda não existem elementos que permitam avaliar com rigor o impacto acadêmico e social dessas políticas. O pouco que se sabe não parece confirmar nem a esperança de seus partidários (os cheques-estudo ajudariam a melhorar os resultados escolares dos alunos) nem o receio de seus detratores (os cheques-estudo contribuiriam para acentuar as desigualdades sociais e escolares)[6].

As *"charter schools"* são um movimento começado há dez anos nos Estados Unidos que já conta com 2.500 escolas, compreendendo uma população escolar de cerca de 600.000 alunos[7]. Diversos autores consideram que se trata da iniciativa mais radical de transformação do sistema educativo (HASSEL, 1999). Embora

---

4. Refiro-me particularmente às diversas correntes da "Christian Education", de inspiração protestante, e ao conjunto das regras e princípios que ditam as suas atividades. Na internet há uma informação importante sobre esse assunto (cf.www.teachinghome.com e www.acs.org). O estudo etnográfico de Alan Peshkin, *God's Choice. The total world of a fundamentalist christian school* (1986), é ainda hoje uma referência obrigatória para compreender esses movimentos.

5. Simplificando, podemos dizer que se trata de pôr à disposição das famílias, em certas condições, uma soma de dinheiro que lhes permita escolher livremente a escola para os filhos. Na maior parte dos casos, a justificativa para essa medida se liga à necessidade de garantir que alunos de meios desfavorecidos que frequentam escolas públicas "de má qualidade" possam ir para escolas particulares.

6. Sobre esse tema, a literatura é tão abundante que se torna impossível dar referências, mesmo sob uma forma incompleta. Assim, remeto apenas a alguns dos estudos mais recentes: Carnoy e Mcewan (2001); Dwyer (2002); Gill (2001); Good e Braden (2000); Gorard, Fitz e Taylor (2001); Moe (2001); Peterson e Campbell (2001); Peterson e Howell (2001); Sarason (2002); Walford (2001); Witte (2000).

7. As *charter schools* são escolas organizadas a partir de uma "carta de princípios", dotadas de grande autonomia, que se comprometem a atingir objetivos determinados. A responsabilidade da direção difere muito de uma situação à outra (pais, comunidades locais, docentes, associações, etc.). As escolas são subvencionadas pelos poderes públicos e gozam muitas vezes de contribuições e apoios econômicos privados.

essas escolas representem um "modelo híbrido" entre o público e o privado, elas são portadoras de um discurso comunitário, de aspecto político ou religioso, que procura preservar os meios escolares de uma excessiva "contaminação social". A abundante literatura produzida sobre esse tema revela, sem sombra de dúvida, um conjunto muito significativo de experiências bem-sucedidas; em contrapartida, ela mostra também uma grande instabilidade das escolas, causada pelas condições estruturais específicas que levaram à sua criação (uma dinâmica associativa, um grupo determinado de pais, uma iniciativa política local, etc.)[8]. Nesse caso, a distinção público/privado é particularmente problemática: "Essas propostas não significam necessariamente a privatização do financiamento ou dos meios educativos. Elas podem significar, é verdade, a privatização do objetivo da educação, na medida em que elas procuram responder somente aos interesses privados de certos grupos ou indivíduos" (LUBIENSKI, 2001: 660).

Referindo-se ao conjunto dessas três iniciativas, Seymour Sarason enfatiza o voluntarismo que as caracteriza, e as dificuldades que aparecem para a criação e a consolidação de novas instituições e dispositivos de formação[9]. É uma observação explícita que nos adverte contra duas ilusões alimentadas com uma grande leviandade pelo ambiente dos debates. De um lado, a ilusão de que estaríamos diante uma lógica de não reforma, que estabilizaria a vida das escolas e dos alunos. Nada mais falso. Estamos diante de iniciativas muito complexas, que exigem longos processos de aprendizagem e experimentação: "Se é verdade que muitas dessas escolas terão sucesso, é fácil prever que mais ainda fracassarão" (SARASON, 1998: 5). Por outro lado, a ilusão de que tudo isso se traduziria, com um toque de varinha mágica, "por uma melhor educação e custos menos elevados". Nada mais errôneo. A reconstrução da educação como espaço privado exige novos e importantes investimentos, tanto por parte das famílias e dos poderes públicos quanto do setor privado.

Desfazer essas ilusões permite situar o debate no seu lugar: quais são os *fins* da educação? Qual é o *conceito* que nos orienta? Num livro recente, Philippe Perrenoud explica que, se cada comunidade religiosa, étnica ou linguística, se cada classe social, se cada subgrupo da sociedade edificasse a sua própria escola, haveria sem nenhuma dúvida uma concordância mais profunda entre essa escola e aqueles que a frequentam: "Cada uma dessas escolas poderia adaptar as ciências, a arte, a filosofia, a história, a geografia, a educação para a cidadania ou a educação física à visão de mundo da comunidade onde a escola se situaria, de onde ela retiraria os seus meios de existência e onde ela recrutaria os seus professores. Essa

---

8. Consultar, por exemplo: Clinchy (2000); Cookson e Berger (2001); Finn, Manno e Vanourek (2000); Fuller (2000); Hill e Lake (2001); Kane e Lauricella (2001); Murphy e Shiffman (2002); Stacy (2001); Weil (2000); Wells e Scott (2001).

9. O autor utiliza o conceito de "*new settings*".

11. Os professores e o "novo" espaço público da educação

harmonia entre cada comunidade e a educação escolar destinada às suas crianças teria evidentemente um preço: as escolas seriam mobilizadas pelas guerras de religião, pelos conflitos étnicos ou linguísticos, pelos confrontos entre as classes sociais; elas contribuiriam para a divisão da sociedade e não para a sua unidade" (2002: 13). Ao modelo *para cada um a sua escola*, à perspectiva de uma educação que tende a "encerrar" as crianças nos seus meios sociais e em suas culturas de origem, eu oponho, nas páginas seguintes, a vontade de renovar a educação como espaço público.

A renovação da educação como espaço público

A afirmação da originalidade e da individualidade é um dos traços marcantes da cultura contemporânea. No campo educativo, todas as experiências e iniciativas reivindicam um *caráter único*, e é esse fato que as torna possíveis e lhes dão um sentido. Mas um simples olhar sobre o mapa do mundo permite compreender que são as mesmas propostas e discursos que circulam de uma "cultura local" para outra. A especificidade só é visível integrando-se nas maneiras de pensar que já conquistaram a nova "sociedade de redes e fluxos".

Repensar a educação como espaço público implica interrogar de maneira crítica o *one best system*, para usar a expressão consagrada por David Tyack (1974), e compreender as razões que impediram a escola de cumprir muitas das suas promessas históricas. É a partir daí que poderemos imaginar propostas que reconciliem a escola com a sociedade e que convoquem esta última a uma maior presença na escola.

O debate não pode ser adiado. Como conseguir que as famílias e as comunidades sintam que a escola lhes pertence, sem que, ao mesmo tempo, elas se fechem na "sua" escola? Como conseguir que a educação responda às aspirações e aos desejos de cada um sem ao mesmo tempo renunciar à integração de todos numa cultura compartilhada? As soluções do passado não respondem mais às questões do presente. Nas páginas seguintes, vou tecer três breves comentários, sugerindo algumas pistas para a renovação da educação como espaço público.

O "poder organizador das escolas". Inspirando-se no exemplo belga, Philippe Perrenoud (2002) mobiliza o conceito de "poder organizador" para apresentar novas modalidades de funcionamento das escolas. Existe um campo aberto de possibilidades, entre as visões extremas do "Estado" e do "Mercado": "O verdadeiro desafio consiste em evitar os processos atomizados de decisão, consolidando uma responsabilidade coletiva em relação à educação, mas sem criar de novo lógicas de planificação centralizada [...] que ajudaram a legitimar a tendência atual, visando considerar a educação como bem privado e não como responsabilidade pública" (WHITTY, 2001: 218). Na maioria dos países europeus, o Estado teve um papel muito importante na regulação do espaço educativo. Até podemos contar a história da escola como uma "invenção" de grupos de peritos (docentes, pedagogos, psicólogos, médicos, etc.), que conceberam um maquinismo especializado na "transformação das crianças em alunos", afastando as famílias e as comunidades locais da gestão dos processos educativos (NÓVOA, 2002; POPKEWITZ & NÓVOA, 2001). Isso contribuiu, de um modo ou de outro, para asfixiar o espírito associativo e as práticas de autonomia das instituições escolares. Hoje, é preciso recuperar o lugar das dinâmicas associativas, desenvolvidas no seio de um conceito público de educação, permitindo evitar as tendências burocráticas e corporativistas, sem cair numa visão fragmentada dos alunos como "clientes" e das escolas como "serviço privado" (CASTELLS, 1996; TOURAINE, 1992).

A escola como realidade multipolar. Historicamente, os sistemas de ensino se organizaram a partir "de cima" e adotaram estruturas burocráticas, corporativas e disciplinares, que impediram as práticas locais, familiares e tradicionais de promover a educação. A escola substituiu esses processos "informais", assumindo o monopólio do ensino. Os docentes se tornaram os responsáveis públicos pela formação das crianças. Sabemos hoje que esse modelo escolar – espaços físicos fechados, estruturas curriculares rígidas, formas arcaicas de organização do trabalho – está irremediavelmente condenado. A escola deverá se definir como um espaço público, democrático, de participação, funcionando em ligação com as redes de comunicação e de cultura, de arte e de ciência. Por uma curiosa ironia do destino, seu futuro passa pela sua capacidade de recuperar práticas antigas (familiares, sociais, comunitárias), enunciando-as no contexto de modalidades novas de cultura e de educação. Todavia, uma extrema prudência se faz necessária: os movimentos sociais se estabelecem num voluntarismo de curta duração, ao passo que o trabalho escolar se define num tempo necessariamente longo. É por isso que é preciso reforçar as estruturas sociais ou associativas de apoio à educação. Delas depende, em grande parte, a renovação do espaço público da educação.

Um novo espaço de conhecimento. Os debates sobre a escola ignoram frequentemente o tema do saber. É verdade hoje que este está disponível sob uma diversidade de formas e de lugares. Mas o momento do ensino é fundamental para explicá-lo, para revelar sua evolução histórica e para preparar a sua apreensão crítica. Quatro pontos merecem ser brevemente sublinhados. Primeiro, evitar que a educação exclua a "contemporaneidade", reduzindo-se apenas às formas clássicas de saber. Depois, combater as tendências de desvalorização do saber; a pedagogia está inseparavelmente ligada aos conteúdos do ensino. Em seguida, admitir novas formas de relação com o trabalho; a realidade atual do mundo da ciência e da arte se define por uma complexidade e uma imprevisibilidade que a escola não pode ignorar mais. Enfim, compreender o impacto das tecnologias da informação e da comunicação, que transportam novas maneiras de conhecer e de aprender: "Um dos maiores desafios da galáxia internet é a instalação de capacidades de tratamento da informação e de produção de conhecimento em cada um de nós e particularmente em cada criança" (CASTELLS, 2001: 278). Essas tensões não são recentes, mas têm novos contornos numa sociedade que se diz "do conhecimento".

As ideias anteriores procuram lançar as bases da renovação da educação como espaço público. Falei da necessidade de reforçar o poder de iniciativa e a presença social nas escolas, o que levanta a questão da *comunidade*. Depois, mencionei a reorganização da escola como realidade multipolar, composta de lugares físicos e de lugares virtuais, o que leva à questão da *autonomia*. Finalmente, abordei a temática do saber e da sua recomposição na sociedade atual, o que levanta a questão do *conhecimento*. Na última parte do texto, sugiro que essas três questões se traduzem em dilemas para a profissão docente, com importantes consequências no que diz respeito à formação dos mestres.

Dilemas da profissão de professor

Historicamente, a identidade profissional dos professores se constituiu a partir de uma separação, de uma independência das comunidades locais. Na maioria dos países europeus, o processo de profissionalização da atividade docente se fez sob a tutela do Estado, embora não se deva ignorar o papel dos movimentos associativos logo nas primeiras décadas do século XIX. Os docentes nunca aceitaram prestar contas do seu trabalho às comunidades locais e seu *ethos* profissional se definiu por "internalização" e não por "externalização" (NÓVOA, 2000). Em contrapartida, em nossos dias, todos os discursos insistem na necessidade para os docentes de reconstruir um laço forte com o espaço comunitário. É um dos principais dilemas que eles devem enfrentar.

O conceito de "autonomia" é o mais problemático do léxico da educação. Meu interesse se volta apenas para o processo histórico que levou à uniformização dos modos de trabalho pedagógico. A consolidação de uma "gramática da escola", semelhante em plano mundial, é um fenômeno que não pode passar despercebido. Mesmo quando a retórica da diversidade se fez mais intensa, as escolas se organizaram segundo modelos muito idênticos. Hoje, a renovação do "modelo escolar" depende, em grande parte, da sua capacidade de adaptação à diferença. Esse é o segundo dilema da profissão docente.

Os professores nunca viram o seu saber específico devidamente reconhecido. Mesmo que se reitere a importância de sua missão, a tendência é considerar sempre que lhes basta dominar bem a sua matéria de ensino e ter uma certa aptidão para a comunicação, para o trabalho com os alunos. O resto não é indispensável. Essas posições levam, inevitavelmente, à perda de prestígio da profissão, cujo saber não possui nenhum "valor de troca" no mercado acadêmico universitário. Se levarmos esse raciocínio ao seu ponto último, cairemos num curioso paradoxo: "semi-ignorantes", os professores são considerados como a pedra fundamental da nova "sociedade do conhecimento". A mais complexa das atividades profissionais se encontra assim reduzida ao *status* de coisa simples e natural. É esse o terceiro dilema que os docentes devem enfrentar.

Esses são os três elementos que estruturam a última parte deste texto[10]. Defendo que os programas de formação devem desenvolver três "famílias de competência" – saber relacionar e saber relacionar-se, saber organizar e saber organizar-se, saber analisar e saber analisar-se – que são essenciais para que os docentes se situem no novo espaço público da educação. Na definição desse espaço, uso as formas transitivas e pronominais dos verbos, para sublinhar que os docentes são, ao mesmo tempo, objetos e sujeitos da formação. É no trabalho de reflexão individual e coletivo que eles encontrarão os meios necessários ao desenvolvimento profissional.

O dilema da comunidade: redefinir o sentido social do trabalho docente no novo espaço público da educação ou da importância de saber relacionar *e de* saber relacionar-se

> "Marque um jantar com um homem que tenha consagrado a sua vida ao seu aperfeiçoamento intelectual – raro fenômeno em nossos dias, mas às vezes ainda observável – e você se sentirá mais rico ao sair da mesa; terá consciência de ter sido tocado e enobrecido por um grande ideal. Mas eu o lamento, meu pobre amigo, se você tiver de estar ao lado de um homem que consagrou a vida à educação de outros. Temível perigo e horrível ignorância, que decorre fatalmente do hábito funesto de exibir opiniões" (WILDE, 1891[11]).

A concepção da escola como espaço aberto, em ligação com outras instituições culturais e científicas, e com uma forte presença das comunidades locais, obriga os docentes a redefinir o sentido social do seu trabalho. Afastando-se de filiações burocráticas e corporativistas, eles devem reconstruir uma identidade profissional que valorize o seu papel de animadores de redes de aprendizagem, de mediadores culturais e de organizadores de situações educativas. É verdade que uma tal evolução levaria a uma maior abertura das escolas e dos docentes, que seriam mais vulneráveis e acessíveis ao olhar público. Mas essa "vulnerabilidade" é a condição necessária para o favor social e a afirmação profissional (HARGREAVES, 2000).

Entretanto, e aqui volto à citação de Oscar Wilde que abre esta análise, nada mudará se continuarmos a manter, sob diversas formas, uma visão desvalorizada do trabalho docente. Uma maior exposição pública exige níveis de confiança pro-

---

10. Esta parte é baseada em três conferências realizadas no Brasil em setembro de 2001, e num conjunto de textos redigidos para um número especial da revista *Recherche et Formation* ("La fabrication de l'enseignant professionel: la raison du savoir", nº 38, 2001), que preparei em colaboração com Thomas Popkewitz.

11. Tradução de Jacques de Langlade para a edição de WILDE, Oscar : *Oeuvres.* Paris: Stock, 1977, p. 381.

fissional que não são compatíveis com muitas imagens que circulam tradicionalmente sobre os docentes. Uma das razões principais desse mal-entendido está ligada à convicção de que o ensino é uma atividade relativamente "simples", que se exerce "naturalmente". Vou limitar-me a esboçar três ideias que chamam a atenção para a complexidade do ensino.

Ao contrário de outros profissionais, o trabalho do docente depende da "colaboração" do aluno: "Um cirurgião opera um doente anestesiado, e um advogado pode defender um cliente silencioso, mas o sucesso do docente depende da cooperação ativa do aluno" (LABAREE, 2000: 228). Ninguém ensina a quem não quer aprender. Em 1933, John Dewey declarou, numa comparação provocadora, que, do mesmo modo que não é possível ser um bom vendedor se não há ninguém que compre, não é possível ser um bom professor se não há alguém que aprenda. O problema se torna ainda mais complicado se considerarmos as circunstâncias da presença do aluno, que não é produto de um ato de vontade, mas, antes, de uma obrigação social e familiar. Volto ao tema da "ausência de sociedade" e da importância para o docente de repensar o seu trabalho no quadro de relações sociais e de redes novas.

Mas a atividade docente se caracteriza também por uma grande complexidade do ponto de vista emocional. Os docentes vivem num espaço carregado de afetos, de sentimentos e de conflitos. Quantos prefeririam não participar disso? Mas eles sabem que um tal distanciamento seria a negação do seu próprio trabalho. Que ninguém se iluda. Ampliando o espaço da escola para introduzir um conjunto de outros "parceiros", inevitavelmente nós tornamos esse processo ainda mais difícil. Os docentes devem ser formados, não só para uma relação pedagógica com os alunos, mas também para uma relação social com as "comunidades locais".

Vamos mencionar, finalmente, que pedimos à educação que cumpra objetivos distintos, às vezes contraditórios: desenvolver a pessoa e formar o trabalhador, garantir a igualdade de oportunidades e a seleção das elites, promover a mobilidade profissional e a coesão social. Insistimos muitas vezes num discurso de prestação de serviços a um "cliente", cuja identidade nem conseguimos definir claramente: "Numa certa perspectiva, o cliente é o aluno. Em outra, são as famílias. Numa terceira, a comunidade no seu conjunto, que paga a educação e exige a formação de cidadãos competentes e de trabalhadores eficientes. Contentar todos esses clientes não é tarefa fácil" (LABAREE, 2000: 231).

Os cenários que acabo de pintar mostram novos sentidos para o trabalho docente, levando à valorização de um conjunto de competências profissionais que poderão ser sintetizadas sob as formas *saber relacionar* e *saber relacionar-se*. O "novo" espaço público da educação solicita os docentes para uma intervenção técnica, mas também para uma intervenção política, para uma participação nos debates sociais e culturais, para um trabalho contínuo com as comunidades locais. A formação dos mestres deu pouca atenção a essa "família de competências" –

expressivas e comunicacionais, tecnológicas e sociais – que definem uma grande parte do futuro da profissão. Em certo sentido, é a própria concepção do trabalho pedagógico, tal como ela se desenvolveu nas escolas no século XX, que é questionada. Estamos diante de uma transição fundamental nos processos identitários dos docentes.

O dilema da autonomia: repensar o trabalho docente dentro de uma lógica de projeto e de colegialidade ou da importância de saber organizar *e de* saber organizar-se

> O primeiro traço chocante do funcionamento atual das escolas é o seu caráter cego. As outras instituições se interrogam periodicamente sobre si mesmas, refletindo coletivamente sobre o seu funcionamento em instâncias qualificadas. Essa prática é desconhecida nos estabelecimentos de ensino. E estamos de tal maneira habituados a esse funcionamento às cegas que nem mesmo o percebemos (PROST, 1992).

O "projeto de escola" e a "colegialidade docente" são dois discursos que dominam os debates educativos há uma década. Integrados em movimentos de renovação com origens e intenções muito diversas, eles inspiram modalidades novas de organização das escolas e da profissão, que têm como referência o conceito mágico de "autonomia".

Em um primeiro registro (*projeto de escola*), é preciso reconhecer que não demos a atenção necessária às formas de organização do trabalho escolar. Pensamos nos docentes e em sua formação, nos currículos e nos programas, nas estratégias pedagógicas e nas metodologias, mas raramente nós nos interrogamos sobre a organização do trabalho na escola: definição dos espaços e tempos de aula, agrupamento dos alunos e das disciplinas, modalidades de ligação com a "vida ativa", gestão dos ciclos de aprendizagem, etc. É evidente que há um conjunto de experiências que foram integradas na memória da profissão, e que muitas escolas desenvolveram iniciativas que ampliaram o repertório dos docentes. Mas faltou um esforço de teorização e de sistematização, como explica Philippe Perrenoud: "A forma escolar implodirá se não conseguir romper com a organização convencional do trabalho escolar. Para nos engajarmos nessa *dissociação* faltam-nos uma linguagem, conceitos e a representação consensual de formas alternativas ou, no mínimo, de pistas de pesquisa" (2002: 232). É aqui que se decide uma educação que não se esgota no espaço-tempo da sala de aula, mas que se projeta em lugares e ocasiões de formação múltiplos.

Num segundo registro (*colegialidade docente*) é preciso reconhecer que não fomos suficientemente atentos às formas de organização do trabalho profissional. Nós nos interessamos pelo docente a título individual, no nível dos seus saberes e capacidades, mas raramente nos indagamos sobre essa "competência coletiva", que é mais do que a soma das "competências individuais". A literatura especializada analisou essa questão a partir de estudos profissionais sobre os ciclos de vida dos docentes, os primeiros anos de exercício profissional, os dispositivos de acompanhamento e de supervisão, o desenvolvimento profissional, etc. (NÓVOA, 2001). Mas diversos autores assinalam que muitas vezes estamos diante dos discursos da moda, que têm um impacto limitado na vida dos docentes. Assim, é importante que se caminhe para a promoção da organização de espaços de aprendizagem entre pares, de trocas e de partilhas. Não se trata apenas de uma simples colaboração, mas da possibilidade de inscrever os princípios do *coletivo* e da *colegialidade* na cultura profissional dos docentes.

As expressões *saber organizar* e *saber organizar-se* procuram chamar a atenção para a necessidade de repensar o trabalho escolar e o trabalho profissional. São mudanças que obrigam a uma nova atitude, particularmente na definição das práticas e dos dispositivos de avaliação das escolas e dos docentes. São um instrumento essencial do diálogo entre as escolas e a sociedade. Mas também são um instrumento para a regulação interna da ação pedagógica e profissional. Propor um novo espaço público de educação implica, evidentemente, uma ideia de abertura que obriga a "prestar contas" do trabalho escolar.

Entretanto, é inútil considerar a avaliação como uma panaceia para os problemas educativos. Nelly Stromquist relata que certos conceitos continuam a circular, com muita imprudência, de um país para outro: "A difusão de ideias sobre a eficiência escolar, *accountability* ou controle de qualidade – que são, essencialmente, construções anglo-americanas, acabam transformando as escolas do mundo inteiro em cópias defeituosas de uma visão romanceada das empresas privadas" (2000: 262). Doravante, nas sociedades atuais, o "espetáculo" e a "exposição" fazem parte integrante de uma cultura que nos define como "cidadãos autônomos" e como "profissionais responsáveis".

O dilema do conhecimento: reconstruir o conhecimento profissional a partir de uma reflexão prática e deliberativa ou da importância de saber analisar *e de* saber analisar-se

> Desculpo-me por expor-me assim diante dos senhores; mas penso que é mais útil contar o que se viveu do que simular um conhecimento independente de qualquer pessoa e uma observação sem observador. Na verdade, não há teoria que não seja um fragmento, cuidadosamente preparado, de alguma autobiografia (VALÉRY, 1931).

Não é fácil definir o conhecimento profissional: ele tem uma dimensão teórica, mas não é apenas teórico; tem uma dimensão empírica, mas não é unanimemente produzido pela experiência. Estamos diante de um conjunto de saberes, de competências e atitudes, mais (e esse *mais* é essencial) a sua mobilização numa ação educativa determinada. Há um certo consenso quanto à importância desse conhecimento, mas também há uma enorme dificuldade na sua formulação e na sua conceitualização. Afirmo, como hipótese de trabalho, que ele depende de uma reflexão prática e deliberativa.

Em nossos dias, há programas de formação de mestres que integram essa preocupação sob uma forma útil e criativa (DARLING-HAMMOND, 2000; LIEBERMAN, 2000). São iniciativas que procuram reforçar o papel dos docentes como "pesquisadores" e que propõem estratégias que vão dos "seminários de observação mútua" aos "espaços de prática reflexiva", dos "laboratórios de análise coletiva das práticas" aos dispositivos de "supervisão dialógica". Acabei propondo o conceito de "transposição deliberativa", em contraponto ao conceito de "transposição didática", para falar de uma ação docente que exige um trabalho de deliberação, um espaço de discussão em que as práticas e as opiniões singulares adquirem visibilidade e são submetidas à opinião dos outros. É por isso que recorro às expressões *saber analisar* e *saber analisar-se*.

A citação de Paul Valéry lembra a impossibilidade de um conhecimento que não seja conhecimento de si. Mas, no caso dos docentes, também devemos admitir a impossibilidade de um conhecimento que não se construa a partir de uma reflexão sobre a prática. À sua célebre máxima sobre o ensino ("Aquele que sabe, age; aquele que não sabe, ensina"), Bernard Shaw acrescentou: "A atividade é o único caminho para o saber" (1971: 784). No que se refere à profissão docente, o "estudo da atividade" é o único meio de resolver o dilema do conhecimento.

Entretanto, é necessário sublinhar que a pesquisa sobre o trabalho pedagógico: 1) é um processo de escuta, de observação e de análise, que se desenvolve no seio de grupos e de equipes de trabalho; 2) exige tempo e certas condições que estão muitas vezes ausentes da escola; 3) subentende uma relação forte entre as escolas e o mundo universitário, por razões teóricas e metodológicas, mas também por razões de autoridade e de credibilidade; 4) implica formas de divulgação pública dos resultados. Se não levarmos em conta todos esses aspectos, cairemos facilmente numa retórica inconsequente do "docente como pesquisador" ou do "prático reflexivo" (POPKEWITZ & NÓVOA, 2001).

Para os docentes, o dilema do conhecimento também passa por uma relação pedagógica que tem como finalidade despertar uma "palavra nova", a do educando: "A maioria dos profissionais mobiliza o saber sem desvelar os seus mistérios. [...] Os docentes são diferentes. [...] Um bom docente é aquele que se torna não indispensável, que consegue que seus alunos aprendam sem a sua ajuda. Assim, os docentes desmistificam o seu próprio saber e entregam a fonte do poder ao cliente, o que outras profissões guardam zelosamente" (LABAREE, 2000: 233). É esse um dos dramas mais sublimes da profissão docente.

"Sou um militante da pesquisa e da educação", afirmou Jack Lang no seu discurso de 5 de março de 2001, no colóquio *Violência na escola e políticas públicas*, explicando que "sem amálgama social, a Escola da República não seria mais do que uma escola de classes". Sublinhando, aliás, o papel decisivo da pedagogia, o ministro francês enfatizou a importância dos pesquisadores em educação: "difundir mais os resultados da pesquisa é também lutar contra as falsas evidências da emoção e do senso comum"[12].

O debate sobre a escola se caracteriza muitas vezes por uma grande leviandade. Quanto menos se estuda, mais se proclamam as convicções. Ao longo deste texto procurei sublinhar a complexidade dos problemas e desfazer as ilusões daqueles que acreditam em "soluções mágicas". Na educação, os consensos são mais aparentes que reais. É por isso que quis mostrar a ambiguidade de conceitos como "comunidades locais" ou "prático reflexivo", que fazem sucesso nos tempos atuais.

Adverti também contra a tendência a legitimar posições políticas com "resultados científicos". "Entortar os dados até que eles confessem", é a expressão de Edward Leamer (1983) para designar esse exercício cada vez mais comum. É preciso ir além dos "discursos de superfície" e procurar compreender de modo mais aprofundado os fenômenos educativos. Estudar. Conhecer. Pesquisar. Avaliar. Sem isso, ficaremos prisioneiros da demagogia e da ignorância. As mudanças nas escolas são às vezes tão próximas que provocam um efeito de ofuscamento. Só será possível sair da penumbra por uma reflexão coletiva, informada e crítica.

Na sua contribuição a uma obra sobre a reconstrução do bem comum em educação, David Labaree nos lembra um texto de David Tyack, publicado em 1974, que traduzo livremente: "Não são as escolas que criaram as injustiças da sociedade americana, mas elas realizaram uma ação sistemática na sua perpetuação. Acreditar que uma educação melhor, por si só, poderia remediar essa situação, é uma esperança antiga e infundada. Entretanto, a velha intenção de uma escola para todos, reinterpretada através das instituições radicalmente reformadas, continua sendo uma herança essencial na busca da justiça social" (cf. 2000: 110).

Não alimentar ilusões nem sonhos de redenção social: a escola vale o que vale a sociedade. Não deixar-se levar pelo fatalismo, principalmente quando se disfarça com vestes científicas: a escola é um lugar insubstituível na formação das crianças e dos jovens. Entre esses dois extremos, há um campo imenso de possibilidades. Os docentes sempre souberam disso. Mas a ideia de um *espaço público de educação* levanta muitos desafios, sociais e profissionais, que podem ajudar a reconstruir laços perdidos no processo histórico de edificação dos grandes sistemas escolares. É por isso que insistimos na necessidade de ligar de outra forma os docentes às "comunidades", de recriar uma concepção mais estruturada do trabalho escolar e da sua organização, e enfim de estabelecer novas relações dos docentes com as diferentes formas de conhecimento. São três temas que não podemos ignorar e que, de uma maneira ou de outra, marcam os debates contemporâneos sobre os professores e sua formação.

---

12. O discurso de Jack Lang pode ser consultado em www.education.gouv.fr/discours/2001

12
Uma perspectiva comparativa das parcerias, do contrato social e dos sistemas racionais emergentes

Thomas S. Popkewitz
Universidade de Wisconsin-Madison

Apresentação[1]

As políticas e a pesquisa referentes à reforma da educação incorporam temas ligados à salvação e à libertação da nação, graças à educação dos seus filhos. Esses temas englobam a democracia, a igualdade e o progresso econômico. Por exemplo, a maioria das reformas escolares contemporâneas percebem a mudança do currículo e das práticas docentes como uma salvaguarda da democracia numa nova ordem global centrada na informação. Entretanto, os conceitos de salvação pela reforma escolar são também conceitos de redenção. As reformas representam o conceito do progresso individual e coletivo e da obrigação social de recuperar aqueles que ficaram para trás. As políticas neoliberais de privatização e de comercialização, por exemplo, teriam como finalidade melhorar o mundo, desafiando a burocracia das intituições do Estado-Providência e incitando os indivíduos a uma implicação nas instâncias locais que têm uma influência direta sobre suas vidas. Os conceitos de salvação pela reforma liberal falam da obrigação coletiva atribuída ao Estado de promover a implicação comunitária, dando aos grupos outrora marginalizados um certo poder. O docente evolui através desses diferentes cenários ideológicos, a fim de reavivar a democracia, trabalhando mais estreitamente com os pais e a coletividade[2].

---

1. Este texto foi apresentado no colóquio Educational Organizations in the Neoliberal Society, patrocinado pela Interuniversity Congress of Organization of Educational Institutions, em Granada, na Espanha, em 18 de dezembro de 2000. Quero agradecer a Miguel Pereyra, a Ruth Gustafson e a Dar Weyenberg por seus comentários das primeiras versões.

2. Embora haja diferentes preocupações ideológicas no centro das reformas atuais, eu demonstraria que diferentes posturas ideológicas produzem um esquema de referência ou um sistema racional no plano das práticas concretas no ensino e na aprendizagem. Assim, é possível que um regime político mude (de Clinton a Bush ou de Thatcher a Blair) sem com isso modificar o sistema racional que modela o mundo da educação. É por essa ausência de mudança que as condições do saber que produzem esses temas escapam ao exame crítico.

Os temas da salvação e da redenção não são recentes, mas fazem parte da institucionalização da escola, iniciada em escala mundial desde o século XIX (MEYER et al., 1997). O que me interessa é principalmente a maneira pela qual o campo das práticas culturais que governam os projetos de reformas escolares veicula e engloba os temas de salvação pela escola. As práticas reformadoras são culturais na medida em que regras e normas da razão são estabelecidas, a fim de organizar a maneira pela qual os julgamentos são feitos, as conclusões tiradas, as retificações propostas e os campos de existência transformados em entidades mais fáceis de gerir e predizer (cf. POPKEWITZ, 1998b). A noção de um campo sugere que a reforma encarna o amálgama de diferentes práticas, tecidas em um todo suscetível de tornar inteligível a mudança escolar. Os efeitos das práticas culturais reformadoras estão na origem das minhas preocupações no que se refere à administração. Esta não se limita às atividades administrativas ou legais que dirigem os atores sociais, tais como o movimento pelas normas escolares ou as políticas de reformas escolares sistemáticas. Refiro-me, antes, à administração e ao lado pouco estudado do poder (cf. POPKEWITZ, 2000). As políticas e a pesquisa são práticas que ordenam, normalizam e dividem as capacidades dos atores do mundo escolar. Além disso, os princípios diretores excluem e incluem simultaneamente. Governar pelas regras e normas racionais se torna problemático na medida em que não existem nenhuma linguagem e nenhum pensamento desprovidos de tradições de controle e de classificação.

Nas seções seguintes, examinarei os princípios diretores das reformas da organização escolar, da pedagogia, da formação dos docentes e do currículo. Os temas salutares da democracia, da participação, da colaboração e da coletividade estão continuamente presentes nas reformas empreendidas na Europa e nas Américas. A importância dessas palavras reside nas práticas textuais do seu uso, mais do que nos ideais normativos que existem mais além dos acontecimentos históricos. A primeira seção se dedica a dois aspectos que aparecem no início como estando em oposição, na reforma da organização escolar. As políticas estatais de centralização para garantir a qualidade do ensino, Teaching Quality Assurance (TQA), que têm por missão garantir o controle de qualidade, por exemplo, estão ligadas às práticas descentralizadoras que atribuem às coletividades um papel maior no processo de decisão. As práticas centralizadoras encarnam a ideia do contrato social, em que o Estado governa para o bem-estar coletivo, enquanto a ideia da parceria é expressa nas práticas decentralizadoras que exigem que o contrato político seja elaborado por indivíduos e grupos autogeridos. Embora o contrato social e a parceria sejam analiticamente distintos, juntos eles constituem uma fórmula para governar a criança e o docente. A segunda seção é dividida em três partes, que permitem examinar o trajeto dos princípios de administração nos relatórios pedagógicos, entre os docentes que trabalham em parceria, e na alquimia das matérias do currículo que transforma os campos disciplinares em projetos. A terceira seção explora o amálgama das práticas em práticas de exclusão. Finalmente, a última se dedica brevemente a mudanças análogas na economia e nos campos acadêmico e militar, tal como eles se inscrevem nos sistemas racionais produzidos pelas reformas escolares. Essa comparação não é geográfica, como é o caso nas três primeiras seções, mas, antes, organizacional, pois ela se preocupa com os diferentes sítios institucionais que formulam os princípios de ação e de participação.

Meu propósito é explorar um "fato" importante da modernidade: o poder se pratica menos pela força bruta e mais pelos sistemas de saberes e da razão, no interior dos quais os objetos da escola são modelados, a fim de serem compreensíveis e capazes de passar para a ação. Considerar o saber como um fato social permite compreender melhor um dos obstáculos da pesquisa social contemporânea, isto é, a divisão entre a teoria e a prática ou o contexto. O saber e a razão não são apenas simples descrições e representações da intenção humana, mas são também fatos históricos, que funcionam materialmente na construção do "si" moderno. O argumento se torna uma representação sintética, que traça um percurso geral e assim atenua toda prática cultural diferente ou potencialmente contraditória. Essa discussão é proveniente de um estudo das políticas de vários países da União Europeia, assim como de um estudo que dirijo atualmente sobre a reforma escolar nos Estados Unidos[3].

O contrato social e a parceria: reconstituir a gestão da escola

Os conceitos de democracia e de participação são continuamente desenvolvidos como temas de salvação nas mudanças sistêmicas e organizacionais da educação na Europa e na América do Norte. Práticas centralizadoras de gestão escolar são elaboradas a fim de aumentar a eficiência da escola e as políticas são função do contrato do Estado, coletividade responsável pelo progresso social. Entretanto, as práticas descentralizadoras, tal como a promoção da implicação comunitária, evoluem no seio do processo centralizador. As estratégias descentralizadoras são representativas das reformas contemporâneas baseadas na parceria entre a escola e a coletividade, as quais devem recriar o contrato político. Enquanto a pesquisa em educação divide o contrato e a parceria, diferentes práticas culturais se superpõem e criam assim novos objetos de reflexão, de interpretação e de identidade.

Um segundo olhar sobre os princípios de administração na gestão pública das escolas

A introdução de novos mecanismos de controle financeiro e de gestão pública tem por fim a reformulação do contrato social, a fim de tornar a escola mais im-

---

3. Esse estudo se intitula *Educational Governance, Social Integration and Exclusion (EGSIE)* e é patrocinado pela União Europeia. Ele comporta estudos de casos na Grécia, na Suécia, na Finlândia, na Espanha, na Inglaterra, na Escócia, na Islândia, na Alemanha e em Portugal.

12. Uma perspectiva comparativa das parcerias, do contrato social...

portante entre as finalidades sociais. Certos países, como a Grã-Bretanha, a Islândia e a Nova Zelândia (ALEXIADOU; LAWN; OZGA, s.d.; JOHANNESSON et al., s.d.; MARSHALL, 2000) instituíram medidas visando prestar contas de suas ações como relatos de salvação. O tema da salvação pelas reformas garante que todos os cidadãos tenham oportunidades adequadas numa sociedade em busca de justiça e de equidade sociais. Entretanto, as novas abordagens da gestão pública não renovam apenas o contrato social, elas encarnam também um novo conjunto de relações que investe o indivíduo de capacidades e de habilidades particulares.

Na Islândia, um dos temas de salvação é a ideia de que o progresso depende de uma gestão escolar eficaz. Prevê-se que práticas de avaliação e de regulação mais eficientes no acompanhamento da aprendizagem e dos recursos escolares garantirão resultados justos. As políticas nacionais que favorecem uma gestão por contrato e reformas orçamentárias dependentes dos objetivos de desempenho contribuem para a reputação das escolas islandesas, que são consideradas como as melhores do mundo. Um elemento do conceito de desempenho das escolas é a atribuição de fundos orçamentários em função do número de alunos e das unidades de valor obtidas. Entretanto, essa noção de excelência existe num campo de práticas culturais ligadas às mudanças e à reforma escolares. Por exemplo, o governo islandês se serve dos indicadores internacionais de sucesso em ciência e em matemática (TIMSS), a fim de defender novos controles de gestão e como guia na reformulação do currículo islandês. Os dados do TIMSS, as mudanças feitas no currículo, assim como a educação baseada no desempenho representam um conceito de redenção da sociedade e do empenho do Estado no progresso econômico e social.

Os novos mecanismos de controle na Grã-Bretanha assumem também um lugar de conceito de salvação. Os esquemas de gestão compreendidos no Teaching Quality Assurance (TQA) são instituídos como elemento essencial ao Estado, a fim de que este possa cumprir suas obrigações quanto à educação. O TQA é na realidade uma lista de competências a ensinar aos alunos, competências que devem ser transferíveis ao mercado de trabalho (cf. SMITH, 2000). O melhoramento do ensino depende de sua fragmentação em habilidades moleculares, que se tornam as provas de um desempenho adequado. O TQA também mede o desempenho dos docentes como um elemento do contrato social que garante o engajamento do Estado para com todos os seus cidadãos. As reformas caminham até a universidade, sob forma de objetivos de desempenho, que ligam os critérios de certificação profissional ao engajamento nacional por uma sociedade global mais competitiva e mais progressista.

As reformas que encarnam o contrato social se situam entre outras reformas que tendem para a centralização do processo de decisões numa reconstrução do Estado em relação com a sociedade civil. Para descrever essa nova relação, a linguagem política faz referência à parceria. Na Grã-Bretanha, a garantia de um ensino de qualidade requer a parceria nas zonas associadas à educação. Essas zonas são criadas por meio de uma relação cooperativa entre o mundo dos negócios, as instâncias governamentais locais, os grupos de pais e o Estado (ALEXIADOU; LAWN; OZGA, s.d.). Os TQA centralizados e as parcerias descentralizadss se justapõem num conceito de salvação, no coração do qual encontramos a necessidade de uma sociedade mais justa e equitativa, no contexto da nova economia e do progresso social. Pode-se observar um fenômeno análogo nas reformas escolares americanas, que associam o ensino profissional e as normas do currículo às iniciativas locais de parceria, como as *charter schools*, os sistemas de bônus para a escola particular e os programas de livre escolha.

A relação entre o contrato e a parceria nas reformas escolares dá à administração um sentido duplo, que pode ser compreendido na frase "We, the people" (Nós, o povo). O "nós" representa o engajamento do contrato social, que se encontra nas políticas do TQA. O TQA deve representar a obrigação do Estado na manutenção do bem-estar coletivo pela escola. Mas o fato de que o TQA se inscreve também em ligação com a parceria evoca um outro elemento do "nós", isto é, esse "nós" emana da participação dos indivíduos, dos grupos e das coletividades, participação que garante que o contrato social e democrático possa ser forjado da base para cima.

A justaposição do contrato e da parceria se traduz por mais do que simples mudanças organizacionais no nível dos decisores. O amálgama das práticas acarreta novos procedimentos na maneira de organizar julgamentos e o campo de existência dos atores do meio educativo (POPKEWITZ, 1996). O exemplo das reformas suecas ilustra bem esse fato. Depois da Segunda Guerra Mundial, a consolidação da responsabilidade do Estado na organização e na avaliação das matérias escolares se torna mais acentuada. A gestão centralizada da sociedade pelo Estado-Providência sueco devia garantir o progresso social e econômico coletivo. A escola era um sistema governado por regras, definidas pela legislação parlamentar e pela poderosa burocracia centralizada do conselho de educação sueco. O Estado devia garantir a equidade e a justiça, por meio da democratização do acesso à escola. Elaborou-se também um sistema complexo de estudos estatísticos do progresso escolar e das classes sociais, a fim de avaliar e orientar as políticas.

A nova instância de vigilância da agência sueca da educação (*Skolverket*) foi criada em 1991 pelos social-democratas. Seu mandato era fiscalizar um sistema escolar descentralizado. Entretanto, o programa de reforma implicava uma concepção centralizada de um Estado orientado para o desempenho, no campo da educação. O novo contrato social se traduzia pela instalação de objetivos nacionais no que se referia ao currículo, entre os quais uma divisão do tempo mais flexível entre as matérias escolares. Esses objetivos tornavam possível uma pluralidade de soluções locais para consegui-los.

As reformas suecas implicam novas capacidades e habilidades por parte dos atores do sistema educativo. Os modelos precedentes de um sistema estatal, administrado por regras, garantiam um sentimento de certeza e de controle nas práticas profissionais. Atualmente, os gestores do Estado monitoram as práticas escolares de modo flexível mas incerto, pois não existe nenhuma regra de aplicação. Esse novo tipo de gestor satisfaz a uma multidão de soluções locais, mais do que a respostas uniformes prescritas pelo Estado para resolver os problemas escolares. Na língua das novas reformas, a abordagem "flexível" na solução de problemas confere um poder aumentado aos atores escolares que "aprendem em grupos cooperativos" e que "constroem o seu próprio sentido".

Os objetivos centralizados da sociedade sueca geram também a criação de sistemas de avaliação descentralizados, mandatos para acompanhar objetivos ligados ao currículo. As abordagens por testes padronizados nacionais evoluem paralelamente à pesquisa qualitativa, que torna compreensíveis as normas e as culturas locais, num novo sistema de reformas descentralizadas. Os docentes devem doravante avaliar e acompanhar a sua carreira e a dos seus alunos na escola. A formação dos docentes, que antes dava pouco lugar à medida e à avaliação pelo docente, é hoje um tema de estudo de vários cursos. A avaliação dos títulos e a pesquisa-ação também foram introduzidas na formação dos docentes, a fim de fazer do docente o novo responsável local pela avaliação em classe.

Movimentos semelhantes, que centralizam e descentralizam a administração da escola se encontram no conceito americano de reforma sistêmica das escolas. O Estado coordena as agências governamentais, os agrupamentos profissionais de docentes, as coletividades de pesquisa e as instâncias locais, a fim de fornecer uma política de reforma flexível mas coerente (SMITH & O'DAY, 1990). Nos Estados Unidos, as *charter schools*, a livre escolha da escola e as estratégias de profissionalização do ofício de docente coexistem com normas nacionais e testes padronizados. A reforma, ao mesmo tempo centralizadora e descentralizadora, encarna o mesmo sistema racional que se encontra na Suécia, mesmo tendo princípios ideológicos diferentes.

É fácil acreditar que as mudanças organizacionais e institucionais produzam mudanças nos modelos de administração. Essa visão de causa e efeito corre o risco de reduzir a complexidade dos modos de administração. Essas mudanças implicam, antes, uma justaposição de diferentes práticas culturais representadas no planejamento estatal, nos programas de pesquisa sobre o ensino e nas configurações organizacionais da escola. Hultqvist (1998) afirma, por exemplo, que as reformas da educação na Suécia se tornaram possíveis graças à natureza descentralizada e focalizada na criança da pedagogia sueca, que aparece nos anos 1970. Essas práticas discursivas permitem a elaboração de princípios de administração que modelam um indivíduo produtivo num modo de organização centralizado/descentralizado.

Princípios de administração e comunitários do contrato/parceria

O avesso aparente da política escolar proveniente da gestão estatal é a atenção especial dedicada à coletividade e à parceria. Esse é verdadeiramente o caso? A "coletividade" (ou a "comunidade") é uma metáfora sedutora. Reformas atualmente em curso na Finlândia, na Suécia, nos Estados Unidos e na Grã-Bretanha se servem dessa metáfora a fim de individualizar o engajamento moral e ético da democracia. O conceito de democracia está no centro das correntes políticas atuais de reforma – dos programas de saúde comunitária, das escolas comunitárias, dos sistemas comunitários de assistência social, e assim por diante. A coletividade acentua a ideia do cidadão autônomo (parceria), da qual é constituído o contrato social para o bem-estar coletivo. Ela está também no interior do discurso sobre a diversidade, a diferença e o multiculturalismo, sem contar que é evocada nas diferentes reformas americanas que pregam a microgestão, a colaboração entre a escola e a casa e as discussões que transformam a classe em "comunidade de aprendizagem".

O conceito de coletividade oferece um meio de considerar a dupla relação do "nós" no contrato e na parceria. O ideal cívico da coletividade está ligado ao lugar sublime onde se encontra Deus (CRONON, 1996). No começo do século XIX, a natureza era o lugar onde se acreditava ter a melhor chance de perceber Deus. Essa ideia da natureza também é encarnada na ideia de Novo Mundo, inicialmente uma locução religiosa que fazia referência ao jardim do Éden. A coletividade tornou-se, posteriormente, a nova catedral, onde o indivíduo entrava numa relação íntima com a Natureza como criação de Deus. A organização urbana do século XIX procurava frequentemente instalar parques e jardins nos quais a coletividade podia manter uma melhor relação com Deus. Mas o conceito de coletividade também era a expressão da volta às condições em que os membros da coletividade formam as instituições democráticas que precedem a modernidade[4].

A concepção da coletividade baseada no trabalho do indivíduo e no engajamento liberal e democrático se expressavam na formação das ciências sociais americanas. Por exemplo, a interação entre a escola de sociologia de Chicago e o Hull House Settlement Program evocava os temas liberais e religiosos da coletividade na sua reforma urbana. As diversas coletividades étnicas deviam fundir-se em uma identidade social coletiva mais geral, estreitamente ligada à formação da nação. A volta das interações face a face, pregadas pelas teorias da família e da coletividade, devia produzir a democracia, assim como as suas imagens sublimes. Os escritos de John Dewey, trabalhando em associação com os reformadores e os cientistas de Chicago, propõem uma concepção da coletividade para desenvolver uma identidade americana comum, fazendo renascer na criança a relação entre as imagens políticas e religiosas. A coletividade é uma palavra que renasce hoje nos

---

4. Essa concepção idealizada e romântica da coletividade não tem tendência a levar em conta sistemas de exclusão que acompanhavam as tradições e os ritos de participação.

discurso reformadores, a fim de expressar as diferentes imagens da criança, encarnadas no vocabulário do *empowerment* e da solidariedade.

A dupla relação do "Nós, o povo" está ironicamente aparente na reorganização do Estado-Providência e na importância que ele atribui à coletividade. No seu livro *The Third Way*, Anthony Giddens (1998), sociólogo britânico e conselheiro do governo trabalhista de Tony Blair, explica as alianças sociais e escolares aparentes durante os anos 1990[5]. *The Third Way* estabelece o contrato social em termos de formação de parceria pelo Estado, em favor da renovação e do desenvolvimento comunitário. Para Giddens, o governo desfaz antigas divisões entre as políticas conservadoras, neoliberais e minimalistas e as tradições intervencionistas do Estado-Providência dos social-democratas, a fim de criar um governo que seja ao mesmo tempo centralizador e descentralizador. *The Third Way*, segundo Giddens, é um movimento de dupla democratização, pois o Estado organiza a expansão da esfera pública e desempenha um papel maior na renovação da cultura cívica, pela promoção de parcerias que implicam uma "redistribuição das possibilidades" (GIDDENS, 1998: 109).

Giddens afirma que a relação entre o contrato e a parceria é um elemento central do progresso da sociedade e do engajamento moral do Estado. Declara que não existe nenhuma fronteira permanente entre o governo e a sociedade civil (GIDDENS, 1998: 79s.). O fato de governar se encontra no ponto em que o contrato entre o indivíduo e o governo muda, pois a autonomia e o desenvolvimento do "si" – o mediador da responsabilidade crescente do indivíduo – se torna o elemento principal (GIDDENS, 1998: 128). A harmonização aumentada criada pelas normas escolares e as parcerias públicas gera uma aprendizagem perpétua que, segundo Giddens, promove a diversidade, mais do que a restringe.

A natureza dupla do contrato e da parceria escapa à mitologia da escola americana moderna. As políticas, a pesquisa e os conceitos atuais celebram uma escola governada pela tomada de decisões em nível local e por autoridades locais a salvo da burocracia centralizadora. A mitologia da escola americana é relatada como variações de um estado de parceria aparentemente sem Estado, na qual uma variedade de coalizões locais e nacionais militam em favor da reforma. Por exemplo, Ravitch (1995) descreve o desenvolvimento das normas nacionais no currículo e dos testes padronizados como um processo de reforma que define um novo percurso em uma democracia (p. xvi). A criação de normas nacionais, segundo Ravitch, deve ser percebida como parte de uma tradição de controle local e de negociações entre as organizações dos diversos patamares. Ohanian (1999), rejei-

---

5. Nos Estados unidos, lembra-se raramente de que Clinton se servia dessa expressão para se referir ao seu governo, mas com uma retórica diferente. Os presidentes Bush (pai) e Clinton, agindo como diretores da Governors' Conference, estabeleceram, ambos, os objetivos da *America 2000 Goals*. O sistema racional estabelecido persiste também no governo Bush atual, o que permite compreender o apoio dos democratas liberais ao projeto de lei federal (2001) sobre a avaliação escolar e a leitura.

tando as normas nacionais, que qualifica de afronta à democracia, adota uma versão desse último pensamento que vê o docente, o pai e a coletividade como garantias do bem da criança. Essas intervenções, aparentemente contraditórias, reiteram o tema da democracia salutar e evocam o mito da ação local, cooperativa e capaz de reavivar a república.

Esses episódios obscurecem, entretanto, o sistema racional que, através do conceito, ordena a interpretação, a reflexão e a ação. Enquanto muitos países se empenham em reformas com práticas descentralizadoras completamente opostas às reformas americanas, a ligação entre os níveis local e nacional de governo resta a estudar. Não existe nenhuma colaboração local com um sistema taxionômico constituído de princípios que modelam o que é possível na tomada de decisão e como sendo um conjunto de fatos preestabelecidos (SHRAM & NEISSER, 1997; POPKEWITZ, 1998a; 1998b). As práticas centralizadoras e descentralizadoras são provenientes de um campo de práticas culturais, cujas regras e normas da razão modificam significativamente as relações sociais, assim como as responsabilidades individuais e coletivas.

A nova democracia: os temas da salvação pela ciência na produção de uma coletividade colaboradora

Até agora, discuti políticas e pesquisa sobre práticas reformadoras como práticas culturais que produzem uma variedade de concepções da natureza e do destino da criança. Abordei as práticas culturais da mudança organizacional e administrativa do sistema escolar, assim como a importância dada à coletividade como instância decisória. Nesta seção, sirvo-me da análise precedente, a fim de chamar a atenção sobre os discursos pedagógicos referentes à resolução de problemas, ao docente profissional e à alquimia escolar, que organiza as diversas matérias. Os processos de gestão do TQA e a importância atribuída à coletividade, por exemplo, devem ser considerados segundo os interstícios que os ligam aos outros discursos sobre a criança e o docente que evoluem nessa nova escola.

O discente introspectivo, focalizado na resolução de problemas

As políticas que orientam a nossa nova concepção da criança, como as reformas sistêmicas a que me referi acima, são elaboradas em nome da democracia e da liberdade numa aldeia global. O tema da salvação é baseado no progresso econômico futuro e na promessa de equidade e de justiça nas escolas. Entretanto, não se para de situar a criança no centro dos conceitos da nação e da obrigação de preservar a democracia americana, ou a social-democracia sueca, ou ainda a Finlândia numa sociedade global. Nas reformas americanas, por exemplo, o docente deve criar "novos líderes" que "se alimentam da ideia de trabalhar em colaboração com os outros", a fim de "garantir que os Estados Unidos e seus filhos terão as escolas às quais têm direito e que merecem" (p. ii), e "fornecer uma garantia de renovação" e de reforma exigida pelo "público americano" (p. 1), para que "as escolas da nação possam melhor servir aos cidadãos da nossa democracia [...]" (AMERICAN COUNCIL ON EDUCATION, 1999: 1). As normas do currículo propostas no Holmes Reports para reformar a formação dos docentes, o Carnegie Council on Adolescent Development (1995), o American Council of Education (1999) e o National Council for Teachers of Mathematics (1999) encarnam o tema da salvação segundo o qual a criança age de maneira responsável como cidadão americano em um mundo global.

A regulação do presente, com a finalidade de civilizar a criança e a família, não é um tema novo. A ideia de que o progresso e o destino da nação se apoiam no desenvolvimento da criança e da família é proveniente de configurações culturais datando de antes da Revolução Americana. Os conceitos correntes de salvação dependem de um amálgama diferente de práticas e de agentes culturais. A preservação não vem de uma volta ao passado, mas, antes, da renovação da nação pelos seus filhos.

O avesso do "nós" no "nós, o povo" que forma o contrato e a parceria se traduz nos diversos documentos políticos e nas reformas do currículo. As normas nacionais para os docentes servem a administração da democracia e fornecem também uma sociedade inclusiva (DARLING-HAMMOND, 1998). As normas nacionais, entretanto, não são paralelas ao campo das estratégias de reforma ligado às novas pedagogias, mas elas fazem parte dele. A pedagogia moderna procura modelar as capacidades e as habilidades inerentes à criança, uma preocupação que se pode ver como um desejo de disciplinar a alma da criança. Embora vários se oponham à introdução da ideia de alma nas discussões da gestão escolar, a alma é uma pulsão reguladora na formação das primeiras repúblicas, que casavam os conceitos religiosos de salvação e de redenção com a gestão do Estado (FERGUSON, 1997; e mais geralmente FOUCAULT, 1979; ROSE, 1989).

Qual é a alma da pedagogia? A redenção considerada pela pedagogia moderna deve ajudar as crianças a se tornarem bons cidadãos, adultos bem adaptados e discentes ativos. A alma da escola moderna não é a alma religiosa da pós-vida cristã, mas antes a de uma individualidade ordenada pelas disposições, pelas sensibilidades e pela consciência, que fazem do ator civilizado uma pessoa capaz de evoluir numa cultura e numa economia globais. A nova criança da pedagogia é análoga ao gestor do Estado sueco e às suas capacidades. Ambos encarnam as características da flexibilidade ativa, que resolve os problemas em contextos incertos, sem regras fixas de aplicação, sem soluções prescritas para os problemas da educação. Mas a criança não faz apenas resolver problemas pois, na linguagem da reforma pedagógica, a criança constrói o seu saber em coletividades. Uma das pedras fundamentais das reformas é o construtivismo psicológico e sociopsicológico. Aprender matemática ou ciência, por exemplo, é desenvolver abordagens flexíveis e responder às novas eventualidades, pois não existe mais uma única resposta certa. A criança, na linguagem das reformas contemporâneas, é ativa, resolve problemas e aprende durante toda a vida, evoluindo sem centro rígido e dentro de fronteiras fluidas (POPKEWITZ, 1991, seção 7, 2001).

A noção de discente perpétuo implica uma formulação da intervenção e do deslocamento da obrigação ética da criança. Fala-se das reformas como sagas de democracia, de modernização e de globalização da nação, mas essa versão da democracia não parece ter nenhuma identidade social coletiva, a não ser na reunião das diferentes coletividades. A responsabilização se encontra no indivíduo que constrói e reconstrói a sua prática, participa da resolução cooperativa de problemas e gere a sua própria conduta ética e autônoma (ROSE, 1999; ROSE & MILLER, 1992). A autogestão da ética pessoal se opõe às práticas do início do século XX, quando o docente educava a criança segundo regras universais, que ligavam o indivíduo às sagas nacionais coletivas. As obrigações morais e sociais eram validadas pela participação da criança nas coletividades.

Há um paradoxo nos conceitos de autonomia e de construtivismo das novas pedagogias. Um exame dos manuais de ciência (McENEANEY, s.d.) sugere uma mudança importante em direção a uma participação maior do aluno, uma pertinência pessoal maior e uma acessibilidade emocional nos manuais de ciência. Essas mudanças, entretanto, investem a imagem icônica do cientista perito de uma autoridade particular, pintando o mundo natural como sendo ordenado e facilmente gerido pela ciência. Assim, quando se atribui mais importância à participação e à colaboração na classe, o espaço cultural da participação é reduzido pelas reivindicações da perícia científica sobre o mundo natural. Essas reivindicações da perícia científica criam uma certa cristalização e uma inerência que não permitem a intervenção humana.

A nova perícia do docente: parceiro do contrato e da parceria

As políticas e os programas de pesquisa na formação dos docentes encarnam um novo tipo de perícia, a situar no campo das práticas culturais mencionado acima. O docente-perito é aquele que engaja os indivíduos e as coletividades a fim de melhor geri-los e torná-los mais felizes e com mais saúde. Essa aprendizagem está ligada à perícia de um docente que não deve avaliar a verdade das declarações, mas governar as disposições e as sensibilidades da criança. O docente reformado é estimulador e facilitador. Como a criança que aprende perpetuamente, muitos políticos percebem também o docente como alguém que aprende durante toda a vida.

A linguagem da reforma da formação dos docentes visa o desenvolvimento de um docente introspectivo. Esse docente é responsável pela resolução de problemas num mundo instável no plano pessoal. O docente profissional se governa a si mesmo e tem uma responsabilidade local aumentada na implantação das decisões referentes ao currículo – um sistema de capacidades e de habilidades análogo mas não limitado às sensibilidades e à consciência inscritas no construtivismo pedagógico e nas organizações centralizadas/descentralizadas mencionadas acima.

A nova perícia do docente implica um campo de práticas culturais. O amálgama dessas práticas está imbricado na reforma da formação dos docentes do American Council on Education (1999). Este afirma que a reforma acarreta: a) uma visão comum do que é um bom ensino; b) normas de prática e de desempenho bem definidas, que guiam e medem o trabalho escolar e clínico; c) um currículo básico rigoroso; d) a utilização crescente dos métodos de resolução de problemas, o que inclui o estudo de caso, a pesquisa sobre o ensino, a avaliação do desempenho e a avaliação de títulos; e enfim e) uma relação estreita com as escolas orientadas para a reforma (AMERICAN COUNCIL ON EDUCATION, 1999: 5).

Nessa citação, muitas práticas se justapõem a fim de ordenar os princípios da ação e da participação. Os conceitos de colaboração, as regras que constituem a abordagem por resolução de problemas das crianças e dos docentes, assim como os conceitos da participação dos pais e da coletividade são postos juntos, a fim de classificar a experiência do docente. O docente autoatualizado refaz a sua biografia graças a uma pesquisa racional e contínua do "si". Os novos conceitos pedagógicos do ensino ordenam, classificam e trabalham os territórios que compõem a individualidade do docente e do aluno. Novos métodos de avaliação (avaliação do desempenho, avaliação dos títulos) funcionam a fim de permitir ao mesmo tempo a autodisciplina do docente e a observação pelo público. O docente introspectivo das reformas da formação dos docentes, como explica Zeichner (1996), pode criar a possibilidade de aumentar a implicação do docente, isolando e criando ao mesmo tempo ilusões de democratização.

A alquimia do currículo

Desejo agora situar as práticas de reformas precedentes no contexto da alquimia das matérias escolares. Como o feiticeiro da Idade Média procurava transformar o chumbo em ouro, o currículo moderno procura produzir uma mudança mágica, quando é transportado de um espaço social de historiadores ou de físicos, por exemplo, para os espaços sociais da escola (POPKEWITZ, 1998b). A alquimia transporta as disciplinas da física, da história e da crítica literária para a psicologia da criança. Aprender física refere-se ao controle do conceito, à psicologia da aprendizagem em pequenos grupos cooperativos e à motivação e autoestima dos alunos. As matérias escolares são abordadas em relação com as expectativas ligadas ao projeto da escola, à concepção da infância e às convenções do ensino que transformam o saber e a pesquisa disciplinares em estratégias para governar a criança, que é um discente ativo, capaz de resolver problemas. Tudo aquilo que resta das práticas disciplinares quando elas chegam à escola é o seu nome: física ou história.

O currículo de Matemática, de Física, de Literatura e de História não é função das práticas culturais no seio das quais os saberes disciplinares são produzidos, mas, antes, do ordenamento das capacidades e das disposições da criança. A alquimia fornece um veículo que estabiliza o saber acadêmico, a fim de fazer da criança o sítio da sua gestão. A linguagem estabilizante se revela no currículo. As crianças fazem a apredizagem de matérias escolares classificadas como "*corpus* de saberes" ou "saberes de conteúdos" (conceitos, generalizações e procedimentos).

Uma vez fixado, o ensino dos saberes de conteúdos enfatiza uma pedagogia que calcula as capacidades e as habilidades mutáveis da criança. O ensino da matemática é um exemplo, na medida em que as crianças participam e cooperam na aprendizagem da matéria, mas em que os conceitos maiores da matemática são os dos estágios do desenvolvimento da criança e das teorias da aprendizagem e da cognição, e não conceitos matemáticos. O que se torna razão em matemática não é a razão matemática, mas, antes, a transformação da psicologia em uma pedagogia orientada para as capacidades intrínsecas da criança. A razão matemática é definida, por exemplo, como "o desenvolvimento e a justificação do uso das generalizações matemáticas" (RUSSELL, 1999) ou como o exame do "raciocínio interno" da criança (MALLOY, 1999). A compreensão do docente em formação é medida, por exemplo, pela sua compreensão conceitual ou pela sua aprendizagem cooperativa. A aprendizagem é definida como a descoberta de uma multidão de abordagens que tornam aparentes os fundamentos presumidos lógicos e analíticos das proposições científicas ou das propriedades matemáticas. A lógica das disciplinas escolares é controlada pela psicologia do desenvolvimento, que torna compreensíveis as práticas sociais e culturais complexas, encarnadas pela matemática (VAN BENDENGEM, 1996). Mesmo quando há menção de um mundo complexo de pensamento matemático e de sua coletividade, as palavras são uma homenagem às diferenças entre o campo e o currículo, mais do que uma tentativa sistemática de se debruçar sobre as imagens e os conceitos do ensino.

Os sistemas de transmissão das disciplinas escolares aos sistemas escolares deveriam surpreender-nos. Primeiramente, as crianças não são nem cientistas nem matemáticos. O que surpreende é a alquimia particular da organização das disciplinas. A psicologia da aprendizagem das matérias escolares não foi inventada para considerar os produtos finais do saber acadêmico, mas para gerir a conduta da criança. A psicologia da infância, da aprendizagem e da cognição que caminha nos currículos atuais não visa a compreensão e a tradução dos saberes disciplinares em problemas pedagógicos (POPKEWITZ, 1998a). Por exemplo, a abordagem de Dewey centrada na participação e na coletividade representa valores cosmopolitas que desafiavam os processos de modernização do início do século

XX; a psicologia de Vygotsky sustenta os ideais marxistas na educação da criança, e G. Stanley Hall associa uma visão romântica, a ética cristã, a biologia social e a ciência, para formar um conceito do crescimento e do desenvolvimento.

A alquimia das matérias escolares está imbricada no amálgama das práticas culturais mencionadas acima, a fim de construir os objetos da interpretação e daquilo que constitui a prova e a experiência do ensino. Uma fórmula de intervenções e de deslocamento é elaborada a partir dos princípios gerados pelas finalidades da educação, isto é, o gênero de adulto criado pelo sistema educativo. Mas as práticas culturais são mais do que tudo isso, pois as capacidades de autonomia, de participação e de colaboração não são nem práticas neutras, nem engajamentos normativos, mas encarnam fronteiras e internamentos.

O saber educativo como produção de inclusão/exclusão[6]

Os temas salutares do contrato social e da parceria, da coletividade, das ideias do *Third Way* e da alquimia da pedagogia modelam um esquema que torna inteligíveis os objetos da ação educativa. As diversas práticas implicam visões da criança que encarnam as características ligadas à resolução de problemas, ao desenvolvimento ou à aprendizagem das conjecturas e da justificação. Essas visões operam como um guia que nomeia as disposições e as sensibilidades a serem valorizadas e identifica que capacidades e características da criança e do docente são as do indivíduo racional. Entretanto, as regras e normas de interpretação impõem também o avesso, isto é, o que é contrário às regras. O *continuum* de valores que é construído diferencia e divide as crianças de maneira desigual. Certas crianças se desviam do modelo da infância e evoluem fora do esquema racional. Essa oposição é evidente no caso da criança "com baixa autoestima", daquela dos "meios urbanos desfavorecidos", que requer ajuda suplementar, no caso da criança "em situação de risco". Estas evoluem como desvios no interior de um conjunto de valores normativos. A exclusão existe pois na interseção da norma e dos desvios. A exclusão não é diferente da inclusão, mas faz parte do segundo plano daquilo que é incluído. Nesta seção, evidencio as práticas culturais encarnadas pela reforma como criadoras de um *continuum* de valores que normalizam, dividem e excluem, enquanto a política e a pesquisa visam a inclusão.

A normalização e a divisão são ilustradas em um estudo comparando a educação urbana com a educação rural (POPKEWITZ, 1998b; MIRON, 1996). Sirvo-me do conceito americano de educação urbana como meio de examinar a reação às desigualdades e às diferenciações produzidas pelas práticas escolares. A educação urbana faz parte dos conceitos de salvação na luta americana pela cria-

---

6. As problemáticas da inclusão/exclusão são o tema dos artigos de Popkewitz, 1998b, e de Popkewitz e Lindbald, 2000.

ção de uma sociedade inclusiva. Ela expressa o engajamento do Estado na retificação dos erros causados pela pobreza e pela discriminação, o que passa por um esforço coletivo na construção de uma sociedade justa e equitativa. Embora a noção de educação urbana não reflita a realidade de vários países, onde os pobres vivem no exterior das grandes cidades e não no centro (como em Paris, Estocolmo e Buenos Aires), a importância que atribuo à educação urbana é função de práticas culturais que classificam certos grupos de crianças como necessitadas de serem salvas da pobreza e da desintegração social.

Nas políticas e nas classes estudadas acima, as noções de urbano e de rural se mostram como conceitos geográficos, o que elas estão longe de ser. São conceitos culturais que atribuem distinções e divisões ao que se considera a norma. Se eu me sirvo do conceito "urbano", é porque ele tem um sentido particular que depende do contexto. Certas crianças vivem em apartamentos e outras em casas luxuosas, que não são classificadas no espaço ocupado pela criança nos programas de educação urbana. Se posso jogar com essa palavra, as crianças das casas luxuosas aparecem como urbanizadas e cosmopolitas, mais do que urbanas. De um ponto de vista geográfico, a criança urbana é, apesar de tudo, aquela que vive na cidade, nos subúrbios e até em locais rurais.

O que reúne as diferentes crianças é essa classificação e essa prática normalizadora que estabelecem a diferença e o desvio. A natureza urbana da criança constitui uma teoria da diferença e do desvio, o que não é a intenção das políticas ou do pesquisador, mas do campo de práticas culturais no interior do qual a natureza urbana da criança é fabricada. A educação urbana deve salvar a criança de uma baixa autoestima e de uma família disfuncional – as famílias monoparentais de baixa renda têm as taxas mais elevadas de delinquência e possuem poucos livros, e assim por diante. A criança urbana é descrita como uma criança desmotivada, desfavorecida, em risco e necessitando da salvação disponível nas classes especiais destinadas a ela. Essa criança encarna os discursos referentes às crianças desfavorecidas e em risco. A pesquisa e o ensino transformam as normas da natureza urbana em elementos positivos da instrução (POPKEWITZ, 1998b). A criança urbana é a criança que aprende agindo, mais do que por saberes abstratos, e que tem, consequentemente, um estilo de aprendizagem diferente do das outras crianças. Os docentes trabalham segundo uma variedade de estilos, a fim de tratar adequadamente as diferenças nas capacidades da criança. A transformação das características negativas em características positivas faz com que a criança urbana nunca se inscreva na norma.

Territórios de pertencimento são criados entre os membros e os não membros. Entretanto, os membros não são classificados em categorias de grupos populares. As divisões e as distinções associadas à criança (ao pai) e ao docente urbano refletem, antes, as capacidades e as habilidades que convêm ou não à resolução de problemas, à reflexão e à aprendizagem permanente[7]. A definição da existência da criança como externa à norma é uma consequência prática do amálgama de várias práticas culturais que constroem a criança urbana e também é contrária aos objetivos públicos da pesquisa e das políticas educativas.

Mesmo que em oposição, as crianças da educação urbana e rural são situadas no mesmo sistema de "urbanidade", pelo menos na maneira pela qual os julgamentos são feitos sobre as capacidades e as habilidades na escola[8]. Nas entrevistas e nas observações não há nenhuma distinção entre o docente e a criança urbana e rural. O mesmo conjunto de categorias e de distinções a respeito da criança classificava e normalizava aquela que não aprendia e que precisava de uma aula de recuperação. A criança da educação "urbana e rural" encarna imagens e conceitos implícitos, que se opõem às habilidades de resolução de problemas e de flexibilidade da criança sofisticada (*da cidade*, mais do que urbana).

As distinções e as diferenciações que criam "o outro" na escola se encontram na obra do sociólogo Pierre Bourdieu. Sua pesquisa (*La distinction*, 1984) nos permite conceber a produção das diferenças pelos sistemas diferenciais de reconhecimento e de distinções que dividem e organizam a participação das pessoas. Por exemplo, Bourdieu examinou os sistemas de reconhecimento e distinção dos docentes do primário, do secundário, da vertente profissional e da engenharia civil em sua apreciação da arte, na disposição dos móveis e da arte em suas casas, assim como suas escolhas na alimentação, nos filmes e na educação. Esses esquemas de distinções e de apreciação eram diferentes daqueles dos funcionários de escritórios ou ainda dos vendedores de lojas. Bourdieu (1989/1996) também explorou como um sistema escolar consagra a nobreza social por uma série de operações cognitivas e de avaliação, que consolidam as divisões sociais. Segundo Bourdieu, no nosso caso, as crianças urbanas e aquelas capazes de resolver os problemas encarnam diferentes características e habilidades de indivíduos em uma sociedade não equitativa.

Mudar os campos sociais e as reformas escolares

Os sistemas racionais representados nas políticas escolares e na pesquisa são homólogos aos de outras instituições. Utilizo a palavra "homólogo" a fim de su-

---

7. Se eu me permito servir-me do exemplo do ensino da Matemática, a literatura construtivista cita continuamente a obra de Walkerdine (1988), a fim de definir limites. Walkerdine estudou como as pedagogias centradas na criança e progressistas são apresentadas como regras universais de pensamento e de razão, mas estão na realidade ligadas a uma mentalidade burguesa, que produz distinções e divisões entre as crianças. A literatura que trata do ensino da Matemática ignora essa crítica da razão universalizante na sua apresentação do construtivismo como regra universal.

8. Devo repetir que, embora existam distinções sociais e geográficas entre os contextos rural e urbano, os discursos do ensino transpõem essas distinções de lugar para as práticas culturais da pedagogia. Trata-se de uma observação empírica.

gerir um conjunto de relações que não correspondem uma a outra e que não existem em uma relação causal. As relações são, no sentido wittgensteiniano, de uma semelhança de família. Nesta seção, discutirei brevemente as homologias entre as mudanças na educação, as disciplinas acadêmicas, militares e a economia. Minhas fontes nesta seção são principalmente americanas, embora a literatura europeia forneça também uma perspectiva comparativa entre as mudanças na educação e aquelas vividas nas arenas sociais mais gerais[9].

Os debates em torno do construtivismo e da construção social do saber fazem parte das discussões filosóficas, nas ciências sociais, na psicologia e nas ciências puras (para um estudo geral desse tema, cf. HACKING, 1999; LATOUR, 1999; na educação, cf. CHERRYHOLMES, 1999; POPKEWITZ, 1997)[10]. Pelo menos, desde o fim da Segunda Guerra Mundial, a epistemologia construtivista é um fenômeno cujas marcas são encontradas na volta do pragmatismo nas ciências sociais e da educação (CHERRYHOLMES, 1999; STONE, 1999), em estudos feministas sobre a construção da feminilidade (BUTLER, 1993), em estudos de ciências sociais (DANZINGER, 1990; CLIFFORD, 1997), na filosofia da educação (KOHLI, 1995), assim como nos estudos culturais críticos da educação (McLAREN & GIARELLI, 1995; POPKEWITZ & BRENNAN, 1998), e nos estudos do pós-colonialismo (CHATTERJEE, 1993; HOMI BHABBA, 1994). O construtivismo evolui em vários percursos históricos das coletividades intelectuais, da Rússia aos países escandinavos, passando pelos Estados Unidos. As discussões intelectuais de filosofia e de ciências sociais têm tendência a ser mais históricas, sociais e culturais do que as de psicologias construtivistas da área da educação. Estas têm mais tendência a conceber o cérebro como isolado do seu contexto ou limitado especificamente a uma conversação em que as normas e a posição dos atores são objeto de uma negociação social, como exprime a ideia do saber contextualizado.

O indivíduo construtivista, solucionador de problemas, que se encontra na educação, está também presente no mundo do trabalho (GEE et al., 1996). O novo trabalhador e o novo ambiente de trabalho evoluem segundo a "lei do microcosmo". Esse novo contexto de trabalho é flexível numa estrutura horizontal, que permite o desenvolvimento de projetos particulares sem hierarquia administrativa rígida (FATIS, 1992). As unidades de trabalho assim reduzidas dão, em princípio, mais poder aos trabalhadores e desenvolvem ambientes abertos e receptivos, nos

---

9. As mudanças atuais não são apenas as dos contextos abordados aqui, mas implicam simultaneamente a globalização e a localização, o que requer uma discusão mais aprofundada do que aquela que nos é possível fazer aqui.

10. As diferentes visões se inclinam sobre a construção social do saber, em certos casos baseando-se em perspectivas antropológicas e sociológicas e em outros casos na psicologia (pode-se comparar a sociologia de Bourdieu à psicologia de Howard Gardner). Mas como enfatiza Bloor (1997), as mudanças epistemológicas ligadas ao construtivismo têm trajetórias múltiplas e não têm nenhuma definição clara.

quais os trabalhadores podem reagir mais rapidamente às necessidades do cliente. Mas a individualidade pragmática também está presente onde o indivíduo redefine as suas capacidades e o seu potencial:

> *Instead of defining the individual by the work he is assigned to, we now regard productive activity as the site of deployment of the person's personal skills*[11] (DONZELOT, 1991: 252).

O contexto de trabalho das tecnologias (na robótica, por exemplo), os princípios organizacionais (como as produções "na hora certa") e os novos materiais, segundo alguns, reformularam a nossa visão do processo de produção e do trabalhador (INTERNATIONAL LABOUR ORGANIZATION, 1994). É importante lembrar que os princípios da participação na nova esconomia não são distribuídos igualmente no interior dos próprios países e novas clivagens entre pobres e ricos emergem assim.

Finalmente, o conceito do guerreiro na área militar encarna também novos objetos de interpretação, de ação e de identidade. Essa área pode parecer um lugar estranho a se examinar para melhor compreender a escola, mas esse não é o caso. Na verdade, as tecnologias disciplinares dos militares ocupam um lugar importante nas escolas desde o século XVIII (DUSSEL et al., 2000). Não se pode explicar a indústria de medida e de avaliação escolar sem estudar os problemas de recrutamento e de organização dos soldados durante as duas guerras mundiais (HERMAN, 1995), nem a emergência da ciência cognitiva sem examinar a pesquisa em inteligência artificial efetuada sob a égide do Departamento de Defesa, pelos seus sistemas de treinamento e gestão (NOBLE, 1991).

Mas o essencial dessa discussão são as mudanças nos princípios que governam as subjetividades dos soldados nos vinte últimos anos. Antes da Segunda Guerra Mundial, na maioria dos exércitos, uma hierarquia com poder de decisão organizava a cadeia de comando. Além disso, a tecnologia implicava a ligação do soldado com o material mecânico da guerra. O avião, os tanques e os fuzis foram dominados graças às teorias mecânicas e físicas. A disciplina do combatente requeria a aprendizagem de uma competência na manutenção e na aplicação das tecnologias mecânicas na hierarquia.

Mudanças recentes na tecnologia militar exigiram diferentes tipos de desempenho e de sistemas de comunicação, encarnados no soldado moderno. A rapidez com a qual as decisões são tomadas e as condições da batalha criam um mundo de instabilidade e de pluralidade. Há uma necessidade de ações pragmáticas, pois os indivíduos interagem agora com sistemas de comunicação dinâmicos, mais do que com sistemas mecânicos fixos. As estruturas de comando são hoje situadas simultaneamente nos eixos horizontal e vertical, ou, para conservar a linguagem

---

11. "Ao invés de definir o indivíduo pelo trabalho que lhe é atribuído, consideramos agora a atividade produtiva como a ocasião de desenvolvimento das aptidões pessoais desse indivíduo" (N. da trad.).

das discussões precedentes, segundo estratégias ao mesmo tempo centralizadoras e descentralizadoras. Um sistema de comando centralizado se torna mais padronizado pela aquisição de armamentos e por tecnologias que podem, por exemplo, controlar, da Flórida, a informação sobre um campo de batalha no Afeganistão. Entretanto, existe paralelamente uma descentralização, enquanto a estrutura de controle militar faz da abertura e da responsabilidade profissional um preceito da disciplina de combate.

As áreas do pensamento intelectual, da economia e do mundo militar se justapõem e fornecem uma especificidade histórica aos discursos atuais referentes a um ensino profissional e a uma criança confiante, autodisciplinada, que tem a capacidade e o desejo de aprender. Se existe um denominador comum, ele se situa na importância atribuída à abertura, à flexibilidade, à diversidade, à fluidez e à ruptura aparente com a ideia de permanência na formação do saber e da individualidade. Novas noções pedagógicas, da criança que constrói ela própria o seu saber à ideia do docente introspectivo e da classe como coletividade de discursos, a identidade não é mais concebida segundo normas universais de competência, mas antes segundo normas que mantêm ações múltiplas e pragmáticas, pelas quais os indivíduos negociam e constroem o saber. Paralelamente, as disposições e as sensibilidades que se situam no exterior da norma formam esse "outro", isto é, as capacidades e as habilidades de uma individualidade que se situa no exterior da própria razão são desqualificadas da ação e da participação. As disciplinas escolares, a nova organização do trabalho e o mundo militar são homólogos de uma individualidade cujas sensibilidades e disposições são produzidas nos programas de reformas escolares. Em cada contexto, encontra-se um conjunto de práticas culturais ligadas à individualidade, trabalhando num mundo de informação em evolução rápida e constante, e que sabe tratar a informação e resolver problemas com flexibilidade, em situações em evolução igualmente rápida.

Conclusão

Os temas de salvação nas reformas atuais não são apenas trajetórias de redenção, mas também práticas de administração inscritas nas regras e normas da razão. Procurei descrever os contornos dessa razão, que assinalam as mudanças em curso. Por conseguinte, esse procedimento nivela as múltiplas estratégias institucionais e discursivas. Procedi assim para ilustrar e explorar as políticas do saber inscritas nas políticas e na pesquisa educativas.

Minha preocupação nessa análise refere-se às regras e às normas racionais presentes nas diferentes reformas como práticas culturais que geram princípios ordenadores da ação e da participação. Essa discussão enfatizava inicialmente as mudanças sistêmicas e a noção de coletividade como interligadas e criadoras de princípios de administração que ligam o contrato social à parceria – o coletivo ao individual. Depois, considerei essas práticas sistemáticas como imbricadas num campo de práticas culturais ligadas às mudanças no ensino e na pedagogia. Essas diferentes práticas são culturais, pois o seu amálgama cria princípios segundo os quais julgamentos são feitos, conclusões tiradas, possibilidades de mudança propostas e experiências e existência mais fáceis de gerir. As características da criança capaz, solucionadora de problemas, as regras da psicologia e da administração escolares e as características desejadas do docente formam um amálgama de práticas culturais. A importância das práticas reside no fato de que elas geram os princípios que determinam que tipo de ser humano devemos ser. Além disso, esses princípios excluem, tanto quanto incluem e desqualificam igualmente, certificando que certos indivíduos são aptos para a ação e a participação, em prejuízo dos outros. Enfim, o amálgama ou campo não é o produto de uma intenção política ou de forças estruturais, mas, antes, um fenômeno histórico produzido por seus próprios conjuntos de relações.

Esse conceito de campo tem implicações metodológicas no estudo das políticas. Fiz do sistema racional das políticas e da pesquisa educativas um conjunto de práticas culturais que exigem pesquisas mais amplas. Também procurei circunscrever um modo de enquete histórica e cultural no estudo do saber escolar como "fato social" produzido por um campo de relações nas reformas escolares.

Acredito que esse modo de enquete levante algumas questões a respeito da importância do "instrumental" no estudo das políticas. Ele acarreta também um questionamento daquilo que é aceito nas críticas contemporâneas das reformas escolares, como aquelas associadas ao neoliberalismo e às suas metáforas de "mercados" e de privatização. Se a minha argumentação for adequada, o que se associa ao neoliberalismo encarna a formulação de intervenções e de salvação implicando práticas culturais justapostas – mas não determinadas por elas – às políticas associadas a Reagan e a Thatcher ou aos princípios econômicos de Hayekian e de Freedman[12]. A renovação do conceito de Estado-Providência, as políticas que constroem outras políticas centralizadoras e descentralizadoras se justapõem a outros discursos da pedagogia, da administração escolar e a noções de participação que não podem ser reduzidos a discursos neoliberais. A título de exemplo, as reformas conservadoras e trabalhistas do sistema britânico geram discussões sobre a mercantilização da escola, que respondem às preocupações com a desintegração social, com a ruptura do núcleo familiar e outras práticas definidas culturalmente como exteriores à norma e, logo, desviantes. Se examinarmos de perto as reformas como práticas culturais, entretanto, não é a linguagem econômica

---

12. Sem abordar uma análise econômica, a própria reestruturação dos princípios econômicos keynesianos inerente ao neoliberalismo emerge depois da Segunda Guerra Mundial, quando o sistema fordiano de produção não é mais percebido como a chave de um crescimento da produtividade. Além disso, o que se chama de "mercados" e a privatização existem no interior de um sistema complexo de espaços regularizados, o que se situa longe das noções de "mercado" do século XIX.

que domina no estabelecimento dos princípios da ordem e da divisão. As distinções culturais de desvio e de norma renovam os discursos econômicos (do "mercado", por exemplo) sobre a noção do *homo economicus* em conjuntos de categorias formadas em torno da norma e do "outro", e não o contrário. O que é importante na compreensão das ideias neoliberais não é o seu reducionismo econômico nem a elaboração de uma outra teoria estatal do governo, mas a maneira pela qual essas práticas se justapõem a outras práticas, a fim de criar princípios que governam e ordenam a individualidade. Como sugere Wagner (1994), seria historicamente incorreto conceber a linguagem econômica sem considerar como essa linguagem funciona como prática cultural.

O objetivo deste ensaio é pois propor que o estudo das políticas educativas (a política da educação) se afaste da nossa maneira atual de conceber os alunos, os docentes e as famílias como cidadãos que participam de coletividades, das cidades e das nações modernas. Esta análise toma uma posição que desnaturaliza e desconstrói o raciocínio particular imbricado nos discursos de políticas e de pesquisa, a fim de estabelecer um diagnóstico sobre os pressupostos e os princípios taxionômicos nas aspirações modernas da escola. Uma vez que essas regras e essas normas de raciocínio são engajadas como criações históricas, segundo a significação dupla proposta inicialmente, sua natureza progressista e seu objetivo de melhoramento são revelados como sendo fragmentários, exclusivos e incitando ao privilégio. Esse diagnóstico, entretanto, não visa uma renúncia aos conceitos de salvação, mas procura sondar o campo das práticas culturais nas quais eles são encontrados como algoritmos da administração do "si".

13
As transformações atuais do ensino: três cenários possíveis na evolução da profissão de professor?

Claude Lessard
Universidade de Montreal, Crifpe

Maurice Tardif
Universidade de Montreal, Crifpe

Introdução

O ensino é uma das mais antigas profissões, tão antiga quanto a medicina e o direito. Realidade familiar a todos, o ensino foi durante muito tempo apresentado como uma vocação, um apostolado, um sacerdócio leigo; seu exercício se baseava então, antes de tudo, nas qualidades morais que o bom mestre tinha de possuir e exibir a todos aqueles que controlavam, de uma maneira ou de outra, o seu trabalho com os jovens. Durante as últimas décadas, no contexto de generalização e de massificação da educação, e por extensão no quadro da burocratização dos sistemas educativos, o sindicalismo docente e as associações profissionais insistiram, com razão, para que o ensino fosse reconhecido como um ofício e os docentes, na qualidade de trabalhadores qualificados, fossem convenientemente tratados pelo seu empregador, nos planos material, social e simbólico. Mais recentemente ainda, certas políticas educativas nacionais (LANG, 1999), respondendo ao discurso de muitos formadores de mestres pelo mundo (TARDIF; LESSARD; GAUTHIER, 1998), consideram que essa profissão deve evoluir segundo uma lógica de profissionalização, sendo esta entendida, ao mesmo tempo, no sentido de um reconhecimento de *status* pela sociedade e também como desenvolvimento, pelo próprio corpo docente, de um repertório de competências específicas e de saberes próprios que contribuam para o sucesso educativo do maior número possível de jovens e adultos.

Pode-se pensar que essas três concepções (vocação, ofício e profissão) exprimem a linha de evolução do ensino. Entretanto, essa linha está próxima dos construtos dos atores, e o pesquisador deve tentar distanciar-se deles, para que a sua análise não seja um eco erudito do terreno. Além disso, estamos aqui na ordem das representações; não é certo que estas correspondam à realidade, como dizem os sociólogos da esfera crítica, que preferem ver nas tendências recentes exatamente o contrário da profissionalização, isto é, diversas formas de desqualificação e de proletarização do ofício (APPLE, 1980; HARRIS, 1982; OZGA, 1995; SEDDON, 1997).

Todavia, se permanecermos durante algum tempo no domínio das representações, poderá ser útil encarar o ensino atual como uma composição dessas três concepções, que então não se apresentam mais como uma sucessão de etapas históricas, mas como reveladoras das dimensões fundamentais do trabalho docente, permanentemente redefinidas e recompostas em função das pressões e das condições em que se exerce esse trabalho. A evolução não é mais percebida como unidimensional e unidirecional; ela aparece, antes, como um processo de complexificação e de recomposição de um trabalho que tenta reconhecer e incorporar dimensões de certo modo intrínsecas à atividade docente.

Partindo dessa perspectiva, propomos aqui uma reflexão sobre a evolução atual do ensino. Baseada nos trabalhos empíricos dos últimos anos sobre a história da profissão docente e numa releitura de vários trabalhos contemporâneos, essa reflexão pretende ser uma tentativa de cenarização do futuro do ensino, isto é, uma formulação inteligível e relativamente coerente de alguns cenários evolutivos capazes de explicar, de modo plausível, algumas das principais questões, forças e tendências, que modelam atualmente o devir da profissão docente.

Essa reflexão se fará em três tempos: no primeiro, apresentaremos e discutiremos o que se chama de crise do ensino e o sentido que lhe devemos dar; no segundo, tentaremos identificar as principais forças de mudança em ação e seus efeitos sobre o ensino; finalmente, proporemos três cenários construídos a partir de parâmetros explícitos.

O estado atual do ensino: um modelo em decomposição?

O ensino, e particularmente o ensino secundário, está "em crise". Pelo menos, é o que repetem muitas pessoas há várias décadas. Pessoalmente, como membros da geração do pós-guerra, não conhecemos outro discurso dominante sobre o ensino, a não ser esse discurso da "crise". E como diz Meirieu, "não se sabe muito bem como as coisas começaram a se degradar; ou, mais exatamente, já era tarde demais quando se percebeu" (MEIRIEU, 1990: 15).

Na esteira de Charlot (1987: 27-33), distinguimos três conceitos de crise que podemos aplicar utilmente ao nosso propósito: a crise como ruptura de equilíbrio, como resistência à modernidade e como exacerbação das contradições sociais.

Logo de saída, indicamos que os três cenários apresentados acima remetem a esses três conceitos de crise e, por extensão, de saída de crise.

Segundo Charlot, "o primeiro conceito afirma que quando o equilíbrio de um sistema é rompido, esse sistema sofre um mal-estar, uma perturbação, um abalo que transtorna o seu funcionamento e a sua reprodução. A desordem se instala, aparecem tensões: o sistema está em crise" (CHARLOT, 1987: 28). De acordo com a maneira em que o sistema em questão for tomado, em seus aspectos estáticos ou em movimento dinâmico, a saída da crise passará, seja por uma ou várias das formas de "restauração" do estado antigo, seja por uma adaptação a novas realidades.

Como resistência à modernidade, a crise se apresenta como "causada pela rigidez, pelos bloqueios, que se expressam na sociedade pelos corporativismos de todo tipo. As interpretações da crise da escola em termos de arcaísmo, de rotina, de petrificação das estruturas, de corporativismo docente, ligam-se a esse modo de pensamento" (CHARLOT, 1987: 30). A saída da crise passa pela renovação, pela inovação, pela mudança, que, de certa forma por definição, encarnam o progresso[1].

Finalmente, como exacerbação das contradições sociais, a crise parece indissociável da vida social, pois todo sistema social está sempre habitado por contradições, aliás múltiplas e articuladas entre si, mas não redutíveis a uma única. Aqui não há cenário predefinido de saída da crise: existem apenas grupos e forças que escrevem a história ao se confrontarem.

Segundo uma ou outra dessas acepções ou as três reunidas, o ensino estaria em crise. E esta duraria – digamos – desde o fim da Segunda Guerra Mundial. Suas causas parecem pois históricas e datadas; estão ligadas à massificação e à generalização do ensino secundário, à sua inserção num sistema educativo unificado e destinado à preparação de uma mão de obra altamente qualificada, para garantir e acentuar o desenvolvimento econômico, e às tentativas de democratização da escola, do colégio e do liceu. Essas múltiplas mudanças foram os frutos de uma política explícita e relativamente consensual, fundada sobre uma demanda social forte de escolarização, que se tornaram possíveis graças à prosperidade do pós-guerra. Elas também acarretaram outras mudanças na oferta de educação, notadamente nos ramos e na sua hierarquia, nos currículos e na sua importância, assim como nas práticas docentes.

Mas todas essas mudanças não foram necessariamente, nem sempre, para o melhor, assinalam os atores decepcionados com a evolução. Queda do nível dos estudos, permissividade generalizada, diplomas desvalorizados, declínio da cul-

---

1. Charlot lembra que a etimologia da palavra crise (*krisis*) remete à ação de distinguir, de separar, de escolher e, logo, à decisão, ao julgamento, ao desenlace. A crise separa o velho e o moderno e decide pela inovação (CHARLOT, 1987: 31).

tura geral, currículo "de bar" e escola "vale-tudo", expressões muitas vezes usadas para caracterizar a evolução das últimas décadas em matéria de ensino. A diversificação socioeconômica e sociocultural das populações escolarizadas sempre por mais tempo também transformou a relação docente-discente, gerando às vezes problemas, familiaridade excessiva, diversas formas de desrespeito pela função docente ou pelo adulto que a cumpre, ou ainda uma incapacidade de funcionar segundo as regras usuais de civilidade da instituição, recusa de empenhar-se no trabalho escolar, indisciplina, violência gratuita, etc. Em resumo, a lista de queixas é longa, mas com certeza ela não é totalmente fruto de uma imaginação quase doentia!

Para certos atores escolares, nada mais é como antes: a escola e o esforço para aprender não fazem muito sentido para certos jovens; embora eles sejam rebeldes ativos ou passivos silenciosos, *drops-out* ou *drops-in*, um grande número de jovens vivem a escola como uma passagem obrigatória, uma imposição do meio familiar e da sociedade, e não como uma experiência significativa da qual eles poderiam tirar um proveito pessoal. Na escola, eles funcionam mal ou minimamente. Têm pressa de sair e a suportam fazendo qualquer coisa, menos o que se espera deles. O ofício de aluno necessita do desenvolvimento e do controle ostensivo de muitas estratégias para "sair dessa" com o mínimo de esforço, sem se empenhar profundamente, distanciando-se do jogo escolar e evitando cuidadosamente deixar-se envolver nele.

Nesse aspecto, a escola se parece com um estacionamento, e a função docente é assimilada a uma forma de vigilância. Os jovens estão na escola porque a sociedade não quer que eles estejam em outro lugar, principalmente na rua ou no *shopping*, e porque não há ou não há mais alternativa à escola para ocupar os jovens. Esses jovens da televisão e da internet consomem as aulas e aqueles que as ministram como consomem um programa de televisão, um clip ou uma publicidade; eles permanecem ou "zapeiam"; têm uma relação emotiva – "gosto ou não gosto" – e utilitarista com o saber – "para que serve saber isso?" Os docentes às vezes vivem mal essas evoluções e constatam, impotentes, que não são capazes de concorrer com a mídia cada vez mais invasora e eficaz, pelo seu poder de sedução.

Baudelot e Establet (1989), sem negar o mal-estar docente, fizeram uma crítica convincente de uma parte dessa visão da evolução, pelo menos daquela que se expressa no discurso sobre a queda do nível. Mas é forçoso constatar que esse discurso é persistente e está muito presente entre os docentes do segundo grau. Essa constância deve corresponder a algo importante no plano do vivido profissional dos docentes. A esse respeito, a análise de Dubet parece fundamentada e põe em perspectiva a de Baudelot e Establet: esse discurso da crise do ensino secundário expressa a decomposição do modelo de ensino clássico, sem que um outro modelo alternativo tenha podido, até agora, emergir ou impor-se, isto é, parecer pertinente e suficientemente consistente para substituir e preencher o vácuo deixado

13. As transformações atuais do ensino...

pelo modelo clássico. Nessa situação anômica, em que a instituição não fornece mais modelos fortes de referência, os docentes são abandonados a si mesmos, em sua relação diária com os alunos e na construção do sentido que eles tentam encontrar ou dar à sua experiência. Outras análises, como a de Derouet (1988), deixam perceber que os docentes "se viram como podem", conforme se diz. Construem uma "identidade compósita" ou participam da construção de "concessões" viáveis no seu estabelecimento, a partir de diversos princípios de justiça. Em suma, fazem "o possível" praticando um ofício "impossível", segundo a expressão de Freud (BOUCHARD, 1992). Outros, como Cousin (1998), mostram que certos estabelecimentos, principalmente graças a uma capacidade de mobilização coletiva, da qual nem os docentes nem o chefe do estabelecimento estão ausentes, conseguem criar condições tais que os docentes cumprem mais do que convenientemente a sua missão, e tiram disso uma forte satisfação profissional e identitária.

Qualquer que seja a exatidão da caracterização do mal-estar docente mencionado, quaisquer que sejam os contornos particulares da retórica daquilo que se convencionou chamar de discurso da queixa docente (RANJARD, 1984), a crise do ensino é aqui a impossibilidade de manter um modelo do ofício em plena decomposição: o modelo do docente disciplinador e erudito, transmitindo o mais claramente possível, graças ao seu perfeito domínio da exposição magistral e à sua paixão intelectual, o patrimônio nacional e a grande cultura universal, a alunos escolhidos a dedo, por sua origem de classe, próximos da cultura escolar e dos seus códigos implícitos, e destinados ao *status* de membros da elite meritocrática – em resumo, aos "herdeiros" – no sentido em que Bourdieu e Passeron falavam no fim dos anos 1960. O docente, portador de uma cultura distintiva, preparava então a elite intelectual e profissional da nação. Esse modelo era valorizante e valorizado no seio do corpo professoral, cujo acesso se baseava num percurso escolar impecável e no sucesso em um concurso exigente e difícil[2].

Se o modelo tradicionalmente valorizado está em decomposição avançada, vários elementos tornam difícil a emergência de um, e apenas um, novo modelo dominante e canônico. Ou antes, esses elementos são fonte de tensões e conflitos, pois se afastam do modelo canônico. Nesse sentido, a crise se torna permanente, enquanto as tensões e as contradições observadas parecem cada vez mais intrínse-

---

2. Quanto à França, Meirieu observa: "A unificação dos sistemas educativos dos primeiros ciclos secundários acarretou, na França e em outros lugares, problemas que estão longe de serem resolvidos. Enquanto o meio preparava espontaneamente os alunos selecionados para receber, pelo discurso, informações integradas não se sabe como, os problemas didáticos não se apresentavam. A rigor, eles se apresentavam para aqueles que fracassavam em condições particulares e o 'pequeno curso' deveria bastar para resolver o problema. Quanto aos outros, um destino social de executantes manuais permitia limitar-se a um treinamento utilitário" (MEIRIEU, 1990: 11). Quanto a Quebec, lembremos que a reforma escolar dos anos 1960 marcou o fim desse modelo de ensino secundário de elite, e o impulsionou para cima, na ordem do ensino colegial, pelo menos nos seus ramos pré-universitários. A França fez uma escolha similar com a instalação dos colégios únicos.

cas ao ofício, tal como ele se transformou ao longo das últimas décadas. Segundo Charlot, poder-se-ia dizer que a crise evoluiu da primeira acepção para a terceira, como mostram vários trabalhos contemporâneos (DUBET & MARTUCELLI, 1996; HARGREAVES, 1994; LANG, 1999; PERRENOUD, 1996) sublinhando as contradições que permeiam a relação pedagógica e, mais geralmente, a instituição educativa.

Mas se é verdade que a crise do ensino dura em nosso imaginário há várias décadas, o sistema educativo e o seu ambiente experimentaram, nestes últimos anos, transformações cujos sentido e alcance importa compreender. A situação está mudando, mas em que sentido? Pode-se ver um pouco mais claramente os efeitos dessas transformações sobre o ofício? Esse é o objeto da segunda seção do texto.

As forças da mudança e suas consequências contraditórias

Além dessa questão da crise do ensino, quais são as forças atuais que influenciam realmente a escola e a modelam? Para prever o futuro do ensino, que parâmetros inevitáveis devem ser levados em conta?

Parece claro que assistimos hoje a um movimento generalizado de reestruturação escolar, ao qual aderem vários países. Os seus componentes essenciais são: a descentralização das decisões e a introdução de uma participação intensa dos pais e da comunidade, num espírito de gestão em parceria; a imputabilidade das decisões; a profissionalização do ensino e a prescrição de um programa nacional comum novamente centrado nos saberes básicos.

A isso, acrescenta-se também uma série de medidas comuns ao conjunto dos países, afetando principalmente os aspectos administrativos e pedagógicos. Essas medidas são, aliás, fortemente estimuladas pelas organizações internacionais. Trata-se, principalmente, da focalização no sucesso educativo e na qualidade do ensino, do alongamento do tempo da formação (estímulo à precocidade da escolarização e à formação contínua), do estreitamento dos laços entre o sistema escolar e a instituição familiar, do desenvolvimento de uma relação professor-aluno mais personalizada, do reforço da oferta na formação profissional e técnica, do desenvolvimento dos modos de aprendizagem inovadores, implicando uma parte mais ativa do meio econômico (por exemplo, a alternância trabalho-estudo), da flexibilização do ciclo escolar, o que compreende uma flexibilização dos fluxos de entrada e de saída, a abertura das sequências horárias, a reversibilidade possível na orientação escolar, a avaliação da aprendizagem mais regular e um firme engajamento na guinada tecnológica (conexões com as redes informatizadas, compra de equipamento, adaptação do ensino, desenvolvimento pedagógico).

No interior desse vasto movimento, insistimos em quatro ingredientes especialmente importantes, que induzem novos modos de regulação da educação: a disputa entre uma política educativa neoliberal e uma política humanista-igualitária;

a transformação do papel do Estado; a ascensão daquilo que Derouet (1992) chama de modelo mercantil; e a globalização e o desenvolvimento das tecnologias da informação e da comunicação.

A orientação das políticas educativas

Entre o conjunto das opções políticas adotadas, duas grandes tendências parecem desenhar-se, podendo ser associadas a dois polos distintos. O primeiro polo se inspira numa corrente neoliberal, com o projeto educativo evoluindo na perspectiva do desenvolvimento do potencial humano; o segundo polo pode ser qualificado de "humanista/cidadão", uma vez que a educação é principalmente encarada sob o ângulo do ideal de justiça social. Assim sendo, a pergunta formulada por M. Crahay (1999) se torna central: a escola pode ser ao mesmo tempo justa e eficaz?

Assim, os Estados Unidos e a Inglaterra, produtos de uma cultura política pragmática, se situam resolutamente no primeiro polo, o da eficiência. Inspirados numa ideologia do desempenho e da produtividade, as orientações desses países visam sobretudo a gestão máxima do potencial humano, atribuindo assim aos serviços educativos um caráter principalmente instrumental. Encontramos nas orientações canadenses e quebequenses uma tendência neoliberal, mas que não parece, agora, tão pronunciada e radical. Na verdade, não há no Canadá e em Quebec um estímulo ministerial tão evidente para a instauração de um clima de competitividade entre as instituições escolares, estratégia que serve, nos Estados Unidos, de alavanca principal de elevação da qualidade do ensino. Além do mais, nos Estados Unidos e na Inglaterra, onde o estreitamento dos conteúdos é acompanhado por um aumento dos padrões de sucesso, o Estado promove o desenvolvimento das escolas particulares ou das escolas públicas fortemente autônomas, criadas por iniciativa dos pais e de diferentes organizações locais, através, principalmente, do movimento das *charter schools*. Os dirigentes americanos estimulam a difusão pública das características das escolas (resultados, especificidades dos programas, etc.); é uma maneira de aumentar o desempenho e controlar a conquista dos padrões, cuja responsabilidade cabe agora diretamente aos estabelecimentos, aos seus dirigentes e aos docentes. Essa abordagem radical se manifesta também entre os britânicos a partir do reinado político dos Conservadores, e não foi desmentida pela volta ao poder, nestes últimos anos, pelos Trabalhistas. A guinada importante para a descentralização administrativa que vivem atualmente o Canadá e Quebec, com, no último caso, a instauração dos conselhos de estabelecimentos e dos planos de sucesso, segue essa tendência, cujas palavras de ordem são eficiência, obrigação de resultados e prestação de contas à coletividade local. Simultaneamente atraídos pelas potencialidades positivas da gestão participativa pelas pessoas "de baixo" e preocupados com as repercussões negativas possíveis (clientelismo, projetos locais excessivamente particulares, recrudescência das desigualdades, implosão do sistema nacional de educação, etc.), os diferentes Ministérios da Educação do Canadá seguem até um certo ponto o movimento neoliberal próprio aos países anglo-saxônicos e às opções ideológicas e políticas das organizações internacionais, como o Banco Mundial e a Organização para a Cooperação Econômica e o Desenvolvimento (OCDE).

Por outro lado, certas opções privilegiadas por Quebec se inscrevem, antes, no segundo polo, mais humanista, centrado na igualdade ou na equidade e na democratização do saber, e na manutenção de um serviço público de educação que contribua para a constituição de uma coletividade cidadã, ao mesmo tempo forte e pluralista, coesa e diversificada. Tradicionalmente, pelo menos no plano do discurso, esse polo era encarnado pela França, que associava fortemente a escola a ideais de equidade e de justiça social. Na verdade, a França, durante muito tempo, afirmou em alto e bom tom o lugar central do Estado a título de grande organizador da educação e insistiu no caráter nacional de uma educação igualitária. Numa perspectiva em que a nação é um ideal de primeiro plano, a educação, o desenvolvimento de uma cultura comum igualitária e a preparação ao exercício da cidadania são indissociáveis. Se existe sempre uma sensibilidade francesa persistente na centralidade do Estado no desígnio do projeto educativo, a diversificação e o pluralismo ligados à imigração, os problemas das periferias, assim como o advento da Comunidade Europeia impõem, todavia, novos questionamentos à França. Por exemplo, num contexto nacional pluralista, que instrução cívica transmitir, quando emergem novas formas de cidadania e quando as instituições "se globalizam"?

Várias orientações tomadas por Quebec convergem para esse polo "humanista/cidadão", como indicam as discussões da Comissão dos Estados Gerais sobre a educação, em torno das finalidades da educação, e a enunciação, pelo Ministério da Educação, das três grandes missões da escola: "instruir, socializar, qualificar" (MEQ, 1997). Assim, se na maneira de definir as grandes finalidades, tenta-se centrar a escola no desenvolvimento intelectual e no domínio dos conhecimentos e no dever de preparação dos jovens para a vida ativa, também se pede à escola que contribua para a apropriação do sentimento de pertenciamento coletivo e para o exercício da cidadania. Em Quebec, a escola contribui explicitamente para o desenvolvimento da coesão social:

> esta deve transmitir os valores que fundamentam a nossa sociedade democrática (a igualdade, as liberdades fundamentais, o respeito ao outro, a justiça, a cooperação, a solidariedade) e o respeito às instituições comuns, continuando a ser, ao mesmo tempo, um lugar de exploração dos valores (MEQ, 1966: 5).

A transformação do papel do Estado

Observando-se de perto, é preciso admitir que os governos ocidentais estão longe de se desinteressar da educação, mesmo que a sua responsabilidade assuma novas formas. Não é porque lhe é imposta uma dieta de emagrecimento que o Estado central renuncia a exercer uma responsabilidade em matéria de educação. Entretanto, ao que parece, seu papel se transforma progressivamente. Tudo acontece como se o Estado tomasse uma certa distância em relação ao funcionamento cotidiano do sistema e ao exercício dos mandatos confiados aos poderes organizadores locais, doravante responsáveis pela distribuição de suas verbas e pela conquista dos seus objetivos. O Estado central se limita à elaboração de políticas, notadamente no plano curricular (símbolo da unidade e da integridade de um "sistema" educativo), repousando o mais possível sobre amplos consensos, e, pela instalação de mecanismos de avaliação, controla a conquista dos alvos e objetivos determinados. Nos países anglo-saxônicos, essa redefinição do papel do Estado está bastante avançada: fala-se do fim do Estado-Providência ou do Estado-Pedagogo e da emergência do Estado-Acompanhador, recentemente renomeado como Estado distante ou Estado-Avaliador (WHITTY et al., 1997). A França se mostra, nesse aspecto, "excepcional", pois assiste-se em vários países ao que Henchey (1996) chama de difusão do poder em matéria educativa.

Por exemplo, os Estados Unidos, onde a educação já está largamente descentralizada, tiveram, durante a última década, um forte movimento, dito movimento dos padrões: o Estado, diretamente ou por meio de organismos públicos por ele mandatados, define padrões, perfis de saída, competências que os alunos devem dominar ao fim desta ou daquela etapa da escolaridade. Faz o mesmo quanto às instituições educativas, como organizações que devem prestar um serviço de qualidade; como vimos na seção precedente, difundindo os resultados dessas avaliações, o Estado instaura uma competição entre estabelecimentos, que estima necessária ao melhoramento do conjunto; por organismos intermediários, mantém um funcionamento análogo na formação dos professores, funcionamento fundado em padrões e procedimentos de validação das instituições que oferecem essa formação. O Canadá, por meio do seu Conselho dos Ministros da Educação, trabalha com o mesmo espírito: suas províncias possuem os mesmos indicadores que, simultaneamente, descrevem o estado da educação em cada uma delas, e constituem critérios de avaliação de rendimento (por exemplo, taxa de analfabetismo, de desistência, duração dos estudos, etc.). A Inglaterra, evidentemente, não fica atrás, nem os organismos internacionais, entre os quais é importante indicar o Banco Mundial e a OCDE, que divulgam essa "boa-nova" em seus países membros e em todos os países do Sul. Há padrões e padrões: alguns são muito precisos e concretos, outros são mais gerais e abstratos. Mas, de qualquer forma, assiste-se à instalação generalizada de uma nova forma de regulação, que supõe a produção contínua de uma informação tanto sobre os processos quanto sobre os resultados, a análise pública dessa informação e o ajuste dos sistemas e das práticas em função de objetivos relativamente precisos. Talvez isso não seja tão novo quanto parece, mas evidentemente essa "tecnologia" se espalha pelo mundo, notadamente por meio dos grandes organismos internacionais.

Assim, o Estado não saiu de cena; continua sendo um ator com o qual é preciso contar, um poder regulador de primeiro plano. Entretanto, ele não constrói mais nem procura estender monopólios: ele se afasta da gestão imediata; antes, navega em águas turvas, à procura de parceiros, como os organismos de formação dos adultos, assim como os pais e os organismos comunitários para a educação dos jovens, parceiros que lhe permitirão, de alguma forma, manter pelo menos um papel de regente da orquestra. Talvez não possa mais pagar corretamente os seus músicos, mas ele bem gostaria de continuar a escolher a partitura ou o programa musical! Os sindicatos compreenderam essa evolução, eles que, depois de criticar durante os anos 1970 o Estado liberal "reprodutor das desigualdades e a serviço da classe dominante", segundo a retórica da época, atacam agora o neoliberalismo e exigem um Estado forte.

Essa transformação do papel do Estado na educação toma a forma de uma descentralização (ou de uma desconcentração) da autoridade em direção às escolas, a fim de que estas possam tomar decisões significativas no plano da distribuição das verbas, mas no interior de um quadro nacional, que se reforça como se pode. Com esse deslocamento da responsabilidade e da autoridade, mecanismos de imputabilidade e de avaliação institucional são instalados; nos tempos de hoje, a autoavaliação e a avaliação institucional pressionam os quadros escolares e fazem o sucesso de colóquios e de publicações especializadas! Os outros elementos principais de convergência das políticas educativas são os seguintes: um currículo nacional definido pelo Estado central e construído segundo uma dupla lógica, ligada à abordagem por competências e marcada por uma preocupação com a avaliação rigorosa; uma burocracia seriamente enquadrada e guiada por uma cultura administrativa da eficiência; uma preocupação de aproximar a escola da comunidade local, dos pais, dos organismos comunitários e dos agentes econômicos. A ideologia da parceria veicula essa nova porosidade das fronteiras entre a instituição escolar e o seu entorno.

É difícil não ver aqui o trabalho de uma racionalidade tecnicista e administrativa, de um funcionalismo que reduz o debate sobre as finalidades educativas a uma questão de indicadores e o desenvolvimento cultural a rendimentos medidos por padrões e comparações internacionais. É difícil não ver aqui as marcas de uma cultura gerencial, a da empresa moderna, que pretende associar a flexibilidade e a autonomia das suas unidades a uma total submissão às regras da competitividade e do rendimento. Nesse aspecto, Pinar et al. (1995) afirmam que se pede à escola que troque de modelo e de imagem organizacional: há um século, ela funcionava segundo o modelo da manufatura; pedem-lhe agora que se molde à empresa que a reengenharia tornou eficiente e adaptada à nova situação econômica, e que Hargreaves (1994) chama de "mosaico móvel" (*moving mosaic*); em ambos os casos, como se vê, a referência organizacional é a mesma, é a de uma administração flexível, eficaz e eficiente, de tipo privado e moderno. A passagem de um modelo para outro é provavelmente um progresso dentro de uma lógica funcional, mas e nos outros planos?

Essa racionalidade é compatível com a profissionalização do ensino, uma profissionalização que reconhece toda a competência dos docentes e lhes concede toda a margem de manobra requerida para funcionar no interior do quadro definido pelas novas políticas e pelos novos modos de regulação. Na verdade, ela exige deles novas competências. Entretanto, é uma profissionalização que vê cada vez mais reduzido o aspecto "serviço público" da educação. Daí provém, possivelmente, uma parte do mal-estar dos docentes, mais ou menos acentuado de acordo com os contextos nacionais.

A evolução para uma lógica de mercado

Os poderes centrais não redefinem apenas o seu papel. A forma que eles dão à sua responsabilidade pela educação abre a porta para uma lógica de mercado ou até a estimula. Falta-nos espaço para descrever essa evolução, mas vamos assinalar em vários países a existência de um setor privado importante e a livre escolha do estabelecimento, a possibilidade, para os usuários, de determinar as orientações próprias ao seu estabelecimento, a instalação de diversos tipos de estabelecimentos, com projetos específicos, o movimento das *charter schools* e dos bônus de educação nos Estados Unidos, assim como a ameaça de fechar as escolas ditas ineficientes. Alguns falam de "marketização" da escola (WHITTY & POWER, 1998).

Do lado da demanda, correspondendo a essa lógica, solicitando-a e de certa forma reproduzindo-a, uma mentalidade de consumo parece prevalecer e estender o seu domínio, notadamente na América do Norte. Labaree (1977) analisa a evolução da escola americana nestes termos: sua função dominante parece ser dotar os indivíduos, com dificuldades de mobilidade social ou de manutenção de *status*, do capital necessário para o sucesso individual, que cada um venderá, na idade adulta, nos vários mercados do sucesso; ela se torna pois cada vez mais um bem privado e cada vez menos um bem público, ocasião de constituir uma comunidade política ou uma cultura nacional. Esse historiador da educação americana pensa que o formidável impulso da escolarização americana ao longo do século XX se explica bem mais por essa forte demanda de mobilidade social por meio da educação, do que por uma demanda objetiva qualquer do mercado de trabalho.

Quanto à França, Dubet e Martucelli (1996) falam do endurecimento da competição escolar, pois a seleção não se faz mais "a montante", por meio de uma seleção social prévia à matrícula nos estudos, mas realiza-se, antes, no próprio fluxo dos percursos escolares, "como um longo processo de distilação fracionada" (DUBET & MARTUCELLI, 1996: 41), o que, observam eles, muda a imagem da escola junto àqueles e àquelas que a fazem. Estes, notadamente no secundário, não aparecem mais como agentes de democratização do saber e da igualização das oportunidades, mas como os agentes da seleção.

Para Labaree (1997), essa forte competição que reforça uma visão individualista da escola seria, definitivamente, antieducativa, geraria nos jovens e suas famílias estratégias e comportamentos exclusivamente calculados em relação a objetivos de manutenção de *status* ou de mobilidade social. Em tal contexto, as boas respostas para as perguntas seguintes são cruciais e repletas de consequências:

• Como posso obter o diploma pelo menor custo?

• Como escolher os estabelecimentos, as disciplinas e os cursos, e até mesmo os professores, de modo a maximizar as minhas oportunidades de sucesso, minimizar os riscos de fracasso e controlar os custos?

Essa visão amplamente difundida permeia o mundo da educação, tanto pública como particular. O mundo da educação se adapta, desenvolvendo estratégias de diferenciação dos estabelecimentos, das disciplinas e dos cursos, adotando estratégias de *marketing* para atrair e reter os "bons" alunos, de "boas" famílias, em resumo concebendo-se como a serviço de públicos determinados, ao invés de se apresentarem como um serviço público. Nesse sentido, podemos falar da ascensão de um modelo mercantil, que Derouet (1992) detectou, sem que isso se traduza necessariamente por uma privatização do sistema no seu conjunto.

Esse modelo mercantil pode tolerar uma certa profissionalização do ensino; ele até pode fazer disso um elemento importante de publicidade: professores devidamente formados segundo padrões explícitos, em instituições formalmente avaliadas e acreditadas, e cujas instâncias assumem uma responsabilidade no plano da formação contínua e, logo, da manutenção da competência, tornam confiável o produto escolar lançado no mercado.

Em outros termos, se a transformação do papel do Estado e a ascensão do modelo mercantil modificam os modos de regulação da educação, em contrapartida uma certa profissionalização do ensino parece perfeitamente funcional, adaptada e integrada a esses desenvolvimentos. Nesse sentido, ela pode contribuir para o reforço destes. Segundo essa leitura, estaríamos, de certa forma, com três modos de regulação da educação, imbricados em uma dinâmica tensa, feita ao mesmo tempo de complementaridades e de conflitos: o Estado, o mercado e, finalmente, a profissão docente.

Há nesses desenvolvimentos alguns perigos e obstáculos de que estão conscientes muitos professores, principalmente o perigo de ver suas competências e os saberes que as fundamentam um tanto demasiadamente circunscritos e fechados na área dos meios.

A introdução das tecnologias da informação e da comunicação

O impacto das tecnologias da informação e da comunicação (TIC) nas sociedades pós-industriais é extremamente importante. Além do fato de que as TIC acarretam novas exigências para os currículos escolares, as possibilidades que elas criam no nível das relações sociais, ou simplesmente no nível do acesso à informação, têm consequências consideráveis no controle que, até recentemente, o sistema público de educação tinha sobre os programas de estudos e sobre os valores comuns a serem promovidos junto aos jovens. A obrigação de frequentar a escola, a aprovação de programas oficiais ajustados às missões confiadas à escola pelos poderes públicos, o estabelecimento de critérios para a seleção do material didático, a avaliação da aprendizagem por exames ministeriais são meios de controle sobre o saber a ser adquirido e os valores a serem compartilhados nessa passagem obrigatória pela escola.

Ora, o controle da escola se corrói progressivamente, em parte porque, com sua própria lógica, as TIC ocupam agora um lugar crescente naquilo que se pode chamar doravante de mercado da educação e da formação. Reconhece-se que outros fenômenos já tinham contribuído para minar o monopólio dos poderes públicos na educação, particularmente a multiplicação das bibliotecas públicas ou dos centros culturais, o advento das comunicações de massa e do audiovisual. Mas as mudanças trazidas pelas TIC podem ser mais decisivas. Efetivamente, porque a oferta de formação e o número dos interlocutores são multiplicados, o controle não pode mais se exercer "de cima"; ele se desloca, antes, para o consumidor de serviços, ou ainda para o discente. As TIC contribuem assim para adaptar os produtos da escola virtual aos estudos de mercado, isto é, à demanda dos indivíduos ou dos grupos, o que se afasta irreversivelmente da regulação da oferta de serviço da escola pública em função de objetivos coletivos.

Aliás, a concepção e o lançamento no mercado de produtos educativos multimídia estão também submetidos aos jogos da concorrência, e o poder do saber multimidializado se consolida nas multinacionais da edição e das comunicações. Enquanto os produtos educativos multimídia são difundidos pelo mundo inteiro, a cultura se uniformiza: sedução da imagem, certamente, mas também lógica da relação com o saber dependente das possibilidades da informática, limites inevitáveis em virtude da força simbólica das diferentes línguas e transformação da relação com a escrita. A escola pública talvez conseguiu, em muitos pontos, manter na sua periferia a cultura popular veiculada pela mídia (CUBAN, 1997), mas o desenvolvimento das TIC está em vias de criar para os jovens e os adultos uma escola paralela, longe dos programas oficiais e das práticas educativas. Embora o acesso ao saber permaneça parcialmente ligado ao produto que o midiatiza e ao poder que têm sobre esses produtos as companhias multimídia, as TIC modificam profundamente a relação com o saber, a ponto de acarretar novas críticas à escola e novas expectativas.

Alguns temem, entre outros perigos, que os programas escolares obrigatórios se tornem obsoletos e não possam reduzir a distância entre os jovens que são familiares com as TIC e aqueles que são privados delas. Por causa da relação com o tratamento da informação própria às TIC, é óbvio que as crianças que só têm acesso a elas de forma limitada na escola terão provavelmente mais dificuldades no interior do sistema educativo. Outros se apressarão a elogiar a deslocalização da educação e da formação; as TIC tornam realmente possíveis o curso dos estudos e a aquisição dos diplomas fora dos estabelecimentos públicos.

Para o ensino como ofício, as TIC podem ser consideradas como inimigas ou como aliadas, de acordo com o ponto de vista adotado. Elas são inimigas quando sua incorporação à escola, e mais globalmente os seus impactos sobre a educação e a aprendizagem, só obedecem às vontades da economia das comunicações, cujo desenvolvimento parece ser o exemplo mais impressionante daquilo que os teóricos da Pós-modernidade chamam de aceleração da mudança. Elas são inimigas também quando só contribuem para o divertimento ou para uma proliferação tal da informação que circula, que ficamos todos ainda mais incapazes de estruturá-la e dominá-la. Aliás, elas podem ser aliadas quando tornam acessíveis a todos informações de qualidade, permitem a pesquisa, a criação e a interação.

Definitivamente, nos dois casos, as TIC parecem completamente inevitáveis e os docentes devem aprender a utilizá-las para fins pedagógicos. Elas podem transformar o papel do docente, deslocando o seu centro, da transmissão dos conhecimentos para a assimilação e a incorporação destes pelos alunos, cada vez mais competentes para realizar de maneira autônoma tarefas e aprendizagens complexas.

Desse rápido panorama das forças de mudança, vamos destacar que os sistemas públicos de educação se encontram hoje divididos entre finalidades difíceis de conciliar: a eficiência e a justiça; entre o baixo – a descentralização, a consideração do local e da diversidade – e o alto – a internacionalização e a globalização.

Como suas coletividades de pertencimento, eles sofrem também a lógica do mercado, quando não estão simplesmente integrados a ele.

Destacamos também que o ensino, como ofício, está seriamente abalado pelo desaparecimento de certas referências tradicionalmente significativas, como políticas precisas determinadas pelo poder central e estruturas de controle burocrático. Não é que esses elementos estejam agora ausentes, mas eles dividem a sua influência com forças novas, cujos efeitos são mal conhecidos, como a introdução da lógica mercantil, a autonomização das unidades no quadro de uma descentralização mais acentuada do sistema e as novas tecnologias da informação. Estas poderiam ou suplantar a escola como sistema de distribuição do saber, ou penetrar nos sistemas educativos de modo a revolucionar radicalmente as suas práticas. Tem-se o sentimento de que, atualmente, as multinacionais empenhadas na economia da informação e das comunicações tentam essas duas estratégias, calculando provavelmente que elas se reforcem mutuamente.

Para o ensino como ofício, esses fenômenos são portadores de consequências ambíguas e contraditórias, como revelam muitas análises contemporâneas. Assim, segundo certos autores, pela intensificação do trabalho, a privatização e uma certa mercantilização das ferramentas curriculares, pela precarização do emprego, pela contratação de pessoal não qualificado assumindo uma parte da função docente, e por uma deterioração global das condições de trabalho, o ensino estaria em processo de proletarização (OZGA, 1995). Outros pensam que as coisas não são tão simples e unívocas, como o par profissionalização/proletarização dá a entender, e que, de fato, seria mais justo dizer que o profissionalismo docente estaria em vias de transformação e de recomposição: o antigo profissionalismo fundado, em última análise, sobre um *ethos* de serviço público, seria substituído por um profissionalismo de tipo "gerencial", com o docente incorporando à sua identidade as novas realidades do mercado e do novo *management* educativo (SEDDON, 1997).

Três cenários evolutivos plausíveis para pensar o futuro do ensino

Levando em conta, por um lado, a decomposição do modelo canônico (parte I) e por outro lado um conjunto de elementos de natureza a transformar a regulação tradicional dos sistemas educativos (parte 2), é tempo agora de avançar a reflexão até a evolução próxima do ensino, propondo três cenários plausíveis.

Logo de saída, um pequeno lembrete que recomenda a maior prudência quando se trata de prever o futuro: o método dos cenários foi inventado e utilizado pela primeira vez pela multinacional Shell, que entretanto foi incapaz de prever a crise do petróleo do início dos anos 1970! Importa pois ser prudente com esse método como instrumento de previsão do futuro: ele é bem mais útil para definir escolhas, decisões e questões que poderiam revelar-se importantes, do que para identificar o traçado preciso mas sempre hipotético daquilo que poderia advir. Por princípio, este método amplifica as oposições entre cenários ou modelos de desenvolvimento, justamente para facilitar a tomada de consciência das suas diferenças. Não esqueçamos pois que, com esse método, o que importa é esclarecer as forças atuantes e os termos de um debate do qual podemos e muitas vezes devemos participar.

Esses cenários ilustram questões, bem mais do que sequências de acontecimentos futuros. Eles indicam linhas de evoluções verossímeis, mesmo que saibamos que a vida da instituição escolar muito provavelmente tomará outros caminhos, que a nossa imaginação é incapaz de vislumbrar. É possível que nem sempre nos surpreendamos totalmente com formas que emergirão e até que sejamos levados a dizer: "Ah, sim. Eu não tinha previsto essa forma de evolução, mas ela faz sentido em relação ao passado e ao presente recente". Os cenários são justamente formas possíveis de evolução que fazem sentido; eles podem ser úteis para orientar as nossas ações e as nossas estratégias, tal como um mapa, certamente impreciso, mas que compreende, apesar disso, alguns elementos essenciais do relevo.

Cenário 1 – Restauração nostálgica do modelo canônico e das desigualdades

No primeiro cenário, trata-se de frear o mais possível a mudança e reforçar o modelo e a identidade profissional tradicional dos docentes do secundário. Aproveitando-se de uma certa corrente de conservadorismo, talvez ligada ao envelhecimento das populações e a uma reação ao turbilhão da mundialização da cultura e das comunicações, esse cenário procura reanimar o poder das culturas distintivas, como a cultura humanista tradicional ou a cultura científica, e a restaurar a autoridade do professor como dispensador de um saber legítimo.

Efetivamente, esse cenário só pode se materializar para uma elite e talvez seja esse o seu verdadeiro objetivo: a acentuação das tendências à dualização dos sistema educativos, e à instalação de um sistema educativo com duas velocidades, a grande velocidade para as crianças bem preparadas ao seu ofício de alunas e socioeconomicamente favorecidas e uma velocidade desacelerada para as crianças de meio socioeconomicamente desfavorecido ou desclassificado pelas transformações econômicas atuais.

Na América do Norte, já se vê e já se antecipa a aceleração dessa tendência: de um lado, escolas eficazes e eficientes, centradas na formação acadêmica de alto nível e cujas características são bem documentadas por uma corrente de pesquisa importante (COUSIN, 1998; REYNOLDS et al., 1996); do outro lado, aquilo que os americanos chamam de *full-service schools*, ou seja, centros de educação comunitária, integrando o conjunto dos serviços sociais, econômicos e culturais oferecidos a uma população – constituída de jovens e seus pais, assim como de outros adultos – de um bairro pobre ou desfavorecido, numa lógica simultaneamente compensatória e de equidade social. Nesse segundo tipo de instituição educativa, a gestão consensual de um conjunto de problemas sociais faz sentido, mas é evidente que esse tipo de escola, por causa das concentrações elevadas de crianças e de famílias desfavorecidas, deve enfatizar a socialização, mais do que a instrução. Por um lado, escolas para crianças "bem-dotadas" ou bem-dispostas para aprender, com um recrutamento nacional e internacional, com um currículo enriquecido e professores que ministram toda a sua cultura; por outro lado, escolas profundamente tributárias do meio local, lutando cotidianamente contra a repetição, a desistência, a violência ou a indisciplina. Entre as duas, um fosso que se cava, com as melhores escolas tornando-se mais eficientes, e por causa disso, atraindo sempre os melhores alunos, e as outras, como Sísifo, recomeçando sem cessar a sua luta contra a exclusão de alunos condenados precocemente à não participação na "economia do saber".

Esse cenário reproduz no meio escolar uma certa dualização das nossas sociedades; ele é verossímil, nem que fosse apenas porque já podemos detectar as suas primeiras manifestações. Entretanto, não se sabe se ele se generalizará e se imobilizará na sua dualidade potencialmente conflitual. A divisão das políticas educativas precedentemente detectada é aqui pertinente: se o humor do tempo no nível dos decisores é nitidamente neoliberal, vários atores sociais estão conscientes, todavia, dos efeitos antissociais das políticas educativas neoliberais e procuram, se não eliminá-las, pelo menos minimizar os seus efeitos mais produtores de desigualdade. Em vários locais, o tema da coesão social, do laço social necessário que importa construir na escola, reaparece, como se vários realizassem que há limiares e limites a não serem atravessados em termos de diferenciação socioeducativa, e que mesmo a competitividade econômica repousa sobre uma certa solidariedade social, pelo menos no seio de uma sociedade de pertencimento. Os economistas (PAQUET, 1999) falam de "co-opetição", mistura ética de colaboração e de competição; o conceito é interessante, nem que fosse apenas porque revela que mesmo os mais liberais dos economistas reconhecem que uma economia florescente não pode ser uma selva e que ela deve ser socialmente enquadrada.

Em relação ao ofício de docente, esse cenário da restauração permite, pelo menos em certos enclaves protegidos, em certos segmentos do mercado educativo, a restauração do modelo canônico, ainda mais facilmente porque uma certa descentralização e uma certa dessetorialização da educação tornam possível o jogo efetivo da oferta e da demanda em educação. Na verdade, os estudos de Baillon (1982) e de Dubet (1994) mostram claramente que as classes instruídas e economicamente favorecidas procuram, num contexto de massificação da educação, uma vantagem competitiva para os seus filhos, o bom liceu, a boa especialização, a escola superior ou ainda a universidade estrangeira de alto renome.

Talvez se trate apenas do canto-de-cisne do modelo canônico, antes do seu desaparecimento definitivo ou da sua mutação tal como é desenhada pelos cenários 2 ou 3. De qualquer forma, em relação às características anteriormente analisadas, esse cenário acentua uma diferenciação essencialmente social da demanda educativa; ele faz, aliás, da reprodução desta, um dos seus principais resultados, que ele associa no plano qualitativo à manutenção das culturas escolares tradicionais, humanistas ou científicas; enfim, ele se adapta muito bem à descentralização, na medida em que esta permita a manutenção e o desenvolvimento do seu projeto educativo particular.

Se o modelo canônico sobrevive nas escolas de elite, as outras escolas, por necessidade, são levadas a explorar, desenvolver e racionalizar o modelo emergente, o do paradigma da aprendizagem.

Cenário 2 – Tomada do controle pelos empresários tecnófilos

Ao contrário do primeiro, o segundo cenário é inteiramente centrado na mudança e na transformação da escola e das práticas pedagógicas dos docentes que nela trabalham. Combina uma grande fé nas virtudes educativas das novas tecnologias – ao mesmo tempo como depositárias e ferramentas de transmissão do saber, ferramentas de desenvolvimento das competências intelectuais dos alunos e meio de comunicação e de interação – e a convicção de que diversas formas de empresa privada são as mais capazes de atualizar esse potencial. É o cenário da escola eletrônica e privatizada.

Essa combinação dos dois elementos – remetendo a duas forças analisadas precedentemente – é importante, pois dá toda a força a esse cenário. Pedagogos inovadores veem no computador a ferramenta de realização dos ideais pedagógicos preconizados por diversas correntes ao longo do século XX; empresários informáticos veem na educação um campo privilegiado do desenvolvimento da sua área e da sua empresa.

Afirma-se aqui a incapacidade dos sistemas educativos públicos, burocráticos e centralizados, de operar essa revolução tecnológica do ensino: eles são vistos como atrasados por definição, em defasagem com uma profunda transformação que ocorre primeiro em outro lugar, na sua vizinhança. Além disso, os partidários desse cenário pensam que os sistemas públicos e o pessoal que neles trabalha temem as novas tecnologias e se comportam como tecnófobos ou artesãos da época da Revolução Industrial: as tecnologias são temidas porque ameaçam empregos ou "passam por cima" das linhas de comunicação tradicionais e das hierarquias de poder baseadas no controle da informação; elas tornam caducas a transmissão tradicional da informação e uma identidade profissional fundada na posse de um saber agora facilmente acessível e principalmente mergulhado num mar de "saberes selvagens", para retomar a expressão de Meirieu (1990). Por todas essas razões, o potencial educativo das novas tecnologias só se concretizará, segundo esse cenário, se forem neutralizadas as resistências tradicionais do *establishment* educativo e do corpo docente; para isso, o empresariado e a pressão do mercado – em última análise, a pressão dos consumidores da escola – são poderosas alavancas.

Como enfatiza Cuban (1997), esse cenário postula que a escola e o ofício de docente serão transformados por meio da tecnologia, enquanto as principais reformas educativas durante o século XX não eram ligadas a tecnologias, mas antes a ideais como a democratização do saber, o progressismo, as pedagogias ativas, etc. Cuban (1997), historiador da educação americana, faz a seguinte pergunta:

> Vivemos atualmente o ciclo familiar da inovação, levando-nos do êxtase à decepção e eventualmente à acusação? Na educação, recomeça-se sempre o mesmo ciclo?

Segundo Cuban (1997: 18), "o sonho que anima os tecnófilos é povoado de alunos que aprendem mais e com muito menos dificuldades do que nas classes tradicionais, e de professores que ajudam os alunos a compreenderem os conteúdos e a utilizarem competências que raramente apareceriam durante as aulas e comentários de textos que se dirigem a grupos completos". Utopistas, os tecnófilos minimizariam o poder das tradições e das práticas pedagógicas que duram há três séculos, assim como o poder de crenças culturais que afirmam que ensinar é dizer, que aprender é escutar, que o saber está incorporado nas matérias ensinadas por pedagogos e manuais, e que a relação aluno-professor é um elemento crucial de qualquer aprendizagem. Eles minimizariam também a importância da crença na organização pedagógica por graus, o valor das classes independentes umas das outras, e dos programas divididos em segmentos de conhecimento. Em resumo, os tecnófilos acreditam que chegou o tempo de varrer a forma escolar do século XVII e que somos capazes de fazê-lo graças às novas tecnologias, compatíveis com os princípios do *self-directed learning*, a integração dos saberes, a aprendizagem cooperativa, as redes e a autoavaliação.

Na América do Norte, por certos índices, vemos surgir esse cenário, profundamente desestabilizador para a instituição escolar tradicional. Certas firmas desenvolvem um conceito pedagógico na extrema ponta da modernidade pedagógica, integrando as novas tecnologias. Elas difundem vídeos mostrando o que poderiam fazer se lhes dessem a oportunidade ou a permissão. Entretanto, não se sabe se existe nisso um mercado verdadeiramente lucrativo para o setor privado, ou se este não se especializará num aspecto ou outro dessa revolução: produção de *softwares*, de material didático, de cursos, etc., ou se evoluirá para a constituição de verdadeiras redes de escolas integrando as novas tecnologias, a preocupação com a eficiência e com os resultados, características próprias da empresa privada. Somos informados de que a multinacional Walt Disney pretende investir somas astronômicas no conceito de *eductainment*. Vamos ver...

Em relação às características anteriormente analisadas, o cenário 2 pretende responder a uma forte demanda social de integração das TIC na aprendizagem; além disso, ele encarna o sentido da história e da modernidade pedagógica, notadamente no plano dos resultados qualitativos (desenvolvimento de competências intelectuais de alto nível, ligadas ao tratamento da informação e à responsabilização do discente): pretende combinar o cuidado com a eficácia e a eficiência com o de uma aprendizagem ao mesmo tempo significativa e de grande qualidade. Nesse sentido, há algo verdadeiramente utópico. Ele também vai mais longe do que a descentralização e poderia adaptar-se a uma privatização do sistema educativo, mesmo submetendo-se a uma regulamentação de tipo padrão ou a perfis de saída. Ele é assim perfeitamente compatível com um tipo de gerenciamento centrado não no controle exclusivo dos processos, mas numa prestação de contas centrada nos resultados previstos e medidos de uma maneira ou de outra.

Para os docentes, esse cenário transforma a sua identidade tradicional, assim como o quadro de exercício do seu ofício. Afastamo-nos de uma ética do serviço público, caminhando para uma ética de empresa eficiente e moderna, gerando o saber e sua aquisição; afastamo-nos de um ofício de palavra e de saberes e caminhamos para uma função de organização de ambientes pedagógicos e de mediação. Esse cenário implica uma proletarização do ofício ou é compatível com uma certa profissionalização do ofício? Difícil responder com certeza; é provável que as duas tendências sejam possíveis. Mas elas implicam um importante trabalho de reconstrução identitária.

Cenário 3 – Marcha prudente mas aberta das organizações discentes e profissionais

Este último cenário é difícil de traçar, em parte porque ainda não se veem, com nitidez e extensão suficientes, suas manifestações concretas. Nesse sentido, ele é mais indeterminado do que os dois primeiros.

Ele se posiciona entre os dois outros cenários: é menos reacionário, no sentido estrito do termo, do que o primeiro; recusa o seu caráter nostálgico e principalmente luta contra os seus efeitos de desigualdade; ao contrário do segundo, entusiasma-se menos com a utopia do mercado e das novas tecnologias de comunicação, mas está em marcha para outra coisa, diferente do *statu quo ante*: olha para a frente. Não é nostálgico de um passado idealizado e reconhece que o ambiente e a cultura mudaram profundamente e não se pode mais ensinar como no tempo em que a escola tinha, de certa forma, o monopólio da distribuição dos saberes codificados.

Este último cenário tenta conciliar o que talvez seja impossível de conciliar: uma ética do serviço público na educação e a luta contra as desigualdades sociais reforçadas pela escola, a preocupação em garantir aprendizagens de alto nível e de qualidade a todos os alunos, ao mesmo tempo que a formação/seleção de uma elite meritocrática; um serviço público que tire partido dos progressos gerenciais da área da empresa privada, regulando entretanto o mercado educativo e a competição, de modo a assegurar a equidade social; uma pedagogia do treinamento e do tratamento da informação (o paradigma da aprendizagem); um cuidado com o desenvolvimento das competências, sem desconectá-las dos saberes, sem fazer delas algoritmos vazios e gerais; uma consideração das especificidades locais, levando em conta ao mesmo tempo as exigências de um pertencimento a um conjunto nacional ou internacional; uma abertura para a cultura que se faz, inclusive nas e pelas novas tecnologias; e a preocupação de dar vida ao patrimônio cultural e ao saber universal acumulado ao longo dos séculos.

Este cenário é o da "organização discente", no sentido de que enfatiza um processo de aprendizagem coletiva. No início, ele não detém todas as respostas e não oferece todas as garantias; aceita caminhar sem tê-las previamente; nesse sentido, assume a incerteza e a ambiguidade; tem uma ideia relativamente precisa do seu destino, mas o mapa e a bússola não estão perfeitamente ajustados, de qualquer forma não o suficiente para reduzir ao mínimo ou fazer desaparecer qualquer risco; já tendo acumulado uma boa experiência da inovação e da gestão da mudança, ele prevê obstáculos, desconfia de certas derivas possíveis, mas avança assim mesmo e aprende com esse próprio movimento. É menos afirmativo e seguro de si, mas permanece obstinado na sua escolha da aprendizagem significativa e do desenvolvimento de pessoas autônomas e livres.

Nesse cenário da complexidade, da contradição e da experiência construída, a profissionalidade docente é mais exigente do que nos dois cenários precedentes, pois aqui não há modelo canônico exterior à prática docente e imposto aos docentes, seja pelo passado da instituição, seja pelas forças do mercado e pelas novas tecnologias. Existe, antes, uma apropriação individual e coletiva, tanto do passado quanto das possibilidades presentes e uma recomposição identitária a partir desses elementos.

T. Seddon (s.d.), ao fim de um estudo etnográfico de uma escola secundária australiana seriamente abalada pela lógica mercantil e pelas políticas educativas neoliberais, constata que os docentes, ou pelo menos os mais dinâmicos deles, conseguiram conservar e desenvolver uma real capacidade de ação profissional (*capacity-building*), que ela associa às nove características seguintes:

1) uma sensibilidade contextual, a capacidade de compreender e responder de maneira inventiva e "oportunista" a circunstâncias mutáveis;

2) valores democráticos, coletivos e de tipo *caring*;

3) um engajamento comunitário, sendo a comunidade percebida como um conjunto de redes sociais dotadas de propriedades culturais específicas;

4) o reconhecimento da importância de apoiar e desenvolver os recursos culturais comunitários (saber, habilidades, atitudes e capacidades de ação) se as comunidades devem sobreviver;

5) uma orientação organizacional, sendo a organização considerada como uma ferramenta para construir a colegialidade e a coletividade;

6) o reconhecimento da diversidade dos públicos e um empenho em publicar os sucessos, a fim de prestar contas, construir o apoio exterior e atingir comunidades mais amplas;

7) convicções pedagógicas centradas na aprendizagem como meio de aumentar as capacidades de ação individuais e de grupo, para o benefício de todos;

8) membros políticos que analisam as possibilidades de ação de uma maneira não sentimental e lúcida, sendo capazes ao mesmo tempo de flexibilizar as vias da mudança;

9) um otimismo e um bom humor estimulantes (*lightness of spirit*), que não sucumbem mais sob o peso da incerteza, do rancor ou do pessimismo irracional.

Seddon propõe nomear esse conjunto de capacidades, atitudes e valores de "*ethical entrepreneurialism*"; mas pouco importa o nome, o que importa, em nossa opinião, é que há equipes docentes, no terceiro cenário, motivadas e mobilizadas, usando a inteligência, a habilidade e a energia para reconciliar orientações e convicções educativas de um lado, e as exigências da nova regulação da educação, do outro lado.

A partir daí, surgem as perguntas: Como constituir essas equipes, e principalmente como apoiá-las e acompanhá-las no seu desenvolvimento pessoal e profissional? Como valorizá-las? Como transformar a formação contínua dos docentes em verdadeiro processo de aprendizagem colegial de uma prática pedagógica em transformação e de uma organização do trabalho ao mesmo tempo com menos divisões e mais adaptada às necessidades dos alunos?

À maneira de conclusão

Evidentemente, é ainda cedo demais para determinar de modo definitivo o que advirá desses três cenários. Lembremos que eles foram construídos levando em conta um certo número de oposições clássicas: o passado e o futuro; o Estado e o mercado; o local, o nacional e o internacional; a racionalidade instrumental e a racionalidade expressiva; o público e o privado; a tradição e a mudança; o ensino e a aprendizagem; o certo e o incerto, etc. A noção de crise, citada no início desta reflexão, tem muito a ver com a generalização do sentimento de que essas oposições são, no meio escolar, exacerbadas, sacudindo o sistema educativo em todos os sentidos, fazendo-o perder o seu equilíbrio tradicional e tornando-o, de certa forma, impotente para controlar a sua evolução e o seu destino. Os três cenários remetem às três estratégias de saída de crise típicas, sugeridas por Charlot (1987).

Podemos assim associá-las a três atitudes em relação à mudança educativa, ou à mudança social em geral:

1) uma atitude de resistência por parte daqueles que seus adversários chamam de "dinossauros";

2) a atitude do convertido entusiasta ou "missionário";

3) a atitude do ator pragmático e "oportunista" (no sentido positivo da palavra), à procura de um ser melhor, em marcha para outra coisa diferente do *status quo*, mas crítico e lúcido.

Para os docentes, que, como grupo, oscilam entre essas três atitudes e adotam sucessivamente essas três posições estratégicas, como sublinham Seddon e Brown (1997), as tendências evolutivas não são unívocas em suas implicações. Nada é totalmente branco nem totalmente negro. Há muito a apostar que um trabalho de reconstrução identitária está em curso entre os docentes, a partir dos materiais que a evolução social, econômica e cultural lhes fornece, e tais como a instituição escolar os apreende e retraduz, à luz das obrigações impostas do exterior e dos seus objetivos cada vez mais negociados tanto interna quanto externamente.

No fundo, uma linha de evolução provável tende para a recomposição desses três cenários, isto é, uma espécie de montagem compósita e sob tensão de elementos provenientes desses três cenários, que vão formar uma realidade híbrida e rica

13. As transformações atuais do ensino...

de contradições, na qual os docentes do futuro próximo deverão aprender a caminhar e a construir a sua identidade.

Mas, de certa maneira, pode-se pensar que sempre foi assim: o ensino e a instituição escolar desempenhando, de certa forma, o papel de um filtro entre a sociedade e a cultura por um lado, e as jovens gerações por outro lado; o ensino retomando para si diferentes elementos do contexto social, inclusive elementos potencialmente contraditórios. O que é novo é a aceleração da transformação, tanto da sociedade quanto da cultura, o que torna a função da escola certamente tão importante quanto foi outrora, e até mais, porque ela atinge todos os membros de uma geração e por mais tempo do que outrora, porém mais arriscada e difícil para os docentes, porque os materiais de construção do trabalho são menos garantidos do que antes.

Referências

ACCARDO, A. & CORCUFF, P. (1986). *La sociologie de Bourdieu* – Textes choisis et commentés. Bordeaux: Le Mascaret.

ALEXIADOU, N.; LAWN, M. & OZGA, J. (s.d.). Educational governance and social integration/exclusion: The cases of Scotland and England within the UK. In: LINDBLAD, S. & POPKEWITZ, T. (orgs.). Public discourses on education governance and social integration and exclusion: Analysis of policy texts in european contexts. *Uppsala Reports on Education*, 36. Uppsala: Department of Education, Upsala University.

ALMEIDA, M. (1995). "As histórias de vida enquanto procedimento de pesquisa sociológica – Reflexões a partir de um processo de pesquisa". *Revista Crítica de Ciências Sociais,* vol. 44, dez., p. 125-141.

ALTET, M. (1993). *La qualité des enseignants* – Séminaires d'enseignants. Nantes: OCDE-Ceri/DEP/Cren [Rapport final de l'étude française].

AMERICAN COUNCIL ON EDUCATION (1999). *To touch the future*: Transforming the way teachers are taught: an action agenda for college and university presidents. Washington, DC: American Council on Education.

ANDERSON, A. (1997). *Transforming education*: breakthrough quality at lower cost. [s.l.]: A. Anderson and Co.

ANTIGNY, S. (1994). "Le nouvel enseignant face à sa classe". *Éducation et Formations,* n. 37, p. 89-94.

APPLE, M. (1999). Introduction. In: McNEIL, L. *Contradictions of school reform.* Nova York/Londres: Routledge, p. xv-xix.

_____ (1980). Curricular form and the logic of technical control: building the possessive individual. In: BARTON, L.; MEIGHAN, R. & WALKER, S. (orgs.). *Schooling, ideology and the curriculum.* Londres: The Falmer Press, p. 11-28.

ARROYO, M. (2000). *Ofício de mestre*: imagens e autoimagens. Petrópolis: Vozes.

ARTHUR, J. (2000). *Schools and community* – The Communitarian Agenda in Education. Londres/Nova York: Falmer Press.

ARUNKUMAR, R.; MAEHR, M. & MIDGLEY, C. (1995). *If I don't do well tomorrow, there's a reason* – Predictors of the use of self handicapping strategies in the middle school. São Francisco, 18-22/04 [Trabalho apresentado no Annual Meeting of the American Educational Research Association].

AZANHA, J.P. (1992). *Uma ideia de pesquisa educacional.* São Paulo: Edusp.

BAILLON, R. (1982). *Les consommateurs d'école.* Paris: Stock.

BALL, S. (1994). *Education reform* – A critical and post-structural approach. Buckingham: Open University Press.

BALL, S. & VAN ZANTEN, A. (1998). "Logiques de marché et éthiques contextualisées dans les systèmes scolaires français et britannique". *Éducation et Sociétés,* vol. 1, n. 1, p. 47-71.

BANKS, F.; LEACH, J. & MOON, B. (1999). New understandings of teachers pedagogic knowledge. In: LEACH, J. & MOON, B. *Learners and pedagogy.* Londres: Paul Chapman/Sage.

BARRÈRE, A. (1997). *Les lycéens au travail.* Paris: PUF.

BASTENIER, A. (1998). "La liberté d'enseignement: Un droit à réinterroger?" *La Revue Nouvelle,* 10, CVIII, p. 16-45.

BAUDELOT, C. & ESTABLET, R. (1989). *Le niveau monte. Réfutation d'une vieille idée concernant la prétendue décadence de nos écoles.* Paris: Seuil [L'Épreuve des Faits].

BAUTIER, É. (org.) (1995). *Travailler en banlieue.* Paris: L'Harmattan.

BECKER, H. (1952). "The career of the Chicago public school teacher". *American Journal of Sociology,* n. 57, p. 470-477.

BECKER, H. & STRAUSS, A. (1956). "Careers, personality and adult socialization". *American Journal of Sociology,* vol. 62, p. 253-263.

BECKER, S. & HOW, S. (1997). *Tricks of the trade:* how to think about your research while doing it. Chicago: University of Chicago Press.

BERGER, I. (1979). *Les instituteurs d'une génération à l'autre.* Paris: PUF.

BERGER, P. & LUCKMANN, T. (1996). *The Social Construction of Reality.* Nova York: Doubleday.

BERNSTEIN, B. (1996). *Pedagogy, symbolic control and identity*: theory, research, critique. Londres: Taylor Francis.

BERTHELOT, J. (1994). *Une école de son temps* – Un horizon démocratique pour l'école et le collège. Quebec: CEQ/Saint-Martin.

BHABHA, H. (1994). *The location of culture*. Nova York: Routledge.

BIDWELL, C.E. (1965). The school as a formal organization. In: MARCH, J.G. (org.). *Handbook of organizations*. Chicago: Rand McNally, p. 65-92.

BLOOR, D. (1997). "What is a social construct?" *Vest*, 10 (1), p. 9-22.

BOLTANSKI, L. & CHIAPELLO, E. (1999). *Le nouvel esprit du capitalisme*. Paris: Gallimard.

BOSHIER, R.; MOHAPI, M.; MOULTON, G.; QAYYUM, A.; SADOWNIK, L. & WILSON, M. (1997). "Best and worst dressed web courses: Strutting into the 21st century in comfort and style". *Distance Education* – An International Journal, 18 (2), p. 36-49.

BOUCHARD, P. (1992). *Métier impossible, la situation morale des enseignants*. Paris: ESF [Collections Pédagogies].

BOURDIEU, P. (1996). *Razões práticas sobre a teoria da ação*. Campinas: Papirus.

_____ (1989/1996). *The state nobility*: elite schools in the field of power. Stanford: Stanford University Press.

_____ (1983). O campo científico. In: ORTIZ, R. (org.). *Sociologia*. São Paulo: Ática, p. 122-155.

_____ (1979/1984). *Distinction*: A social critique of the judgement of taste. Cambridge: Harvard University Press.

_____ (1974). Sistemas de ensino e sistemas de pensamento. In: MICELLI, S. (org.). *A economia das trocas simbólicas*. São Paulo: Perspectiva, p. 203-229.

BOURDIEU, P. (org.) (1993). *La misère du monde*. Paris: Seuil [Em português: *A miséria do mundo*. Petrópolis: Vozes].

BOURDIEU, P. & PASSERON, J.-C. (1970). *La reproduction:* éléments pour une théorie du système d'enseignement. Paris. De Minuit.

BOURDONCLE, R. (1994) *L'université et les professions* – Un itinéraire de recherche sociologique. Paris: INRP/L'Harmattan.

_____ (1993). "La professionnalisation des enseignants: les limites d'un mythe". *Revue Française de Pédagogie,* n. 105, out.-dez., p. 83-119.

_____ (1991). "La professionnalisation des enseignants: analyses sociologiques anglaises et américaines". *Revue Française de Pédagogie,* n. 94, jan.-mar., p. 73-92.

_____ (1990). "De l'instituteur à l'expert – Les IUFM et l'évolution des institutions de formation". *Recherche et Formation*, n. 8, p. 57-72.

BOURREAU, J.-P. (org.) (2000). *Monographie d'un établissement difficile*: le collège Nicolas Poussin, à Breillac. Paris: INRP [Rapport de Recherche].

BRUMMELHUS, A.T. & PLOMP, T. (1994). "Computers in primary and secondary education: The interest of an individual teacher or a school policy?" *Computers Education*, 22 (4), p. 291-299.

BRUSCHINI, C. (1978). "Mulher e trabalho: engenheiras, enfermeiras e professoras". *Cadernos de Pesquisa*, vol. 27, dez., p. 3-18.

BUCHER, R. & STRAUSS, A. (1992). "La dynamique des professions, 1961". *La trame de la négociation*. Paris: L'Harmattan.

_____ (1961). "Professions in process". *American Journal of Sociology*, vol. 66, n. 4 [Tradução francesa: La dynamique des professions. In: BASZANGER, I. (org.). *La trame de la négociation* – Sociologie qualitative et interactionnisme. Paris: L'Harmattan, 1992].

BURGESS, R. (1988). Points and posts: a case study of teacher careers in a comprehensive school. In: BALL, S. (org.). *Progress and inequality in comprehensive education*. Londres: Routledge.

BUTLER, J. (1993). *Bodies that matter*: On the discourse limits of "sex". Nova York: Routledge.

BYARD, M.J. (1995). "It under school-based policies for initial teacher training". *Journal of Computer Assisted Learning*, 11 (3), p. 128-140.

CARNEGIE COUNCIL ON ADOLESCENT DEVELOPMENT (1995). *Great transitions:* Preparing adolescents for a new century. Nova York: Ed. do autor.

CARNOY, M. & McEWAN, P. (2001a), "School choice? Or is it privatization?" *Educational Researcher*, 29 (7), p. 15-20.

_____ (2001b). Privatization through vouchers in developing countries: The cases of Chile and Colombia. In: LEVIN, H. (org.). *Privatizing education* – Can the market deliver choice, efficiency, equity, and social cohesion? Boulder, Colorado: Westview Press, p. 151-177.

CASTELLS, M. (2001). *The internet galaxy*. Oxford: Oxford University Press.

_____ (1996). *The rise of the network society*. Oxford: Blackwell.

CATTONAR, B. (2001). "L'identité professionnelle des enseignants". *Cahiers de Recherche du Girsef*, n. 10, 34 p.

CATTONAR, B. & MAROY, C. (2001). "Rhétorique du changement du métier d'enseignant et stratégie de transformation de l'institution scolaire". *Education et Sociétés*, p. XX.

_____ (2000a). *Ambiguités et paradoxes d'une stratégie de "conversion identitaire" des enseignants* [Comunicação no 1º Congresso de Pesquisadores em Educação: Le Point sur la Recherche en Éducation en Communauté Française, 24-25/05, Université libre de Bruxelles].

_____ (2000b). *Nouveau mode de régulation du système d'enseignement et (dé)professionnalisation du métier d'enseignant*: le cas de la Belgique francophone [International Sociological Association Interim Conference, set., RC 52].

CERI (1996). *Regards sur l'éducation* – Les indicateurs de OCDE. Paris: OCDE.

CHAPMAN, J.W. & TUNMER, W.E. (1995). *Reading self-concept, reading self-efficacy, and beginning reading achievement* [Trabalho apresentado no Annual Meeting of the American Educational Research Association. San Francisco, 18-22/04].

CHARLES, F. & CLÉMENT, J.P. (1997). *Comment devient-on enseignant?* – L'IUFM et ses publics. Estrasburgo: PUS.

CHARLOT, B. (1987). *L'école en mutation*. Paris: Payot.

CHARLOT, B.; BAUTIER, É. & ROCHEX, J.-Y. (1992). *École et savoir dans les banlieues... et ailleurs.* Paris: A. Colin.

CHARTRAND, G.; MOORE, C. & LOURIE-MARKOWITZ, N. (2000). "Teacher training for lifelong learning & leadership". *Thrust for Educational Leadership*, 29 (3), p. 22-25.

CHATTERJEE, P. (1993). *The nation and its fragments*: colonial and postcolonial histories. Princeton, N.J.: Princeton University Press.

CHERRADI, S. (1990). *Le travail interactif*: construction d'un objet théorique. Montreal: Université de Montréal [Dissertação de mestrado].

CHERRYHOLMES, C. (1999). *Reading pragmatism* – Advances in contemporary educational thought. Nova York: Teachers College Press.

CLARK, R.E. (1994). "Media will never influence learning". *Educational Technology, Research and Development*, 42 (2), p. 21-29.

CLARKE, D. (1999). "Getting results with distance education University of California @ Santa Cruz". *The Amercian Journal of Distance Education*, 12 (1), p. 38-51.

CLIFFORD, J. (1997). *Routes, travel and translation in the late 20th century.* Cambridge, MA: Harvard University Press.

CLINCHY, E. (org.) (2000). *Creating new schools* – How small schools are changing american education. Nova York: Teachers College Press.

COCHRAN-SMITH, M. & LYTLE, S. (1999). Relationship of knowledge and practice: Teacher learning in communities. In: IRAN-NEJAD, A. & PEARSON, P. (orgs.). *Revew of Research in Education*, vol. 24, p. 249-306. Washington: American Educational Research Association.

COOKSON, P. & BERGER, K. (2001). *Expect miracles:* Charter schools and the politics of hope and despair. Boulder, Colorado: Westwiew Press.

CORDER-BOLZ, C. (1978). "The evaluation of change: New Evidence". *Educational and Psychological Measurement*, 38, p. 959-976.

CORNET, J. (2000). "Revaloriser la formation des enseignants: avec quoi?" *Le Ligueur*, n. 39, p. 5.

_____ (1998). "Enseigner: mission impossible". *Le Ligueur*, n. 50, p. 2-5.

COURPASSON, D. (2000). *L'action contrainte*: organisations libérales et domination. Paris: PUF.

COUSIN, O. (1998). *L'efficacité des collèges, sociologie de l'effet établissement.* Paris: PUF [Éducation et formation recherches scientifiques].

CRAHAY, M. (1999). *L'école peut-elle être efficace et juste?* Paris: De Boeck.

_____ (1997). *Une école de qualité pour tous.* Bruxelas: Labor.

CRAWFORD, J.; KIPPAS, S.; ONYX, J.; GAULT, U. & BERTON, P. (1992). *Emotion and gender.* Londres: Sage.

CRONON, W. (1996). The trouble with wilderness; or getting back to the wrong nature. In: CRONON, W. (org.). *Uncommon Ground*: Rethinking the human place in nature. Nova York: W.W. Norton, p. 69-90.

CUBAN, L. (2000). Why is it so hard to get 'good' schools? In: CUBAN, L. & SHIPPS, D. (orgs.). *Reconstructing the Common Good in Education.* Stanford, CA: Stanford University Press, p. 148-169.

_____ (1997). "Salle de classe contre ordinateur: vainqueur la salle de classe". *Recherche et Formation*, n. 26, p. 11-30.

_____ (1993). *How Teachers Taught* – Constancy and change in American Classrooms, 1880-1990. 2. ed. Nova York: Teachers College Press.

CURTIS, B. (1992). *True government my choice men?* – Inspection, education and state formation in Canada West. Toronto: University of Toronto Press.

_____ (1988). *Building the educational state*: Canada West, 1836-1871. Londres, ON: Althouse Press.

DALGARNO, B. (1996). Constructivist Computer Assisted Learning: theory and techniques. In: BROWN, F. (org.). *Proceedings of the Ascilite96 Conference*. Adelaide (Austrália): Australasian Society for Computers in Terciary Education, p. 127-148.

DARLING-HAMMOND, L. (2000). "How teacher education matters". *Journal of Teacher Education*, 51 (3), p. 166-173.

_____ (1998). "Teachers and teaching: testing policy hypotheses from a national commission report". *The Educational Researcher*, 27 (1), p. 4-10.

DE CLOSETS, F. (1996). *Le bonheur d'apprendre*. Paris: Du Seuil [Col. Points].

DECI, E.L. & RYAN, R.M. (2000). "Self-determination theory and the facilitation of intrinsic motivation, social development and well-being". *American Psychologist,* 55 (1), p. 68-78.

_____ (1991). A motivational approach to self: integration in personality. In: DIENTSBIER, R.A. (org.). *Perspectives on motivation:* Nebraska Symposium on Motivation. Lincoln, NE: University of Nebraska Press.

_____ (1985). *Intrinsic motivation and self-determination in human behavior.* Nova York: Plenum.

DEGENNE, A. & VALLET, L.A. (2000). "L'origine des enseignants par sexe et niveau d'enseignement – Évolution entre 1964 et 1997". *Éducation et Formations*, n. 56, abr.-jun., p. 33-40.

DELORS, J. et al. (1996). *L'éducation, un trésor est caché dedans*. Paris: Unesco/Odile Jacob.

DEMAILLY, L. (1997). "Professions, organisations, politiques" [Comunicação apresentada na V Journées de Sociologie du Travail, U.L.B., Blankenberge].

_____ (1993). "L'évolution actuelle des méthodes de mobilisation e d'encadrement des enseignants". *Savoir,* n. 1, p. 25-46.

_____ (1987). "La qualification ou la compétence professionnelle des enseignants". *Sociologie du Travail,* n. 1, p. 59-69.

DEMAILLY, L.; GADREY, N.; DEUBEL, Ph. & VERDIÈRE, J. (1998). *Evaluer les établissements scolaires*: enjeux, expériences, débats. Paris: L'Harmattan.

DENZIN, N. (1984). *On undestanding emotion.* San Francisco: Jossey Bass.

DEPOVER, C.; GIARDINA, M. & MARTON, P. (1998). *Les environnements d'apprentissage multimédia.* Paris: L'Harmattan.

DEROUET, J.-L. (1992). *École et justice* – De l'égalité des chances aux compromis locaux? Paris: Métailié.

_____ (1988). "La profession enseignante comme montage composite – Les enseignants face à un système de justification complexe". *Éducation Permanente*, n. 96, p. 61-71.

DEROUET, J.-L. (org.) (1999). *L'école dans plusieurs mondes.* Bruxelas: De Boeck.

DEROUET, J.-L. & DUTERCQ, Y. (1997). *L'établissement scolaire, autonomie locale et service public.* Paris: INRP/ESF.

DEWEY, J. (1933). *How we think.* Lexington, MA: D.C. Heath and Co.

DINHAM, S. & SCOTT, C. (1997). *The teacher 2000 Project*: a study of teacher motivation and health. Perth: University of Western Sydney/Nepean.

DONZELOT, J. (1991). "Pleasure in work – The Foucault effect: studies in governmentality". Chicago: University of Chicago Press, p. 251-280.

DREEBEN, R. (1970). *The nature of teaching*: schools and the work of teachers. Glenview: Scott/Foresman.

DUBAR, C. (1991). *La socialisation* – Construction des identités sociales et professionnelles. Paris: Armand Colin.

DUBET, F. (1994). *Sociologie de l'expérience*. Paris: Seuil.

_____ (1991). *Les lycéens*. Paris: Seuil.

DUBET, R. & MARTUCELLI, D. (1996). *À l'école, sociologie de l'expérience scolaire*. Paris: Seuil [L'Épreuve des Faits].

DUMONT, F. (1997). *Raisons communes*. Montreal: Boréal.

DUPRIEZ, V. & MAROY, C. (2001). *Redéfinition de la place de l'établissement et régulation du système scolaire en Belgique francophone* [Journées d'étude "La régulation des systèmes éducatifs du Réseau d'analyse pluridisciplinaire des politiques éducatives" (Rappe), Fondation nationale des sciences politiques. Paris, 26-27/03].

_____ (1999). "Politiques scolaires et coordination de l'action". *Cahiers de Recherche du Girsef,* 4.

DUPRIEZ, V. & ZACHARY, M.D. (1998). "Le cadre juridique et institutionnel de l'enseignement". *Courrier Hebdomadaire du Crisp*, 1611-1612.

DURKHEIM, E. (1984). *Division of labor in society*. 2. ed. Londres: Macmillan.

DUTERCQ, Y. (1993). *Les professeurs*. Paris: Hachette-Éducation.

Referências 287

_____ (1991). "Thé ou café? ou comment l'analyse des réseaux peut aider à comprendre le fonctionnement d'un établissement scolaire". *Revue Française de Pédagogie*, n. 95, p. 81-97.

DUTERCA, Y. (org.) (1999). *Une enquête croisée entre didacticiens et sociologues:* le collège Hébert de Dillier-les-Bois. Paris: INRP [Relatório de pesquisa].

DWYER, J. (2002). *Vouchers within reason*: a child-centered approach to education reform. Ithaca, NY: Cornell University Press.

EDWARDS, T. (1994). "The universities council for the education of teachers; defending an interest or fighting a cause". *Journal of Education for Teaching*, 20 (2), p. 143-152.

EGAN, K. (1978). "Letting our presuppositions think for us". *Journal of Curriculum Studies*, vol. 10 (2), p. 123-133.

ELBAZ, P. (1990). "Research on teachers' knowledge". *Journal of Curriculum Studies,* vol. 23 (1).

ELLIS, J.F. (1968). "Preparing teachers: the present and the future". *Education*, vol. 7 (9), p. 57-62.

ELMORE, R. et al. (1996). *Restructuring in the classroom*: teaching, learning, and school organization. San Francisco: Jossey-Bass.

_____ (1990). *Restructuring schools* – The next generation of educational reform. San Francisco: Jossey-Bass.

FATIS, S. (1992). "Firms trim hierarchies, empower workers". *The Capital Times*, dez., p. 4b-5b.

FERGUSON, R.A. (1997). *The American Enlightenment, 1750-1820.* Cambridge, MA: Harvard University Press.

FESTINGER, L. (1957). *A theory of cognitive dissonance.* Evanston, IL: Row [Peterson].

FINN, C.; MANNO, B. & VANOUREK, G. (2000). *Charter schools in action*: renewing public education. Princeton: Princeton University Press.

FOUCAULT, M. (1979). "Governmentality". *Ideology and Consciousness*, 6, p. 5-22.

FRANCFORT, I.; OSTY, F.; SAINSAULIEU, R.& UHALDE, M. (1995). *Les mondes sociaux de l'entreprise.* Paris: Desclée de Brouwer.

FRASER, N. (1997). *Justice interruptus* – Critical reflections on the "Postsocialist" condition. Nova York: Routledge.

FREIDSON, E. (1994). *Professionnalism Reborn.* Theory, prophecy and policy. Chicago: The University of Chicago Press.

FRIEDBERG, E. (1993). *Le pouvoir et la règle, dynamiques de l'action organisée.* Paris: Seuil [Sociologie].

FULLAN, M. (1999). *Change forces*: The sequel. Londres: Falmer Press.

FULLAN, M. & HARGREAVES, A. (1991). *What's worth fighting for in your schools.* Toronto: Ontario Public School Teachers Federation.

FULLAN, M. & STIEGELBAUER, S. (1991). *The new meaning of educational change.* Nova York: Teachers College Press.

FULLER, B. (org.) (2000). *Inside charter schools*: the paradox of radical decentralization. Cambridge: Harvard University Press.

GATHER THURLER, M. (1994). "Relations professionnelles et culture des établissements scolaires: au-delà du culte de l'individualisme?" *Revue Française de Pédagogie,* n. 109, p. 19-39.

GATTI, B.; ESPOSITO, Y. & NEUBAUER DA SILVA, R. (1998). Características de professores(as) de 1° grau: perfil e expectativas". In: SABINO, R.; RIBEIRO, R.; LAZZARI LEITE BARBOSA, R.; ABOU GEBRAN, R. (orgs.). *Formação de professores.* São Paulo: Unesp, p. 251-265.

GEE, J.; HULL, G. & LANKSHEAR, C. (1996). *The new work order*: behind the language of the new capitalism. Boulder, CO: Westview Press.

GIDDENS, A. (1998). *The third way*: the renewal of social democracy. Malden, MA: Polity Press.

_____ (1996). Living in a post-traditional society. In: GIDDENS, A. (org.). *In defense of sociology*: essays, interpretations, and rejoinders. Cambridge, MA: Polity Press.

_____ (1990). *The consequences of modernity.* Stanford, CA: Stanford University Press.

_____ (1984). *The constitution of society*: outline of a theory of structuration. Cambridge: Polity Press.

GILL, B. (2001). *Rhetoric versus reality*: what we need and what we need not to know about vouchers and charter schools. Santa Monica, CA: Rand Education.

GIROUX, H.A. (1992). *Border crossings*: cultural workers and the politics of education. Nova York: Routledge.

_____ (1983). *Theory and resistance in education*: A pedagogy for the opposition. Londres: Heinemann.

_____ (1981). *Ideology, culture and the process of schooling.* Lewes: Falmer Press.

GOLDBERG, M.W.C. (1997). *First results from an experiment in computer-aided learning* [Proceedings of the ACM's 28th SIGCSE Technical Symposium on Computer Science Education, 11 p.].

GOLEMAN, D. (1995). *Emotional Intelligence.* Nova York: Bantam Books.

GOMEZ, A.P. (1992). O pensamento prático do professor – A formação do professor como profissional reflexivo. In: NÓVOA, A. (org.). *Os professores e sua formação.* Lisboa: Dom Quixote, p. 93-114.

GOOD, T. & BRADEN, J. (2000). *The great school debate* – Choice, vouchers and charters. Mahwah: Lawrence Erlbaum Associates.

GOODSON, I. (1992). Dar a voz ao professor: as histórias de vida dos professores e o seu desenvolvimento profissional. In: NÓVOA, A. (org.). *Vidas de professores.* Porto: Porto Ed., p. 63-78.

GORARD, S.; FITZ, J. & TAYLOR, C. (2001). "School choice impact: what do we know?" *Educational Researcher,* 30 (7), p. 18-23.

GOVERNO DE QUEBEC (1999). *Comité d'Agrément des Programmes de Formation à l'Enseignement (1998)* – Rapport annuel 1998-1999. Quebec: MEQ [http://www.copfe.gouv.qc.ca/rap98-99.htm#present].

_____ (1998). *Comité d'Agrément des Programmes de Formation à l'Enseignement* – Rapport annuel 1998-1999. Quebec: MEQ [http://www.copfe.gouv.qc.ca/rap97-98.htm#present].

_____ (1997). *Rapport d'activités du Comité d'Orientation et de Formation du Personnel Enseignant (Cofpe).* Quebec: MEQ [http://www.copfe.gouv.qc.ca/rap-acti.htm#T10].

GRELLIER, Y. (1998). *Profession, chef d'établissement.* Paris: Éditions Sociales Françaises.

GRIFFITHS, V. & OWEN, P. (1995). *Schools in partnership.* Londres: Paul Chapman.

HACKING, I. (1999). *The social construction of what?* Cambridge, MA: Harvard University Press.

HAGUETTE, A. (1991). "Educação: bico, vocação ou profissão?" *Educação e Sociedade*, vol. 38, abr.

HAMMERSLEY, M. & WOODS, P. (1984). *Classrooms and staffrooms.* Londres: Open University Press.

_____ (1977). *School experience* – Explorations in the sociology of education. Londres: Croom Helm.

HARGREAVES, A. (2000a). "Four ages of professionalism and professional learning". *Teachers and Teaching*: History and practice, 6 (2), p. 151-182.

_____ (2000b). "Professionals and parents: personal adversaries or public allies?" *Prospects*, 30 (2), p. 201-213.

_____ (1998a). "The emotional politics of teaching and teacher development: implications for leadership". *International Journal of Leadership in Education*, vol. 1 (4), p. 315-336.

_____ (1998b). The emotional practice of teaching. *Teaching and Teacher Education*, vol. 14 (8), p. 35-54.

_____ (1998c). The emotions of teaching and educational change. In: HARGREAVES, A.; LIEBERMAN, A. FULLAN, M. & HOPKINS, D. (orgs.). *The International Handbook of Educational Change*. The Netherlands: Kluwer.

_____ (1997). "The four ages of professionalism and professional learning". *Unicorn* – Journal of the Australian College of Education, vol. 23, n. 2, p. 86-114.

_____ (1996). "Revisiting voice". *Educational Researcher*, p. 1-8.

_____ (1994). *Changing teachers, changing times*: teacher's work and culture in the postmodern age. Londres: Cassell.

_____ (1992). Cultures of teaching: a focus for change. In: HARGREAVES, A. & FULLAN, M. (orgs.). *Understanding teacher development*. Nova York: Teachers College Press.

_____ (1984). "Experience counts, theory doesn't: how teachers talk about their work". *Sociology of Education*, vol. 57, p. 244-254.

HARGREAVES, A. & FULLAN, M. (1998). *What's worth fighting for out there?* Nova York: Teachers College Press.

HARRIS, K. (1982). *Teachers and classes, a marxist analysis*. Londres: Routledge/Kegan Paul.

HARRIS, R.S. (1976). *A history of higher education in Canada 1663-1960*. Toronto: University of Toronto Press.

HASENFELD, Y. (org.) (1983). *Human service organizations.* Englewood Cliffs, NJ: Prentice-Hall.

HASSEL, B. (1999). *The charter school* – Avoiding the pitfalls, fulfilling the promise. Washington: Brookings Institution.

HAUGHEY, M. & ANDERSON, T. (1999). *Networked learning*: the pedagogy of the internet. Toronto: McGraw-Hill.

HENCHEY, N. (1996). *Preparing for 2001*: Public education in Canada [A discussion paper, Canadian Teacher's Federation].

HENCKE, D. (1978). *Colleges in crisis*: the reorganisation of teacher training 1971-1977. Harmondsworth: Penguin.

HERMAN, E. (1995). *The romance of american psychology*: political culture in the age of experts. Berkeley: University of California Press.

HERMAN, R.; ALADJEM, D.; McMAHON, P.; MASEM, E.; MULLIGAN, I.; O'MALLEY, A.; QUINONES, S.; REEVE, A. & WOODRUFF, H. (1999). *An educator's guide to schoolwide reform*. Arlington, VA: Educational Research Service.

HILL, P. & LAKE, R. (2001). *Charter schools and accountability in public education*. Washington: Brookings Institution.

HIRSCHHORN, M. (1993). *L'ère des enseignants*. Paris: PUF.

HOCHSCHILD, A.R. (1993). *The managed heart*: the commercialization of human feeling. Berkeley: University of California Press, p. 7.

HOUSTON, S.E. & PRENTICE, A. (1988). *Schooling and scholars in nineteenth century*. Toronto: Toronto University Press.

HUBERMAN, M. (1993). "Enseignement et professionnalisme: des liens toujours aussi fragiles". *Revue des Sciences de l'Éducation*, vol. XIX, n. 1, p. 77-85.

_____ (1989). *La vie des enseignants* – Évolution et bilan d'une profession. Lausanne: Delachaux e Niestlé.

HUBERMAN, A.M. & MILES, M.B. (1994). Data management and analysis methods. In: DENZIN, N.K. & LINCOLN, Y.S. (orgs.). *Handbook of qualitative research*. Thousand Oaks, CA: Sage Publication.

_____ (1991). *Analyse des données qualitatives* – Recueil de nouvelles méthodes. Bruxelas: De Boeck Université.

HUGHES, E. (1958). *Men and their work*. Glencoe: The Free Press.

HULTQVIST, K. & DAHLBERG, G. (orgs.) (2001). *The changing child in a changing world*: current ways of thinking and practicing childhood. Nova York: Routledge Falmer.

ILLICH, I. (1970). *Deschooling society*. Nova York: Harper & Row.

JEFFREY, B. & WOODS, P. (1996). "Feeling deprofessionalized: the social construction of emotions during an ofstfed inspection". *Cambridge Journal of Education*, vol. 126 (3), p. 235-343.

JOYCE, B.; CALHOUN, E. & HOPKINS, D. (1999). *The new structure of school improvement*: inquiring schools and achieving students. Buckingham: Open University Press.

KANE, P. & LAURICELLA, C. (2001). Assessing the growth and potential of charter schools. In: LEVIN, H. (org.). *Privatizing education* – Can the market deliver choice, efficiency, equity and social cohesion? Boulder, Colorado: Westview Press, p. 203-233.

KARSENTI, T. (2000). Les TIC pour les futurs profs. de français: syntèse d'un essai en formation des maîtres. In: LEAWEB, F. *Le français et les nouvelles technologies*, 3, jan. [http://www.restode.cfwb.be/français/profs/liste/a3/leaweb3. htm]_____ (1999). "Cours médiatisés sur le web en formation des maîtres". *Formation et Profession*, 6 (1), p. 14-24.

KARSENTI, T. & THIBERT, G. (2000). *A qualitative look at motivation*: using grounded theory to unveil motivating instructional practices [Annual Meeting of the European Educational Research Association. Edimburgo, Escócia, 20-23/09].

KEMPER, T.K. (1995). Sociological models in the explanation of emotions. In: LEWIS, M. & HAVILAND, J. (orgs.). *Handbook of emotions*. Nova York/ Londres: The Guilford Press.

KHERROUBI, M. (1997). De l'école populaire à l'école difficile: émergence du niveau "établissement". In: VAN ZANTEN, A. (org.). *La scolarisation dans les milieux "difficiles"*. Paris: Institut National de Recherche Pédagogique.

KHERROUBI, M. & VAN ZANTEN, A. (2000). "La coordination du travail dans les établissements d'enseignement: collégialité, division des rôles et encadrement éducatif". *Éducation et Sociétés*, n. 6.

KHERROUBI, M.; PEIGNARD, E. & ROBERT, A. (1997/1998). "Des enseignants et des établissements mobilisés – Entre héritage bureaucratique et invention d'un espace autonome". *Carrefour de l'Éducation*, n. 3, p. 60-74; n. 6, p. 42-62.

KOHLI, W. (1995). *Critical conversation in philosophy of education*. Nova York: Routledge.

KRATZER, C. (1997). *Community in research, theory and practice*: implications for schools [Paper presented at the Annual Meeting of the American Educational Research Association, Chicago].

LABAREE, D. (2000a). No exit: public education as an inescapably public good. In: CUBAN, L. & SHIPPS, D. (orgs.). *Reconstructing the common good in education*. Stanford, CA: Stanford University Press, p. 110-129.

_____ (2000b). "On the nature of teaching and teacher education: difficult practices that look easy". *Journal of Teacher Education*, 51 (3), p. 228-233.

_____ (1997). "Public goods, private goods: the american struggle over educational goals". *American Educational Research Journal*, vol. 34, n. 1, p. 39-81.

_____ (1992). "Power, knowledge, and the rationalization of teaching: a genealogy of the movement to professionalize teaching". *Harvard Educational Review*, vol. 62 (2), p. 123-154.

LAMONTAGNE, D. (1999). "L'autonomie des apprenants à distance". *Infobourg* – La revue de la pédagogie branchée, 2 (1), p. 24.

LANG, V. (2001). Formateurs en IUFM: un monde composite. In: ALTET, M.; PAQUAY, L. & PERRENOUD, P. *La professionnalisation des formateurs*. Bruxelas: De Boeck.

_____ (1999). *La professionnalisation des enseignants* – Sens et enjeux d'une politique institutionnelle. Paris: PUF.

_____ (1996). "Professionnalisation des enseignants, conception du métier, modèles de formation". *Recherche et Formation*, n. 23, p. 9-27.

LANGOUET, C. & LÉGER, A. (1988). Trajectoires scolaires et recours au secteur privé. In: PERRENOUD, P. & MONTANDON, C. (orgs.). *Qui maîtrise l'école?* – Politiques d'institutions et pratiques des acteurs. Lausanne: Réalités Sociales, p. 303-328.

LAROSE, F. (1997). *Rapport d'activité partiel concernant l'implantation et l'utilisation des outils conventionnels d'autoévaluation informatisée ainsi que le recours au babillard électronique facultaire dans le cadre du cours PEP 122 offert aux étudiantes et aux étudiants de première année du baccalauréat en enseignement au préscolaire et au primaire.* Shergrooke: Université de Sherbrooke, Faculté d'Éducation [Relatório de pesquisa apresentado ao vice-reitorado para o ensino].

LAROSE, F.; DIRAND, J.-M.; DAVID, R.; LAFRANCE, S. & CANTIN, J. (1999). "Les technologies de l'information et de la communication en pédagogie universitaire et en formation à la profession enseignante: mythes et réalités". *Éducation et Francophonie*, 27 [http://acelf.ca/revue/XXVII/articles/Larose.html].

LAROSE, F.; DAVID, R.; DIRAND, J.-M.; KARSENTI, T.; GRENON, V.; LAFRANCE, S. & CANTIN, J. (1999). "Information and communication technologies in university teaching and in teacher education: journey in a Major Québec University's reality". *Electronic Journal of Sociology*, 4 (3) [http://www.sociology.org/content/vol004.003/francais.html].

LATOUR, B. (1999). *Pandora's hope essays on the reality of science studies.* Cambridge: Harvard University Press.

_____ (1984). *Les microbes, guerre et paix.* Paris: Métailié.

LAVE, J. & WENGER, E. (1991). *Situated Learning* – Legitimate peripheral participation. Cambridge: Cambridge University Press.

LAWLOR, S. (1990). *Teachers mistaught*: training in theories or education in subjects. Londres: Centre for Policy Studies.

LAZERTE, M.E. (1950). *Teacher education in Canada.* Toronto: W.J. Gage.

LEAMER, E. (1983). "Let's take the con out of econometrics". *The American Economic Review*, 73 (1), p. 31-43.

L'ÉCUYER, R. (1990). *Méthodologie de l'analyse développementale de contenu* – Méthode GPS et concept de soi. Sillery: Presses de l'Université du Québec.

LEITHWOOD, K. & LOUIS, K.S. (1999). *Organizational learning in schools.* Lisse, Netherlands: Zeitlinger.

LELIS, I. (1997a). Modos de trabalhar de professoras: expressão de estilos de vida? In: CANDAU, V.M. (orgs.). *Magistério, construção cotidiana.* Petrópolis: Vozes, p. 150-160.

_____ (1997b). "O magistério como campo de contradições". *Contemporaneidade e Educação*, vol. II (2), set., p. 143-155.

_____ (1996). *A polissemia do magistério*: entre mitos e histórias. Rio de Janeiro: PUC.

Le Monde diplomatique (1996). "Internet, l'extase et l'effroi". *Manière de Voir,* n. 32.

LENOIR, Y.; LAROSE, F. & SPALLANZANI, C. (1999). *Compétences didactiques et formation didactique des enseignantes et des enseignants du primaire.* Sherbrooke: Université de Sherbrooke, Faculté d'éducation [Relatório final de pesquisa apresentado ao Conseil de la Recherche en Sciences Humaines du Canada (CRSH) para a subvenção n. 410-95-1385].

LESSARD, C. (1999). "Professionnalisation, déprofessionnalisation, reprofessionnalisation, déqualification, prolétarisation, nouvelle régulation de l'éducation: Que se passe-t-il au juste?" [Comunicação efetuada em 14/10/1999, *Séminâire Girsef.* Université Catholique de Louvain-la Neuve].

Referências

_____ (1991). Introduction: le travail enseignant et l'organisation profession-nelle de l'enseignement: perspectives comparatives et enjeux actuels. In: LESSARD, C.; PERRON, M. & BÉLANGER, P.W. (orgs.). *La profession enseignante au Québec* – Enjeux et défis des années 1990. Institut Québécois de Recherche sur la Culture. "Documents de recherche", n. 30, p. 20-23.

LESSARD, C. & BRASSARD, A. (1997). "Le changement en éducation: promesses et réalités – Une perspective nord-américaine". *Le changement en éducation*: place et rôle de l'observatoire européen des innovations en éducation et en formation [Actes du Séminaire de Saint-Jean-d'Angely, 09-10/01. INRP, Observatoire européen des innovations en éducation et en formation, Centre de culture européenne e Académie de Rouen, p. 35-72].

LESSARD, C. & TARDIF, M. (1996). *La profession enseignante au Québec, 1945-1990*. Montreal: Les Presses de l'Université de Montréal.

LEVIN, H. (org.) (2001). *Privatizing education* – Can the market deliver choice, efficiency, equity and social cohesion? Boulder, Colorado: Westview Press.

LIEBERMAN, A. (2000). "Networks as learning communities". *Journal of Teacher Education*, 51 (3), p. 221-227.

_____ (1990). *Schools as collaborative cultures*: creating the future now. Nova York: The Falmer Press.

LIEBERMAN, A. & MILLER, L. (1999). *Teachers* – Transforming their world and their work. Nova York: Teachers College Press.

LIPSKY, M. (1980). *Street-level bureaucracy*: dilemmas of the individual in public services. Nova York: Russel Sage Foundation.

LITTLE, J.W. (1982). "Norms of collegiality and experimentation: workplace conditions of school success". *American Educational Research Journal*, 19, p. 325-340.

LOPES, E.M. (1991) "A educação da mulher: a feminização do magistério". *Revista Teoria e Educação*, vol. 4, p. 22-41.

LORD, F.M. (1956). "The measurement of growth". *Educational and Psychological Measurement*, 16, p. 421-437.

LORTIE, D. (1975). *Schoolteacher* – A Sociological Study. Chicago: Chicago University Press.

LOUIS, K.S.; KRUSE, S.D. et al. (1995). *Professionalism and community*: perspectives on reforming urban schools. Thousand Oaks: Corwin Press.

LOUIS, K.S.; TOOLE, J. & HARGREAVES, A. (1999). Rethinking school improvement. In: MURPHY, J. & LOUIS, K.S. (orgs.). *Handbook of research on educational administration*. 2. ed. San Francisco: Jossey Bass, cap. 12.

LUBIENSKI, C. (2001). "Redefining public education: charter schools, common schools, and the rhetoric of reform". *Teachers College Record*, 103 (4), p. 634-666.

LUTHER, T.H.G. (1971). *Focus*: Report on Future Programs of Teacher Education. Toronto: University of Toronto, set.

_____ (1972). *Refocus*: responses to focus, 1971-1972. Toronto: The Governing Council of the University of Toronto.

MacDONALD, J. (1996). A personal history of the faculty of education". In: BOOTH, D.W. & STIEGELBAUER, S.M. (orgs.). *Teaching teachers*: the Faculty of Education University of Toronto 1906-1996. Hamilton, ON: Caliburn Enterprises, p. 2-25.

MacLEOD, C.R. (1966). *Report of the Minister's Committee on the training of elementary school teachers*. Toronto: Ontario Department of Education.

MAEHR, M. & MIDGLEY, C. (1996). *Transforming school cultures*. Boulder, CO: Westview Press.

MAHEU, L. (1996). "Et si le travail exercé sur l'humain faisait une différence". *Sociologie et Sociétés*, vol. XXVIII, n. 1, p. 189-199.

MAHEU, L. & ROBITAILLE, M. (1991). Identités professionnelles et travail: un modèle d'analyse du travail enseignant au collégial. In: LESSARD, C.; PERRON, M. & BÉLANGER, P.W. (orgs.). *La profession enseignante au Québec –* Enjeux et défis des annés 1990. Montreal: IQRC, p. 93-112.

MARESCA, B. (1995). "Les professeurs du second degré parlent de leur discipline". *Les dossiers éducation e formations*, n. 83, abr.

MAROY, C. & DUPRIEZ, V. (2000). "La régulation dans les systèmes scolaires – Proposition théorique et analyse du cadre structurel en Belgique francophone". *Revue Française de Pédagogie*, n. 130, p. 73-87.

MARSHALL, J. (2000). *From Colonialism to Globalisation: The march of positivism in New Zealand Education* [Apresentado em Research Community: Philosophy and history of the discipline of education; Evaluation and evolution of the criteria for educational research. University of Leuven, Bélgica, 18-20/10].

MARTEL, A. (1999). "Technologies, pédagogie et communications: le règne de l'expérience" [Comunicação apresentada no Colloque Réseau: *Les TIC au service de la pédagogie universitaire*].

MARTON, P. (1999). "Les technologies de l'information et de la communication et leur avenir en éducation". *Éducation et Francophonie*, 27 (2) [http://acelf.ca/revue/XXVII-2/index.html].

McALPIN, V.F. (1998). *On-line and face to face students*: is there really any difference? [Proceedings: 2nd UNC Workshop on Technology for Distance Education, North Carolina State University, p. 6-7].

McCHESNEY, J. & HERTLING, E. (2000). "The path to comprehensive school reform". *Educational Leadership*, 57 (7), p. 10-15.

McLAREN, P. & GIARDELLI, J. (1995). *Critical theory and educational research*. Albany, NY: Suny.

McLAUGHLIN, M. & TALBERT, J. (1993). What matters most in teachers' workplace context. In: LITTLE, J. & McLAUGHLIN, M.W. (orgs.). *Teachers work*: Individuals, colleagues and contexts. Nova York: Teachers' College Press.

MEHAN, H. (1992). "Understanding inequality in schools: the contribution of interpretive studies". *Sociology of Education*, 65 (1), p. 1-20.

_____ (1979). *Learning lessons*. Harvard: Harvard University Press.

MEIRIEU, P. (1990). *Enseigner*: scénario pour un métier nouveau. 2. ed. Paris: ESF.

MEYER, J.; BOLI, J.; THOMAS, G. & RAMIREZ, F. (1997). "World society and the nation-state". *American Journal of Sociology*, 103 (1), p. 144-181.

MIGEON, M. (2000). "Les instituteurs et professeurs des écoles en fonction dans le premier degré public au 1er. septembre 1998". *Education et Formations*, n. 56, abr.-jun., p. 27-32.

MIGUÉ, J.-L. & MARCEAU, R. (1989). *Le monopole public de l'éducation*. Sillery: Presses de l'Université du Québec.

MINISTÉRIO DA EDUCAÇÃO DE QUEBEC (2000). *Programme de formation de l'école québécoise* – Éducation préscolaire et enseignement primaire. Quebec: Governo de Quebec.

_____ (1997a). *L'école, tout un programme*. Quebec: Governo de Quebec.

_____ (1997b). *Réafirmer l'école*: prendre le virage du succès. Quebec: Governo de Quebec.

_____ (1997c). *Plan d'intervention*: les technologies de l'information et de la communication en éducation. Quebec: Governo de Quebec.

_____ (1996). *Rénover notre système d'éducation*: dix chantiers prioritaires [Relatório da comissão dos Estados Gerais sobre a Educação, Quebec].

MIRÓN, L. (1996). *The social construction of urban schooling:* situating the crisis. Cresshill, NJ: Hampton Press.

MOE, T. (2001). *Schools, vouchers and the american public.* Washington: Brookings Institution Press.

MOON, B. (1996). "Practical experience in teacher education: charting a European agenda". *European Journal of Teacher Education*, 19, (3), p. 217-251.

MOTE TEAM (1997). *Making sense of global reform in initial teacher education.* A discussion Paper. Modes of teacher education project [Comunicação apresentada na reunião anual da American Educational Research Association, Chicago].

MURPHY, J. (1995). Changing the role of teachers. In: O'HAIR, M. & ODELL, S. (orgs.). *Educating teachers for leadership and change*: Teacher Education Yearbook III. Thousand Oaks, CA: Corwin Press, p. 311-323.

MURPHY, J. & SHIFFMAN, C. (2002). *Understanding and assessing the charter school movement.* Nova York: Teachers College Press.

MYERS, D. (1974). Salvaging the wreckage: Ontario 1971-1973. In: MYERS, D. & REID, F. (orgs.). *Educating teachers*: critiques and proposals. Toronto: Oise, p. 117-126.

MYERS, D. & SAUL, D. (1974). How not to reform a teacher education system: Ontario 1966-1971. In: MYERS, D. & REID, F. (orgs.). *Educating teachers*: critiques and proposals. Toronto: Oise, p. 33-51.

NATIONAL COUNCIL OF TEACHERS OF MATHEMATICS (2000). *Principles and standards for schools mathematics*. Reston, VA: Ed. do autor.

NEATHER, E.J. (1993). "Teacher education and the role of the university: European perspectives". *Education,* 8 (1), p. 33-46.

NEAVE (1992). *The teaching nation*: prospects for teaching in the European Community. Oxford: Pergamon.

NEW AMERICAN SCHOOLS (1999). *Working toward excellence*: examining the effectiveness of new american school designs. Washington: Ed. do autor.

NEWMANN, F. & WEHLAGE, G. (1995). *Successful school restructuring*. Madison, WI: Center on Organization and Restructuring of Schools.

NEWMANM, F. et al. (1996). *Authentic achievement:* Restructuring schools for intellectual quality. San Francisco: Jossey-Bass.

NIAS, J. (1989). *Primary teachers talking.* Londres: Routledge/Kegan Paul.

NOBLE, D. (1991). *The classroom arsenal.* Londres: The Falmer Press.

NOGUEIRA, M.A. (1991). "Trajetórias escolares, estratégias culturais e classes sociais: Notas em vista da construção do objeto de pesquisa". *Teoria e Educação,* vol. 3.

NORTH CENTRAL REGIONAL EDUCATIONAL LABORATORY (2000). *Comprehensive school reform*: making good choices for your school. Oak Brook, IL: Ed. do autor.

NORTHWEST REGIONAL EDUCATIONAL LABORATORY (1999). *Catalog of school reform models.* Portland: Ed. do autor.

NÓVOA, A. (2002). La raison et la responsabilité – Vers une science du gouvernement des âmes. In: HOFSTETTER, R. & SCHNEUWLY, B. (orgs.). *Science(s) de l'éducation 19ᵉ-20ᵉ siècles*: entre champs professionnels et champs disciplinaires. Berna: Peter Lang, p. 243-263.

_____ (2001). "Autour des mots". *Recherche et Formation,* n. 38, p. 131-140.

_____ (2000). The teaching profession in Europe: historical and sociological analysis. In: SWING, E.S.; SCHRIEWER, J. & ORIVEL, F. (orgs.). *Problems and prospects in European Education.* Westport, Connecticut: Praeger, p. 45-71.

_____ (1998a). Relação escola-sociedade: novas respostas para um velho problema. In: SABINO, R.; RIBEIRO, R.; LAZZARI LEITE BARBOSA, P. & GEBRAN, R.A. (orgs.). *Formação de professores.* São Paulo: Unesp, p. 19-40.

_____ (1998b). *Histoire et comparaison –* Essais sur l'éducation. Lisboa: Educa.

_____ (1991). "Para o estudo sócio-histórico da gênese e desenvolvimento da profissão docente". *Teoria e Educação,* vol. 4, p. 109-139.

OATLEY, K. (1991). *Best Laid Schemes*: the psychology of emotions. Cambridge: Cambridge University Press.

OBACH, M.S. & MOELY, B.E. (1995). *A three-year longitudinal study of metacognitions about study activities and motivational beliefs for learning among children in middle school* [Trabalho apresentado no Annual Meeting of the American Educational Research Association. San Francisco, 18-22/04].

OCDE (1998). "Compte rendu du séminaire sur les NTIC – Comité de l'éducation" [OCDE http://www.oecd.org/].

OHANIAN, S. (1999). *One size fits few*: the folly of educational standards. Portsmouth, NH: Heinemann.

OZGA, J. (1995). Deskilling a profession: professionalism, deprofessionalism and the new managerialism. In: BUSHER, H. & SARAN, R. (orgs.). *Managing teachers as professionals in schools*. Londres: Kogan Page, p. 21-37.

PAQUAY, L. (1994). "Vers un référentiel de compétences professionnelles de l'enseignant?" *Recherche et Formation*, n. 16, p. 7-38.

PAQUAY, L.; ALTET, M.; CHARLIER, E. & PERRENOUD, Ph. (orgs.) (1998). *Former des enseignants professionnels* – Quelles stratégies? 2. ed. Bruxelas: De Boeck.

PAQUET, G. (1999). *Oublier la révolution tranquille*. Quebec: Liber.

PATERSON, R. (1984). Teacher education in Alberta's Normal Schools. In: GRIMMETT, P. (orgs.). *Research in teacher education*: Current problems and future prospects in Canada. Vancouver, BC: The Centre for the Study of Teacher Education/The Canadian Association for Teacher Education/The Centre for the Studies of Curriculum and Instruction/University of British Columbia.

PELAGE, A. (1998). "Des chefs d'établissement pédagogues?" *Société Française*, n. 60, p. 4-13.

PÉRIER, P. (1994). "Enseigner dans les collèges et les lycées – Enquête sur le métier d'enseignant". *Les Dossiers d'Éducation et Formation*, n. 48.

PERRENOUD, P. (2002a). *Aprender a negociar a mudança em educação*. Porto: ASA.

_____ (2002b). "Espaces-temps de formation et organisation du travail". *Espaços de educação, tempos de formação*. Lisboa: Fundação Calouste Gulbenkian, p. 201-235.

_____ (1999a). *Dix nouvelles compétences pour enseigner* – Invitation au voyage. Paris: ESF.

_____ (1999b). *Former les enseignants dans des contextes sociaux mouvants*: pratique réflexive et implication critique. Genebra: Université de Genève, Faculté de Psychologie et des Sciences de l'Éducation.

_____ (1999c). *Savoir enseigner au XXIe siècle?* – Quelques orientations d'une école de qualité. Genebra: Université de Genève, Faculté de Psychologie et des Sciences de l'Éducation.

_____ (1998a). De l'alternance à l'articulation entre théories et pratiques dans la formation des enseignants. In: TARDIF, M.; LESSARD, C. & GAUTHIER, C. (orgs.). *Formation des maîtres et contextes sociaux* – Perspectives internationales. Paris: PUF, p. 153-199.

_____ (1998b). *Intégration et décentralisation dans les systèmes de formation.* Genebra: Fapse, Université de Genève.

_____ (1997). *Les hautes écoles pédagogiques entre deux modèles institutionnels.* Genebra: Faculdade de Psicologia e de Ciências da Educação.

_____ (1996a). *Enseigner*: agir dans l'urgence, décider dans l'incertitude. Paris: ESF.

_____ (1996b). Former des maîtres du premier degré à l'université: le pari genevois. In: LAPIERRE, G. (org.). *Qui forme les enseignants en France aujourd'hui?* Grenoble: Université Pierre Mendès France, Actes des Assises de l'Arcufef, p. 75-100.

_____ (1995). *Métier d'élève et sens du travail scolaire.* Paris: ESF.

_____ (1994). *La formation des enseignants, entre théorie et pratique.* Paris: L'Harmattan.

_____ (1993a). *La formation au métier d'enseignant*: complexité, professionnalisation et démarche clinique. Genebra: Fapse, Université de Genève.

_____ (1993b). *Práticas pedagógicas, profissão docente e formação.* Lisboa: Dom Quixote.

_____ (1993c). "Formation initiale des maîtres et professionnalisation du métier". *Revue des Sciences de l'Éducation*, vol. XIX-1, p. 59-76. Montreal.

_____ (1993d). Former les maîtres primaires à l'université: modernisation anodine ou pas décisif vers la professionnalisation? In: HENSLER, H. (org.). *La recherche en formation des maîtres* – Détour ou passage obligé sur la voie de la professionnalisation? Sherbrooke: CRP, p. 111-132.

PERRENOUD, P. & WYSS, H. (1998). "Die Pädagogischen Hochschulen suchen ihren Standort zwischen Schule und Universität". *Beiträge zur Lehrerbildung*, p. 161-176.

PESHKIN, A. (1986) *God's choice* – The total world of a fundamentalist christian school. Chicago: University of Chicago Press.

PETERSON, P. & CAMPBELL, D. (orgs.) (2001). *Charters, vouchers, and public education.* Washington: Brookins Institution Press.

PETERSON, P. & HOWELL, W. (2001). *The Education Gap:* vouchers and urban schools. Washington: Brookings Institution Press.

PIAGET, J. (1967). *Biologie et connaissance.* Paris: Gallimard [Col. Idées].

PINAR, W.F. et al. (1995). *Understanding curriculum*: an introduction to the study of historical and contemporary curriculum discourses. Nova York: Peter Lang.

PINTRICH, P.R. & SCHUNK, D.H. (1996). *Motivation in education*. Englewood Cliffs, NJ: Prentice-Hall.

POPKEWITZ, T. (2000a). *Educational knowledge*: changing relationships between the state, civil society and the educational community. Nova York: Suny.

_____ (2000b). "Educational governance and social inclusion and exclusion: Some conceptual difficulties and problematics in policy and research". *Discourse*, 21 (1), p. 5-54.

_____ (1998a). "The culture of redemption and the administration of freedom in educational research". *Review of Educational Research*, 68 (1), p. 1-34.

_____ (1998b). *Struggling for the soul*: the politics of education and the construction of the teacher. Nova York: Teachers College Press.

_____ (1997). "A changing terrain of knowledge and power: a social epistemology of educational research". *Educational Researcher*, 26 (9), p. 1-12.

_____ (1996). "Rethinking decentralization and the state/civil society distinctions: The state as a problematic of governing". *Journal of Educational Policy*, 11 (1), p. 27-51.

_____ (1993). *Changing patterns of power:* social regulation and teacher education reform. Albany: State University of New York Press.

_____ (1992). Profissionalização e formação de professores: algumas notas sobre a sua história, ideologia e potencial. In: NÓVOA, A. (org.). *Os professores e sua formação*. Lisboa: Dom Quixote, p. 35-50.

_____ (1991). *A political sociology of educational reform*: power/knowledge in teaching, teacher education and research. Nova York: Teachers College Press.

POPKEWITZ, T.S. & BLOCH, M.N. (2001). Administering freedom: a history of the present-rescuing the parent to rescue the child for society. In: HULTQVIST, K. & DAHLBERG, G. (orgs.). *Governing the child in the new millenium*. Nova York: Routledge Falmer, p. 85-118.

POPKEWITZ, T. & BRENNAN, M. (1998). *Foucault's challenge*: discourse, knowledge and power in education. Nova York: Teachers College Press.

POPKEWITZ, T. & NÓVOA, A. (orgs.) (2001). "La fabrication de l'enseignant professionnel – La raison du savoir". *Recherche et Formation*, n. 38. Paris: INRP.

POPKEWITZ, T.; LUNDAHL, L. & ZACKARI, G. (s.d.). Educational governance and social inclusion and exclusion in Sweden. In: POPKEWITZ, T. (org.).

Public discourses on education governance and social integration and exclusion: analysis of policy texts in european contexts Uppsala: Department of Education, Uppsala University [Uppsala Reports on Education, 36].

POSTMAN, N. (1995). *The end of education* – Redefining the value of school. Nova York: Knopf.

PRAKASH, M. & ESTEVA, G. (1998). *Escaping education* – Living as learning within grassroots cultures. Nova York: Peter Lang.

PUTNAM, J.H. & WEIR, G.M. (1925). *British Columbia*: Education Survey Commission; Survey of the school system. Victoria, BC: C.F. Banfield.

PUTNAM, R.T. & BORKO, H. (2000). "What do new views of knowledge and thinking have to say about research on teacher learning?" *Educational Researcher,* 29 (1), p. 4-15.

RANDI, J. & CORNO, L. (1997). Teachers as innovators. In: BIDDLE, B.; GOOD, T. & GOODSON, I. (orgs.). *International Handbook of teachers and teaching*. Boston: Kluwer Academic Publishers, p. 1.163-1.221.

RANJARD, P. (1984). *Les enseignants persécutés*. Paris: Robert Jauze.

RAVITCH, D. (1996). *National Standards in American Education*: a citizen's guide. [s.l.]: Brookings Institute.

RAYNAUD, P. & THIBAUT, P. (1990). *La fin de l'école républicaine.* Paris: Calmann-Lévy.

RAYOU, P. (1998). *La cité des lycéens*. Paris: L'Harmattan [Col. Débats-jeunesse].

REBOUL, O. (1974). *L'élan humain ou l'éducation selon Alain.* Montreal: Les Presses de l'Université de Montréal.

RELAN, A. (1992). "Strategies in computer-based instruction: some lessons from theories and models of motivation" [Proceedings of selected research and development presentations at the convention of the Association for Educational Communications and Technology].

REYNAUD, J.-D. (1988). "Les régulations dans les organisations: régulation de contrôle et régulation autonome". *Revue Française de Sociologie*, vol. 29, p. 5-18.

REYNOLDS, D.; BOLLEN, R.; CREEMERS, B.; HOPKINS, D.; STOLL, L. & LAGERWELL, N. (1996). *Making good schools, linking school effectiveness and school improvement.* Londres: Routledge.

RICHARDS, J.M. (1974). *A simulation study comparing procedures for assessing individual educational growth.* Baltimore: The Johns Hopkins University, Center for Social Organization of Schools.

ROBERT, A. & TERRAL, H. (2000). *Les IUFM et la formation des enseignants aujourd'hui.* Paris: PUF.

ROBERTSON, J. (1996). "Promoting IT competencies with student primary teachers". *Journal of Computer Assisted Learning*, 12 (1), p. 2-9.

ROBITAILLE, M. (1999). *Identités professionnelles et travail réflexif*: le cas des enseignants des Collèges d'Enseignement Général et Professionnel. Montreal: Université de Montréal [Tese de doutorado em sociologia].

ROBITAILLE, M. & MAHEU, L. (1991). Le travail enseignant au collégial: le rapport à l'usager comme composante de l'identité professionnelle enseignante. In: LESSARD, C.; PERRON, M. & BÉLANGER, P.W. (orgs.). *La profession enseignante au Québec* – Enjeux et défis des années 1990. Montreal: IQRC, p. 113-134.

ROCHEX, J.-Y. (1995). Enseignants en banlieue ou enseignants de banlieue? In: BAUTIER, É. (org.). *Travailler en banlieue.* Paris: L'Harmattan.

ROSE, N. (1999). *Powers of freedom*: reframing political thought. Cambridge, MA: Cambridge University Press.

_____ (1989). *Governing the soul.* Nova York: Routledge, Chapman & Hall.

ROSE, N. & MILLER, P. (1992). "Political power beyond the state: problematics of government". *British Journal of Sociology*, 43 (2), p. 173-205.

ROSENHOLTZ, S. (1989). *Teachers' workplace*: the social organization of schools. Nova York: Longman.

RUSSELL, S. (1999). Mathematical reasoning in the elementary grades. In: STIFF, L. & CURCIO, F. (orgs.). *Developing mathematical reasoning in grades k-12* – 1999 Yearbook. Reston, Virginia: National Council of Teachers of Mathematics, p. 1-12.

RUSSELL, T.L. (1999). *The no significant difference phenomenon.* North Carolina: NCSU Office of Instructional Telecommunications.

SARASON, S. (2002). *Questions you should ask about charter schools and vouchers.* Portsmouth, NH: Heinemann.

_____ (1998). *Charter Schools*: another flawed educational reform? Nova York: Teachers College Press.

SAVOIE-ZAJC, L. & KARSENTI, T. (2000). Méthodologie. In: KARSENTI, T. & SAVOIE-ZAJC, L. *Introduction à la recherche en éducation.* Sherbrooke: CRP.

SCHALLER, J. & LANG, H.R. (1982). *A history of the new elementary program at the University of Regina* [Trabalho apresentado à Canadian Society for the study of education, Ottawa].

SCHOLES, R. & KARDASH, C.M. (1995). *Graduate students' perceptions of volition strategies which aid persistence in completing degrees* [Trabalho apresentado no Annual Meeting of the American Educational Research Association, San Francisco, 18-22/04].

SCHÖN, D.A. (1994). *Le praticien réflexif*: à la recherche du savoir caché dans l'agir professionnel. Montreal: Logiques.

SCHUTTE, J.G. (1999). "Virtual teaching in higher education: The new intellectual superhighway or just another traffic jam?" *California State University Electronic Journal of Sociology*, maio.

SEDDON, T. (1997). "Education: deprofessionalized? Or reregulated, reorganized and reauthorized?" *Australian Journal of Education*, vol. 41, n. 3, p. 228-246.

SEDDON, T. & BROWN, L. (1997). "Teachers' work: towards the year 2007". *Unicorn* – The Journal of the Australian College of Education, vol. 27, n. 2, p. 25-38.

SEDLACK, R.G. & STANLEY, J. (1992). *Social research*: theory and methods. Boston, MA: Allyn and Bacon.

SHAW, B. (1971). *Collected plays with their prefaces*. Londres: The Bodley Head [1. ed., 1900].

SHJEEHAN, N. & FULLAN, M. (1995). Teacher education in Canada: a case study. In: WIDEEN, M.F. & GRIMMETT, P. (orgs.). *Changing times in teacher education*: restructuring or reconceptualization. Londres: Falmer, p. 89-101.

SIKES, P.; MEASOR, L. & WOODS, P. (1985). *Teachers' lives and careers*. Lewes: Flamer Press.

SLAVIN, R. & FASHOLA, O. (1998). *Show me the evidence!* – Proven and promising programs for America's schools. Baltimore: Center for Research on the Education of Students Placed at Risk.

SMITH, M. & O'DAY, J. (1990). "Systemic School Reform". *Politics of Education Association Yearbook*, p. 233-267.

SMITH, R. (2000). *Education truth and hunger* [Research community: philosophy and history of the discipline of education; evaluation and evolution of the criteria for educational research. University of Leuven, Bélgica, 18-20/10].

SMITHERAM, V.; ANDERSON, D.; HILLIS, E. & LOUCKS, L. (1971). *Teacher education*: perseverance or professionalism. Charlottetown, PEI: University of Prince Edward Island, Committee on Teacher Education.

SMYLIE, M. & PERRY, G. (1998). Restructuring schools for improving teaching. In: HARGREAVES, A.; LIEBERMAN, A.; FULLAN, M. & HOPKINS, D. (orgs.). *International Handbook of Educational Change*. Boston: Kluwer Academic Publishers, p. 976-1005.

SPRING, J. (2002). *Political agendas for education* – From the religious right to the Green Party. Mahwah, NJ: Lawrence Erlbaum Associates.

STACY, S. (2001). *The democratic potential of charter schools*. Nova York: Peter Lang.

STEBBINS, R.A. (1975). *Teachers and meanings*: definitions of classroom situations. Leiden: E.J. Brill.

STONE, L. (1999). Reconstructing Dewey's critical philosophy: toward a literary pragmatist criticism. In: POPKEWITZ, T. & FENDLER, L. (orgs.). *Critical theories in education*: changing terrains of knowledge and politics. Nova York: Routledge, p. 209-229.

STONES, E. (1994). "'Mayday! Mayday?' Editorial". *Journal of education for teaching*, 20 (2), p. 139-141.

STRINGFIELD, S. (2000). "A synthesis and critique of four recent reviews of whole-school reform in the United States". *School Effectiveness and School Improvement*, 11 (2), p. 259-269.

STRINGFIELD, S.; ROSS, S. & SMITH, L. (1996). *Bold plans for shool restructuring*: the new american schools designs. Mahwah, Nova Jersey: Lawrence Erlbaum Associates.

STROMQUIST, N. (2000). "Editorial". *Compare*, 30 (3), p. 261-264.

TALBERT, J. & McLAUGLIN, M. (1996). Teacher professionalism in local school contexts. In: GOODSON, I. & HARGREAVES, A. (orgs.). *Teachers' professional lives*. Londres: Falmer.

TARDIF, J. (2000). "Saberes profissionais dos professores e conhecimentos universitários: elementos para uma epistemologia da prática profissional dos professores e suas consequências em relação à formação para o magistério". *Anped*, vol. 13, jan.-abr, p. 5-24. São Paulo.

_____ (1998). *Intégrer les nouvelles technologies de l'information* – Quel cadre pédagogique? Paris: ESF [Col. Pratiques et Enjeux Pédagogiques].

_____ (1992). *L'enseignement stratégique*. Montreal: Logiques.

TARDIF, M. & GAUTHIER, C. (1998). L'enseignant comme acteur rationnel – Quelle rationalité? Quel savoir? Quel jugement? In: PAQUAY, L.; ALTET, M.;

CHARLIER, E. & PERRENOUD, Ph. (orgs.). *Former des enseignants professionnels* – Quelles stratégies? Quelles compétences? Bruxelas: De Boeck Université.

TARDIF, M. & LESSARD, C. (1999). *Le travail enseignant au quotidien.* Quebec/Bruxelas: PUL/De Boeck.

TARDIF, M.; LESSARD, C. & GAUTHIER, C. (1998a). *Formation des maîtres et contextes sociaux*: perspectives internationales. Paris: PUF.

_____ (1998b). Introduction générale. In: TARDIF, M.; LESSARD, C.; GAUTHIER, C. (orgs.). *Formation des maîtres et contextes sociaux.* Paris: PUF, p. 7-70 [Éducation et Formation, Biennales de l'Éducation].

THE INTERNATIONAL LABOUR ORGANIZATION (1994). *Consequences of structural adjustment for employment, training, further training and retraining in the metal trades* (Report II). Genebra: International Labour Office, Sectoral Activities Programme.

THÉLOT, C. (1993). *Lévaluation du système éducatif.* Paris: Nathan.

THIESSEN, D. (1993). "In the classroom, in the corridors and in the boardroom – The professional place of Canada's teachers in the future policy making". *Journal of Education Policy*, 8 (3), p. 283-304.

_____ (1992). Classroom-based teacher development. In: HARGREAVES, A. & FULLAN, M. (orgs.). *Understanding teacher development.* Toronto: Cassell, p. 85-109.

THIESSEN, D. & ANDERSON, S.E. (1999). *Getting into the habit of change in Ohio schools*: the cross-case study of 12 transforming learning communities. Columbus: Ohio Department of Education.

TOMKINS, G.S. (1969). *Coffe (Commission on the future of the faculty of education) Report.* Vancouver, BC: University of British Columbia.

TOURAINE, A. (1997). *Pourrons-nous vivre ensemble?* – Égaux et differents. Paris: Fayard.

_____ (1992). *Critique de la modernité.* Paris: Fayard.

TRANCART, D. (1996). "L'image du métier chez les enseignants du second degré". *Éducation et Formations*, n. 46, jul., p. 149-162.

TRUOG, A.L. (1998). "Principals' perspectives on new teachers' competencies: a need for curricular reform?" *Teacher Educator*, 34 (1), p. 54-69.

TYACK, D. (1974). *The one best system* – A history of american urban education. Cambridge: Harvard University Press.

VALLERAND, R.J.; BLAIS, M.; BRIÈRE, N. & PELLETIER, L. (1989). "Construction et validation de l'Échelle de motivation en éducation". *Revue Canadienne des Sciences du Comportement*, 21, p. 323-349.

VAN BENDEGEM, J.-P. (1996). "The popularization of mathematics or the pop-music of the spheres". *Communication & Cognition*, 29 (2), p. 215-238.

VAN HAECHT, A. (1998). "Les politiques éducatives, figure exemplaire des politiques publiques?" *Éducation et Sociétés*, vol. 1, n. 1, p. 21-46.

VAN ZANTEN, A. (2002). *L'école périphérique* – Fabrication et enjeux de la ségrégation scolaire. Paris: PUF [Col. "Le Lien Social"].

_____ (2000a). "Massification et régulation des systèmes d'enseignement – Adaptations et ajustements en milieu urbain défavorisé". *L'Année Sociologique*, vol. 52, n. 2.

_____ (2000b). "Le quartier ou l'école? – Déviance et sociabilité adolescente dans un collège de banlieue". *Déviance et Sociétés*, vol. 24, n. 4, p. 377-401.

_____ (1999). Les carrières enseignantes dans les collèges difficiles. In: BOURDON, J. & THÉLOT, C. (orgs.). *Éducation et formation* – L'apport de la recherche aux politiques éducatives. Paris: CNRS.

_____ (1998). Les transformations des pratiques et des éthiques professionnelles dans les établissements d'enseignement. In: BOURDONCLE, R. & DEMAILLY, L. (org.). *Les professions de l'éducation et de la formation*. Lille: Presses Universitaires du Septentrion, p. 39-51.

VANDENBERGHE, V. (1998). "L'enseignement en communauté française de Belgique: un quasi-marché". *Reflets et Perspectives de la Vie Économique*, XXXVII (1), p. 65-75.

VELHO, G. (1987). *Individualismo e cultura*: notas para uma antropologia da sociedade contemporânea. Rio de Janeiro: Zahar.

VERHOEVEN, M. (1999). "Procéduralisation et réflexivité: des outils pour la régulation des établissements scolaires?" *Éducation et Sociétés*, n. 4, p. 143-164.

VORRABER COSTA, M. (1995). *Trabalho docente e profissionalismo*. Porto Alegre: Sulina.

WAGNER, P. (1994). *The sociology of modernity*. Nova York: Routledge.

WALFORD, G. (2001). Privatization in industrialized countries. In: LEVIN, H. (org.). *Privatizing education* – Can the market deliver choice, efficiency, equity and social cohesion? Boulder, Colorado: Westview Press, p. 178-200.

WALKERDINE, V. (1988). *The mastery of reason*: Cognitive development and the production of rationality. Londres: Routledge.

WALLER, W. (1932). *Sociology of teaching*. Nova York: John Wiley.

WARSCHAUER, M. (1996). *Motivational aspects of using computers for writing and communication*. Hawaí: University of Hawai.

WEBER, S. (1997). "A desvalorização social do professorado". *Contemporaneidade e Educação*, vol. II (2), set., p. 156-170.

_____ (1990). "The teacher educator's experience: cultural generativity and duality of commitment". *Curriculum Inquiry*, vol. 20 (2), p. 141-159.

WEIL, D. (2000). *Charter Schools*: a reference handbook. Santa Barbara, CA: ABC-Clio.

WELLS, A. & SCOTT, J. (2001). Privatization and charter school reform. In: LEVIN, H. (org.). *Privatizing Education* – Can the market deliver choice, efficiency, equity, and social cohesion? Boulder, Colorado: Westview Press, p. 234-259.

WENGER, E. (1998). *Communities of practice* – Learning, meaning and identity. Cambridge: Cambridge University Press.

WHITTY, G. (2001). Vultures and third ways: recovering Mannheim's legacy for today. In: DEMAINE, J. (org.). *Sociology of Education Today*. Nova York: Palgrave, p. 206-221.

WHITTY, G. & POWER, S. (1998). *Marketization and privatization in mass education systems* [Comunicação apresentada no Congresso Mundial de Sociologia, Montreal, 27-31/07].

WHITTY, G. et al. (1997). *Teacher education in England and Wales*: Some findings from the Mote Project [Comunicação apresentada na reunião anual da American Educational Research Association, Chicago].

WIDEEN, M.F.; BOOTE, D.N.; MAYER-SMITH, J. & MOON, B. (1998). Teacher education in anglophone Canada: trends and developments. In: TARDIF, M.; LESSARD, C.; GAUTHIER, C. (orgs.). *Formation des maîtres et contextes sociaux*. Paris: PUF, p. 261-286.

WIDEEN, M.F. & HOLBORN, P. (1986). "Change and survival in faculties of education". *Interchange*, vol. 17 (1), p. 33-47.

WIDEEN, M.F. & GRIMMETT, P.P. (orgs.) (1995). *Restructuring or reconceptualizing in teacher education*. Londres: Falmer Press.

WIDEEN, M.F.; MAYER-SMITH, J. & MOON, B. (1998). "A critical analysis of the research on learning-to-teach". *Review of Educational Research*, vol. 68 (2), p. 130-178.

WILLET, J.B. (1988-1989). Questions and answers in the measurement of change. In: ROTHKOPF, E.Z. (org.). *Review of Research in Education*, 15, p. 345-422.

WILSON, J.D.; STAMP, R.M. & AUDET, L.-P. (1970). *Canadian Education*: a history. Scarborough, ON: Prentice-Hall.

WINIECKI, D. (1999). *Studying and analysing asynchronous conversations in distance education* [Comunicação apresentada na First International Interdisciplinary Conference Advances in Qualitative Methods, Edmonton, março].

WISHER, R.A. & PRIEST, A.N. (1998). "Cost-effectiveness of audio teletraining for the US Army National Guard". *The American Journal of Distance Education*, 12 (1), p. 38-51.

WITTE, J. (2000). *The market approach to education*: an analysis of America's first Voucher Program. Princeton: Princeton University Press.

WOODS, P. (1995). *Creative teachers in primary schools*. Buckingham: Open University Press.

_____ (1993). *Critical events in teaching and learning*. Lewes: Falmer Press.

_____ (1983). *Sociology and the school*. Londres: Routledge/Kegan Paul.

_____ (1977). Teaching for survival. In: WOODS, P. & HAMMERSLEY, M. (org.). *Schools experience* – Explorations in the sociology of education. Londres: Croom Helm.

WOODS, P. (org.) (1981). *Pupil strategies*. Londres: Croom Helm.

_____ (1980). *Teacher strategies*. Londres: Croom Helm.

WOODS, P. & JEFFREY, R.J. (1996). *Teachable moments*: the art of teaching in primary schools. Buckingham: Open University Press.

WOODS, P.; JEFFREY, B.; TROMAN, G. & BOYLE, M. (1997). *Restructuring schools* – Reconstructing teachers. Buckingham: Open University Press.

ZEICHNER, K. (1996). Teacher as reflective practitioners and the democratization of school reform. In: ZEICHNER, K.; MELNICK, S. & GOMEZ, M. (orgs.). *Currents of reform in preservice teacher education*. Nova York: Teachers College Press, p. 199-214.

Notas sobre os autores

Agnès Van Zanten é diretora de pesquisas no CNRS (Centre National de Recherche Scientifique – França). Trabalha no Observatório Sociológico da Mudança, que é um centro de pesquisas da Fundação Nacional das Ciências Políticas e ensina no Instituto de Estudos Políticos. Dirige o grupo de pesquisa internacional "Réseau d'Analyse Pluridisciplinaire des Politiques Éducatives" e anima, com Christine Musselin, um polo de pesquisas sobre o ensino superior. Seus principais centros de interesse em matéria de pesquisa dizem respeito à escolarização das crianças de meios imigrantes desfavorecidos, às dinâmicas organizacionais e profissionais nos estabelecimentos de ensino, à ação pública educativa em escala local, aos métodos de pesquisa qualitativa e às comparações internacionais. Prepara uma obra de síntese sobre as políticas de educação e participa de um projeto comparativo europeu sobre a evolução dos modos de regulação dos sistemas educativos e seu impacto sobre o aumento ou a redução das desigualdades. Publicou vários trabalhos de síntese em sociologia da educação, notadamente *Sociologie de l'école*, com M. Duru-Bellat (Paris: Armand Colin, 1999) e *L'école – État des savoirs* (Paris: La Découverte, 2000). Entre suas obras de pesquisa mais recentes podemos citar *L'école de la périphérie – Scolarité et ségrégation en banlieue* (Paris: PUF, 2001) e *Quand l'école se mobilise – Dynamiques professionnelles dans les établissements d'enseignement* (Paris: La Dispute, 2002). Também escreveu muitos artigos de síntese e de pesquisa na *Revue Française de Pédagogie, Les Annales de la Recherche Urbaine, Éducation et Sociétés, Journal of Education Policy*.

António Nóvoa é doutor em ciências da educação na Universidade de Genebra. Professor titular na Universidade de Lisboa, ocupa desde 2002 as funções de vice-reitor. Historiador comparatista, publicou obras sobre a história da profissão docente, a formação dos professores e as políticas educativas.

Christian Maroy, doutor em sociologia, é pesquisador qualificado FNRS e diretor do Grupo Interfaculdades de Pesquisa sobre os sistemas de Educação e de Formação (Girsef)/Universidade de Louvain. Depois de trabalhar no desenvolvimento da formação em alternância (*La construction sociale des relations éducation/économie – Le cas des formations en alternance en Wallonie et au Québec.* Bruxelas/Paris, De Boeck, 2001, com Pierre Doray) e na formação profissional contínua, suas pesquisas atuais se referem às políticas educativas, aos modos de regulação e à evolução dos grupos profissionais no seio do sistema de ensino. Publicou um grande número de artigos em revistas nacionais e internacionais sobre diferentes temas. Acaba de publicar *L'enseignement secondaire et ses enseignants*, pela Editora De Boeck, Col. Pédagogies en développement, 2002.

Claude Lessard, depois de terminar seus estudos de primeiro e segundo ciclos em sociologia na Universidade de Montreal, completou sua formação com estudos de doutorado em educação no Ontario Institute for Studies in Education (Oise) da Universidade de Toronto. Depois, ensinou na Faculdade de Educação de Sherbrooke e na Faculdade de Ciências da Educação da Universidade de Montreal, onde trabalha na formação inicial dos mestres, depois de ser o seu vice-decano de 1981 a 1985 e posteriormente o decano de 1991 a 1995. De 1997-1998 foi cronista de educação no jornal *Le Devoir*. Interessa-se pela sociologia e pela psicossociologia do trabalho docente e do corpo docente, pela análise das políticas educativas e da mudança em educação, e pela educação comparada. Codiretor do Crifpe (Centro de Pesquisa Interuniversitária sobre a Formação e a Profissão Docente), trabalha na profissionalização da formação e do ensino. É diretor do Laboratório de Pesquisas e Intervenção nas políticas e profissões da educação (Labriprof), da Faculdade de ciências da educação da Universidade de Montreal. Publicou, sozinho ou em colaboração, vários livros, uma centena de artigos, de relatórios de pesquisas, de capítulos de livros. Partidário de um procedimento compreensivo, desenvolve um pensamento crítico sobre o ensino, sem dessolidarizar-se dos atores do campo escolar. Sua perícia científica foi reconhecida por vários prêmios e participações em diversos comitês científicos nacionais e internacionais. Recentemente foi eleito para a Academia de Letras e Ciências Humanas (Sociedade Real do Canadá) e é titular da Cadeira de Pesquisas do Canadá para o pessoal e as profissões da educação. É membro do Conselho Superior de Educação. Em colaboração com Maurice Tardif, trabalha hoje sobre a evolução da divisão do trabalho na educação e sobre a função de conselho pedagógico.

David Boote, Ph.D., é professor-adjunto no Department of Curriculum Studies na University of Central Florida (Orlando). Suas áreas de especialização são a teoria social na formação dos docentes e na pedagogia da matemática e das ciências. David Boote é também coordenador do programa de mestrado *Curriculum and Instruction* e diretor de pesquisa no Urban Teacher Education Partnership. Citamos, entre suas obras recentes: *Durkheim's naturalistic moral education: Pluralism, social change and autonomy.* • *Philosophy of education yearbook.* • Teacher educators as belief-and-attitude therapists: Exploring psychodynamic implications of an emerging role (In: *Teachers and teaching: theory and practice*). • McGINN, M.K. & BOOTE, D.N. "A first-person perspective on problem solving in a history of mathematics course". *Mathematical Thinking and Learning*, 5, p. 71-107.

Dennis Thiessen é professor titular e diretor-adjunto do Department of Curriculum (ensino e aprendizagem) no Instituto de Estudos Pedagógicos de Ontario, da Universidade de Toronto. Suas áreas de pesquisa e de desenvolvimento são: a formação dos docentes, o aperfeiçoamento das escolas e as mudanças escolares. Suas pesquisas se referem, recentemente, à experiência dos alunos e dos professores imigrantes em contextos educativos diferentes, à transformação escolar (escolas secundárias-modelo através do Canadá, reorganização das escolas intermediárias e secundárias de Ontario e escolas elementares, intermediárias e secundárias de Ohio que favorecem a transformação), e os programas de formação de docentes nas comunidades urbanas. Suas obras mais recentes são: *Making a difference about difference – The lives and careers of racial minority immigrant teachers* (com Nina Bascia e Ivor Goodson). • *Children and their curriculum – The perspectives of primary and elementary school children* (com Andrew Pollard e Ann Filer). • *Agents provocateurs: Reform-minded leaders for schools of education* (com Ken Howey). • *Getting into the habit of change: The cross-case study of 12 transforming learning communities* (com Stephen Anderson).

Isabel Lelis é doutora em ciências humanas e em ciências da educação, e professora associada aos programas de estudos superiores de educação da Pontifícia Universidade Católica do Rio de Janeiro. Autora do livro *A formação da professora primária: da denúncia ao anúncio* (São Paulo: Cortez, 1994), Isabel Lelis interessou-se, nos últimos anos, pelos hábitos profissionais e pelos saberes dos professores do primário e do secundário. Entre suas produções mais recentes, nota-se: "A construção do professor: saberes, tempos e espaços", publicado na obra *Escola em questão: desafios para o educador,* em 2002, pela Editora Novamerica, e "Do ensino de conteúdos aos saberes do professor: mudança de idioma pedagógico?", na revista *Educação e Sociedade* n. 74, ano XXII, abril de 2001. Coordena uma pesquisa sobre "o ofício de aluno e o sentido da experiência escolar", financiada pelo Conselho Nacional de Desenvolvimento da ciência e da técnica (CNPq) do Ministério da Ciência e da Tecnologia do Brasil.

Jessamyn Marie O. Yazon é doutora em Curriculum Studies na Universidade Simon-Fraser (Vancouver-Canadá) e também é professora de biologia na Philippine Science High School. Suas pesquisas se referem à aprendizagem baseada sobre a enquete e orientada para o trabalho, ao papel do computador na educação, e às questões de gênero na pedagogia das ciências e das tecnologias. Publicou várias obras: YAZON, J.M.O.; MAYER-SMITH, J.A. & REDFIELD, R.J. (2002). "Does the medium change the message? The impact of a web-based genetics course on university students' perspectives on learning and teaching". *Computers & Education*, 38, p. 267-285. • YAZON, J.M.O. (1998). Increasing female participation in science and technology. In: GODELL, J.E. (org.). *Procedings of the Australasian Joint Regional Conference of Gasat and Ioste* (p. 237-243). Perth, Western Australia: Curtin University of Technology.

Jolie Mayer-Smith, Ph.D., é professora-adjunta no Department of Curriculum Studies e coordenadora de Programas de Ciência da Educação na Faculdade de Educação da Universidade Simon-Fraser (Vancouver, Canadá). Jolie Mayer-Smith ministra, no programa de formação inicial dos cursos de *Science Curriculum and Instruction* e *Principles of Teaching* e no programa de terceiro ciclo, cursos de metodologia da pesquisa. Suas pesquisas e obras tratam da formação dos docentes, do ensino e da aprendizagem das ciências no nível pós-secundário, da educação em genética e da integração das novas tecnologias no ensino das ciências. Algumas obras mais recentes: MAYER-SMITH, J. (2003). The experience and challenges of teacher leadership in learning technology reform for science education: A tale of Tessi. In: WALLACE, J. & LOUGHRAN, J. (orgs.). *Leadership and professional development in science education: New possibilities for enhancing teacher learning*. Londres: Routledge/Falmer. • MAYER-SMITH, J.A.; PEDRETTI, E.G. & WOODROW, J.E.J. (2002). "Closing of the gender gap in technology enriched science education: A case study". *Computers & Education*, 35, p. 51-63. • MAYER-SMITH, J.; PEDRETTI, E. & WOODROW, J. (1998). "An examination of how science teachers' experiences in a culture of collaboration inform technology implementation". *Journal of Science Education and Technology*, 7 (2), p. 127-134.

Maurice Tardif é professor titular na Universidade de Montreal desde junho de 2000, e ensina a história do pensamento educativo. Anteriormente foi professor durante dez anos na Universidade Laval (Québec). É fundador e diretor do Centro de Pesquisas Interuniversitário sobre a formação e a profissão docente, que é o mais importante centro de pesquisas em educação no Canadá. Também dirige o Programa CRSH dos grandes trabalhos de pesquisa combinada sobre a profissão docente no Canadá. Depois de realizar estudos sobre filosofia da educação (*Les fondements de l'éducation contemporaine et le conflit des rationalités*. Presses de la FSE, 1993), orientou-se para a história social da profissão docente (LESSARD & TARDIF. *La profession enseignante au Québec*. PUM, 1996. • TARDIF; LESSARD & GAUTHIER. *Formation des maîtres et contextes sociaix*. PUF, 1998. • TARDIF & LESSARD. *Le travail des enseignants au quotidien*. De Boeck, 1999). Atualmente, interessa-se pelos ofícios e profissões de interações humanas no seio das organizações de serviço público (escolas, hospitais, etc.), bem como pelas questões éticas e políticas do trabalho interativo, isto é, do traba-

Notas sobre os autores 315

lho com a presença de seres humanos: professores e alunos, psicólogos e clientes, etc. É autor ou coautor de cerca de vinte livros e seus trabalhos estão publicados em várias línguas em diferentes países.

Marvin Wideen, Ph.D., é professor emérito da Formation des enseignants à l'Université Simon-Fraser (Vancouver, Canadá). No começo de sua carreira, trabalhou como docente e diretor de escola. Suas pesquisas atuais tratam da formação inicial dos professores – como eles aprendem a ensinar – e dos estudos críticos de formadores. Suas pesquisas estão publicadas em várias obras: HOWEY, K. & WIDEEN, M. (2002). *World trends in teacher education.* • SMELSER, N.J. & BALTES, P.B. (orgs.) (2001). *The international encyclopedia of the social and behavioral sciences.* Oxford: Elsevier Science. • WIDEEN, M.F.; MAYER-SMITH, J. & MOON, B. (1998). "A critical analysis of the research on learning-to-teach". *Review of Education Research*, 69 (2), p. 130-178. Este último artigo recebeu o prêmio Outstanding Publication Award da American Education Research Association (Aera). • WIDEEN, M. & GRIMMETT, P. (orgs.) (1995). *Reconceptualizing or reconceptualization in teacher education.* Londres: Falmer. • WIDEEN, M.F.; BOOTE, D.N.; MAYER-SMITH, J. & MOON, B. (1998). Teacher education in English Canada: Trends and developments. In: RAYMOND, D.; GAUTHIER, C. & TARDIF, M. (orgs.). *Formation des maîtres et contextes sociaux.* Paris: PUF, p. 261-286. Participou, em vários países em desenvolvimento (Trinidad-Tobago, Jamaica e Indonésia), da reforma de seus sistemas educativos e da formação profissional.

Philippe Perrenoud, sociólogo, professor na Universidade de Genebra, é coanimador do Laboratório de pesquisa "Innovation-Formation-Éducation". Seus trabalhos sobre a fabricação do fracasso escolar o levaram a interessar-se pelo trabalho e pela formação dos docentes. Publicou uma dúzia de livros, entre os quais *Développer la pratique réflexive dans le métier d'enseignant* (2001) e *Les cycles d'apprentissage – Une autre organisation du travail pour combattre l'échec scolaire* (2002).

Robert Moon é professor titular de educação na Open University (Grã-Bretanha) e diretor do Centre for Research and Development in Teacher Education. Participa da coordenação de vários estudos europeus e internacionais patrocinados pela Unesco, pela OCDE, etc. Publicou, notadamente: em 2000 (com BROWN, S. & BEN PERETZ, M.), *The Routledge International Companion of Education.* Londres: Routledge. • Em 1999 (com LEACH, J.), *Learners and pedagogy.* Londres: Paul Chapman. • Em 1997 (com HOBBS, S. & BANKS, F.) (orgs.), *Open and distance education, new technologies and the development of teacher education in Europe: A handbook.* Milton Keynes: The Open University. Essa obra foi traduzida para o francês, o alemão e o espanhol. Em 1997, publicou *A curriculum beyond the Bell Curve*. Londres: British Curriculum Foundation. E em 1994 (com GALTON, M.). *A handbook of teacher education in Europe: council of Europe.* Londres: Fulton Press.

Stephen E. Anderson é professor universitário no Departamento de Estudos das Teorias e Políticas da Educação no Instituto de Estudos Pedagógicos de Ontario, da Universidade de Toronto, e membro do International Centre for Educational Change. Suas pesquisas se referem à política educativa e à implantação de programas, ao melhoramento do sistema escolar e ao aperfeiçoamento dos docentes, assim como às inovações na formação dos professores na América do Norte (Canadá, Estados Unidos) e no Terceiro Mundo (África do Leste, Paquistão). Publicou, entre outras obras, *Improving schools through teacher development: Case studies of the Aga Khan Foundation Projects in East Africa* e *Getting in the habit of change in Ohio schools*, e diversos artigos em revistas como *School Effectiveness and School Improvement, Curriculum Inquiry* e *Journal of Staff Development.*

Thierry Karsenti, Ph.D., é titular da Cadeira de Pesquisa do Canadá sobre as tecnologias da informação e da comunicação (TIC) aplicadas à educação. É professor da Universidade de Montreal, na qual exerce a função de integração das tecnologias da informação e da comunicação na formação dos docentes. Suas realizações e inovações pedagógicas foram consagradas, tanto no plano regional quanto no plano nacional, por diferentes prêmios de excelência: *Prix du ministre de l'Éducation* (1998-1999 e 1999-2000), *Prix Hommage 2001* do Governo de Quebec, *Prix d'Excellence en conception pédagogique* da Associação canadense de educação à distância (2000), *Prix Pedagogica-Rescol* para a inovação pedagógica na integração das TIC (2000), *Prix quinquenal d'excellence en enseignement* (2003). É autor da obra *Les TIC, au coeur des pédagogies universitaires.* Também assinou vários textos em revistas internacionais: "Conditions d'efficacité des formations ouvertes ou à distance en pédagogie universitaire". *Revue Internationale en Pédagogie Médicale* (2003, 4, p. 18-34). • "Plus captivantes qu'un tableau noir – L'impact des nouvelles technologies sur la motivation à l'école". *Revue de la Fédération suisse des Psychologues* (2002, 6, p. 12-21). • "Défis de l'intégration des TIC dans la formation et le travail enseignant – Perspectives et expériences nord-americaines et européennes". *Politiques d'Éducation et de Formation* (2002, p. 27-42), etc.

Thomas S. Popkewitz é professor titular no Department of Curriculum & Instruction na Universidade de Wisconsin-Madison. Trabalha com os sistemas de racionalidade que fundamentam e legitimam a pedagogia, a formação dos docentes e as ciências da educação. Entre suas obras mais recentes, citamos *Strug-*

Notas sobre os autores

gling for the soul: The politics of education and the construction of the teacher • *Comparative studies of educational reform in educational knowledge.* • *Changing relationships between the state, civil society and the educational community.* • *Cultural history and education: Critical studies on knowledge and schooling* (FRANKLIN, F. & PEREYRA, M. [orgs.]). Trabalha em um livro sobre a racionalidade (raciocínios, justificações, etc.) que intervém na governabilidade da criança e na multiplicidade das práticas culturais da sociedade cosmopolita que a fundamentam. Intelectual engajado, T. Popkewitz também colabora em obras sobre a parceria educativa, sobre as mudanças que afetam hoje o Estado-Providência e a assistência social na infância. Estudando também, de um ponto de vista histórico, o educador John Dewey, considera-o como uma espécie de "estrangeiro autóctone" no seio da sociedade americana, a fim de melhor compreender as transformações globais do início do século XX.

Vincent Lang, doutor em ciências da educação, é professor convidado da Universidade de Nantes (França). No Centro de Pesquisas da Educação de Nantes, trabalha com as transformações das profissões da educação e com o desenvolvimento das políticas educativas locais. Publicou, em 1999, *La profissionnalisation des enseignants* (PUF).

Yves Dutercq é professor convidado do Grupo de Estudos Sociológicos do INRP. Seus trabalhos anteriores sobre a identidade docente (*Les professeurs.* Hachette, 1993), e o funcionamento dos estabelecimentos escolares (*L'établissement scolaire, autonomie locale et service public*, com Jean-Louis Derouet. ESF, 1997) o levaram a interessar-se pela descentralização e pela avaliação das políticas educativas. É redator-adjunto de *Éducation et Sociétés*, revista internacional de sociologia da educação.

Índice

Sumário, 5

Introdução (Maurice Tardif e Claude Lessard), 7
    Algumas transformações recentes do ensino, 9
    Um ofício de evolução lenta, apesar de tudo?, 12
    Conteúdo e organização da obra, 13
    O Canadá, 13
    O Brasil, 14
    A Bélgica, 15
    A Inglaterra, 16
    A Suíça, 16
    Os Estados Unidos, 17
    A França, 18
    A construção de normas comuns, 19
    A emergência das normas profissionais, 20
    Os espaços sociais da escola, 21
    Novos mitos da criança e da escola, 21
    À maneira de conclusão: os futuros da profissão, 22

PARTE I – A PROFISSÃO DOCENTE ENTRE A TRADIÇÃO E A MODERNIDADE AVANÇADA: EVOLUÇÕES CONTRASTADAS, 23

1. Da história e do futuro da formação dos professores no Canadá inglês: a tradição na prática dos formadores dos professores (David Boote), 25
    Introdução, 25
    Lei da escola pré-comunal: a aprendizagem tradicional do ensino, 27
        A tradição: poder, saber e mudança social, 29
    O período colonial: de 1786 a 1900, 30
        A inspetoria e o financiamento governamental, 31
        As escolas normais, 33

Os mecanismos da mudança no início da modernização, 34

A burocratização: 1900-1945, 37

Melhora do *status* social da profissão docente, 37

A formação dos professores e o conhecimento pedagógico, 39

A padronização, 40

Burocratização e ceticismo: a dupla ação da mudança social, 41

O período atual: de 1945 aos nossos dias, 43

A formação dos professores na universidade, 43

A diversidade das perspectivas, 45

Globalização e coerção, 46

A tradição no presente e o futuro da formação dos professores, 48

O enraizamento da tradição, 49

O descompromisso, 50

A coerção, 50

O discurso, 51

O impacto da pesquisa na formação dos professores, 52

Conclusão, 53

2. A construção social da profissão docente no Brasil: uma rede de histórias (Isabel Lelis), 54

Introdução, 54

Entre o público e o particular, qual é a imagem do ensino?, 56

Tempos e espaços da formação, 60

A força da escola na socialização profissional dos docentes, 64

À maneira de conclusão, 65

3. O modelo do prático reflexivo diante da enquete na Bélgica (Christian Maroy), 67

Introdução, 67

O contexto: a modernização de um sistema profundamente descentralizado, 68

Reforma da formação inicial e conversão identitária dos professores ao modelo do prático reflexivo, 71

A difusão do modelo do prático reflexivo, 71

Uma prática reflexiva, 72

Um especialista em aprendizagem, 72

Um professor interativo, trabalhando em equipe e fixado no seu estabelecimento, 73

Índice

Uma reforma da formação inicial dos "professores primários e regentes", 74

A pregnância do modelo do "prático reflexivo": alguns resultados de uma enquete, 77

Professores que se definem como especialistas em aprendizagem, 78

O desenvolvimento de práticas de colaboração entre professores, 79

A ação coletiva e a colegialidade nos estabelecimentos, 82

Professores reflexivos?, 86

As vias de implicação dos professores na modernização do sistema escolar: conversão identitária ou "empowerment", 87

Conclusão, 91

4. As políticas reformistas: transição na formação dos professores na Inglaterra (Robert Moon), 93

Introdução, 93

O florescimento da tradição progressista fundamental, 1900-1970, 95

Esperança e expansão, 1970-1985, 96

Desilusão e contração, 1985-2000, 98

Formação dos professores na Inglaterra, 2000-2001, 100

As estruturas, 101

Os programas de estudos, 102

Os estímulos para abraçar a carreira de professor, 109

5. As "Altas Escolas Pedagógicas" (HEP) suíças entre a forma escolar e a forma universitária: as questões (Philippe Perrenoud), 112

Introdução, 112

Diferenças entre forma escolar e forma universitária, 116

A relação jurídico-administrativa das HEP, 118

O modo de designação dos responsáveis, 119

O *status* dos colégios de professores, 120

A competência de propor a nomeação dos professores, 120

A tarefa dos formadores, 121

As condições de trabalho dos formadores, 122

A liberdade acadêmica dos formadores, 122

O *status* da pesquisa, 124

A gestão dos recursos, 124

As tarefas qualificadas de gestão, 125

A colaboração com os estabelecimentos escolares, 126

O *status* e os direitos dos estudantes, 127

O "ofício" de aluno ou de estudante, 127

A admissão dos estudantes, 128

Reestruturações periódicas da instituição, 130

Questões institucionais, questões de formação, 130

As questões institucionais, 131

Estruturas de transição, 132

6. Comunidades docentes em transformação: a tradição da mudança nos Estados Unidos (Stephen E. Anderson e Dennis Thiessen), 135

Apresentação, 135

Comunidades docentes: um quadro conceitual, 136

Comunidades docentes em transformação: um retrato, 137

Dimensões da comunidade nas comunidades docentes escolares, 138

Comunidades docentes em transformação: controlar a mudança, 141

Ações estratégicas como hábitos de mudança, 147

Nota metodológica, 150

7. A profissão de professor na França: permanência e fragmentação (Vincent Lang), 152

Introdução, 152

O contexto, 152

A formação inicial, 156

A herança, 157

Os IUFM (Institutos Universitários de Formação de Mestres) e a profissionalização dos docentes, 158

Quais são as questões para os atores?, 160

As transformações do ofício, 161

Evoluções tendenciais, 161

O que pensam os professores?, 162

Conclusão, 165

PARTE II – ENSINAR HOJE: TENSÕES, DILEMAS E DESAFIOS MÚLTIPLOS, 167

8. Pluralidade dos mundos e cultura comum: professores e alunos à procura de normas consensuais (Yves Dutercq), 169

Introdução, 169

Índice 323

Analisar as divergências entre professores e alunos, 170

Incomunicabilidade ou capacidades críticas?, 174

A classe e a guerra dos mundos, 177

Conclusão, 179

9. Impacto das TIC (Tecnologias de Informação e Comunicação) sobre a atitude, a motivação e a mudança nas práticas pedagógicas dos futuros professores (Thierry Karsenti), 181

Introdução, 181

Contexto e objetivo do estudo, 181

Problemática, 182

A reforma na era das TIC, 182

A integração das TIC no ensino superior: resultados de pesquisa compartilhados, 184

Metodologia, 185

Amostra, 186

Métodos de coleta de dados de tipo qualitativo, 186

Métodos de coleta de dados de tipo quantitativo, 186

Tratamento e análise dos dados qualitativos, 187

Tratamento e análise dos dados quantitativos, 187

Apresentação e análise dos resultados, 187

Mudança do tipo de motivação dos estudantes, 188

Mudança das atitudes dos estudantes, 191

Mudança das práticas pedagógicas, 197

Conclusão, 198

10. A influência das normas de estabelecimento na socialização profissional dos professores: o caso dos professores dos colégios periféricos franceses (Agnès van Zanten), 200

Introdução, 200

A socialização profissional pelos alunos: evasão, adaptação e desenvolvimento, 202

A socialização profissional pelos pares: colegialidade autônoma, coesão de procedimentos e trabalho em equipe, 207

A socialização pelo chefe do estabelecimento: energia carismática, colegialidade "obrigatória" e produção local de sentido, 211

Conclusão, 215

11. Os professores e o "novo" espaço público da educação (António Nóvoa), 217

O fim da educação, 219

A ausência de sociedade, 219

A reconstrução da educação como espaço privado, 222

A renovação da educação como espaço público, 225

Dilemas da profissão de professor, 227

O dilema da comunidade: redefinir o sentido social do trabalho docente no novo espaço público da educação ou da importância de *saber relacionar* e de *saber relacionar-se*, 228

O dilema da autonomia: repensar o trabalho docente dentro de uma lógica de projeto e de colegialidade ou da importância de *saber organizar* e de *saber organizar-se*, 230

O dilema do conhecimento: reconstruir o conhecimento profissional a partir de uma reflexão prática e deliberativa ou da importância de *saber analisar* e de *saber analisar-se*, 231

12. Uma perspectiva comparativa das parcerias, do contrato social e dos sistemas racionais emergentes (Thomas S. Popkewitz), 234

Apresentação, 234

O contrato social e a parceria: reconstituir a gestão da escola, 236

Um segundo olhar sobre os princípios de administração na gestão pública das escolas, 236

Princípios de administração e comunitários do contrato/parceria, 240

A nova democracia: os temas da salvação pela ciência na produção de uma coletividade colaboradora, 242

O discente introspectivo, focalizado na resolução de problemas, 242

A nova perícia do docente: parceiro do contrato e da parceria, 244

A alquimia do currículo, 245

O saber educativo como produção de inclusão/exclusão, 247

Mudar os campos sociais e as reformas escolares, 249

Conclusão, 252

13. As transformações atuais do ensino: três cenários possíveis na evolução da profissão de professor? (Claude Lessard e Maurice Tardif), 255

Introdução, 255

O estado atual do ensino: um modelo em decomposição?, 256

As forças da mudança e suas consequências contraditórias, 260

A orientação das políticas educativas, 261

Índice   325

A transformação do papel do Estado, 262

A evolução para uma lógica de mercado, 265

A introdução das tecnologias da informação e da comunicação, 266

Três cenários evolutivos plausíveis para pensar o futuro do ensino, 269

Cenário 1: Restauração nostálgica do modelo canônico e das desigualdades, 270

Cenário 2: Tomada do controle pelos empresários tecnófilos, 271

Cenário 3: Marcha prudente mas aberta das organizações discentes e profissionais, 274

À maneira de conclusão, 276

Referências, 279

Notas sobre os autores, 311

Conecte-se conosco:

f facebook.com/editoravozes

◉ @editoravozes

𝕏 @editora_vozes

▶ youtube.com/editoravozes

☎ +55 24 2233-9033

www.vozes.com.br

Conheça nossas lojas:
www.livrariavozes.com.br

Belo Horizonte – Brasília – Campinas – Cuiabá – Curitiba
Fortaleza – Juiz de Fora – Petrópolis – Recife – São Paulo

  Vozes de Bolso

EDITORA VOZES LTDA.
Rua Frei Luís, 100 – Centro – Cep 25689-900 – Petrópolis, RJ
Tel.: (24) 2233-9000 – E-mail: vendas@vozes.com.br